U0871662

城镇化快速推进下的房地产发展研究

周清雅　郑莎女　顾　军　何天智　胡镨元　著

同济大学出版社
TONGJI UNIVERSITY PRESS

内 容 提 要

本书收录了同济大学经济与管理学院学生的最新学术研究成果，从城市迁移人口与商品住房均价的关系、住房均价对异质性劳动力流动的影响、大型商业综合体项目设计管理、中美绿色建筑市场对比研究、城市中央商务区空间结构演化过程等多视角分析城镇化快速推进下的中国房地产发展问题，提出了诸多新概念、新模型和新观点，涵盖聚类分析、空间自相关、空间回归分析、计量经济学、房地产经济学以及劳动力流动等分析角度，兼具理论研究和实际应用的特点，丰富了我国建筑与房地产市场的研究视角和研究思路。对建筑与房地产市场的实践者和理论研究者具有一定的参考价值。

图书在版编目(CIP)数据

城镇化快速推进下的房地产发展研究/周清雅等著. --上海：同济大学出版社，2020.8

ISBN 978-7-5608-9292-4

Ⅰ. ①城… Ⅱ. ①周… Ⅲ. ①城市化一作用一房地产业一经济发展一研究一中国 Ⅳ. ①F299.233

中国版本图书馆 CIP 数据核字(2020)第 104035 号

城镇化快速推进下的房地产发展研究

周清雅　郑莎女　顾　军　何天智　胡镨元　著

责任编辑　姚烨铭　　责任校对　徐春莲　　封面设计　张　微

出版发行　同济大学出版社　　www.tongjipress.com.cn

（地址：上海市四平路 1239 号　邮编：200092　电话：021－65985622）

经　　销　全国各地新华书店

印　　刷　江苏凤凰数码印务有限公司

开　　本　710mm×1000mm　1/16

印　　张　18

字　　数　360000

版　　次　2020 年 8 月第 1 版　　2020 年 8 月第 1 次印刷

书　　号　ISBN 978-7-5608-9292-4

定　　价　98.00 元

前　言

中国的城镇化进程快速推进，人口机械增长取代自然增长成为我国城市人口增长的核心方式。人口迁移会导致迁入地人口数量、年龄结构、就业结构等的改变，进而影响迁入地房地产市场的发展。在我国“城镇化”快速推进这一大背景下，需要从多维度、新角度分析我国工程建设与房地产发展所面临的实际问题。本书由工程管理领域的研究者共同编写完成，书中收录了同济大学经济与管理学院学生的最新学术研究成果。从城市迁移人口与商品住房均价的关系、住房均价对异质性劳动力流动的影响、大型商业综合体项目设计管理、中美绿色建筑市场对比研究及城市中央商务区空间结构演化过程等多视角分析城镇化快速推进下的中国房地产发展问题。

全书由五篇组成，第一篇由周清雅撰写。文章在回顾和梳理国内外关于迁移人口和商品住房均价相关研究成果的基础上，对迁移人口与商品住房均价之间的关系进行定性分析，探究迁移人口与商品住房均价之间的互动机制。选取了我国30个大中城市作为研究对象，在分析相关城市2006—2016年迁移人口和商品住房均价发展趋势及现状的基础上，构建计量经济模型，运用混合截面估计和工具变量法对迁移人口占比和迁移人口占比变化与商品住房均价之间的关系进行定量研究。研究结果表明：①迁移人口占比与商品住房均价之间呈现正相关关系，具体表现为迁移人口占比每上升1%，商品住房均价上涨2.219%，这种推动作用不仅表现在当期迁移人口占比上，过去的迁移人口占比信息对当期商品住房均价也存在正向影响；②我国迁移人口与商品住房均价关系的区域性差异明显，东部城市迁移人口占比的增加会显著推动商品住房均价的上涨，而中西部城市迁移人口对商品住房均价不存在显著影响；③由于研究期内30个大中城市迁移人口占比变化的平均值为0.45%，而商品住房均价增长率的平均值为20.5%，二者差异显著，因此迁移人口占比变化对商品住房均价未表现出显著的影响。

第二篇由郑莎女撰写。文章基于房地产经济学和劳动力流动理论，探讨住房均价对异质性劳动力流动的影响。作者利用我国2006—2016年34个大中城市的面板数据，选用系统GMM估计方法进行实证研究。结论证明：①从全国层面上看，住房均价对劳动力流动的影响呈现出倒“U”形的非线性关系，且住房均价对不同类型的劳动力流动的影响存在差异，高技能劳动力的房价拐点相对于低技能劳动力较低，其流动决策更容易受房价的影响；②分区域看，东部沿海地区住房均价对劳动力流动的同样呈倒“U”形影响，内陆地区拐点效应则不显著。

第三篇由顾军撰写。文章首先从业主方的角度分析了大型商业综合体项目在组织层面和技术层面的复杂性。论述了设计在复杂项目中可以发挥的驱动作用，认为设计管理是管理大型商业综合体项目较好的切入点，研究此类项目的设计管理具有一定的现实意义。在此基础之上，应用管理学的相关原理，从业主方的角度出发，对项目的设计管理课题进行研究。结合业主方在项目管理中所承担的组织职能、控制职能、领导职能，重点对设计委托管理、设计过程管理和设计决策管理三方面进行分析。适时引入了“XH”项目作为典型的大型商业综合体案例进行讨论，剖析其在设计委托、设计过程管理及设计决策管理上的特点和具体管理做法，为文中提及的设计管理方法及实际应用提供了很好的例证。

第四篇由何天智撰写。文章以美国绿色建筑市场为研究对象，通过聚类分析、空间自相关、空间回归分析等方法对其市场中的企业、项目、政策展开了不同层次的分析，并从这3个层次将我国绿色建筑市场与美国绿色建筑市场进行了对比。根据企业规模和发展战略将美国绿色建筑企业分为4类，为我国不同类型建筑企业制定绿色转型战略提供了借鉴。研究发现中美绿色建筑市场都存在着空间集聚的特征，企业的分布与项目的分布之间存在正相关关系；中美绿色建筑政策在监督政策上较为相似，但在激励政策方面我国仍有较大完善空间。文章有助于提升对中美绿色建筑市场中企业战略、空间分布和政策法规的认识，并为我国建筑企业制订可持续转型战略、政府部门完善绿色建筑政策提供参考。

第五篇由胡镨元撰写。文章从对中央商务区概念和特征的阐述入手，首先选取国外成熟中央商务区实例进行发展经验的探索，再以我国较成熟的中央商务区——上海市陆家嘴CBD为例，对其发展现状和空间演变趋势展开分析和预测。最后，通过对国内外典型CBD案例的研究，提出对我国未来中央商务区开发建设具有参考价值的经验和建议。

本书兼具理论研究和实际应用意义，涵盖聚类分析、空间自相关、空间回归分析、计量经济学、房地产经济学以及劳动力流动等分析角度，丰富了我国建筑与房地产市场的研究视角和研究思路，对建筑与房地产市场的实践者和理论研究者具有一定的参考价值。

目 录

第三篇　大型商业综合体项目设计管理研究

第四篇　中美绿色建筑市场研究
——企业战略与空间分布

第五篇 城市中央商务区空间结构演化过程研究
——以上海陆家嘴 CBD 为例

第一篇

城市迁移人口与住房均价关系研究

第一章　绪　论

一、研究背景与意义

住宅是居民生活的必需品。全国房地产市场近年来发展十分迅速，而由此产生的大量房地产投资需求进一步推高了原本就居高不下的房价，住房支出已经成为居民日常支出中最重要的组成部分之一，造成了居民沉重的负担。房价问题不仅是当前居民最为关注的问题之一，也是国家调控的重中之重。自 2005 年的老“国八条”至 2011 年的新“国八条”，国家频频出台房地产调控政策。2018 年 3 月的两会政府工作报告提出，要更好地解决群众住房问题。由于房地产业拥有较长的产业链，从最前端的土地获取到最后端的物业管理，涉及各级产业中的各类行业，房地产价格不仅对社会经济和产业结构的健康发展和有序升级有着重大影响，还关系到广大人民群众对城市的归属感。

人口是支撑房价上涨的重要因素之一，人口的数量、结构和区域分布等都对房价有着不可忽视的影响。改革开放初期，人口红利为我国经济奠定了重要基础，随着改革开放的推进和经济的不断发展，我国经济已经步入“新常态”，人口红利在 2000 年后逐步消失，2013—2050 年，我国人口红利将变为负值[1]。然而房价却持续上涨，房价的区域差异也越来越明显，显然再从人口自然增长或生育冲击层面考虑房价的波动和区域差异问题未免显得有些牵强。随着我国城镇化、市场化和工业化进程的不断发展，加之户籍制度的不断开放及各地城乡收入差距的存在，人口迁移的“阀门”逐渐被打开，迁移人口为城市经济的发展注入了新的活力。迁移人口的规模很大程度上体现于流动人口的规模，根据《中国流动人口发展报告 2018》，1982—2017 年期间，中国流动人口从 657 万人增加到 2.44 亿人，流动人口规模庞大成为中国人口发展的显著特征之一。人口迁移推进了我国的城镇化进程，国家统计局数据显示，2017 年中国城镇化率已经达到 58.52%，根据发达国家经验，中国已经进入城镇化的快速发展阶段。城镇化进程的快速发展带来了城市人口变化特征的转变，城市人口变化的特征已经由原来的人口自然增长为主的增长方式转变为以人口机械增长为核心的增长方式。人口从农村流向城市、从小城市流向大城市，人口的迁入造成迁入地人口数量和结构的改变，这将直接改变迁入地的住房需求，进而影响迁入地的房价。需求的上升促进了房价的上涨，由于高房价增加的迁移成本又会对人口的迁入产生一定的阻碍作用，另外，房价的非理性波动也会产生迁移人口融入城市难等一系列问题[2]。可见，迁移人口与商品住房均价之间存在密切的联系。

在经济发展"新常态"和城镇化快速推进的过程中，迁移人口对房地产市场的影响不可忽视。迁移人口规模庞大是目前中国人口发展的显著特征之一，探究城市迁移人口与商品住房均价之间的关系，对于判断未来商品住房均价走势以及区域间房价差异具有重要意义，也可以通过政策建议和调控对策为完善住房保障政策以及城市房地产市场的健康持续发展提供新视角。

二、研究目的与内容

本篇在回顾和梳理国内外相关研究的基础上，探究城市迁移人口和商品住房均价之间的互动机制，选取我国 30 个大中城市作为研究对象，在分析其迁移人口和商品住房均价现状的基础上，利用各城市年度数据，通过构建计量经济模型和工具变量法对迁移人口与商品住房均价之间的关系进行实证研究。主要研究内容为：

(1)迁移人口与商品住房均价互动机制分析。在梳理和归纳国内外关于迁移人口和商品住房均价相关研究成果，以及人口迁移和住房均价领域的相关经典理论的基础上，对迁移人口和商品住房均价之间的理论关系进行定性分析，探究两者之间的互动机制。

(2)迁移人口与商品住房均价波动趋势及现状分析。搜集整理各城市国民经济和社会发展公报及统计年鉴中人口和商品住房均价相关数据，对我国 30 个大中城市 2006—2016 年迁移人口规模和商品住房均价波动趋势进行横向和纵向比较，总结迁移人口和商品住房均价发展变化特征，并通过绘制散点图初步判断这 30 个大中城市迁移人口和商品住房均价的相关性。

(3)迁移人口与商品住房均价关系的定量研究。首先，在分析我国 30 个大中城市迁移人口和商品住房均价现状的基础上，构建计量经济模型，运用混合截面估计对这 30 个大中城市迁移人口和商品住房均价的关系进行基础回归；其次，为探讨我国迁移人口与商品住房均价关系的区域差异性，将这 30 个大中城市按照东中西部进行划分并进行区域差异估计分析；再次，为缓解迁移人口和商品住房均价之间的双向因果性导致的内生性问题，引入滞后 5 年的迁移人口占比作为解释变量，研究迁移人口占比变化对商品住房均价的影响；最后，选取 1974 年 1 月平均气温作为迁移人口占比的工具变量进一步缓解内生性问题，进一步测定迁移人口对商品住房均价的影响程度。

三、研究方法与技术路线

1. 研究方法

(1) 规范分析与实证分析相结合

规范分析是指在一定价值判断的基础上，针对一些经济问题，提出分析或处理的标准；实证分析是指客观地分析某些事物或现象的规律或内在逻辑，得出可以用事实检验的客观性的结论。作为研究和叙述的方法，二者之间存在密切的联系，一方面在用规范分析研究问题时，需要用实证分析来论证研究对象与给定的准则之间是否相符；另一方面在运用实证分析时，通常需要用规范分析来验证分析结果。本篇采用规范分析和实证分析相结合的方法，运用规范分析法对国内外相关研究成果、迁移人口和商品住房均价相关理论进行梳理和分析，在此基础上结合实证分析法选取我国 30 个大中城市作为研究对象，进一步探究迁移人口与商品住房均价的关系。

（2）定性分析与定量分析相结合

定性分析法一般综合运用抽象与概括、归纳和演绎以及综合与分析等方法，对研究对象进行质的方面的分析；定量分析法一般依据统计数据，建立数学模型，对某些事物或现象的特征、关系和变化等进行数量层面的分析。定量分析使定性分析更加科学和准确，定性分析是定量分析的基本前提，二者相互补充、互相统一。本篇综合运用定性分析和定量分析，在迁移人口和商品住房均价之间的互动机制方面，采用定性研究法，以人口迁移和商品住房均价相关理论分析为基础，探究两者之间的互动机制；在具体研究我国 30 个大中城市迁移人口对商品住房均价的影响程度时，采用定量分析法，构建计量经济模型对二者之间的关系进行分析。

2. 技术路线

本篇技术路线如图 1-1-1 所示。

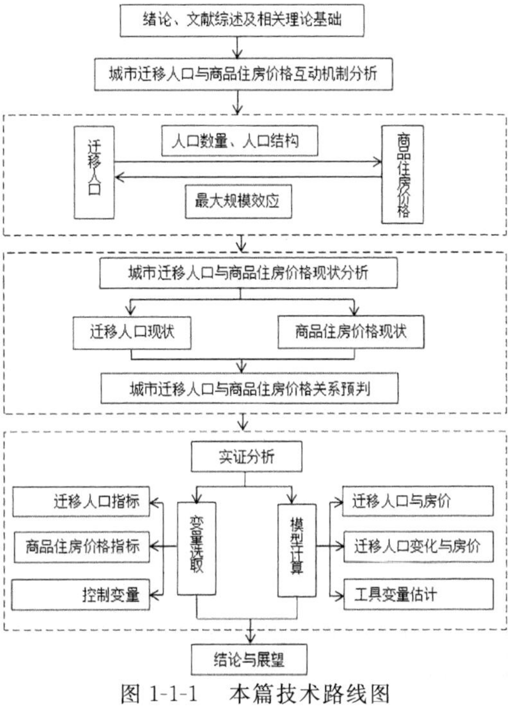

图 1-1-1　本篇技术路线图

第二章 文献综述、相关概念及理论基础

一、国内外文献综述

1. 国外文献综述

(1) 关于人口迁移趋势

国外学者对人口迁移趋势的研究开始较早，这也为国内外后续有关人口迁移的研究打下了基础。英国学者 Ravenstein(1885)[3]总结的人口迁移 7 大规律，也称“拉文斯坦法则”，是人口迁移领域影响力最大的研究成果之一，即迁移率随着距商业中心距离的增加而减小、迁移的方向是双向的、女性更倾向短距离迁移、人群从远离城市的地区逐渐向城市迁移、城镇居民迁移倾向更小、工商业和交通的发展会增加迁移的概率、人口迁移的最主要因素是经济原因等。Bogue(1959)[4]在其研究的基础上进一步深化，提出迁出地的“推力”使迁移者迁出，迁入地的“拉力”吸引其迁入，这两股力量共同决定人口的迁移。Da Vanzo(1976)[5]提出的“成本—收益理论”认为，人们是否迁移主要取决于迁出成本是否小于在迁入地所获得的平均收益。Crozet(2004)[6]利用引力模型对 1980—1990 年间意大利、英国、荷兰、德国和西班牙 5 个国家的人口迁移情况进行分析，结果表明人口倾向于向价格指数低、市场潜力大的地方迁移。

(2) 关于人口迁移的影响因素

随着人口迁移基本理论的不断完善，国外学者开始关注人口迁移的影响因素。Lee(1966)[7]将影响人口迁移的因素归纳为四个方面，分别是迁出地因素、迁入地因素、迁移者个体因素和中间障碍因素。一些学者认为，经济因素是导致人口迁移的主要原因，Davis 等(2000)[8]利用引力模型考察了政治、经济和人口因素对北美地区的移民规模和构成的影响，结果表明，迁入地的收入和迁出地的人口规模是影响北美地区人口迁移的两个主要因素。Fan(2005)[9]对中国 1990 年和 2000 年人口普查的数据进行分析后发现，人口迁移是人口再分配的重要途径，且人口迁移与区域经济发展之间关系密切。Mayda(2010)[10]利用面板模型对国际人口迁移数据进行分析，发现迁入地的收入机会对人口迁移率存在正向影响，即收入较高的地方人口迁移率较高。也有一些学者认为，非经济因素对人口迁移存在着显著的影响，Shen 和 Gemenne(2011)[11]通过分析图瓦卢的迁移人口数据，发现气候因素是促使图瓦卢人迁往新西兰的主要驱动因素，除此之外，就业机会、教育条件等也是图瓦卢人作出迁移决策的重要影响因素。Ortega 和 Peri(2013)[12]通过对 135 个国家 1980—2006 年的人口迁移数据进行分析，发现移民入境相关法律政策的收紧会

迅速减少迁移人口的数量。Adsera 等(2015)[13]利用 1980—2009 年由 223 个国家向 30 个经合组织国家迁移的人口数据,研究了语言障碍对人口迁移的影响,结果表明人口迁移率随着语言接近度的增加而增加。Kaplan 等(2017)[14]通过建立回归模型对 1991—2011 年美国州际移民数据进行分析,结果表明,不同区域间收入差距的缩小是导致美国州际移民规模缩小的原因之一。

(3) 关于迁移人口与住房均价

Frame(2008)[15]认为,房地产价格的波动与地区状况变化之间息息相关,而人口的变化是地区状况变化最主要的特征,因此迁移人口与房价之间存在着密切的联系。关于迁移人口对房地产市场的影响,不同学者存在不同的看法,一些学者认为迁移人口促进了房价的上涨。Saiz(2006)[16]、Ottaviano 和 Peri(2007)[17]分别用迈阿密地区和美国的相关数据进行研究发现,人口的迁入带动了迁入地租金的上涨。Ather 和 Aydede(2012)[18]对加拿大的迁移人口和房价进行研究发现,迁移人口比例每上升 1%,房地产价格上涨 0.1%。Gonzalez 和 Ortega(2013)[19]用西班牙的迁移人口数据和房价数据进行研究发现,近 10 年西班牙房价的上涨有 52%是由迁移人口造成的。Birrell 和 Healy(2017)[20]对澳大利亚不同城市的房价进行比较分析发现,悉尼的迁移人口是导致其房价上涨的主要原因。还有一些学者持相反观点,他们认为人口迁移会导致房价下降。Accetturo 等(2014)[21]指出,迁移人口的涌入会导致迁入地便利设施的恶化(如交通拥堵等),进而导致迁入地房地产价格下跌,他们通过对意大利 20 个大型城市的样本数据进行实证研究发现,迁移人口每增加 10%会导致迁入地房价下跌 2%。Sá(2015)[22]在对英国进行研究时发现,迁移人口增加会导致迁入地高收入群体迁离,降低住房需求,进而导致迁入地房价下跌,这种现象主要发生在迁移人口受教育程度较低的地区。Degen 等(2017)[23]对 2001—2006 年间瑞士的房价与迁移人口的关系进行了研究,结果表明迁移人口占总人口的比重每上升 1%,单户住宅价格上涨 2.7%。

2. 国内文献综述

(1) 关于人口迁移趋势

在人口迁移趋势研究方面,李德辉(1981)[24]在回顾和总结世界各国人口迁移规律的基础上提出我国人口迁移的基本趋向是:随着工业化程度的不断增长,我国农业人口向城市迁移的比率将不断提高。国内对于人口迁移规律的研究从宏观到微观、从省际层面到地级市层面再到家庭层面逐步展开,段成荣等(2008)[25]通过对 1982 年以来我国人口普查和抽样调查的数据研究发现,我国人口流动趋向于沿海地区。邹湘江(2011)[26]通过对我国"六普"数据研究发现,人口向东部地区、沿海发达省份和三大城市群流动和集中的趋势越发明显。马红旗等(2012)[27]对"六普"数据进行分析发现,我国省际人口流动存在明显的区域差异,年轻的高素质人口逐渐向东部地区集中。臧玉珠等(2016)[28]利用我国"五普"数据、2005 年 1%人口抽样调查和"六普"数据,采用社会网络分析法对我国 1995—2010 年的省际人口迁移态势进行研究发现，我国人口迁移网络呈现中心性，北京、上海、四川和安徽等13省市是我国人口迁移网络的节点。田明(2013)[29]利用问卷调查对北京、青岛、东莞、沈阳、温州和无锡6个东部城市的迁移人口进行研究发现，东部地区迁移人口进入城市后有较高的再迁移趋势，且人口的迁移呈现就近性特点。劳昕等(2015)[30]通过对我国“五普”和“六普”数据的研究发现，我国跨省人口主要流向京津冀、珠三角和长三角地区。还有一些学者从家庭、年龄、性别等层面对人口迁移趋势做了相关研究，侯佳伟(2009)[31]利用2006年北京市1‰流动人口调查数据，对人口流动家庭化过程进行分析，结果表明，流动人口中71.9%的家庭已经实现家庭化迁移，家庭化迁移程度较高。张洪纲(2014)[32]利用2012年全国流动人口动态监测调查数据，通过描述统计分析和多元统计分析对长三角地区人口流动家庭化过程进行研究，结果表明，长三角地区已有超过2/3的家庭实现了家庭化流动。吕青(2018)[33]对江苏省2017年流动人口动态监测调查结果进行研究发现，江苏省迁移人口中夫妻同住的比例达到82.48%，子女随迁比例为50.38%，夫妻与子女组成的小规模家庭成为流动人口家庭的主要形式。唐家龙等(2007)[34]利用2000年中国人口普查的微观数据，对20世纪90年代后期人口迁移的选择性问题进行了研究，结果表明，我国人口迁移的教育选择性和年龄选择性较强，女性的迁移风险比男性高且占整个青年迁移者的比重增加。

(2) 关于人口迁移的影响因素

在人口迁移的影响因素方面，国内研究主要通过对省际、省内人口迁移的实证分析，探讨多种因素对人口迁移的综合影响。严善平(2007)[35]通过建立地区间人口迁移计量模型，分析距离、经济和信息等因素与人口迁移的关系，结果表明，人口迁移主要受迁移者扣除流动成本后的净收益影响。王桂新等(2012)[36]利用2000年和2010年人口普查数据，采用省际人口迁移区域模式分析法，考察影响中国省际人口迁移模式变化的主要因素，研究表明，迁入地城镇人均可支配收入是人口迁移的主要影响因素。于涛方(2012)[37]对我国286个地级市的“六普”数据进行研究发现，东西部地区人口迁移的影响因素存在差异，在东部地区占主要地位的影响因素是投资驱动，西部则是城市铁路运输条件。陈纪波等(2013)[38]采用问卷调查和流动人口迁移意愿结构方程模型，发现生活环境、经济因素以及社会保障因素会显著影响流动人口的迁移意愿。张耀军等(2014)[39]利用我国“五普”和“六普”数据，运用空间分析方法，发现我国省内省外人口流动的共同影响因素是高工资和第三产业的发展。刘晏伶等(2014)[40]利用“六普”数据，采用多元线性回归法研究了人口迁移的影响因素，发现迁入地城镇居民收入是影响人口迁移的主要因素，而迁出地城镇居民收入、迁移距离和迁入地农村收入与迁移率负相关。王亚平等(2015)[41]利用“六普”数据研究省际人口迁移，采用空间OD模型，对2005—2010年中国省际人口迁移的空间模式和动力机制进行研究，指出迁出地人口数量和空间距离对人口迁移存在显著影响。李拓等(2015)[42]利用空间计量和门限模型对我国 286 个城市进行实证分析，结果表明，吸引人口的主要因素是城市公共服务能力和相对收入水平。马荷花等(2017)[43]利用“六普”数据分析了影响我国省际城乡人口流动的共性和特性因素，指出人口、经济和地理因素是影响我国人口流动的共性因素。

(3) 关于迁移人口与住房均价

在迁移人口与房价之间关系的研究方面，吴阳香(2007)[44]利用南京市2005 年迁移人口和房价相关数据，采用统计分析法对南京市迁移人口和房价之间的互动关系进行研究，结果表明，人口迁移对房价存在较大影响，且内部人口迁移更能带动房价上涨。李沙沙(2012)[45]利用 1990—2009 年广州市房价和人口结构相关数据，利用 SVAR 模型对两者之间的关系进行研究，结果表明，人口年龄结构、教育结构和非农人口比重等因素是影响广州市商品住房均价的主要因素。陆铭等(2014)[46]发现，外来人口(移民)占比高的城市房价更高，且移民占比变化更大的城市，房价和房价增长率都更高。孙焱林等(2015)[47]基于中国 59 个大中城市 2000—2011 年的数据，利用面板 VAR 模型研究发现，迁移人口对房价的正向作用较小，房价上升会在短期内阻碍人口迁移，但影响程度逐渐减弱。赵赟飞(2017)[48]利用固定效应回归、D-GMM 等对全国 30 个大中城市的面板数据进行研究发现，虽然人口流动与住房均价之间存在理论上的倒 U 形关系，但从我国目前情况来看，二者之间的关系呈高度近似的线性正相关。杨巧等(2018)[49]通过对全国 30 个大中城市数据的回归分析，认为房价和人口迁移之间存在倒 U 形关系而不是单纯的线性关系，当房价低于拐点时，其上涨会促进人口迁移，而当其高于拐点时，则会对人口迁移产生负向抑制。刘建江等(2018)[50]利用 281 个地级市面板数据，通过构建空间均衡模型，发现房价差异对地区差异有显著的正向影响，而区域间人口的迁移削弱了这种影响。蒲火元等(2018)[51]利用截面回归模型对广州市中心城区流动人口对房价的影响做了相关研究，发现中心城区大量优质资源的集中吸引了大批人口流入是导致房价快速上涨的主要原因。也有学者针对特定迁移人口群体对房价的影响做了相关研究，张超等(2015)[52]利用我国 35 个大中城市 2001—2011 年的面板数据，采用面板回归模型对我国高校扩招背景下的迁移人口对房价上涨的影响进行了研究，结果表明，高校毕业生的迁移推动了迁入城市房价的上涨，且滞后 3 年的推动效果最大。林海波等(2016)[53]认为，与高学历移民相比，蓝领或小工商业者更能促进房价上涨，但房价上涨不会阻碍高学历移民的迁入。李斌(2008)[54]认为，当前阻碍人口迁移的重要原因之一是城市间住房价值差异的拉大，住房对外来人口的排斥影响已经超过了户籍排斥。除了迁移人口数量之外，迁移人口的结构也会影响住房均价。陈鋆泽(2017)[55]利用杭州市 1994—2015 年间的数据，利用 VAR 模型研究了人口自然结构、社会经济结构和地域结构与杭州市住房市场的关系，结果表明，人口自然结构对杭州市住房均价变动的贡献度不高，人口社会经济结构中的家庭规模因素和人口地域结构中的非农人口比重是杭州市房价变动的主要影响因素。黄诗韵(2018)[56]基于全国30个省份1999—2016年的面板数据，研究了人口年龄结构、就业结构和教育结构对住房均价的影响，结果表明，人口年龄结构对房价的影响存在地区差异，东部地区人口年龄结构对房价有抑制作用，而中西部地区的老年人口结构对房价却存在促进作用。

3. 国内外研究评述

国外针对人口迁移的相关研究经过几十年的发展已经趋于成熟，相关理论体系也比较完善，为我国学者进行相关研究提供了重要参考。随着国内、国际人口迁移规模的不断扩大，迁移人口作为人口变动的主体越来越多地受到国外学者的关注，研究重点也从人口迁移趋势、人口迁移的影响因素等逐渐转移到与经济发展相关的领域，又进一步聚焦于迁移人口与房地产市场的关系领域。

国内关于人口迁移的相关研究起步晚于国外，起初也主要是借鉴国外已有的人口迁移理论对我国人口迁移趋势进行分析。随着我国人口迁移地理跨度和规模的不断扩大，对人口迁移的相关研究也不断增多，我国学者将研究视角扩展到人口迁移的影响因素，探讨了经济、交通、人口等多种因素对我国人口迁移的影响。房地产市场的快速发展和迁移人口规模的不断扩大也促使我国学者对迁移人口和住房市场的关系开展了相关研究，除了迁移人口规模外，我国学者还从迁移人口结构、特定迁移群体等角度对迁移人口与住房均价之间的关系进行了研究。其中我国人口普查和人口抽查的相关数据为学者的研究提供了便利，各种计量、遥感工具的使用丰富了我国人口迁移相关研究的成果。

由于住房和土地制度的差异，国外关于迁移人口对房价的影响除了从需求角度考虑之外，还从租金角度进行研究，人口的迁入带来租金的变化进而影响到房价。国内关于迁移人口对房价的影响主要是从迁移人口对住房需求的影响角度出发，探讨需求的变动对迁入地房价的影响。本篇在国内国外相关研究的基础上，通过引入供给、需求和城市基础设施水平等多方面的控制变量，利用最新统计数据，从迁移人口数量的绝对和相对视角对迁移人口与商品住房均价的关系进行研究，并通过引入滞后5年的迁移人口信息和工具变量法缓解迁移人口与商品住房均价之间由于双向因果关系导致的内生性问题，以更好地探究迁移人口与商品住房均价之间的关系。

二、相关概念界定

1. 迁移人口的定义和测度

人口迁移表现为人口在空间上的移动，即人口机械增长。与人口自然变动不同，迁移人口是为了满足自身利益需求而从一个地方迁移到另一个地方进行谋生或者长久定居，因此迁移人口大多数是青壮年，他们对住房的需求一般比较及时，在短期内即对住房市场产生影响，不会像人口自然变动那样存在滞后性。

美国人口咨询局(Population Reference Bureau,PRB)在其编写的《人口手册》中对人口迁移进行了定义,即为了达到半永久或永久定居的目的,人们所进行的跨越一定边界的地理性移动[57]。但是由于我国独特的户籍管理制度,我国对于人口迁移的定义也更为复杂。总结来看,我国学者对于人口迁移的定义主要是从空间属性、目的属性和时间属性三个角度出发分为宽、中和窄三个派别。宽派学者对于人口迁移的定义是基于空间属性,即认为人口迁移是人口区域分布或空间位置的变动;中派学者从目的属性对人口迁移进行界定,认为人口以居住或定居为目的的移动属于人口迁移;而窄派学者主要基于上述三个属性中的两个或三个来对人口迁移进行定义[58]。

在我国统计口径中,常住人口是指在某一地区实际居住达到一定时间(半年)的人口,主要包括:①除了离开本地半年以上的全部常住本地的户籍人口(不包括在国外工作或求学的人);②在本地居住了半年以上但是户口在外地,或者离开户口地半年以上但调查时在本地居住的人;③在任何地方都没有常住户口,但调查时居住在本地的人,如手持户口迁移证、退伍证等尚未办理常住户口的“口袋户口”的人。户籍人口是指已经按照国家相关户籍管理条例在常住地点的公安户籍管理机关登记了常住户籍的人。

对比常住人口和户籍人口的定义可以发现,两项指标的差异主要体现在这样一类人群,即在本地居住半年以上但是户口在外地,或者离开户口登记地半年以上但调查时在本地的人。现阶段我国自发性的人口迁移大多是不改变户籍的人口迁移,这类人群推动了我国城市化进程的发展,其产生的住房需求也对我国城市住房市场的发展起到了促进作用。本篇所研究的对商品住房均价产生影响的正是这部分人口。因此,本篇参考窄派学者观点,从空间、目的和时间三个属性中选取空间和时间两个属性对迁移人口进行定义,即迁移人口为户口不在某一城市但是在该城市居住半年以上,或离开户口登记地半年以上调查时在城市本地居住的人。测算方法如下:

$$MP_{ij}=PP_{ij}-RP_{ij} \tag{1-2-1}$$

其中,下标 i 表示城市,j 表示年度;MP_{ij} 表示 i 城市 j 年的迁移人口;PP_{ij} 表示 i 城市 j 年末的常住人口;RP_{ij} 表示 i 城市 j 年末的户籍人口。

2. **商品住房均价的定义和测度**

“房价”一词包括很多含义,从内涵上看有房地产销售价格、房地产租赁价格等。从形式上看有评估价格、市场价格和成交价格等。从区域范围来看,在描述某一套住房的价格时一般采用总价或单价,在描述某一区域房地产价格时一般采用平均价格。从衡量标准上来看,有房地产价格绝对指标和相对指标。

房地产价格绝对测量指标一般采用商品房平均销售价格,其单位一般为“元/m^2”或“元/套”,但由于不同房地产间差异较大,用“元/套”来衡量的房地产价格不具有可比性,一般只在计算房价收入比时采用。商品房平均销售价格是指一定区域内商品房销售额与其销售面积之比，用“元/m^2”作为单位衡量则有同等面积的比较基础。房地产价格相对指标反映的是某一时期房地产价格的变化趋势或者说是涨跌情况。

本篇探讨的是迁移人口对房价的绝对价格而不是波动趋势的影响，且迁移人口的住房需求主要是对商品住宅的刚性需求，因此本篇选取商品房平均销售价格中的住宅商品房平均销售价格作为房价的测度指标。

三、相关理论概述

1. 人口迁移相关理论

(1) Ravenstein 人口迁移规律

该理论是英国学者 E. G. Ravenstein 在 1885 年提出的，也是人口迁移领域影响力最大的研究成果之一，Ravenstein 对 1871—1881 年间英国和其他国家人口普查等资料进行研究之后，总结出了人口迁移的“七大规律”，也是人口迁移领域最初较为完善的经验性总结。这“七大规律”包括：①人口迁移的距离——人口迁移率与距商业中心的距离成反比；②人口迁移的形态——迁移流具有阶梯式特征，即当某一具有较强人口吸附力的城市在不断吸收其周边城市的迁移人口后，会造成人口迁出城市周边更远城市人口进一步向原迁出城市迁移，这一效应将导致迁移流呈阶梯式上升；③人口迁移的方向——迁移的方向始终是双向的；④迁移人口的城乡差异——城镇居民的迁移意愿小于农村居民；⑤迁移人口的性别差异——女性迁移意愿大于男性，且女性更加倾向于短途迁移；⑥人口迁移的规模发展——交通和工商业的发展会提高迁移概率；⑦人口迁移驱动因素——虽然自然环境和国家政策等因素也会导致人口的迁移，但一般只会造成人口的小规模迁移，经济目的才能引起大规模的人口迁移。

(2) E. S. Lee 四因素理论

1996 年，继 Ravenstein 之后，美国学者 E. S. Lee 提出了一种更具普适性的人口迁移影响因素理论，他将人口迁移的影响因素归为四大类：①与人口迁入地有关的因素，②与人口迁出地有关的因素，③迁移者自身因素，④中间障碍因素[59]。其中前两项因素主要包括对就业机会的预估、生活条件及文娱设施可利用性等，迁移者自身因素包括迁移者的爱好、性格、敏感度及家庭特征等众多因素，中间障碍因素主要是指迁移距离和政策法规等客观因素。其中，人口迁入地和迁出地可能对迁移行为产生正向、负向和正负相抵作用。迁移行为即是在上述四种因素综合作用下的选择。

(3) 推—拉理论

推—拉理论由 R. Herberle 于 1938 年首次提出，之后 D. J. Bogue 和 G. K. Zipf 等学者又进一步针对该理论做了深入研究。

Herberle 对 Ravenstein 关于人口迁移规律的研究进行的总结，并基于迁移人口对迁入地和迁出地的信息完全了解、人口和迁移行为是一种理性选择两种假设，提出了推—拉理论。他认为人口迁移行为的产生主要归结于两方面：一方面是迁出地的负向因素产生的“推力”，另一方面是迁入地更高的经济收入或生活环境等正向因素产生的“拉力”[60]。

在 Herberle 研究的基础上，D. J. Bogue 又对该理论中的推力和拉力因素进行了细化。迁出地的推力因素主要包括迁出地较高的生活成本、自动化和机械化引起的劳动力过剩、自然资源的减少、种族宗教等的歧视和经济发展水平滞后等；迁入地的拉力因素主要包括新行业的兴起、新资源的发现、完善的文化及基础设施和较高的工资水平等。当然，迁出地本身也存在一些拉力因素，如已经形成的稳定的社交网络、熟悉的环境和家人等。但显然，人口迁出地的推力作用要远大于它所产生的拉力。

G. K. Zipf 又进一步提出了引力模型，该模型将万有引力定律引入了推—拉模型，同时也将定量分析引入人口迁移领域。引力模型如下：

$$M_{ij}=K\cdot\frac{P_iP_j}{D_{ij}} \tag{1-2-2}$$

其中，M_{ij} 表示从迁出地 i 到迁入地 j 的迁移人口总量；P_i 表示迁出地 i 的人口规模；P_j 表示迁入地 j 的人口规模；K 为常数；D_{ij} 表示两地之间的距离。

(3) 人口迁移的成本—收益模型

美国经济学家 Schultz(1945) 认为，迁移也可以用投资的思想来解释，它是人力资本投资的一种形式，人们在选择是否迁移时可以从成本和收益的角度综合考量是否要进行这项投资[61]。在此基础上，Sjaastad(1962) 提出了计算人口迁移的具体成本和收益的模型，即从个体决策者角度出发的成本—收益净现值模型[62]。模型如下：

$$PV_{ij}=\sum_{t=1}^{T}\frac{E_{jt}-E_{it}-C_{ijt}}{(1+r)^t} \tag{1-2-3}$$

其中，PV_{ij} 表示人口从 i 地迁移到 j 地投资所获得的收益的净现值；T 表示人口迁移到 j 地之后预计在此生活的时间；E_{jt} 表示人口在 t 期在迁入地 j 获得的收益；E_{it} 表示人口在 t 期在迁出地 i 所获得的收益；C_{ijt} 表示人口在 t 期从 i 地迁移到 j 地的成本；r 是折现率。当且仅当 $PV_{ij}>0$ 时，人口才会产生从 i 地到 j 地的迁移行为，同时迁移者在迁移时会综合考虑各地 PV_{ij} 的大小，选择 PV_{ij} 最大的地方作为其迁入地以期获得最大收益。

2. 住房均价相关理论

(1) 住房供需均衡理论

商品的供给和需求在完全竞争的市场中是由其自身价格调整的，且最终一定会达到需求量等于供给量，需求价格等于供给价格的供求均衡状态。住房也是一种商品，因此，从理论上看，住房也存在这样一种供求均衡状态。

人口是影响住房需求的重要因素之一，如图1-2-1所示，住房供给曲线 S 和需求曲线 D_0 的交点 E_0 即为住房供需均衡点，此时住房均价为 P_0。当发生人口迁移时，迁入地人口数量增加，住房需求随之增加，需求曲线由 D_0 上移至 D_1，住房供给在短期内不会发生变化，因此供给曲线 S 的位置不变，住房供需均衡点由 E_0 变为 E_1，住房均价由 P_0 上涨到 P_1。反之，迁出地住房需求曲线会下移，住房均价下降。

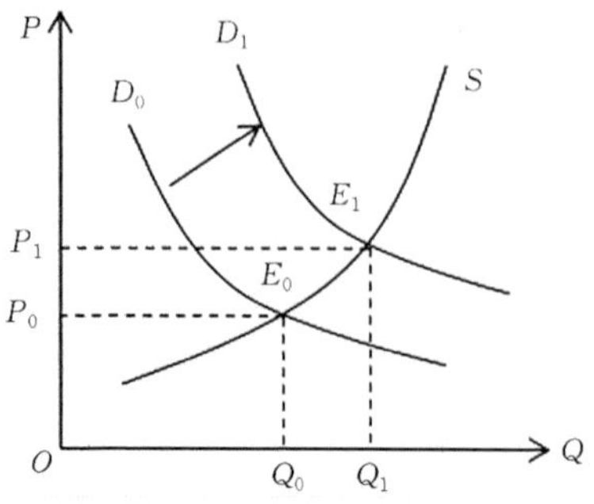

图 1-2-1　住房市场供求均衡图

(2) 住宅市场的四象限模型

四象限模型(图1-2-2)是一种结合定性和定量分析研究房地产市场变化的工具，它将房地产市场划分为以投资为目的的房地产资产市场(第Ⅱ、Ⅲ象限)和以自用为目的的房地产使用市场(第Ⅰ、Ⅳ象限)。

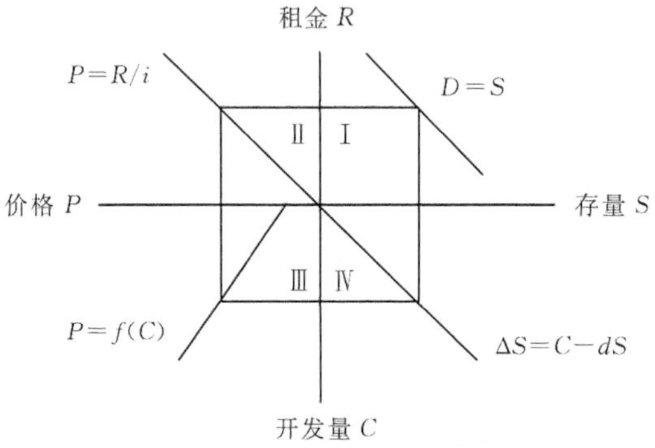

图 1-2-2　四象限模型

第Ⅰ象限为使用市场，横轴为存量，纵轴为租金；曲线表示在特定经济条件下，住宅需求量与租金的关系，当经济条件变化(公司或家庭数量增加)时，曲线会发生移动。第Ⅱ象限为资产市场，横轴为价格，纵轴为租金；曲线斜率表示住宅的资本化率，当资本化率变化时，射线会发生顺时针或逆时针旋转，通过该象限可以利用租金确定住宅价格。第Ⅲ象限也是资产市场，横轴为价格，纵轴为住宅开发量；横轴截距表示为保证一定规模新开发量所要求的最低单位价格，曲线表示住宅新开发量随着开发活动的增多而增加。第Ⅳ象限为使用市场，横轴为存量，纵轴为开发量；ΔS 表示新增开发量，d 表示折旧率或拆除率，曲线表示存量和开发量之间的关系，曲线上的点表示新增开发量全部转化为存量，因此存量保持不变。

当发生人口迁移时，迁入地住宅需求增加，第Ⅰ象限的需求曲线上移，住宅租金增加；在资本化率不变的情况下，第Ⅱ象限中由租金确定的住宅价格上涨；由第Ⅲ象限的开发量曲线可知，价格的上涨将引起住宅开发量的增加，新增开发量部分或全部转化为住宅市场存量。若存量能满足住宅市场需求，将形成一个新的均衡状态下的租金；若存量不能满足住宅市场需求，则第Ⅰ象限的需求曲线又会发生上移，开始新一轮的均衡。

3. 城市迁移人口与商品住房均价互动机制分析

(1) 城市迁移人口对商品住房均价的影响机制分析

从人口数量层面来看，人口的迁入导致城市人口总量的增加，进而提升了城市住房的有效需求，由于个人财富水平和住房需求类型的差异，也有一部分迁移人口会选择租房，在其他住房相关条件不变的情况下，城市的租房需求也会上升，一方面租金的上涨会推动房价的变化，另一方面租房需求的上升也会有效刺激购房需求。

从人口年龄结构层面来看，人口选择迁移很大一部分原因是基于对迁入地城市就业机会的追求，因此迁移人口大多属于劳动年龄人口。劳动年龄人口的增加一方面能够增加迁入地的住房需求，有研究表明，对住房需求强烈的年龄段主要集中在 20 岁到 50 岁之间[64]；另一方面劳动人口的增加也会带来城市生产水平包括房地产市场开发水平的提高，增加了住房供给，在住房市场其他条件不变的情况下，与需求的增加相比，这部分作用相对较小。

从人口就业结构层面来看，城市产业结构的发展符合配第-克拉克定律，即人均收入的提高会导致第二、第三产业从业人员比重的上升。根据推—拉理论，迁入地的就业机会是人口迁移的主要影响因素之一，因此人口会主要迁入第二、第三产业发达、就业机会较多的城市，导致迁入地第二、第三产业从业人员比重的增加，经济发展水平提升，人均收入不断提高，住房刚性需求和投资需求增加，进而引起住房均价的上涨。

综上所述，迁移人口会从人口数量、人口年龄结构和人口就业结构等方面对迁入地的商品住房均价产生影响，迁移人口对商品住房均价的影响机制可以用图 1-2-3表示。

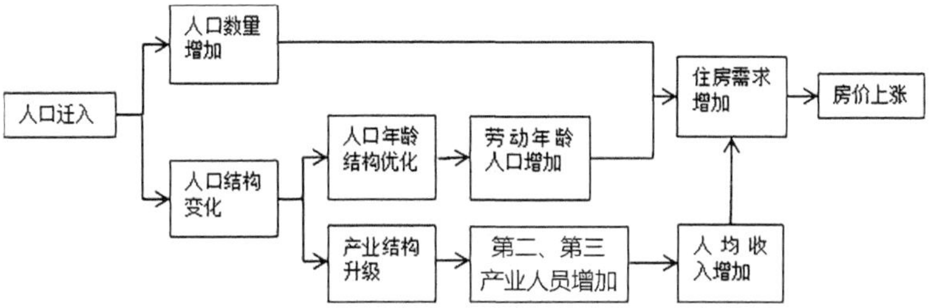

图 1-2-3　迁移人口对商品住房均价的影响机制

(2) 城市商品住房均价对迁移人口的影响机制分析

从城市层面来看，根据 E. S. Lee 四因素理论，城市属性是人口迁移决策的重要考虑因素之一，包括城市的经济水平、就业机会、基础设施及环境条件等。但理论上讲，城市也会存在一个最佳人口规模，商品住房均价与人口迁移之间存在最大规模效应。如图 1-2-4 所示，正常情况下，城市人口规模与房价的约束曲线为 S_0，

当房价低于 P_0 时，房价的增长并不会抑制人口的迁入；而当房价高于 P_0 时，房价的进一步增长将抑制人口的迁入，P_0 所对应的 M_0 即为房价约束下的最大人口规模。当城市属性发生变化时，约束曲线也会随之变化，当城市经济下行时，失业率上升，居民生活水平下降，约束曲线会由 S_0 下移至 S_a，此时房价约束的最大人口规模也会随之下降至 M_a，导致人口停止迁入或者选择迁出；当城市经济上行时，城市就业条件改善，人均收入增加，约束曲线会上移至 S_b，人口规模相应扩大为 M_b，将会有更多的人口迁入。

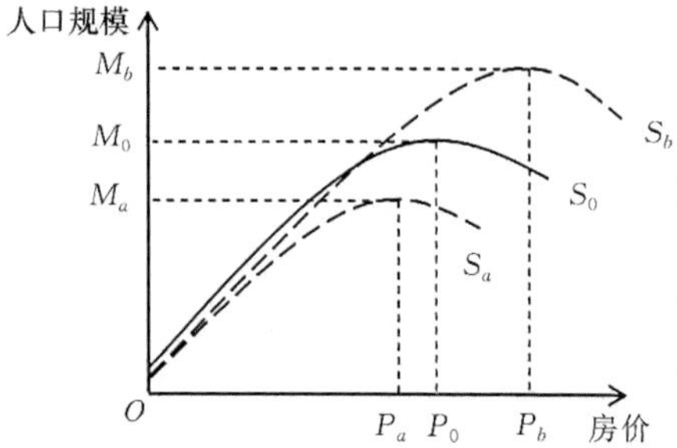

图 1-2-4 城市房价与人口最大规模效应的关系

从迁移者个体层面来看，根据人口迁移的成本—收益理论，迁移者的迁移决策受预期净收入的影响，也就是迁移者在决定是否进行迁移时，会将迁入地和迁出地的成本和收益的差额即收入净现值进行衡量，只有当迁入地的收入净现值大于迁出地的收入净现值时，迁移者个体才会选择迁移。从前文分析可知，住房成本是迁移成本的重要组成部分，随着现在城市住房均价的不断增长，住房成本在迁移成本中所占的比重越来越大，因此从迁移者个体层面来看，商品住房均价对人口迁移的影响机制主要是通过影响迁移者的迁移成本进而影响其迁移决策。

综上所述，商品住房均价会从城市层面和迁移者个体层面对迁移人口产生影响，在城市属性不变时商品住房均价对迁移人口的影响机制可以用图 1-2-5 表示。

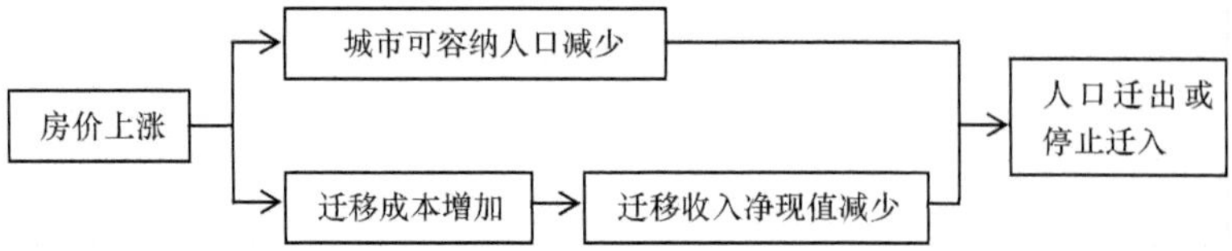

图 1-2-5 商品住房均价对迁移人口的影响机制

四、本章小结

首先，本章对国内外关于人口迁移和住房均价的相关研究成果从人口迁移趋势、人口迁移的影响因素和迁移人口与住房均价的关系三个方面进行了综述。

其次，对迁移人口和住房均价的概念进行了界定并分别选取了测度指标，定义迁移人口为在本地居住半年以上但是户口在外地，或者离开户口登记地半年以上但调查时在本地的人，选取指标迁移人口＝年末常住人口－年末户籍人口，住房均价的测度指标选取住宅商品房平均销售价格。

最后，对人口迁移和住房均价领域具有代表性的相关理论进行了阐述。人口迁移相关理论包括 Ravenstein 人口迁移规律、E. S. Lee 四因素理论和人口迁移的成本一收益模型;住房均价基础理论包括住房供需均衡理论和住宅市场的四象限模型。另外,本章还从理论层面对迁移人口和商品住房均价间的互动机制进行了探讨。迁移人口会从人口数量和人口结构(包括人口年龄结构和人口就业结构)等层面对商品住房均价产生影响,城市商品住房均价会从城市最大人口规模和迁移成本两方面影响人们的迁移决策。

第三章 我国30个大中城市迁移人口与商品住房均价现状分析

一、30个大中城市迁移人口现状分析

改革开放以来，户籍制度的改革以及经济转型等一系列原因推动了我国人口在不同区域之间的迁移。目前，中国经济已经步入新常态，人口自然红利的作用逐渐变小，人口机械增长取代人口自然增长成为我国人口增长的核心方式，城市和居民也在进行着双向选择，为了自身的发展和生活条件的改善，人们更乐意迁往经济发展水平较高、生活设施配套完善的城市，而城市为了增强自身竞争力和吸引力也在不断利用各种措施吸引人才的迁入。

从图1-3-1可以看出，近10年来，我国城镇化率由2007年的45.9%提升到2017年的58.52%，且未来有进一步上升的趋势。国际经验表明，一个国家的城镇化率如果达到30%～70%，标志着其城镇化进程正在加速，此时人口的迁移会显著促进其住房市场的发展[48]。

由于我国30个大中城市发展情况和人口迁移情况的区域差异明显，因此本篇将这30个大中城市分为东部、中部和西部城市，并对其2006—2016年10年间的迁移人口规模①变化和迁移人口发展情况进行分析。

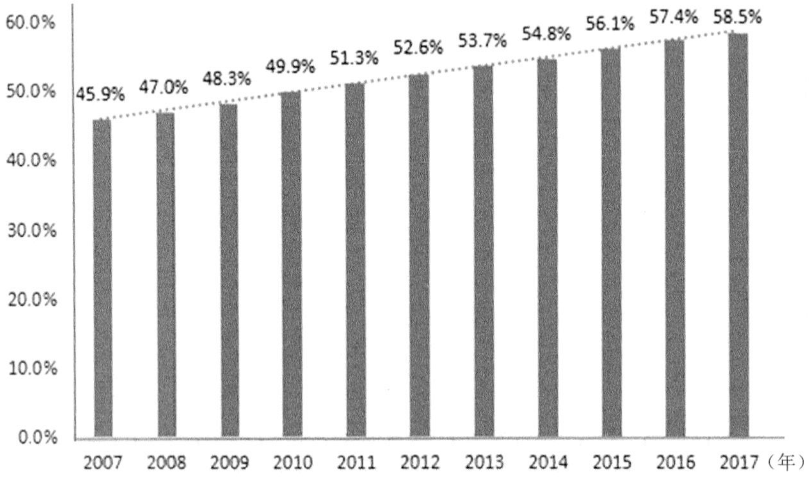

图1-3-1 2007—2017年我国城镇化率

① 本篇迁移人口规模用迁移人口占比表示，迁移人口占比=(年末常住人口－年末户籍人口)/年末常住人口。

1. 东部城市迁移人口规模大、涨幅明显

由于 30 个大中城市中有 14 个属于东部城市，且各个城市迁移人口规模差异显著，因此将东部城市按照迁移人口平均占比水平的不同分为三个层次进行分析。

(1) 第一层次：2006—2016 年迁移人口平均占比在 30%以上

第一层次包括北京、上海、广州、深圳和厦门 5 个城市，这些城市 2006—2016 年迁移人口平均占比达到 30%以上，且波动趋势较平稳，2016 年这 5 个城市的迁移人口占比平均为 45.34%。不难发现，这些城市也是我国东部沿海经济发展水平较高的城市，同样其住房均价水平也居于上游。深圳迁移人口占比最高，一直保持在 70%左右，2016 年深圳迁移人口占比达到 67.67%，深圳所拥有较为开放的创业环境和政府的政策扶持加强了其人才吸引力，促进了人口的迁入。广州作为珠三角的主要城市之一，一直拥有较强的人口吸附能力，2006—2016 年，广州的迁移人口占比增长了约 11%，2016 年广州迁移人口占比为 38.05%。2006—2016 年前期北京和上海的迁移人口规模一直保持平稳增长，由于高昂的房价、生活成本等的阻碍和控制人口规模政策的提出，迁移人口占比在 2010 年之后增长相对缓慢。上海迁移人口占比在 2013 年达到 40.7%，之后缓慢下降，2016 年迁移人口占比为40.08%；北京迁移人口占比在 2014 年达到最大，为 38.03%，之后 2 年也在缓慢下降，2016 年为 37.28%。厦门的迁移人口占比近 10 年一直稳定在 40%左右，2016 年，厦门市户籍人口口径城镇化率达84.73%，常住人口口径城镇化率达 89.0%，远超全国城镇化率 57.35%，已达到城镇化高级阶段，城镇化的发展使得厦门的人口吸引力大大增强，2016 年，厦门迁移人口占比达到 43.62%。如图 1-3-2 所示。

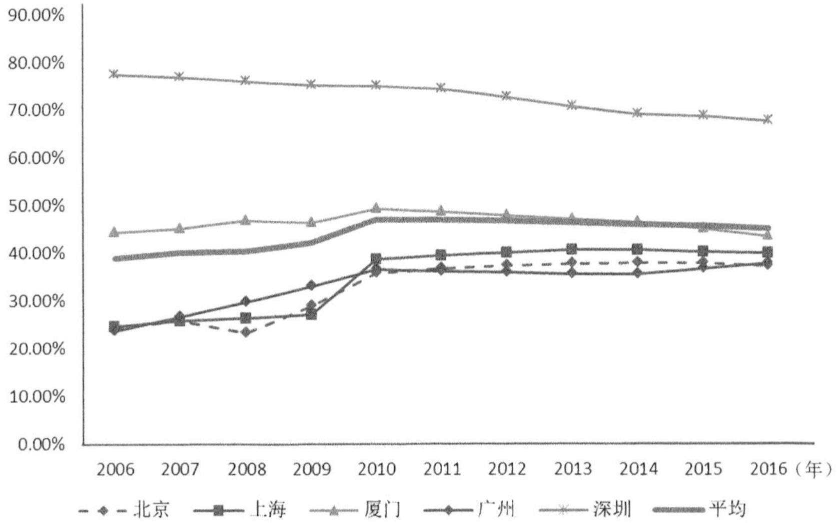

图 1-3-2　第一层次东部城市 2006—2016 年迁移人口占比变化趋势图

(2) 第二层次：2006—2016 年迁移人口平均占比在 20%至 30%

第二层次为 2006—2016 年迁移人口平均占比在 20%至 30%的东部城市，包

括天津、南京、杭州、宁波和海口 5 个城市，2016 年这 5 个城市迁移人口平均占比为 24.69%。从图 1-3-3 可以看出，天津属于这一层次中迁移人口占比增长最快的城市，10 年间，天津迁移人口占比增长了约 21 个百分点，2016 年达到 33.14%，由于京津冀一体化的发展和城际轨道交通的建设，天津承接了大量北京的外溢人口。另外，天津近些年也在积极探索产业转型，吸引了许多企业进驻，为其经济发展和人才吸引作出了不少贡献。除了天津之外，海口迁移人口占比增长也十分迅速，2006 年海口迁移人口占比为 14.62%，2016 年增长到 25.65%，10 年间增长了约 11 个百分点，由于区位原因，海口不像杭州、上海等东部沿海城市拥有大量的户籍和常住人口，但是海口拥有优越的旅游资源，加上"国际旅游岛"和"中国冬都"战略的双重影响，使得海口的人口吸引力不断增强，成为迁移人口占比较大的城市之一。作为东部沿海经济较为发达的城市，2006—2016 年南京、杭州和宁波的迁移人口占比增长分别为 4.28，6.09 和 8.4 个百分点，但是在 2010 年左右这 3 个城市的迁移人口占比开始呈现缓慢下降趋势，东部沿海产业结构的升级和劳动力成本的增加使得一些城市的劳动密集型产业逐渐转移到中西部地区，迁移人口占比也随之缓慢下降。如图 1-3-3 所示。

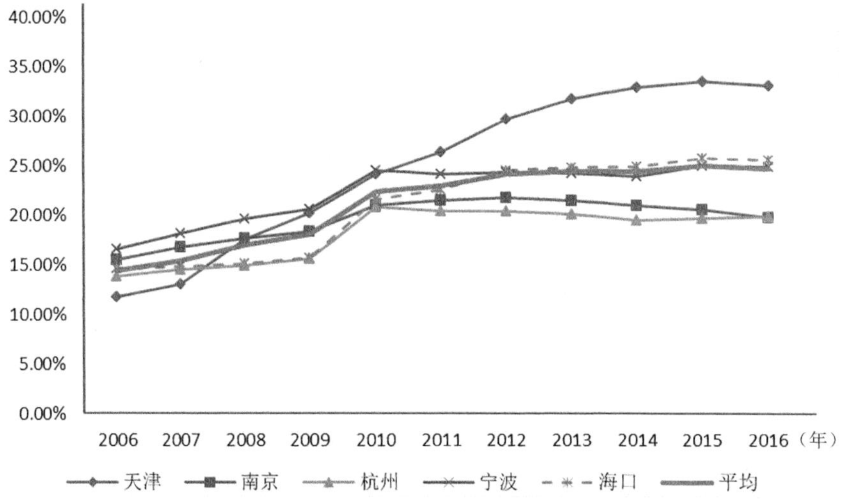

图 1-3-3 第二层次东部城市 2006—2016 年迁移人口占比变化趋势图

（3）第三层次：2006—2016 年迁移人口平均占比在 10%以下

第三层次为 2006—2016 年间迁移人口平均占比在 10%以下的东部城市，包括福州、济南、青岛和石家庄 4 个城市，2016 年这 4 个城市的迁移人口平均占比为9.89%。福州 2006—2016 年间常住人口一直维持在 700 万左右，2016 年常住人口达到 757 万，迁移人口为 70 万，迁移人口占比由 2006 年的 7.19%增长到 2016 年的 9.25%，增长最快的年份为 2009—2010 年，迁移人口从 49.08 万增长到65.64 万，2011 年以后，迁移人口占比基本平稳但总体呈现下降趋势。济南和青岛是山东省两个具有代表性的城市，2006—2016 年间，济南迁移人口占比增长了5.17 个百分点，青岛增长了 4.23

个百分点。虽然早些年青岛对海尔、海信这些企业的倚重比较大，但得益于海洋经济和旅游经济的崛起，近年来青岛自有优势得以充分发挥，经济开始变得更加多元和活跃，中小型企业和创微企业猛增，人口吸引力不断增强，使得青岛的迁移人口占比始终高于济南，2016 年，青岛迁移人口占比达到14.06%，济南为 12.49%。石家庄为第三层次城市中迁移人口占比最低的城市，由于 2010 年以前，石家庄没有常住人口数据的统计，所以 2010 年以前石家庄的迁移人口无法进行分析。2010—2012 年，石家庄迁移人口占比一直为 3%左右，受益于京津冀一体化和京津石 1 小时通勤圈的形成，石家庄的人口吸附能力正在不断增强，2013 年增长至 4.46%，2016 年迁移人口占比为 3.75%。如图 1-3-4 所示。

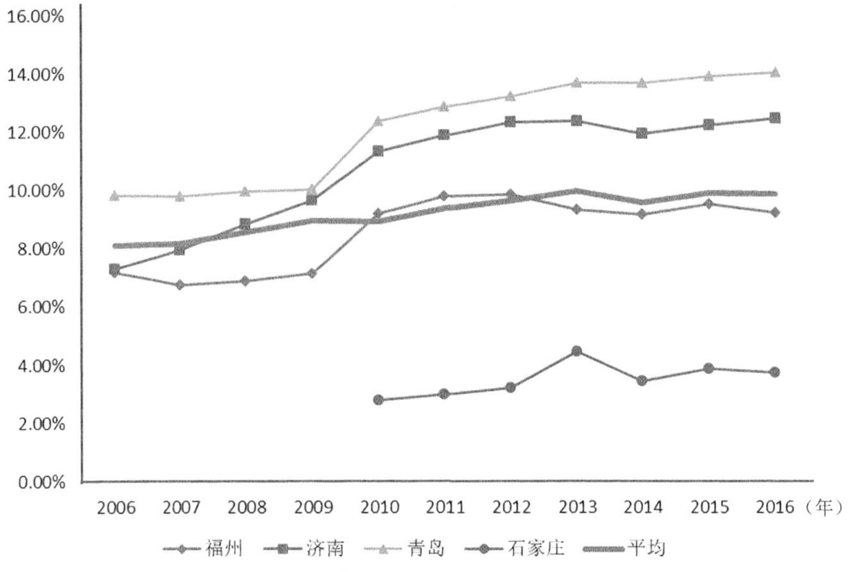

图 1-3-4　第三层次东部城市 2006—2016 年迁移人口占比变化趋势图

2. 中部城市迁移人口规模稳步增长

从图 1-3-5 可以看出，中部城市间迁移人口占比差异显著，总体来看，2006 年以来中部城市迁移人口平均占比逐渐增加，2016 年达到 13.73%。呼和浩特 2006—2016 年的迁移人口占比最高，但增幅缓慢，10 年间迁移人口占比仅增长 2.57 个百分点，2016 年迁移人口占比为 21.98%。随着能源价格的走低，依赖能源、重化工等的沈阳和太原近年来迁移人口占比增长缓慢，2016 年，沈阳迁移人口占比为 11.48%，太原为 14.83%；2015 年 1 月 14 日国家发改委编制跨省区城市群规划，将山西中部的城市群定名为“太原城市群”，作为产业梯度转移的承接地，承接东部产业转移，促进中西部经济发展；太原作为核心城市，其人口吸引力有望进一步提升。武汉是中部城市中近 10 年迁移人口占比增长速度最快的城市，2006—2016 年，迁移人口占比增长了 15.66 个百分点，涨幅比肩北上广等一线城市。武汉作为中部省会城市，具有较强的经济和产业基础，在承接东部产业转移上占有重要地位；同时，武汉是我国五大交通枢纽之一，交通十分发达，近年来又不断出台人才吸引政策，吸引了大批迁移人口。同样作为五大交通枢纽之一的郑州，近年来迁移人口占比不断增长，2016年，郑州迁移人口占比达到20.2%，2016年年底，国家发改委编制的《促进中部地区崛起“十三五”规划》(以下简称《规划》)得到国务院正式批复，《规划》中明确提到，支持郑州、武汉建设国家中心城市，又进一步提升了郑州的人口吸引力，长期来看，郑州的迁移人口占比有进一步增加的趋势。中部城市中迁移人口占比最低的是南昌，2010年以前，其迁移人口占比一直为负，2010—2016年，迁移人口占比不断上升，2016年，南昌迁移人口占比达到2.63%。近年来，南昌也在不断出台人才吸引政策，2018年3月，南昌发布“零门槛落户”政策，人口吸引力有望进一步提升。

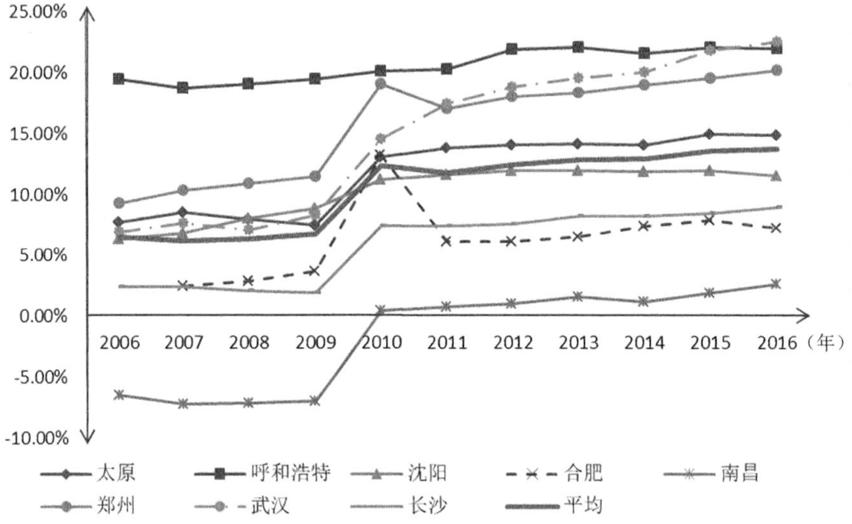

图1-3-5　2006—2016年中部城市迁移人口占比变化趋势图

3. 西部城市迁移人口规模波动较大

相比东部和中部城市迁移人口发展趋势，西部城市的迁移人口波动较大，总体来看，西部城市人口吸引力普遍较弱，2016年西部城市迁移人口平均占比为14.44%。西宁和西安2006—2016年迁移人口占比相对稳定，西宁的迁移人口占比一直稳定在12%左右，西安迁移人口占比维持在6%左右。昆明、贵阳和成都迁移人口占比在2006—2016年间整体稳定，但存在小幅波动，昆明和贵阳作为两个西南省份的省会城市，人口吸引力比较强，两个城市的迁移人口占比转折都出现在2010年，贵阳迁移人口占比自2010年激增到22.12%后开始下降，2016年，贵阳迁移人口占比为14.62%；2006—2009年，昆明迁移人口占比持续下降，2010年突然下降至9.31%，2011年后又开始逐渐增长，2016年达到16.77%。兰州和银川2006—2016年间的迁移人口占比波动较为剧烈，这两个城市也是西部城市中经济发展力较弱的两个城市，兰州的迁移人口占比在2013年和2014年分别为

－1.22％和－2.24％，2015年开始转为正值，2016年迁移人口达到46.6万。银川的迁移人口占比转折点出现在2010年和2014年，2009—2010年，迁移人口占比从8.61％增加到20.76％，达到近10年最高；而2013—2014年，迁移人口占比从17.14％减少到7.94％，出现人口流失趋势。如图1-3-6所示。

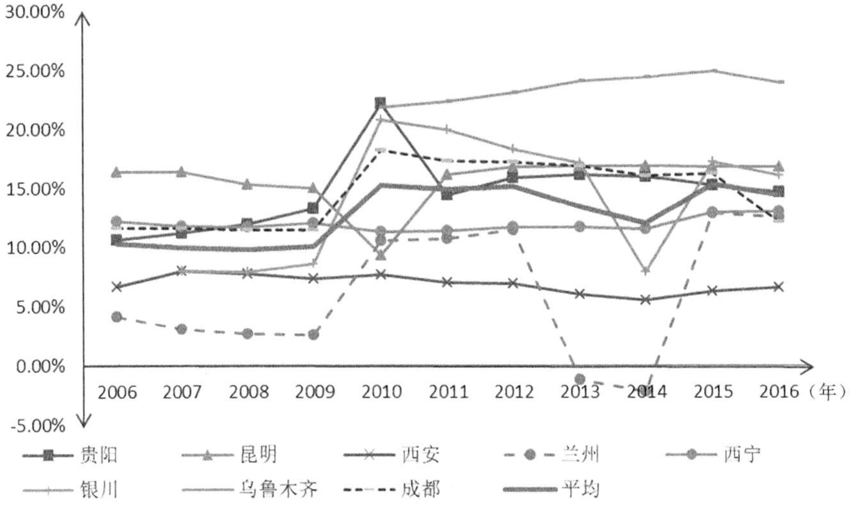

图1-3-6　2006—2016年西部城市迁移人口占比变化趋势

通过前面对30个大中城市2006—2016年迁移人口规模的分析，做出如下总结：

(1) 东部城市迁移人口占比普遍较高，沿海发达城市仍是我国人口的迁移首选地；

(2) 产业转移、重点城市人口外溢效应、政策扶持和轨道交通的发展在人口迁移过程中的作用越来越强，天津、武汉、郑州等正逐渐成为新的人口聚集地；

(3) 中西部核心省会城市人口吸引力正不断增强，西部城市人口吸引力普遍较弱。

二、30个大中城市商品住房均价现状分析

1. 东部城市商品住房均价高、涨幅大

(1) 第一层次：2006—2016年商品住房均价高于10000元/m²

第一层次为2006—2016年商品住房均价在10000元/m²以上的东部城市，包括北京、上海、广州、深圳、厦门和杭州6个城市，2016年这6个城市的商品住房均价已经突破20000元/m²，为22076元/m²，2006—2016年间，商品住房均价涨幅达到274.4％。房价的上涨需要人口作为支撑，这6座城市都是我国迁移人口占比较高的城市，其中北上广深和厦门在东部城市迁移人口占比中皆属于第一层次，近10年迁移人口平均占比均达到30％以上。近10年商品住房均价上涨最快的是深

圳，从2006年的8848元/m² 上涨到2016年的45498元/m²，10年间增长了4倍多，2014—2016年间，住房均价更是一路上涨。北上广作为传统一线城市，住房均价一直居高不下，2006—2016年住房均价涨幅均在200%以上，近年来由于房地产调控政策的不断出台，住房均价涨幅放缓，但强大的人口吸附能力仍然为这些城市带来了源源不断的住房需求，2016年北京、上海和广州的商品住房均价分别为28489元/m²，25910元/m² 和16346元/m²。杭州作为新一线城市，发展潜力巨大，人口吸引力也在不断增强，近10年商品住房均价呈现稳步上涨趋势，2016年均价为16211元/m²。厦门的商品住房均价从2006年到2016年增加了将近3倍，而这一段时间内厦门的迁移人口占比仅次于深圳，成为30个大中城市中迁移人口占比排名第二的城市，侧面说明城市迁移人口与商品住房均价之间似乎存在一些关联效应。如图1-3-7所示。

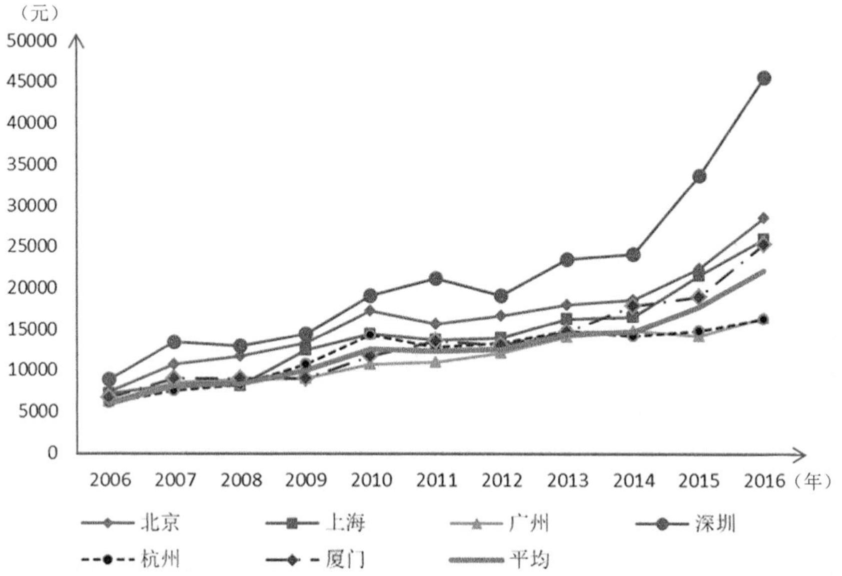

图1-3-7 第一层次东部城市2006—2016年商品住房均价变化趋势

（2）第二层次：2006—2016年商品住房均价高于7000元/m²

第二层次为2006—2016年商品住房均价在7000元/m² 以上的东部城市，包括天津、南京、宁波和福州4个城市，这4个城市2016年的商品住房均价也已突破万元大关，为13388元/m²，且2006—2016年间上涨了197.5%。其中，南京商品住房均价的涨幅最大，2006—2016年，上涨了3倍多，2015—2016年更是由11260元/m²上涨到了17884元/m²。南京作为江苏省的省会，是苏南重要的人口流入型城市，同时作为京沪铁路必停之地，南京的交通也非常发达，完善的交通和高度的城市支撑了南京快速上涨的房价。在国家城市等级划分中，天津和宁波属于新一线城市，福州属于二线城市，总体来看，这些城市的发展潜力和人口吸引潜力都比较大，房地产市场发展水平也比较类似。天津的商品住房均价在2006—

2016年间上涨了176.8%，除了在2011—2012年发生小幅下降外，均保持上涨趋势。得益于京津冀一体化和产业转型，天津吸引了大批人口迁入，经济水平发展迅速，商品住房均价也在2016年超过10000元/m²，达到12870元/m²。宁波商品住房均价在2006—2010年上涨趋势明显，在2010年突破万元大关之后，商品住房均价发展趋势平稳，一直维持在11000元/m²左右，2016年为11738元/m²，2017年4月，宁波出台限购政策，未来商品住房均价走势预期将继续保持平稳或小幅上涨。福州2006—2016年商品住房均价增长了178.1%，从2012年开始，商品住房均价波动幅度减小，2016年为11058元/m²。如图1-3-8所示。

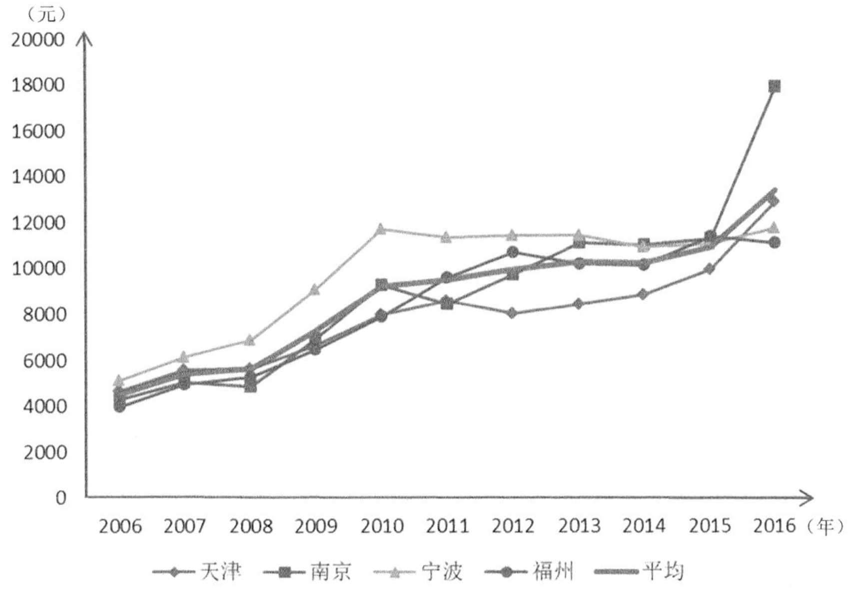

图1-3-8　第二层次东部城市2006—2016年商品住房均价变化趋势

(3) 第三层次：2006—2016年商品住房均价低于7000元/m²

第三层次包括石家庄、济南、青岛和海口4座城市，这些城市2006—2016年商品住房均价小于7000元/m²，但上涨幅度也十分明显，2006—2016年平均涨幅为180.2%，2016年达到8406元/m²。从图3-9可以看出，第三层次城市2006—2016年的商品住房均价呈现明显的上升趋势，除个别城市有小幅度波动外，整体发展趋势基本一致。上涨幅度最大的是石家庄，2006—2016年上涨了266.8%，虽然石家庄的商品住房均价基数低，但石家庄深受京津冀一体化和轨道交通发展的影响，迁移人口规模的提高带来了大量商品住房需求，商品住房均价持续上涨；近年来，石家庄政府也出台了一系列调控政策，推进了房地产市场的规范化发展；2016年，石家庄商品住房均价达到7354元/m²。济南和青岛的商品住房均价变化趋势基本一致，与迁移人口占比一样，济南的商品住房均价略低于青岛，2016年，济南商品住房均价为8405元/m²，青岛为8997元/m²。海口2006—2016年商品住房均价从2673元/m²上涨到8868元/m²，除2010—2011年出现下降趋势之外，

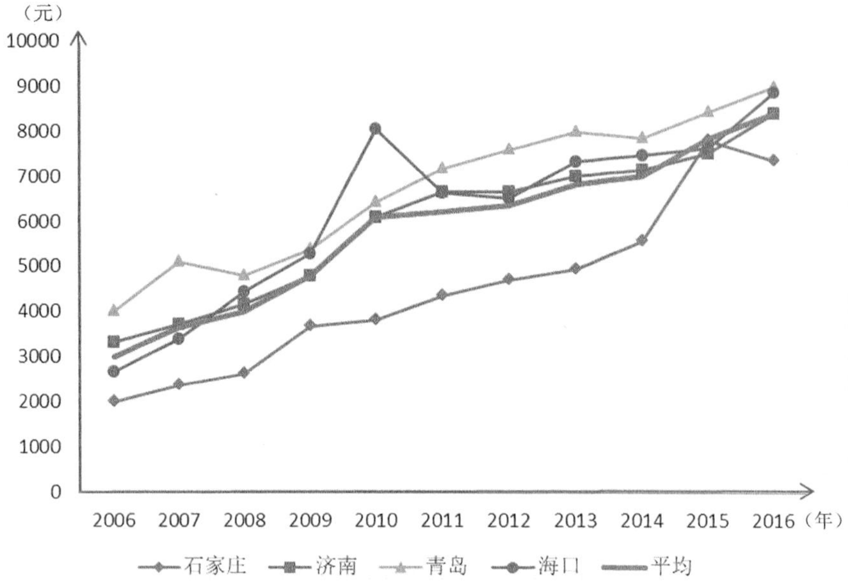

图 1-3-9 第三层次东部城市 2006—2016 年商品住房均价变化趋势

一直呈现上涨趋势，且其迁移人口占比也在持续上涨。

2. 中部城市商品住房均价整体呈现平稳增长态势

中部城市的商品住房均价虽然普遍低于东部城市，但 2006—2016 年涨幅依然十分明显，2006—2016 年间，中部城市商品住房均价上涨了 161.79%，2016 年均价为 7559 元/m^2。沈阳、南昌和郑州的商品住房均价涨幅较为平稳，其中，郑州的涨幅最高，从 2006 年的 2691 元/m^2 上涨到 2016 年的 8093 元/m^2，增长了 200.7%。郑州是我国中部的重要城市，交通优势突出，国家中心城市战略的提出更进一步提高了郑州的城市地位，郑州房地产市场近年来发展迅速。武汉和合肥的商品住房均价在近几年上涨迅速，武汉的商品住房均价从 2014 年的 7399 元/m^2 上涨到 2016 年的 9819 元/m^2，即将突破万元大关。合肥作为安徽省的省会，已经被列入"一带一路"节点城市和长三角城市群副中心，还成为国家重要的科研教育基地、现代制造业基地和综合交通枢纽，城市经济不断发展，2016 年，合肥的商品住房均价达到 9312 元/m^2。太原的商品住房均价在 2010 年出现大幅上涨，其迁移人口占比也在 2009—2010 年出现大幅提高，迁移人口与商品住房均价关联效应凸显。作为中部经济圈核心城市的长沙，与其他经济发展水平相当的中部城市相比，商品住房均价一直处于洼地，在 2014 年和 2015 年出现比较明显的下降趋势，这一方面因为长沙的土地供给相对充足，政策性住房发展比较健全，商品住房需求被削弱；另一方面长沙的迁移人口占比长期稳定在 6%左右，而同样作为中部城市的武汉，迁移人口占比则达到 20%，作为省会城市来说，长沙的人口吸引力较弱，也缺乏人才吸附力强的支柱型产业。如图 1-3-10 所示。

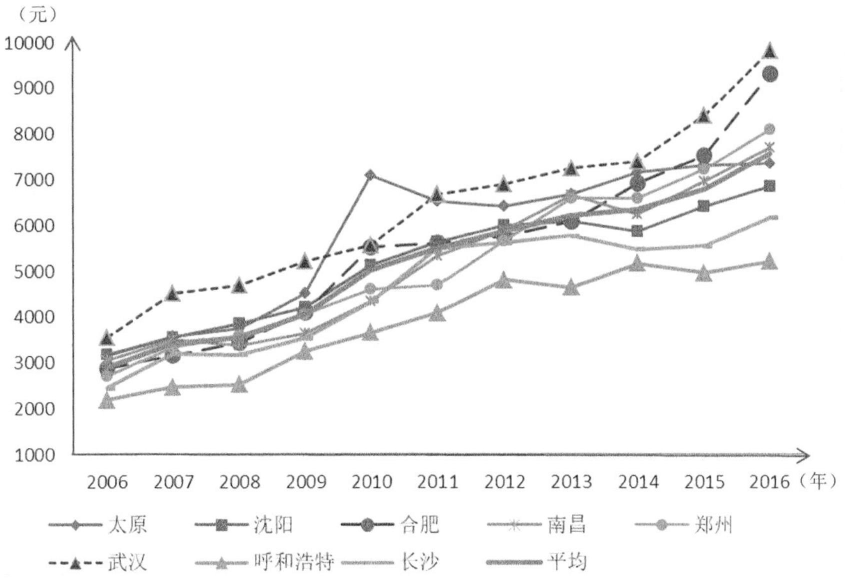

图 1-3-10 中部城市 2006—2016 年商品住房均价变化趋势

3. 西部城市商品住房均价相对较低、涨幅较慢

西部城市由于经济发展条件和地理位置的限制，商品住房均价涨幅与东部和中部城市相比偏低，2006—2016 年间，西部城市商品住房均价上涨了 136.03%，2016 年均价为 5631 元/m^2。其中，成都的商品住房均价近年来上涨趋势明显，2016 年达到 7377 元/m^2，国家中心城市、新一线城市、自由贸易区、国家级天府新区等各种利好政策的助推也进一步加速了成都房价的上涨；此外，成都承接沿海发达城市的机遇，随着北上广深生活成本增加，大量人才返回内地，成都是一个创新创业非常不错的理想地，人口的流入增加了成都的住房需求，房价上涨大趋势已形成。昆明的商品住房均价在 2010—2011 年增长明显，由 3405 元/m^2 增长到 4550 元/m^2，而其迁移人口占比也在这一时期出现了大幅提高，人口推动房价上涨效果明显。近年来，昆明商品住房均价增幅放缓，并在 2015—2016 年间出现了下降趋势，2016 年，昆明商品住房均价为 6851 元/m^2。与昆明一样作为西南省会城市的贵阳，由于地理位置和经济基础的限制，以及缺乏像昆明那样的旅游投资需求，商品住房均价和涨幅均比昆明低，2016 年，贵阳商品住房均价为 5392 元/m^2。银川和乌鲁木齐的商品住房均价在 2013 年以前一直呈现上涨趋势，2013—2016 年开始出现波动，并且在 2015—2016 年出现了小幅下降趋势。银川的商品住房均价从 2015 年的 4498 元/m^2 下降到 2016 年的 4448 元/m^2，乌鲁木齐的商品住房均价从 2015 年的 6142 元/m^2 下降到 2016 年的 5829 元/m^2；而在同一时期，这两个城市的迁移人口占比也都出现了小幅下降。西安作为陕西省的省会城市，商品住房均价在陕西省也处于上游水平，2011 年以前，西安的商品住房均价上涨迅速，2011 年 2 月，西安开始实施限购政策，因此 2011 年以后，西安的商品住房均价涨幅

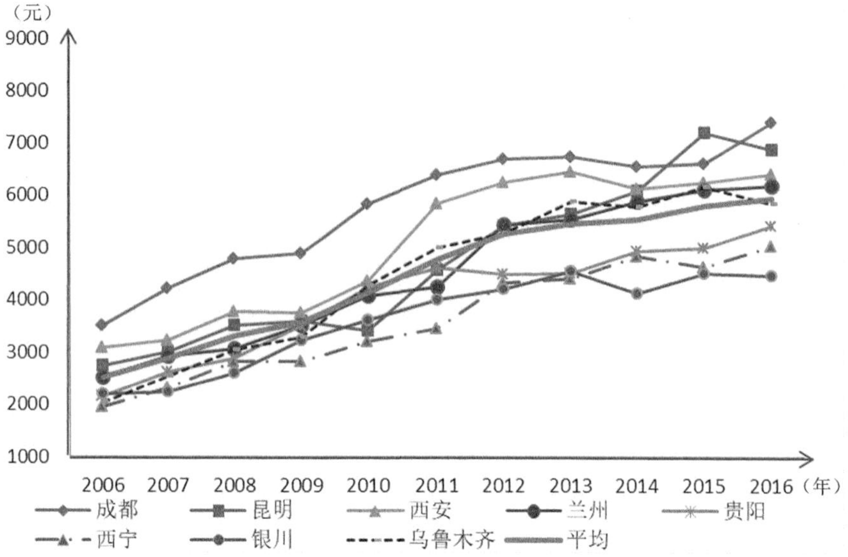

图 1-3-11　西部城市 2006—2016 年商品住房均价变化趋势

放缓，2016 年西安商品住房均价为 6385 元/m²。如图 1-3-11 所示。

通过对我国 35 个大中城市 2006—2016 年商品住房均价的分析，做出如下总结：

(1) 商品住房均价存在明显的区域和城市等级差异性，东中西部商品住房均价差异明显。

(2) 城市发展外溢效应对商品住房均价存在显著影响，郑州、石家庄、南京和天津等城市受周边核心城市影响，正成为新的房价高地。

(3) 迁移人口是城市商品住房均价的有力支撑，迁移人口占比高的城市商品住房均价普遍高于同等级迁移人口占比低的城市。

通过对 30 个大中城市迁移人口和商品住房均价变化趋势的分析可以看出，各城市间迁移人口和商品住房发展情况差异性明显，但迁移人口规模和商品住房均价变化趋势之间存在一定的相关性，即迁移人口占比较大的城市一般商品住房均价较高、上涨速度较快，而且通过对迁移人口和商品住房均价之间影响机制的分析也可以看出，理论上二者之间存在密切的相关性。接下来通过绘制散点图对迁移人口和商品住房均价之间的关系进行判断。

图 1-3-12 为利用 2011 年和 2016 年的迁移人口占比和商品住房均价数据绘制的 2011 年和 2016 年的迁移人口占比和商品住房均价关系的散点图。从图中可以看出，迁移人口占比和商品住房均价之间存在显著的正相关关系，验证了前面理论分析的结果，且 2011 年和 2016 年迁移人口占比和商品住房均价之间关系的线性拟合程度较高，R^2 分别达到了 57.7%和 63.3%。

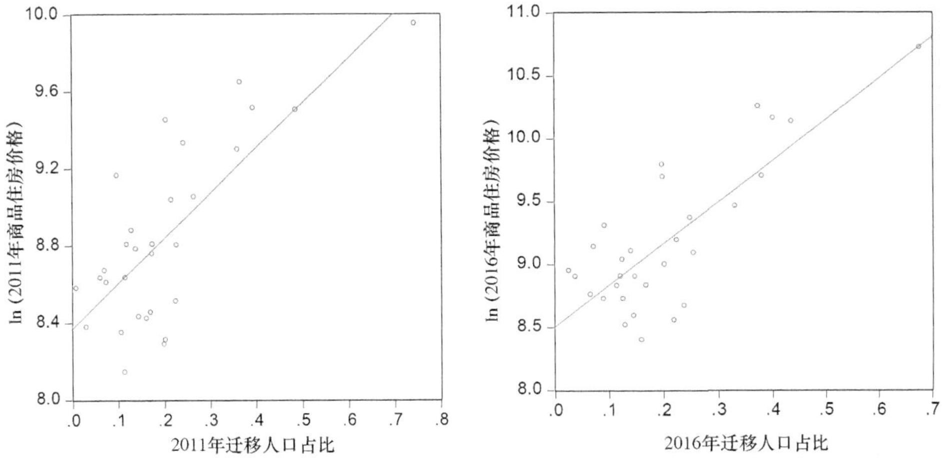

图 1-3-12　迁移人口占比与商品住房均价关系散点图

三、本章小结

首先，本章将我国 30 个大中城市分为东部、中部和西部，并对其 2006—2016 年 10 年间的迁移人口发展情况和现状进行了分析。由于各城市区位和经济发展水平的差异，其迁移人口规模也存在显著的差异。东部城市普遍迁移人口占比较高，规模较大；得益于轨道交通的发展和承接东部地区产业转移，武汉、郑州等中部城市迁移人口规模不断扩大；西部城市的人口吸引力较弱，但西部核心省会城市如银川等人口吸引力正在不断增强。

其次，本章对我国 30 个大中城市 2006—2016 年 10 年间的商品住房均价发展情况和现状进行了分析。30 个大中城市商品住房均价整体呈现上升趋势，但区域差异性明显，东部地区的北上广深等核心一线城市商品住房均价 10 年间上涨迅速；由于交通发达和国家政策的扶持，郑州、武汉等中部城市正成为新的房价高地；西部城市商品住房均价较低且涨幅缓慢，但得益于大城市高昂房价的挤出效应和返乡置业需求的增多，成都、银川等西部核心省会城市近年来商品住房均价不断上涨。

最后，在理论及现状分析的基础上，本章绘制了 2011 年和 2016 年迁移人口和商品住房均价之间的散点图对二者之间的关系进行预判，结果显示二者之间呈现显著的正相关关系，且拟合程度较高。

第四章 迁移人口与商品住房均价关系实证分析

一、变量选取、数据说明及模型设定

1. 变量选取

本篇选取 30 个大中城市(北京、天津、石家庄、太原、呼和浩特、沈阳、上海、南京、合肥、杭州、南昌、宁波、福州、海口、厦门、济南、青岛、武汉、长沙、深圳、贵阳、昆明、西安、广州、兰州、西宁、银川、郑州、乌鲁木齐、程度)作为研究对象,探讨其迁移人口与商品住房均价之间的关系。

(1) 迁移人口

根据前文对这 30 个大中城市迁移人口和商品住房均价现状的分析可以看出,迁移人口规模与商品住房均价之间存在一定的相关性,故本篇选取 30 个大中城市的 2016 年迁移人口占比和 2011—2016 年迁移人口占比变化作为解释变量,来解释 2016 年商品住房均价水平。另外,为了缓解迁移人口和商品住房均价之间由于双向因果关系导致的内生性问题,在解释变量中加入滞后 5 年的迁移人口信息,即 2011 年迁移人口占比,进一步探讨迁移人口与商品住房均价的关系。

(2) 商品住房均价

由于迁移人口对城市房价的影响主要体现在住宅价格上,综合考虑数据的可获得性及统计口径的一致性,本篇选取 30 个大中城市 2016 年住宅商品房平均销售价格作为被解释变量。

(3) 控制变量

根据住房供需均衡理论,供给和需求决定了住房均价,周京奎(2008)[65]的研究表明,基础设施作为一个城市的主要公共品,对城市房价存在溢价效应;另外,根据 E. S. Lee 的四因素理论,城市基础设施水平作为四因素中迁入地因素的一方面对人口迁移决策也存在影响。因此,本篇从供给、需求和城市基础设施层面选取如下控制变量:

① 供给层面

对于供给层面的变量,孙焱林等(2015)[47]选取住房施工面积作为住房供给的代理变量,黄映红等(2018)[66]和周爱民等(2018)[67]选取了住房竣工面积,阴曙光等(2017)[68]选取了住宅投资额。住宅投资额具有一定的滞后性,当年的住宅投资并不一定完全转化为住宅供给,且无论是住房施工面积、竣工面积还是住宅投资额,都只能在一定程度上代表住房层面的供给,除住房供给之外,土地供给也是影响商品住房均价的重要部分,因此需要从土地和住房供给两个方面综合考虑选取控制变量。由于缺乏精确的土地和住房供给数据，本篇参考陆铭(2014)[46]、蒲火元(2018)[51]等的做法，选取就业密度作为供给方面控制变量的代理变量，就业密度用市辖区第二、第三产业从业人员数和市辖区建成区面积的比值来衡量，这可以在一定程度上表示土地和住房供给的倒数。一般就业密度大的地方土地供给相对较严格，人口吸引力也比较强，住房需求较高。

② 需求层面

需求量和购买力是需求层面的两个核心指标。一般来说，人口规模是住房需求的有效支撑，人口多的地方自然住房需求大；人均 GDP 能够衡量一个地方的劳动生产率，劳动生产率可以影响人们的购买力。因此本篇选取城市常住人口数量和人均 GDP 作为需求层面的控制变量。

③ 城市基础设施层面

除了供给和需求之外，城市基础设施水平也是影响商品住房均价的重要因素之一，基础设施水平的提升对于城市房价的提升有促进作用。考虑数据的可获得性和统计口径的一致性，本篇选取城市人均道路面积作为城市基础设施层面的代理变量。

2. 数据说明

(1) 数据来源及变量计算方法

本篇数据均源于官方网站、统计年鉴及国民经济和社会发展公报，计算方法如表 1-4-1 所示。人口相关数据源于各城市统计年鉴及国民经济和社会发展公报，住宅商品房平均销售价格源于《2017 年中国房地产统计年鉴》，用于计算就业密度的市辖区第二、第三、第四产业从业人员数和市辖区建成区面积源于《2017 年中国城市统计年鉴》，城市常住人口和人均 GDP 源于各城市统计年鉴，城市人均道路面积源于《2017 年中国城市统计年鉴》。

表 1-4-1 变量计算方法

分组	名称	表达式	计算方法
被解释变量	2016 年城市商品住房价格	$\ln HP2016_i$	ln 2016 年住宅商品房销售均价
	2011—2016 年房价增长率	ΔHP_i	(2016 年住宅商品房销售价格—2011 年住宅商品房销售价格)/2011 年住宅商品房销售均价
解释变量	2016 年迁移人口占比	$MP2016_i$	(2016 年常住人口—2016 年户籍人口)/2016 年常住人口
	2011 年迁移人口占比	$MP2011_i$	(2011 年常住人口—2011 年户籍人口)/2011 年常住人口
	2011—2016 年迁移人口占比变化	ΔMP_i	2016 年迁移人口占比—2011 年迁移人口占比

续表

分组	名称	表达式	计算方法
控制变量	就业密度	$\ln ED_i$	2016年市辖区第二、第三产业从业人员数/2016年市辖区建成区面积
	常住人口规模	$\ln POP_i$	2016年常住人口
	人均GDP	$\ln PGDP_i$	2016年人均GDP
	人均道路面积	$\ln ROAD_i$	2016年人均道路拥有面积

注：为消除变量异方差问题，对数值较大的变量进行取对数处理。

(2) 变量的描述性统计

对变量进行描述性统计有助于把握数据的总体情况和后续进行混合截面回归。从表1-4-2可以看出，各城市商品住房均价差异较大，最大值为45498元/m²，最小值为4448元/m²；同时迁移人口占比和人口迁移速度的差异也较大，迁移人口占比最大值为74.7%，最小值仅为2.6%。

表1-4-2 变量描述性统计

变量	单位	样本量	平均值	标准差	最大值	最小值
2016年商品住房均价	元/m²	30	11760.1	9027.13	45498	4448
2011—2016年房价增长率		30	43.72%	31.25%	116.3%	4.0%
2016年迁移人口占比		30	20.5%	13.97%	67.7%	2.6%
2011年迁移人口占比		30	20.05%	14.99%	74.7%	0.8%
2011—2016年迁移人口占比变化		30	0.45%	2.81%	6.7%	−6.7%
2011—2016年人口迁移速度	万人/年	30	197.45	247.39	966.57	7.97
就业密度	万人/km²	30	3128.51	1161.14	6259.2	1304.7
常住人口规模	万人	30	862.72	540.0	2419.7	219.1
人均GDP	元	30	92398.6	28743.3	167411	53756
人均道路拥有面积	m²/人	30	13.86	4.73	27.03	4.37

3. 计量模型设定

基于前文对迁移人口与商品住房均价关系的分析，利用所选取的变量和数据，构建以下计量模型来研究迁移人口与商品住房均价、迁移人口变化与商品住房均价之间的关系：

$$\ln HP2016_i = \alpha_0 + \beta_i MP2016_i + \gamma_i X_i + \mu_i \quad (1\text{-}4\text{-}1)$$

$$\ln HP2016_i = \alpha_0 + \beta_i MP2011_i + \beta_2 \Delta MP_i + \gamma_i X_i + \mu_i \quad (1\text{-}4\text{-}2)$$

式1-4-1为迁移人口占比和商品住房均价的截面模型，式1-4-2为迁移人口占比变化与商品住房均价变化的截面模型。其中，α_0为截距项，β_i和γ_i为待估参数，X_i为控制变量，μ_i为随机扰动项，下标i代表第i个城市。

二、迁移人口与商品住房均价关系的混合截面估计

1. 迁移人口占比与商品住房均价关系的混合截面估计

（1）基础回归估计结果分析

在实证分析中，首先以 30 个大中城市 2016 年商品住房均价为被解释变量，以 2016 年迁移人口占比为解释变量，来探讨迁移人口和商品住房均价之间的关系。如表 1-4-3 所示，在方程Ⅰ中，仅以迁移人口占比作为解释变量，研究迁移人口规模对商品住房均价的影响；然后在方程 Ⅱ～方程Ⅴ中依次加入供给、需求和城市基础设施水平三方面的控制变量。

从基础回归结果中可以看出，迁移人口占比的系数一直为正，且都在 1%的水平上显著，说明迁移人口与商品住房均价之间确实存在正相关关系，验证了前文的分析，迁移人口占比越高的城市，其商品住房均价越高，人口的迁入显著推动了商品住房均价的提高。方程Ⅰ的 R^2 为 0.633，说明迁移人口占比这一个变量就可以解释商品住房均价水平的 63.3%。加入供给层面的控制变量，即就业密度后，方程Ⅱ中迁移人口占比对商品住房均价的影响系数将为 2.605，说明各个城市住房供给的差异确实是导致商品住房均价差异的原因之一。从方程Ⅲ中可以看出，常住人口规模对商品住房均价存在显著的正向影响，人口基数大的城市住房需求也较多，但是在控制了人均 GDP 这一变量之后，常住人口规模对商品住房均价的影响变得不显著，这是因为我们所研究的 30 个大中城市都是中国各个区域中经济发展水平较高、房地产市场发展比较完善的城市，在这些城市中，住房投资比较火热，在某些程度上削弱了刚性需求对住房市场的影响，而人均 GDP 在一定程度上代表了城市人民的收入水平和投资水平，因此在控制了这一变量后常住人口规模对商品住房均价的影响变得不显著。从方程Ⅴ中可以看出，迁移人口占比对商品住房均价的影响系数为 2.219，说明迁移人口占比每提高 1%，商品住房均价就会提高 2.219%；在控制了迁移人口占比之后，就业密度、人均 GDP 和人均道路拥有面积对商品住房均价都存在显著的正向影响，就业密度每提高 1%，商品住房均价提高 0.727%，人均 GDP 每提高 1%，商品住房均价提高 0.441%，人均道路拥有面积每增加 1%，商品住房均价提高 0.279%。另外，从表 1-4-3 中还可以发现，方程Ⅰ～方程Ⅴ的 R^2 不断提高，从 0.633 提高到 0.852，说明方程的拟合优度不断提高。

（2）区域差异回归结果分析

由于我国各个区域经济发展水平存在显著差异，根据《中国统计年鉴》将 30 个大中城市划分为东中西部，对不同区域迁移人口和商品住房均价之间的关系进行研究，结果如表 1-4-4 所示。

表 1-4-3 **基础回归估计结果**

解释变量	被解释变量 lnHP2016				
	Ⅰ	Ⅱ	Ⅲ	Ⅳ	Ⅴ
*MP*2016	3.293*** (0.473)	2.605*** (0.413)	2.514*** (0.372)	1.863*** (0.441)	2.219*** (0.452)
ln*ED*		0.644*** (0.157)	0.439*** (0.159)	0.546*** (0.154)	0.627*** (0.151)
ln*POP*			0.240*** (0.087)	0.106 (0.100)	0.119 (0.094)
ln*PGDP*				0.525** (0.223)	0.441* (0.215)
ln*ROAD*					0.279* (0.139)
C	8.507*** (0.117)	3.503*** (1.219)	3.582*** (1.094)	−2.229 (2.666)	−2.795 2.533
Num	30	30	30	30	30
R^2	0.633	0.775	0.825	0.857	0.878
Adjust R^2	0.620	0.758	0.805	0.834	0.852

注:1.括号中的数字为标准差;2.***,**,*分别表示在1%,5%和10%的水平上显著,下同。

表 1-4-4 **区域差异回归估计结果**

解释变量	被解释变量 lnHP2016					
	东部		中部		西部	
	Ⅵ	Ⅶ	Ⅷ	Ⅸ	Ⅹ	Ⅺ
*MP*2016	2.808*** (0.450)	1.505** (0.562)	−0.365 (1.221)	0.515 (1.050)	−0.707 (1.352)	1.681 (0.817)
ln*ED*		0.634** (0.226)		0.494 (0.345)		0.057 (0.137)
ln*POP*		0.018 (0.132)		0.134 (0.239)		0.260** (0.056)
ln*PGDP*		0.548* (0.278)		−0.173 (0.368)		−0.732 (0.164)
ln*ROAD*		0.076 (0.215)		0.350 (0.358)		0.246 (0.125)
C	8.843*** (0.145)	−2.599 (3.676)	8.959*** (0.178)	5.154 (4.769)	8.778*** (0.205)	13.879** (2.092)
Num	14	14	8	8	8	8
R^2	0.765	0.918	0.015	0.801	0.043	0.985
Adjust R^2	0.745	0.867	−0.149	0.304	−0.116	0.947

从表中可以看出，东部城市的迁移人口占比对商品住房均价存在显著的正向作用，表现为迁移人口占比每增加 1%，商品住房均价提高 2.808%，当加入各个控制变量之后，迁移人口占比每增加 1%，商品住房均价提高 1.505%。东部是我国经济相对较发达的区域，加之多元化的产业的发展和较高的教育和医疗水平，使得东部地区成为我国迁移人口的主要流向地，大规模的迁移人口推高了东部城市商品住房均价。而在中部和西部，迁移人口占比对商品住房均价的作用效果不显著，中西部地区经济发展水平与东部存在较大差距，且从前面的分析中也可以看出，中西部城市的迁移人口规模增长速度明显慢于东部城市，迁移人口红利对中西部城市商品住房均价的推动效果不显著。从方程Ⅺ可以看出，与迁移人口相比，常住人口规模的增长更能推动西部城市商品住房均价的上涨。中西部城市商品住房均价的上涨很有可能是由城市经济的发展、人民生活水平的提高以及房地产市场的规范化等城市内生性红利推动的。

2. 迁移人口占比变化与商品住房均价的混合截面估计

在前面的基础回归中，从绝对量视角利用 2016 年迁移人口占比对 2016 年的商品住房均价进行了解释，结果显示，当期迁移人口占比对商品住房均价有较好的解释力度。本节从相对量视角，将 2016 年商品住房均价作为被解释变量，利用 5 年前的迁移人口占比，即 2011 年迁移人口占比和 5 年间迁移人口占比变化，用 2011—2016 年迁移人口占比变化对 2016 年商品住房均价水平作出解释，这样做的理由主要有两个：

（1）从前文的理论分析可以看出，迁移人口通过影响迁入地的住房需求导致其价格产生波动，同时住房均价的提高增加了迁移人口的成本，进而对其迁移行为产生抑制作用，因此迁移人口和商品住房均价之间存在双向因果关系。采用迁移人口的滞后信息来解释当期商品住房均价，有利于缓解由于双向因果关系导致的迁移人口对商品住房均价影响的低估问题和内生性问题。

（2）由于迁移人口对城镇化进程存在推动作用，因此迁移人口占比变化信息中可能包含了对于未来城镇化的预期信息，加入迁移人口变化这一相对量信息有利于区分迁移人口和城镇化发展对于商品住房均价的影响。

从表 1-4-5 中可以看出，方程Ⅻ～方程ⅩⅦ中 2011 年的迁移人口占比的系数一直为正，且都在 1%的水平上显著，说明滞后迁移人口信息对当期商品住房均价具有推动作用，且方程Ⅻ中的 R^2 为 0.640，说明仅用 2011 年的迁移人口占比就可以解释当期商品住房均价的 64%。加入 2011—2016 年迁移人口占比变化后，方程的拟合优度小幅提高到 64.3%，但迁移人口占比变化对商品住房均价的影响系数一直不显著，从表 4-2 的变量描述性统计可以看出，2011—2016 年迁移人口占比变化的平均值为 0.45%，而商品住房均价增长率的平均值为 20.5%，二者差异非常大，以一个几乎不变的变量解释一个迅速增长的变量其解释力度自然不会很显著。随着控制变量的不断加入，方程拟合优度不断提高，从方程ⅩⅥ中可以看出，加入人均

GDP后，常住人口规模的系数变得不显著，这与我们前面的回归结果一致。方程ⅩⅦ中，2011年迁移人口占比每提高1%，2016年商品住房均价会提高2.158%，且就业密度、人均GDP和人均道路拥有面积的系数都显著为正，说明在不考虑迁移人口因素的情况下，供给、需求和城市基础设施水平等因素是导致不同城市商品住房均价差异的主要原因。

表1-4-5 迁移人口变化与商品住房均价回归估计结果

解释变量	被解释变量 lnHP2016					
	ⅩⅡ	ⅩⅢ	ⅩⅣ	ⅩⅤ	ⅩⅥ	ⅩⅦ
MP2011	3.086*** (0.438)	3.185*** (0.495)	2.569*** (0.428)	2.428*** (0.381)	1.807*** (0.445)	2.158*** (0.465)
ΔMP		1.195 (2.640)	1.692 (2.131)	0.521 (1.919)	0.135 (1.783)	0.979 (1.761)
lnED			0.634*** (0.161)	0.400** (0.162)	0.509*** (0.158)	0.595*** (0.157)
lnPOP				0.259*** (0.089)	0.127 (0.101)	0.132 (0.096)
lnPGDP					0.509** (0.223)	0.435* (0.217)
lnROAD						0.262* (0.142)
C	8.563*** (0.109)	8.538*** (0. 241)	3.598*** (1.255)	3.791*** (1.107)	−1.875 (2.686)	−2.503 (2.584)
Num	30	30	30	30	30	30
R^2	0.640	0.643	0.777	0.833	0.863	0.881
Adjust R^2	0.627	0.616	0.751	0.807	0.835	0.849

三、工具变量估计

在混合截面估计中，采用滞后5年的迁移人口占比对当期商品住房均价进行回归，有效避免了由于迁移人口和商品住房均价之间的双向因果关系而导致的内生性问题。但是迁移人口和商品住房均价之间可能存在一些不可观测的遗漏变量使两者之间存在相关性，为了进一步缓解由于遗漏变量导致的内生性问题，本节采用工具变量估计分析迁移人口对商品住房均价的独立影响。

1. 工具变量的选取及处理

工具变量就是在回归方程中加入一个与因变量无关而和自变量有关的变量来解决内生性问题，其选取需要遵循两个原则：一是相关性原则，即工具变量要与所替代的解释变量高度相关；二是外生性原则，即工具变量与随机扰动项不相关。许多学者在迁移人口与商品住房均价关系的研究中引入了工具变量，如 Li 和 Shen (2013)[69] 及吴迪(2018)[70] 分别采用建筑工人占总人口的比重和滞后 10 年的城乡居民收入差距比作为迁移人口的工具变量，但这些工具变量的选取存在不当之处。建筑工人占总人口的比重与一个城市的产业结构发展息息相关，产业结构的升级变迁又会对商品住房均价造成影响。城乡居民收入差距比在一定程度上代表了城市的城镇化发展水平，而城镇化率的提高会推动城市住房均价的提高。

本篇选取各城市 1974 年 1 月的平均气温(TE)作为迁移人口的工具变量，数据源于中国铁道出版社 2005 年出版的《铁路桥涵设计基本规范》(TB 10002.1—2005)中附录 F.1 的全国 1 月平均气温等温线图。对于位于两条等温线之间的城市，其 1 月平均气温选取较低的等温线所代表的温度，即若某城市位于等温线 m 和 n 之间($m>n$)，则其 1 月平均气温取 n。对各城市平均气温采取分段设置虚拟变量，若 1 月平均气温位于[−14,0)，虚拟变量 TE1 取 1，否则取 0；若 1 月平均气温位于[1,10)，虚拟变量 TE2 取 1，否则取 0；若 1 月平均气温位于[10,18]，虚拟变量 TE3 取 1，否则取 0。选择气温作为工具变量的具体原因如下：

(1) 1 月平均气温与人口迁移之间存在相关性

宜居性是人口选择居住地的重要参考因素之一，气温与人口的迁移有着密切的影响，符合相关性原则。Black 和 Henderson(1999)[71] 在研究美国城市人口分布时发现，平均气温较高的城市 1950—1990 年人口增长得更快，说明人口更倾向于向温暖的地方迁移。用 1 月平均气温解释迁移人口占比和迁移人口占比变化的结果如表 1-4-6 所示，1 月平均气温对 2016 年和 2011 年的迁移人口占比都存在显著的正向影响，影响系数分别为 0.00638 和 0.00742。

表 1-4-6　　迁移人口与 1 月平均气温回归估计结果

解释变量	被解释变量		
	*MP*2016	*MP*2011	Δ*MP*
	(18)	(19)	(20)
TE	0.00638** (0.00304)	0.00742** (0.00321)	−0.00101 (0.00063)
C	0.20588*** (0.02414)	0.20152 (0.02553)	0.00433 (0.00499)
Num	30	30	30
R^2	0.136	0.160	0.085
Adjust R^2	0.105	0.130	0.052

(2) 1 月平均气温与商品住房均价之间不存在相关性

从理论上来说，1 月平均气温对城市商品住房均价不存在直接影响，只会通过人口间接影响商品住房均价，当将气温作为解释变量加入基础回归时，它对商品住房均价的影响系数并不显著，且迁移人口占比和其他控制变量的系数和显著性变化都不大。

(3) 1月平均气温不会通过除人口以外的其他途径影响商品住房均价

1月平均气温与城市经济发展水平无关，且不会通过投资等影响商品住房均价。城市经济发展水平对商品住房均价存在直接影响，如果1月平均气温与城市经济发展水平相关的话，说明除迁移人口外，气温还可以通过其他方式影响商品住房均价，则气温不适合作为迁移人口的工具变量。而我国的实际情况是经济发展水平由沿海向内陆递减，1月平均气温则呈由南向北递减的趋势，二者之间并不存在相关性。用1月平均气温来解释城市固定资产投资(INV)、人均固定资产投资(PINV)、地区生产总值(GDP)和人均地区生产总值(PGDP)的结果见表1-4-7。1月平均气温对上述4个变量的影响系数均不显著，说明1月平均气温不会通过影响城市经济发展水平和固定资产投资导致商品住房均价的变动。

表1-4-7　固定资产投资、GDP与1月平均气温回归估计结果

解释变量	被解释变量			
	INV	*PINV*	*GDP*	*PGDP*
	(21)	(22)	(23)	(24)
TE	51.823 (61.567)	0.013 (0.039)	207.967 (161.457)	0.121 (0.062)
C	4805.393*** (488.421)	5.928*** (0.316)	8699.526 (1280.853)	9.191*** (0.492)
Num	30	30	30	30
R^2	0.025	0.004	0.056	0.119
Adjust R^2	−0.010	−0.032	0.022	0.088

2. 工具变量估计结果

按照上述处理方法，将3组虚拟变量TE1、TE2和TE3作为迁移人口占比和迁移人口占比变化的工具变量，利用TSLS模型进行回归估计，并与之前混合截面回归的结果进行比较，分析在加入工具变量后迁移人口占比和迁移人口占比变化对商品住房均价的影响。

(1) 将1月平均气温作为迁移人口占比的工具变量估计

从表1-4-8可以看出，迁移人口占比的系数一直显著为正，与混合截面估计结果一致，说明迁移人口占比对城市商品住房均价存在显著的正向作用。仅用2016年迁移人口占比来解释商品住房均价时，其系数为3.746，说明2016年迁移人口占比每提高1%，商品住房均价会上涨3.746%，与基础回归的3.293%相比有所提高。从方程(XXIX)可以看出，迁移人口占比的系数由混合截面基础回归的2.219提高到2.973，说明基础回归确实会低估迁移人口对商品住房均价的影响。

在工具变量估计中，迁移人口占比每提高 1%，商品住房均价会提高 2.973%。就业密度和人均道路拥有面积也对城市商品住房均价存在显著的正向影响，表现为就业密度每提高 1%，商品住房均价会上涨 0.561%；人均道路拥有面积每增加 1%，商品住房均价会增加 0.37%。

表 1-4-8　　迁移人口占比工具变量回归估计结果

解释变量	被解释变量 lnHP2016				
	XXV	XXVI	XXVII	XXVIII	XXXIX
MP2016	3.746*** (0.906)	2.783*** (0.837)	3.290*** (0.745)	2.787*** (0.890)	2.973*** (0.851)
lnED		0.617*** (0.193)	0.335* (0.191)	0.411** (0.199)	0.561*** (0.171)
lnPOP			0.224** (0.095)	0.169 (0.119)	0.166 (0.108)
lnPGDP				0.232 (0.339)	0.211 (0.312)
lnROAD					0.370** (0.169)
C	8.414*** (0.197)	3.685** (1.430)	4.361*** (1.339)	1.578 (4.233)	−0.350 (3.518)
Num	30	30	30	30	30
R^2	0.621	0.773	0.796	0.832	0.864
F 值	17.101	31.906	28.577	30.537	28.998
Prob(J 统计量)	0.058	0.278	0.261	0.316	0.439

方程XXIX的第一阶段 F 值为 28.998，大于 10，拒绝“存在弱工具变量”的原假设；Hanson J 检验的概率为 0.439，大于 0.1，说明在 10%的水平下不能拒绝“所有工具变量均为外生”的原假设，说明工具变量是外生的，与扰动项无关。

(2) 将 1 月平均气温作为迁移人口占比变化的工具变量估计

前文中，为了缓解迁移人口和商品住房均价的双向因果效应，将滞后 5 年的迁移人口占比加入基础回归中对商品住房均价进行解释，本节进一步引入工具变量来缓解内生性问题。从表 1-4-9 可以看出，滞后 5 年的迁移人口占比对当期商品住房均价的影响系数显著为正，仅用 2011 年迁移人口占比来解释 2016 年商品住房均价时，系数由基础回归的 3.086 提高到 3.406，且在方程XXXV中，滞后 5 年的迁移人口占比对当期商品住房均价的影响系数为 2.907，比之前的 2.158 有了显著提高，说明工具变量的引入进一步缓解了由于迁移人口和商品住房均价的双向因果关系而导致的内生性问题。在工具变量估计中，2011 年迁移人口占比每提高 1%，2016 年的商品住房均价会提高 2.907%，迁移人口占比变化对当期商品住房均价的影响系数由 0.979 提高到 2.222，但仍然不显著，与基础回归结果一致。方程 XXXV 的第一阶段 F 值为 23.998，大于 10，Hanson J 检验的概率为 0.477，大于 0.1，说明不存在弱工具变量且所有工具变量均为外生。

表 1-4-9　迁移人口占比变化工具变量回归估计结果

解释变量	被解释变量 lnHP2016					
	XXX	XXXI	XXXII	XXXIII	XXXIV	XXXV
MP2011	3.406*** (0.796)	3.507*** (1.018)	2.677*** (0.909)	3.172*** (0.786)	2.702*** (0.905)	2.907*** (0.887)
ΔMP		1.954 (3.386)	1.901 (2.639)	2.038 (2.475)	1.485 (2.248)	2.222 (2.226)
lnED			0.619** (0.195)	0.320 (0.189)	0.390* (0.198)	0.544*** (0.174)
lnPOP				0.237** (0.097)	0.182 (0.119)	0.173 (0.109)
lnPGDP					0.234 (0.337)	0.216 (0.314)
lnROAD						0.356* (0.176)
C	8.499*** (0.172)	8.470** (0.225)	3.694** (1.442)	4.420*** (1.317)	1.657 (4.193)	−0.271 (3.505)
Num	30	30	30	30	30	30
R^2	0.633	0.637	0.776	0.808	0.840	0.867
F 值	18.308	9.439	20.970	22.342	24.853	23.998
Prob(J 统计量)	0.081	0.066	0.305	0.290	0.366	0.477

从工具变量估计结果可以看出，通过简单的混合截面估计，迁移人口对商品住房均价的影响确实存在被低估的风险。当控制了其他控制变量后，这种风险会在一定程度上降低，但与简单的混合截面估计相比，工具变量估计结果中迁移人口占比的系数有所提升，说明这种风险不能完全避免。

四、本章小结

首先，为探讨迁移人口和商品住房均价的关系，本章选取我国 30 个大中城市作为研究对象，选取迁移人口占比和住宅商品房平均销售价格作为核心解释变量和被解释变量，从供给、需求和城市基础设施水平三方面选取了就业密度、常住人口规模和人均 GDP 以及人均道路拥有面积作为控制变量，建立迁移人口占比和迁移人口占比变化与商品住房均价的混合截面回归模型。

其次，对 30 个大中城市迁移人口占比和商品住房均价进行了混合截面估计，结果表明，迁移人口占比每提高 1%，商品住房均价就会提高 2.219%。从区域分析结果来看，东部城市迁移人口占比与商品住房均价之间呈正相关，中西部迁移人口占比与商品住房均价之间不存在显著关系。为了缓解迁移人口和商品住房均价的双向因果关系导致的内生性问题，本章利用滞后 5 年的迁移人口占比对商品住房均价进行回归，结果表明，滞后 5 年的迁移人口占比对商品住房均价存在正向推动作用，但迁移人口占比变化对商品住房均价的影响效果不显著。

最后，为进一步缓解内生性问题，本章从相关性原则和外生性原则两方面选取了各城市 1974 年 1 月平均气温作为工具变量对迁移人口和商品住房均价的关系做进一步探讨，结果表明，简单的混合截面估计确实会存在低估迁移人口对商品住房均价影响的风险，引入工具变量后，当期和滞后 5 年的迁移人口占比对商品住房均价的影响系数均有所提高。

第五章 结论及展望

一、结论

本篇从定性与定量相结合的视角出发，在回顾和梳理国内外关于迁移人口和商品住房均价研究及相关理论的基础上，选取30个大中城市作为研究对象，通过统计比较法对其迁移人口和商品住房均价的发展趋势和现状进行分析，在此基础上探讨了迁移人口和商品住房均价之间的互动机制，并利用混合截面回归模型和工具变量法从绝对量和相对量两个角度对迁移人口与商品住房均价的关系进行了实证研究，主要结论如下：

(1) 迁移人口与商品住房均价存在理论上的互动关系

迁移人口会从数量、年龄结构和就业结构等方面影响城市住房需求，进而对住房均价产生影响；城市商品住房均价会对城市可容纳人口规模和迁移者个体迁移成本产生影响，进而影响城市迁移人口规模。

(2) 迁移人口占比与商品住房均价之间呈正相关

基于30个大中城市2011—2016年相关数据的实证研究结果表明，迁移人口占比与商品住房均价成正相关关系，具体表现为迁移人口占比每提高1%，商品住房均价就会提高2.219%。在引入工具变量后，这一比例提高到2.973%，同时就业密度、人均GDP和人均道路拥有面积对商品住房均价也存在显著的正向影响，表现为就业密度每提高1%，商品住房均价提高0.727%；人均GDP每提高1%，商品住房均价提高0.441%；人均道路拥有面积每增加1%，商品住房均价提高0.279%。这种推动作用不仅表现在当期迁移人口占比上，过去的迁移人口占比信息对当期商品住房均价也存在正向的影响。

(3) 我国迁移人口对商品住房均价的影响存在区域差异

在对30个大中城市进行东中西部划分进行研究后发现，在不考虑供给、需求和城市基础设施水平等因素的前提下，我国迁移人口对商品住房均价的影响存在显著的区域差异性，具体表现为：迁移人口占比对东部城市商品住房均价存在显著的推动作用，迁移人口占比每提高1%，东部城市商品住房均价会上涨1.505%；而中西部迁移人口占比对商品住房均价未表现出明显的影响，说明中西部城市商品住房均价的上涨主要来自城市经济发展、承接东部产业转移及房地产市场的规范化等城市内生性红利。

(4) 迁移人口占比变化对商品住房均价的影响不显著

从实证结果来看，2011—2016年迁移人口占比变化对2016年商品住房均价的影响始终不显著，这主要是因为 2011—2016 年迁移人口占比变化的平均值为 0.45%，而商品住房均价增长率的平均值为 20.5%，两者差异非常大，以一个几乎不变的变量解释一个迅速增长的变量其解释力度自然不会很显著。

二、展望

本篇对迁移人口与商品住房均价之间的理论和实证关系进行了详细的探究，并得到了一些具有启发性的结论，这对于从人口变动视角理解我国商品住房市场的发展以及完善住房保障政策都具有较强的指导意义。但本篇的研究仍然存在一些不足之处，有待进一步完善。

由于数据资料的限制，本篇仅从迁移人口整体规模视角对迁移人口与商品住房均价之间的关系进行探讨而未对迁移人口进行迁移人口来源、收入水平和年龄等微观层面的区分。我国只有人口普查年份会有统一口径的迁移人口统计，其他年份并不进行相关统计，且本篇未找到合适的从统计年鉴数据中推算微观层面迁移人口相关数据的方法，因此本篇在进行实证分析时仅从迁移人口整体规模对商品住房均价影响角度进行考虑，未做细分。但不同来源、收入水平或年龄的迁移人口对住房的需求存在差异，若能获取迁移或者通过其他途径推算出迁移人口微观层面的数据，则能够从不同层面对迁移人口和商品住房均价关系进行更为深入的探讨。

本篇的不足之处也为后续的研究提供了方向，未来可以从以下方面开展相关研究：

(1) 研究不同来源、收入水平或年龄等的迁移人口与城市商品住房均价的关系。我国迁移人口跨度大，不仅有省内迁移，还有很多跨省迁移人口，不同的迁移目的可能导致不同的住房需求；迁移人口的收入水平也存在差异，高收入迁移人口的住房预算要高于低收入迁移人口，因此在购买或租赁住房时也会有不同的选择；另外，不同年龄的迁移人口对于住房的需求也会存在面积或功能上的差异。因此，未来的研究可以根据迁移人口特征对迁移人口类型进行划分，探讨不同类型迁移人口与商品住房均价之间的关系。

(2) 研究迁移人口与不同类型商品住房的销售面积或价格之间的关系。本篇仅研究了迁移人口与住宅商品房价格之间的关系，但我国商品住房种类多样，不仅有住宅，还有别墅、商住两用等多种类型，按来源也可以分为新建商品房和二手房等，同时面积段跨度也比较大，迁移人口对商品住房的需求存在差异，因此，未来的研究可以从商品住房角度出发，探讨迁移人口对不同类型商品住房的销售面积或价格的影响。

三、本章小结

首先，结合前文理论和实证分析的结果，本章总结了关于迁移人口和商品住房均价关系研究的结论，主要包括：①迁移人口与商品住房均价存在理论上的互动关系；②迁移人口占比与商品住房均价之间呈正相关，具体表现为迁移人口占比每提高1%，商品住房均价就会提高2.219%；③迁移人口占比变化与商品住房均价之间关系不显著；④我国迁移人口对商品住房均价的影响存在区域差异。

其次，本章在总结研究不足的基础上，也对后续研究提出了展望，后续研究可以从迁移人口或商品住房均价微观视角切入，对迁移人口和商品住房均价关系进行更深入的探讨，研究的关键点在于找出迁移人口和商品住房均价中对彼此存在最直接影响的有价值的微观层面属性，并通过统计或调研数据获取或计算出相关数据，后续研究可以从以下两方面开展：①研究不同来源、收入水平或年龄等的迁移人口与城市商品住房均价的关系；②研究迁移人口与不同类型商品住房的销售面积或价格之间的关系。

参考文献

[1] 黄学华. 基于人口红利消失下的人口政策探析[J]. 经贸实践,2018(23):26-27.

[2] 董智勇. 近代天津城乡收入差距、人口迁移与生活水平[J]. 山西财经大学学报,2010(s1):36-37.

[3] Ravenstein E G . The laws of migration[J]. Journal of the Statistical Society,1885,48(2):167-227.

[4] Bogue D. The study of population an inventory appraisal[C]. Chicago:University of Chicago Press,1959:76-79.

[5] DaVanzo J. Differences between return and nonreturn migration:an econometric analysis[J]. International Migration Review,1976:13-27.

[6] Crozet M. Do Migrants Follow Market Potentials? An Estimation of a New Economic Geography Model [J]. Université Paris1 Panthéon-Sorbonne (Post-Print and Working Papers),2004,4(4):439-458.

[7] Lee E S. A theory of migration[J]. Demography,1966,23(1):47-57.

[8] Karemera D,Oguledo V I,Davis B . A gravity model analysis of international migration to North America[J]. Applied Economics,2000,32(13):1745-1755.

[9] Fan C. Interprovincial migration,population redistribution,and regional development in China:1990 and 2000 Census Comparisons[J]. The Professional Geographer,2005,57(2):295-311.

[10] Mayda A M. International migration: a panel data analysis of the determinants of bilateral flows[J]. Journal of Population Economics,2010,23(4):1249-1274.

[11] Shen S,Gemenne F. Contrasted views on environmental change and migration: the case of Tuvaluan migration to New Zealand[J]. International Migration,2011,49(Supplement s1):224-242.

[12] Ortega F,Peri G. The effect of income and immigration policies on international migration[J]. Migration Studies,2013,1:47-74.

[13] Adsera A,Pytlikova M . The role of language in shaping international migration[J]. Economic Journal,2015,125(586):49.

[14] Kaplan G,Schulhofer-Wohl S . Understanding the long-run decline in in-

terstate migration[J]. International Economic Review,2017,58(1):57-94.
[15] Frame D. Regional migration and house price appreciation[J]. Social Science Electronic Publishing,2008,11(1):96-112.
[16] Saiz A. Room in the kitchen for the melting pot: Immigration and rental prices[J]. 2006,85(3):502-521.
[17] Ottaviano G I P, Peri G. The effects of immigration on US wages and rents: A general equilibrium approach[J]. Social Science Electronic Publishing,2007,39(4):107-146.
[18] Ather H. Aydede A Y. Effects of immigration on house prices in Canada [J]. Applied Economics,2012,44(13):1645-1658.
[19] Gonzalez L, Ortega F. Immigration and Housing Booms: Evidence from Spain[J]. Journal of Regional Science,2013,53(1):37 59.
[20] Birrell B, Healy E. How are skilled migrants doing? [J]. People & Place,2017,16(1):. 1-19.
[21] Accetturo A, Manaresi F, Mocetti S, et al. Don′t stand so close to me: The urban impact of immigration [J]. Regional Science & Urban Economics,2014,45(1):45-56.
[22] Sá F. Immigration and House Prices in the UK[J]. Economic Journal, 2015,125(587):1393-1424.
[23] Degen K, Fischer A M . Immigration and Swiss House Prices[J]. Swiss Journal of Economics and Statistics,2017,153(1):15-36.
[24] 李德辉. 关于人口迁移规律的初探——人口迁移的历史回顾目前状况及未来趋势[J]. 人口学刊,1981(2):41-47.
[25] 段成荣,杨舸,张斐,等. 改革开放以来我国流动人口变动的九大趋势[J]. China Population Today,2008,32(6):30-43.
[26] 邹湘江. 基于"六普"数据的我国人口流动与分布分析[J]. 人口与经济,2011(6):23-27.
[27] 马红旗,陈仲常. 我国省际流动人口的特征——基于全国第六次人口普查数据[J]. 人口研究,2012,36(6):87-99.
[28] 臧玉珠,周生路,周兵兵,等. 1995—2010 年中国省际人口迁移态势与空间格局演变——基于社会网络分析的视角[J]. 人文地理,2016(4):112-118.
[29] 田明. 中国东部地区流动人口城市间横向迁移规律[J]. 地理研究,2013,32(8):1486-1496.
[30] 劳昕,沈体雁. 中国地级以上城市人口流动空间模式变化——基于 2000 和 2010 年人口普查数据的分析[J]. 中国人口科学,2015(1):15-28.
[31] 侯佳伟. 人口流动家庭化过程和个体影响因素研究[J]. 人口研究,2009,33

(1):55-61.
[32] 张洪纲. 人口流动家庭化过程及其影响因素研究[D]. 南京:南京大学,2014.
[33] 吕青. 流动人口迁移的家庭化过程及影响因素——基于江苏 2017 年流动人口动态监测调查[J]. 人口与社会,2018,34(5):94-101.
[34] 唐家龙,马忠东. 中国人口迁移的选择性:基于五普数据的分析[J]. 人口研究,2007,31(5):42-51.
[35] 严善平. 中国省际人口流动的机制研究[J]. 中国人口科学,2007(1):71-77.
[36] 王桂新,潘泽瀚,陆燕秋. 中国省际人口迁移区域模式变化及其影响因素水——基于 2000 和 2010 年人口普查资料的分析[J]. 中国人口科学,2012(5):2-13.
[37] 于涛方. 中国城市人口流动增长的空间类型及影响因素[J]. 中国人口科学,2012(4):47-58.
[38] 陈纪波,王桂芝,陆金帅,等. 基于 SEM 模型的流动人口迁移意愿研究[J]. 统计与信息论坛,2013,28(10):91-95.
[39] 张耀军,岑俏. 中国人口空间流动格局与省际流动影响因素研究[J]. 人口研究,2014,38(5):54-71.
[40] 刘晏伶,冯健. 中国人口迁移特征及其影响因素——基于第六次人口普查数据的分析[J]. 人文地理,2014(2):129-137.
[41] 王亚平,蒲英霞,等. 基于空间 OD 模型的中国省际人口迁移机制分析[J]. 西北师范大学学报(自然科学版),2015(3):89-97.
[42] 李拓,李斌. 中国跨地区人口流动的影响因素——基于 286 个城市面板数据的空间计量检验[J]. 中国人口科学,2015(2):73-83.
[43] 马荷花,王小军. 中国省际城乡人口流动成因的研究——基于第六次人口普查数据[J]. 人口与发展,2017,23(3):25-36.
[44] 吴阳香. 大城市人口迁移与房价相互作用的实证研究——以南京市为例[D]. 南京:南京农业大学,2007.
[45] 李沙沙. 广州市人口结构与商品住宅价格关系的实证研究[D]. 广州:暨南大学,2012.
[46] 陆铭,欧海军,陈斌开. 理性还是泡沫:对城市化、移民和房价的经验研究[J]. 世界经济,2014(1):30-54.
[47] 孙焱林,张攀红. 人口迁移、地方公共支出与房价相互间的影响[J]. 城市问题,2015(5):90-96.
[48] 赵赟飞. 人口流动对城市商品住房均价的影响[D]. 大连:东北财经大学,2017.

[49] 杨巧,陈诚. 房价会影响人口迁移吗?[J]. 经济与管理,2018,32(5):38-44.

[50] 刘建江,罗双成. 区域房价差异、人口流动与地区差异[J]. 房地产经济,2018(7):96-108.

[51] 蒲火元,曹宗平,李超. 人口流动对中心城市房价的影响:以广州为例[J]. 南方人口,2018,33(5):27-40.

[52] 张超,李超,唐鑫. 高校扩招、人口迁移与房价上涨[J]. 南方经济,2015,33(12):90-103.

[53] 林海波,梁艳,毛程连. 房价和知识移民吸引是两难吗?——基于大中城市面板数据的分位数实证研究[J]. 人口与经济,2016(1):10-18.

[54] 李斌. 城市住房价值结构化:人口迁移的一种筛选机制[J]. 中国人口科学,2008(4):53-60.

[55] 陈鋆泽. 基于VAR模型的人口结构与商品住房均价关系的实证研究[D]. 杭州:浙江财经大学,2017.

[56] 黄诗韵. 人口结构变化对房价的影响研究——基于城市人口迁入的视角[D]. 上海:华东师范大学,2018.

[57] 阿瑟·哈波特,托马斯·凯恩. 人口手册[M]. 汤君,译. 北京:中国人口出版社,2001.

[58] 彭勋. 人口迁移与社会发展——人口迁移学[M]. 济南:山东大学出版社,1992.

[59] 张秋林. 新时期进城农民工行为选择研究[D]. 南京:南京农业大学,2008.

[60] Herberle R. The causes of the rural-urban migration: a survey of German theories[J]. Journal of Sociology,1938(43):932-950.

[61] Schultz T W . Agriculture in an unstable economy[M]. New York: McGraw-Hill Book Co. ,1945,03(2).

[62] Sjaastad L A . The Costs and Returns of Human Migration[J]. Journal of Political Economy,1962,70(5):80-93.

[63] 张红. 房地产经济学[M]. 北京:清华大学出版社,2004.

[64] 陈斌开,徐帆,谭力. 人口结构转变与中国住房需求:1999—2025——基于人口普查数据的微观实证研究[J]. 金融研究,2012(1):129-140.

[65] 周京奎. 公共投资规模、居民支付意愿与住宅价格走势——基于中国30省市截面数据的实证检验[J]. 财贸研究,2008,19(6):53-61.

[66] 黄映红,陈瑞. 住房均价、供求关系与区域差异——基于省级面板数据的实证研究[J]. 营销与服务,2018(6):83-85.

[67] 周爱民,彭俊华,许桂华. 资源集中、人口集聚与城市房价差异研究——基于35个大中城市面板数据的实证分析[J]. 中国房地产,2018(3):10-19.

[68] 阴曙光,翟宇阳,王成璋,等. 基于空间计量模型的人口因素对房价的影响研究[J]. 工程管理学报,2017,31(6):140-145.

[69] Li M,Shen K . Population Aging and Housing Consumption: A Nonlinear Relationship in China[J]. China & World Economy,2013,21(5):60-77.

[70] 兰峰,吴迪. 人口流动与住房均价波动——基于我国 35 个大中城市的实证研究[J]. 华东经济管理,2018(5).

[71] Black D,Henderson V . Spatial Evolution of Population and Industry in the United States[J]. American Economic Review,1999,89(2):321-327.

第二篇

住房均价对异质性劳动力流动的影响

——以全国 34 个大中城市为例

第一章　引　言

一、研究背景和意义

1. 研究背景

城市发展是经济增长的主要动力之一。改革开放以来数以亿计的劳动力从农业部门向非农业部门转化，农村剩余劳动力从农村向城市流动，极大地促进了中国城镇化进程，形成了现代经济的发展（梁琦等，2018）。劳动力集聚形成的人力资本的积累，是城市经济增长的关键因素。生产要素在空间上自由流动，尤其是劳动力的自由迁徙是促进城市化的关键（陆铭等，2012）。在人口老龄化日趋严重的形势下，劳动力供给的重要性将逐渐提升。2018 年，全国各地的“抢人大战”频繁地登上了媒体的头条，各大城市相继推出了户籍、货币补贴等优惠政策，加大了对人才的引进力度，足见各地对于人才的重视程度，寄希望于通过吸引人才来提升城市发展的内在动力。

然而，现实中依然存在着许多制约劳动力自由流动的客观因素，其中高企的住房均价是不可忽视的重要因素之一。目前房价与劳动力流动已成为整个社会关注的热点问题。劳动力对于是否流动的决策主要基于劳动力本身流动收益和成本的比较，只有收益大于成本时，劳动力才会选择流动。在选择流入地时，劳动者不可避免地要考虑到居住问题，因此住房均价的影响非同小可。高企的住房均价加重了劳动者的生活负担，作用于劳动者的个体效用，从而影响劳动者进入城市的选择（张莉等，2017）。

自 2003 年以来，我国房地产市场迎来爆发性的增长。尽管近年来政府采取多种调控政策，也未能抑制住房均价的持续上涨。据国家统计局的数据显示，我国商品住房平均销售价格由 2000 年的 1948 元/m^2 上涨至 2017 年的 7614 元/m^2，17 年间房价增加了 5 倍多。过高的住房均价会加重企业的生产经营成本，还会推高城市居民的生活成本，影响城市的劳动力需求和产业结构（张平和张鹏鹏，2016）。大多学者的观点认为，住房均价的高企会直接造成对劳动力的挤出效应，然而我国的现实是在房价最高的大城市和特大城市等地区，同样也是劳动力流入量最大、增长率最高的地区，例如北上广深等一线城市。但另一方面，近年来“逃离北上广”现象也逐渐引起人们的关注，每年也有大量劳动力离开一线城市。

在此背景下，有必要对当前住房均价波动对劳动力流动是否存在影响以及背后的演化机制进行进一步分析和研究。到底住房均价对劳动力流动决策的影响如何？由于劳动力具有异质性，住房均价波动对不同类型劳动力流动决策的作用是不是不尽相同？在不同区位、不同规模的城市中，房价对劳动力流动决策的影响是否有差异？这些是本篇理论和实证、定性和定量需要重点解决的问题。

2. 研究意义

改革开放以来，国内外经济环境发生了重大变化，我国正处于经济转型升级的关键时期，未来面临着阶段性的经济结构调整。劳动力的流动为全国各地区带来人力资本积累和和劳动力匹配，在中国城镇化的历史进程中创下了丰功伟绩。劳动力的合理有序流动对于保持我国经济的健康发展有着重要的作用。

本篇基于房地产经济学理论和劳动力流动理论，通过分析住房均价影响异质性劳动力流动的理论机制，验证住房均价波动对异质性劳动力流动决策的影响。从定性和定量分析的两个维度进行考察。本篇以异质性劳动力流动为切入点，从劳动力异质性出发，探讨房价波动对异质性劳动力流动决策的影响，具有一定的理论意义。

另外，现今我国各大城市的高房价提高了劳动力流动的成本，成为劳动力流动的阻碍。事实上，我国劳动力的流动速度放缓已导致部分地区出现了劳动力资源匮乏的现象，例如“用工难”问题。且不只是低技能劳动力流动受到影响，近年来高素质人才逃离“北上广”的现象也不容忽视。劳动力流动一定程度上威胁经济的发展已成为现实问题，造成这一现象不可忽视的因素之一便是住房均价的高企。一方面，房价的高企可能会导致劳动力的挤出效应；另一方面，高房价背后反映出的城市资源集聚和宜居性等因素也吸引了更多劳动力的流入。本篇通过理论分析和实证研究可解释这一现实的经济现象，为我国在经济新常态和经济转型升级的重要时期进一步认识劳动力流动的客观规律，制定有效引导劳动力合理有序流动的人口和住房政策提供依据。

总而言之，劳动力的有序合理流动关乎我国劳动力资源配置的空间分布格局以及经济和新型城镇化的平稳发展。掌握住房均价波动和劳动力流动之间的关系对于经济转型背景下促进住房市场和劳动力市场的健康有着重要的理论和现实意义。

二、研究目的与研究内容

1. 研究目的

第一，通过对房地产经济学理论和劳动力流动理论做全面的回顾和梳理，探讨我国住房均价影响劳动力流动的理论机制。

第二，构建动态面板数据的计量经济分析模型，运用系统GMM估计方法，定量分析我国34个大中城市住房均价对异质性劳动力流动的影响规律和差异；引入住房均价二次项，探讨房价对异质性劳动的影响是否存在拐点，进一步研究房价和劳动力流动之间的关联效应。期许本篇的研究成果能对认识我国异质性劳动力流动的规律提供更清晰的参考，为制定合理引导异质性劳动力有序流动、经济协调发展的人口和房地产政策提供新的视角和理论依据。

2. 研究内容

分析住房均价影响异质性劳动力流动的理论机制，利用我国2006—2016年34个大中城市的面板数据，对34个大中城市的住房均价和异质性劳动力流动的现状进行梳理。采用系统GMM估计方法实证研究对住房均价波动对劳动力流动的影响关系，并从全国层面和不同地区层面进行分类考察。另外，本篇实证分析住房均价影响不同技能劳动力，即异质性劳动力流动的区别，结合定性分析和定量探讨我国住房均价对异质性劳动力流动的影响规律。在这一主题下，本篇章节安排如下：

第一章，提出住房均价影响异质性劳动力流动的研究背景和意义，提出本篇的研究目的和研究内容，选择合适的研究方法并界定本篇的思路框架，对本篇研究所涉及的概念，包括住房均价、异质性劳动力以及劳动力流动的概念进行界定。

第二章，对当前国内外与本篇研究有关的相关文献做全面系统的梳理、总结以及评述，介绍本篇所涉及的房地产价格理论和劳动力流动理论。

第三章，对34个样本城市住房均价和异质性劳动力的现状做简单梳理。

第四章，探讨住房均价影响劳动力流动的理论分析，提出本篇的相关假设。构建本篇所采用的计量模型，对模型中使用的变量和数据进行说明与解释。利用Stata15软件实证研究住房均价波动对异质性劳动力流动的影响，这是本篇的关键部分。采用系统GMM估计方法对2006—2016年我国34个大中城市的动态面板数据进行研究，分别从全国层面和不同地区层面剖析住房均价对异质性劳动力流动的影响。

第五章，根据实证研究的结论，本篇发现，从全国层面上看，住房均价对异质性劳动力的影响呈现出倒U形的非线性关系；住房均价对不同类型的劳动力的影响存在差异，高技能劳动力的房价拐点相对于低技能劳动力较低，其流动决策更容易受房价的影响。分区域看，东部沿海地区住房均价对劳动力的流动同样呈倒U形影响，内陆地区拐点效应则不显著。最后对本篇可能存在的创新点、不足和对未来研究的展望做进一步说明。

三、研究方法和思路框架

1. 研究方法

（1）文献研究法。本篇通过广泛收集和阅读有关住房均价和劳动力流动之间关联关系的相关文献，了解该领域的研究动态，并对现有研究进行系统的归纳、总结与评述。对现有文献存在的不足之处进行梳理，为本篇的研究寻求合适的切入点，界定本篇的研究思路和框架，以求对现有研究成果作出进一步的补充。

（2）比较研究法。本篇在分析住房均价波动和异质性劳动力流动的关系中，将我国34个大中城市进行分类，分为东部沿海地区和内陆地区，分析不同区域住房均价波动影响异质性劳动力流动的差别。此外，本篇还按受教育程度环同将劳动力划分为高技能劳动力和低技能劳动力，分析住房均价波动对不同层次的劳动力流动的影响，丰富了本篇的研究结论。

(3) 规范分析和实证研究相结合的方法。在规范分析中，对住房均价、异质性劳动力和劳动力流动等相关概念作出明确的界定，对房地产经济学理论和劳动力流动理论做回顾和梳理，并对住房均价波动影响劳动力流动的机制进行解释分析；在实证分析中，利用系统 GMM 估计方法对我国 2006—2016 年 34 个大中城市的面板数据进行实证研究。通过理论探讨和实证分析相结合的方式对住房均价波动与异质性劳动力流动之间的影响关系进行论述，以确保研究结论的准确性和科学性。

2. 技术路线图

本篇在基于我国现实背景和相关已有研究的基础上，提出研究的主要问题是"住房均价对异质性劳动力流动的影响"。本篇将着重论述住房均价对异质性劳动力流动的影响机制。其中，在定性研究中，通过对相关文献、房地产经济学理论和劳动力流动理论做全面的回顾和梳理，分析我国住房均价对异质性劳动力流动影响的理论机制，梳理 34 个样本城市住房均价和异质性劳动力的现状，构建相应的计量模型。在定量研究中，本篇从全国层面和分区域层面实证检验住房均价对异质性劳动力的影响。最后提出本篇研究的不足之处以及对未来研究方向的展望。本篇的技术路线见图 2-1-1。

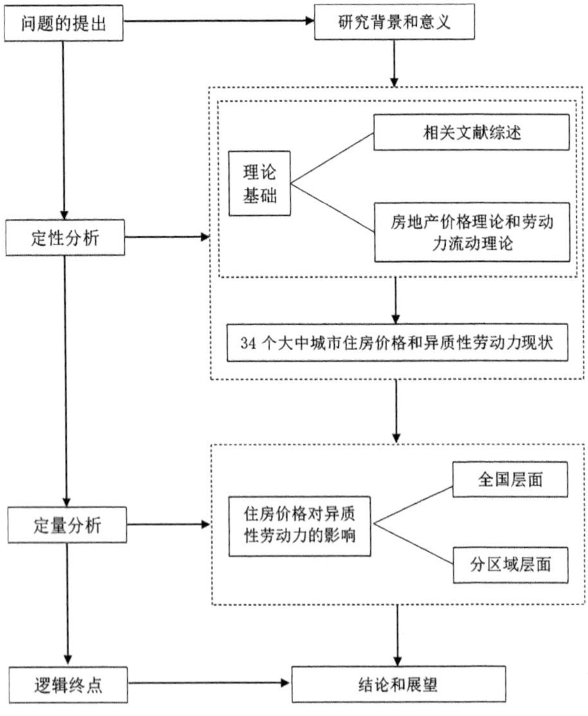

图 2-1-1 本篇技术路线图

四、基本概念界定

1. 住房均价

本篇中所有提到的住房均价均指商品住房每平方米的平均价格。住房均价这一概念比较宽泛，在不同语境、不同的应用下有不同的含义。商品住宅每平方米的平均价格能相对有效地反映住房市场的变化情况，本篇选择其作为变量来研究其对异质性劳动力流动的影响机制。为方便表述，本篇用住房均价来指代这一概念。

2. 异质性劳动力

马克思在《资本论》中将劳动力定义为人的劳动能力，即人的身体中存在的、生产某种使用价值时使用的体力和智力的总和。在马克思劳动价值理论中，劳动本质上看是无差别的一般人类劳动，也就是劳动同质性假设。马克思通过提出劳动二重性理论，将各种具体劳动化为抽象劳动，即无差别的一般人类劳动，认为商品的价值是由人类的抽象劳动生产的，价值量由无差别人类劳动量——社会必要劳动时间决定。这样，他将不同质劳动归于社会必要劳动时间的不同，将创造价值的劳动抽象为同质的劳动(焦斌龙，2012)。

20世纪五六十年代，以舒尔茨为代表的经济学家们提出的人力资本理论突破了劳动同质性假设。人力资本是一种与物质资本对应的资本形式，是寄附在劳动者身上的一种生产能力，通常是以劳动者所具有的知识、技能、资历和工作熟练程度等形式表现出来。因此，人力资本情况不同的劳动者，其在劳动过程中表现出知识、技能、资历和工作熟练程度等生产能力必然是不同的，则劳动者是异质的，劳动力的异质性通过劳动者拥有的人力资本禀赋不同体现出来。人力资本理论将劳动力分化为一般劳动力与人力资本，使抽象的劳动力异质性通过劳动力与人力资本得以区分，并由劳动者生产能力的异质性体现出来(焦斌龙和孙晓芳，2013)。

由于劳动者体力和智力的先天的禀赋差别、身处的社会经济环境各异以致拥有的社会资源不同，以及后天受到教育、培训的程度不同等，造成劳动者拥有了不同的人力资本和社会资本，体现出了不同的劳动能力，而劳动技能水平很大程度是由劳动者的受教育程度决定。参考大多数研究的做法，本篇将受教育程度作为异质性劳动力的划分标准，将受教育程度为大专及以上的劳动力定义为高技能劳动力，将受教育程度为大专以下的劳动力定义为低技能劳动力。即本篇中的异质性劳动力是指受教育程度差异导致的拥有不同劳动能力的劳动者。

3. 劳动力流动

劳动力流动是指劳动力个体为了得到更丰厚的劳动收入和更多的工作机会，在不同区域、不同产业、不同部门、不同就业状态、不同企业和不同工作中的流动(李丽辉，2007)。劳动力流动是人口流动的一部分，但与传统意义上的人口流动不同，其流动特征带有明确的经济性和目的性。从以上定义来看，首先强调了劳动力流动以就业为流动目的，应将劳动者个体看作经济学意义上的理性人，追求自身经济收益的最大化，其流动本质是为了寻求更高的经济收入和更多的工作机会；其次还应强调劳动力的流动状态，这种流动表现为其在时间、空间和状态上的变化。传统意义上的人口流动的目的可以是多样的，可以包括就业、避难、探亲等，因此人口流动包括劳动力流动，而劳动力流动必然引起人口流动。另外，人口不是生产要素，而劳动力是基本的生产要素之一。基于经济学视角，劳动力流动的概念比人口流动更具有经济学意义。因此，本篇将劳动力流动作为研究对象。

通常来说，劳动力的流动包括以下几种形式：

(1) 劳动力在不同就业状态间流动。在劳动力市场中，存在着劳动力和非劳动力两种形态，而劳动力存在着就业和失业两种市场状态，劳动力在不同形态和状态间转化就形成了在不同群体间的流动。包括劳动者由于辞职或被解雇变为失业者、失业者重新就业、非劳动力第一次就业和劳动力因退休变为非劳动力等。

(2) 劳动力在不同工作间流动。劳动力更换了原来的企业或者单位，或在原来的企业或单位中更换了不同的岗位，就形成了劳动力在不同工作间的流动。

(3) 劳动力在不同地域间的流动。即劳动力在不同地区间流动，可能其工作岗位发生了变化；也可能其还在原来的工作岗位，但工作地点发生了变化。劳动力在不同地域间流动是我国一个重要的社会和经济现象。

本篇中的劳动力流动特指劳动力在不同地域间的流动。

第二章　文献综述与理论基础

一、文献综述

为全面梳理和认知住房均价波动对异质性劳动力流动影响的文献背景，本研究将从住房均价与劳动力流动的关系以及影响劳动力流动的其他因素两个层面对与本篇的研究问题相关的国内外文献进行总结和评述。

1. 住房均价与劳动力流动的关系

住房均价是影响劳动力流动的重要因素。Helpman(1998)最早将住房市场因素引入新经济地理学的"中心—外围"模型。他提出住房均价过高会降低劳动力的消费者效用，对劳动力的流入产生负面作用。之后许多学者通过实证研究证实了Helpman的结论，例如Brakman(2002)和Rabe(2010)分别对英国和德国的住房均价与劳动力关系进行了实证分析，结果表明，高房价会对劳动力的自由流动造成负面影响，进而导致部分地区劳动力短缺问题。Plantinga(2013)指出，住房成本作为必不可缺的生活成本对劳动力的流动决策的影响不容忽视，住房均价过高会降低一个城市劳动力选择迁入的概率。同时许多学者也指出，劳动力流动会反过来影响住房均价的波动，二者之间存在着复杂的交互关系，劳动力的流入也会推高城市住房均价(Degen K,2017;Borowiecki,2012;Sa,2015)。

近年来国内大多学者对住房均价波动和劳动力流动关系的研究重点放在人口流入对住房均价的影响上。例如陆铭(2014)等基于我国地级市截面数据的研究认为，城市化背景下人口的不断流入导致城市住房需求的增长是影响住房均价上涨的重要因素，外来人口占比越高的城市住房均价越高，外来人口占比增长率更大的城市，住房均价和住房均价增长率都更高；张超(2015)等利用35个大中城市的面板数据研究了大学毕业生的迁入规模与住房均价的关系，指出高校毕业生流动意愿较强，是推高城市住房均价的重要动力之一；白极星(2016)等针对35个大中城市面板数据的研究显示，人口流动对住房均价有显著的正向影响，二者之间的关系呈倒U形的非线性关系。

关于住房均价对劳动力流动影响的研究相对较少。高波等(2012)利用系统GMM估计方法研究我国35个大中城市2000—2009年的动态面板数据，结论显示，城市住房均价升高会加重生活成本，从而会对劳动力产生挤出效应。刘志伟等(2013)进行了我国省级面板数据的实证研究，他将城市住房均价和劳动力流动纳入扩展的"中心—外围"模型框架中，结果显示房价升高会阻碍劳动力的流动，城市中相对完善的公共服务会对劳动力流动产生集聚效应，一定程度上可以抵消住房均价的影响。范剑勇等(2015)认为,城市新流入的人口主要居住在集体宿舍等非普通商品房中,对于房价的敏感度较低,从居住模式角度解释了城市居高不下的住房均价没有导致人口流入减少的原因在于流入。张平和张鹏鹏(2016)从劳动力的消费异质性视角切入,实证分析了住房均价上涨对于高技能劳动力和普通劳动力所造成的影响,结果证明基于自身技能和偏好的不同,高技能劳动力流动受城市住房均价的影响不大,住房均价上涨会阻碍普通劳动力的流入。说明不同技能和偏好的劳动力,其流动决策并不是唯一受住房的影响。刘广平(2018)等从人力资本角度探讨了住房均价对不同层次的人才流动的影响,结果表明高住房均价对低学历人才呈现出挤出效应、对高学历人才具有集聚效应,因此对人力资本的影响呈现出先下降后上升的U形关系。然而张莉(2017)等利用250个城市的微观调查数据的研究发现,住房均价对劳动力流动的影响呈现先促进再抑制的"倒U形"影响,且对高技能劳动力的抑制作用更显著,因为低技能劳动力与高技能劳动相比购房意愿较低,对于房价的敏感度较小。

2. 影响劳动力流动的其他因素

劳动力作为生产的基本要素,其流动和集聚关乎一个地区的经济增长。梳理国内外研究发现,总体上劳动力流动的影响因素可分为两类:一类是宏观层面因素,另一类是劳动者微观个体因素。

宏观层面来说,城市或地区的许多属性都会对劳动力流动产生影响,其中又可分为两类因素:经济因素和非经济因素,其中经济因素是主要原因。在早期理论研究中,学者们大多将收入差距视为劳动者作出流动决策的主要原因。如在最早由Lewis(1954)提出的著名的二元经济模型中,认为地区间的经济收入差距造成了劳动力的流动,在农业剩余劳动力通过从农业部门向工业部门转移的过程中,劳动力实现了平衡。随后Ranis和Fei(1961)进一步发展了刘易斯模型,他们认为农业生产率的提高发生劳动力剩余是劳动力流动的先决条件,但人口增长过快会阻碍劳动力的转移。Todaro(1969)则认为,劳动力的迁移决策不是取决于地区间的收入差距,而是迁移者本身的预期收入差距。

20世纪90年代初,改革开放政策的实施使得我国城市的劳动力需求大幅增长,劳动力开始大规模由农村向城市流动,关于我国劳动力流动的集中研究讨论也始于这段时期。中共中央政策研究室农村组(1994)指出,在经济发展的过程中,产业之间、城乡之间、地区之间经济发展水平和收入差距的不断拉大,形成了劳动力流动的强大拉力。高国力(1995)通过实证研究也证实了这一点。蔡昉(2000)认为,城乡收入差距和不同地区收入差距的扩大增强了农民向城市不断流动的动力。

非经济因素方面,第一是制度因素。在我国特殊的政治和经济体制背景下,劳动力流动受到土地制度变革的较大影响,柳建平(2011)分析了我国不同发展阶段土地制度对农村劳动力流动的作用,分析表明,土地制度的变革促进了农村劳动力的流动,但土地潜在价值的预期不断升高逐渐成为阻碍劳动力流入城市的一个重要因素；郑子青(2014)选取了湖南省的某村民小组作为长期观察对象，他认为土地制度的变迁是影响我国农村人口流动的前提条件和决定性因素；此外，蔡昉(2007)认为，户籍制度、城市就业、社会保障等制度障碍的逐渐改革是实现了农村劳动力和向城市和不同地区流动的关键。但随着经济的快速发展，尚未完全开放的制度障碍也成为阻碍劳动力的自由流动的因素(梁琦等，2013)。第二是公共服务因素。许多学者通过实证研究证明，劳动力流入城市不仅因为更高的收入和更多的就业机会，还为了寻求更好更便捷的公共服务，比如学校教育、医疗卫生、交通设施等(马伟等，2012；宋晓丽和李坤望，2015；蔡秀云等，2012；尹鹏等，2015；夏怡然和陆铭，2016)。第三是技术进步因素。程名望等(2006)结合宏观和微观数据的分析指出，城镇工业技术进步是农村劳动力流动的根本原因；赵德昭和许和连(2012)利用中国28个省的面板数据检验，结果表明农业技术进步对农村劳动力流动有显著的正向影响。王子敏(2017)通过实证研究表明，互联网带来的技能偏向降低了流动人口劳动力的就业机会，但会提高其就业的稳定性。

微观层面上，劳动者都是生活在一定社会经济环境下的理性人，在既定外部条件的约束下追求自身效用的最大化。由于每个人的生活环境、经历等各不相同，各自的偏好和价值取向也不同，所以其流动决策还受到自身个体和家庭因素的影响，包括劳动者的年龄、性别、婚姻状况、收入社交、受教育程度和家庭规模等(蔡昉，2003)。赵耀辉(1997)的研究表明，拥有年轻、未婚、教育水平较高和男性这些个人特征的劳动者更趋向于外出就业；黄敦平(2016)从家庭决策角度分析家庭因素对农村劳动力流动决策的影响，结论表明，家庭收入、受教育程度和家庭规模等因素对其流动决策的影响显著。潘静和陈广汉(2014)的研究发现对收入、受教育水平较高的家庭，村庄和家庭社会网络对劳动力流动具有显著影响。

3. 现有文献述评

梳理已有文献可知，第一，目前我国劳动力流动的现有研究无论是理论还是实证多数是针对农村流向城市的“乡—城”迁移模式，研究群体多聚焦于农民工这一特殊群体。而实际上随着经济不断发展，我国劳动力流动的空间流动模式开始向多元化发展，“城—城”流动模式规模开始持续增加，不再是农村剩余劳动力向城市转移的单一模式。因此，对于其他劳动力群体的研究有待进一步扩展，例如受教育程度较高的高技能劳动力群体。第二，我国研究多关注迁移人口对房价的影响，而对于房价对劳动力流动影响的研究较少，且并未形成一致性结论，现有研究主要集中在探讨房价与劳动力“数量”之间的关系，少有研究共同将劳动力异质性和不同区域的差异性纳入分析。第三，现有研究使用的面板数据停留在2014年以前，少有涉及2014年之后数据，且使用的多为截面数据。实际上2014年之后我国住房市场经历了新一轮爆发式增长，因此数据的及时更新更能反映当前经济环境下我国的现实情况；而住房均价波动和劳动力流动作为既定的一段时期内我国两种典型的经济现象，采用面板数据更能反映出二者之间的关联效应。

因此，本篇首先构建住房均价影响劳动力流动的模型，分析住房均价对劳动力流动的影响机制，在理论研究的基础上，采用2006—2016年我国34个大中城市的面板数据，应用系统GMM估计方法实证检验住房均价对异质性劳动力的影响机制，并对不同教育水平的劳动力和不同区域的城市分别进行分类探讨，对现有研究的实证结论作进一步补充。

二、房地产价格理论

1. 均衡价格理论

(1) 房地产需求

房地产需求一般指在特定的时间内，在某一价格水平上，消费者或者投资者愿意并且具有能力购买房地产的数量(钱瑛瑛，2008)。房地产商品作为一种特殊的商品，其需求不仅受到价格的影响，还受到经济、人口、收入、消费偏好、预期和政策等多方面因素的影响。

(2) 房地产供给

房地产供给是指房地产供给者在特定的时间内，在某一价格水平上，愿意并且有能力出售或者出租的房地产数量。由于房地产属于长期耐用商品，并且具有投资属性，房地产的供给者主要有房地产开发商和众多的房地产所有者。影响房地产供给最重要的因素是房地产的价格，因为房地产价格的高低直接影响其获利能力。此外，土地供给、市场预期、政策等因素均会对房地产供给产生一定的影响。

(3) 房地产市场供求均衡

房地产市场供求均衡指的是房地产商品实现其供给价格等于需求价格，且供给量与需求量相一致的经济状态。如图2-2-1所示，曲线D为房地产需求曲线，曲线S为供给曲线，两者的交点E为均衡点，在均衡点上房地产市场实现了供求均衡状态。E点在X轴的投影OM为均衡数量，在Y轴的投影ON均衡价格。当在某种因素的作用下，市场价格ON_1低于ON时，房地产需求数量为OM_1，对应的房地产供给数量为OM_2，此时$OM_1 < OM_2$，市场表现为供不应求。此时房地产供给者会抬高房地产价格，直至价格上升到ON时，市场供给数量等于市场需求数量，实现均衡状态。

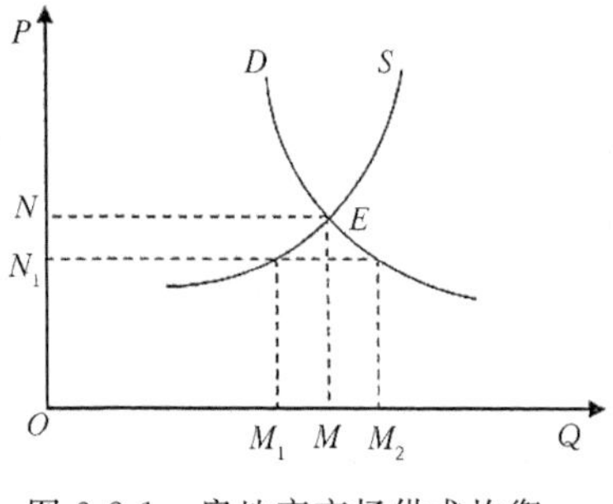

图2-2-1 房地产市场供求均衡

在现实中，房地产市场供给量和需求量往往受到多方面复杂因素的影响，房地产市场供求均衡状态很难实现，其代表的是一种长期的趋势。供求均衡原理对于指导房地产开发商制订生产经营计划和政府制定房地产相关政策具有重要的现实意义。

2. 四象限模型

房地产具有经久耐用性，兼有投资品和消费品的双重特点。在资产市场中，房地产作为投资品时，市场的供需影响其资产价格和建设量；在使用市场中，房地产作为消费品时，市场的供需关系决定了其租金水平。如图 2-2-2 所示，四象限模型体现了两个市场中经济变量的相互联系，其中每一个象限对应的方程有着不不同的经济含义。

(1) 第Ⅰ象限：确定市场租金

Y 轴对应租金，X 轴对应存量。这一象限表示，在平衡状态下，市场须调整租金水平，使需求量等于供给量。本象限的作用即为根据存量水平确定租金，当外部的经济状况发生变化时，曲线将向内或向外移。

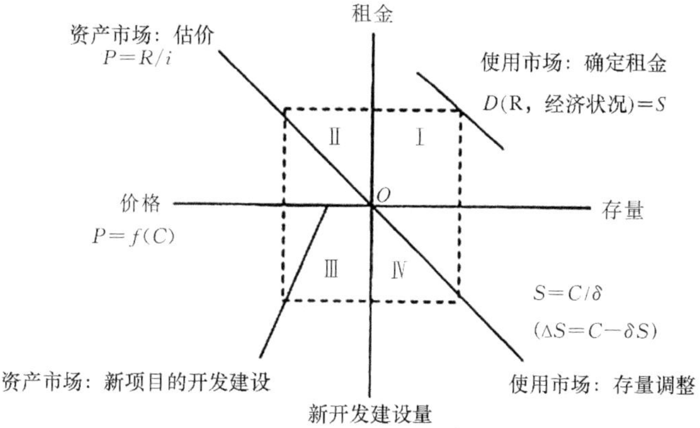

图 2-2-2 四象限模型

(2) 第Ⅱ象限：确定价格

X 轴代表房地产价格，Y 轴表示租金，这一象限描述了资产市场中租金和价格的关系，由租金价格比率(资本化率)表示。资本化率主要受长期利率、租金的预期增长率、租赁风险和政策优惠等因素的影响。

(3) 第Ⅲ象限：确定新开发建设量

X 轴代表房地产价格，Y 轴表示新开发建设量。长期来看，房地产价格应与重置成本相等，因此这一曲线描述的也是重置成本和新开发建设量的关联关系，假设重置成本会和新开发建设量呈正向关的关系。当其他因素影响重置成本变化时，会影响曲线的向左或向右平移。

(4) 第Ⅳ象限：存量调整

X 轴代表房地产存量，Y 轴表示新开发建设量。新开发建设量 C 与存量 S 之间存在着这样的关系：$\Delta S=C-\delta S$(δ 为灭失率)，当房地产市场达到均衡状态时，有 $\Delta S=0$。曲线表示市场均衡时新开发建设量和存量的关系，即 $S=C/\delta$。

在四象限模型的第Ⅰ象限中，以某一存量起始值为起点，在使用市场确定租金水平，这一租金水平可通过第Ⅱ象限的资产市场确定房地产的价格，由房地产价格可在第Ⅲ象限进一步确定新开发建设量，这些新开发建设量回到第Ⅳ象限中的使用市场最终形成新的存量值。当存量的起始值与最终值保持一致时，两个市场均达到均衡状态。当外部经济因素导致存量的起始值和最终值不相等时，两个市场中的经济变量将处于失衡状态。若起始存量值高于最终值时，租金、价格和新开发建设量将升高直至达到均衡状态；反之，若起始存量低于最终值，租金、价格和新开发建设量将降低，直至达到均衡状态。

三、劳动力流动理论

从微观层面上看，劳动力的流动决策是建立在对流动前后成本和收益的比较基础上的，这种决策机制可以用成本—收益模型来表述；从宏观层面上看，由于不同地区和产业之间存在着经济收入、工作环境和就业机会等方面的差异，形成了劳动力在不同地区、不同产业之间的流动。随着劳动力流动成为在各个国家的经济生活中不可忽视的显著现象，过去几十年中有多个有关劳动力流动的理论相继形成，其中最为著名的有成本—收益模型、刘易斯二元经济模型、托达罗模型和“推力—拉力”理论等。

1. 成本—收益模型

Sjaastad(1962)将劳动力的主动流动看成是一种投资行为。劳动者为了未来获得收益而选择承担流动的成本。只有当劳动者的流动收益大于流动成本，也就是净收益为正时，劳动者才可能选择流动，劳动力流动才会发生；当净收益为负时，劳动力流动就不会发生。劳动力流动决策理论模型可用以下公式表示：

劳动力流动净收益现值=劳动力流动收益现值－劳动力流动成本，即

$$NRP = \sum_{t=1}^{n} \frac{b_{it} - b_{0t}}{(1+r)^t} - C$$

式中，NRP 代表劳动力流动的净收益现值；b_{it} 和 b_{0t} 分别代表劳动力流动后和流动前的收益；C 表示实现流动所花费的成本；n 为预期工作的年限；r 为贴现率。若 $NRP<0$，则劳动者不会选择流动；若 $NRP=0$，劳动力流动可以发生，但作用不明显；如果 $NRP>0$，则劳动力流动是合理的，因为劳动力通过流动可以获得更多的收益。

2. 刘易斯二元经济模型

20世纪五六十年代，刘易斯(Arthur Lewis)提出了著名的二元经济模型。此模型将发展中国家的经济划为两个部门：一个是存在大量剩余劳动力、边际生产率很低的传统农业；另一个是边际生产率高且工资也远高于传统农业的工业部门。刘易斯模型假设现代工业部门能在一个高于农业部门的工资水平下不断地从农业部门获得劳动力，即工业部门的劳动力是“无限”供给的。基于这一分析，刘易斯认为劳动力由农业部门向城镇工业部门流动分为两个阶段：第一阶段，在资本积累的

作用下，城镇部门保持固定高于农村的工资水平，工业部门的扩张有农业部门的无限转移供给作为保障；第二阶段，当传统农业部门中的剩余劳动力都进入工业部门中时，劳动力开始进入短缺阶段，第一阶段与第二阶段的临界点叫作“刘易斯拐点”。刘易斯认为发展中国家的城乡劳动力流动处于第一阶段。

刘易斯模型将劳动力流动过程与经济发展联合起来，对工业化和城市化的相辅相成过程做出了很好的解释，具有重要的意义，后续的多数劳动力流动理论的研究都是基于这一理论进行的。

3. 托达罗模型

进入 20 世纪中后期，在许多发展中国家，农村向城市人口流动规模和速度增长极快，暴露了许多问题，其中城市中的失业问题最为严峻。许多经济学家开始对刘易斯模型发出质疑，认为劳动力从农村向城市的过度流动不利于经济发展，加剧了城市失业问题，造成城乡发展严重失衡。基于此背景，托达罗(Michael. P. Todaro)创建了托达罗模型，他认为劳动力流动是一种经济现象，劳动者的流动决策取决于将劳动者对流动后预期收入的估计，当其对预期收入的估计与现有收入的估计的差距越大时，其流动倾向就越强。影响劳动者预期收入估计的因素有两个：一个是劳动者在城市的收入水平，二是城市中找到工作的概率。若预期收入水平与就业的概率相乘大于现有收入水平，劳动者就会不断从农村向城市流动，

按照托达罗的观点，当城乡收入差异足够大时，劳动力会持续地从农村向城市流动，当超出一定临界值时，城市中的就业岗位将不能完全解决大规模劳动力流入带来的就业需求。这就进一步解释了城市中失业的原因，同时也解释了即使失业率高企，但劳动力仍然源源不断流入城市的现实现象。该模型的政策意义是：过量的劳动力流入城市中会引发许多社会经济问题，解决城市中的失业问题不能只依靠创造更多城市中的就业机会，而是要努力提高农村的收入水平和就业机会，不然增加的城市就业吸引更多超出城市容纳能力的劳动力流入城市，将会造成更多的失业现象。托达罗认为，大多数发展中国家城市的高失业率是城乡经济严重发展不平衡的结果，因此要改变只偏重城市发展的观点，要注重农村的发展水平。托达罗模型非常符合发展中国家劳动力市场的现状，一直以来得到极为广泛的应用。

4. “推力—拉力”理论

巴格内(D. J. Bogue)最早系统阐述了“推力—拉力”理论。他认为劳动力流动的根本目的是提高其生活水平。对于那些有利于提高生活水平的因素是促使劳动力流动的拉力，而不利于提高生活水平的因素就是推力，劳动者流动行为的发生是由推力和拉力共同作用的结果。之后埃弗雷特·李(Everett S. Lee)对这一理论进行了发展，他将影响劳动者流动决策的因素分为 4 类：流出地的因素、流入地的因素、中间障碍因素和个人因素。在不同地区中，吸引人流入和挤出人流出的因素都同时存在，再结合某些个人因素的影响，就促进或阻碍了劳动力流动的发生。

当推力因素的作用大于拉力因素的作用时，劳动力流动就会发生，否则劳动力

就不会选择流动。事实上,劳动者对流入地和流出地各种因素的评价离不开个体主观感受的影响,例如好的教育对于有孩子的劳动者可能是拉力因素,但对没有孩子的劳动者来说则可能是推力因素,因为好的教育背后可能意味着更多的税负。还有流入地和流出地中间的阻碍因素,例如距离等,也会对劳动者的流动决策产生影响。此外,劳动者自身的个人因素,例如性别、年龄、个性和智慧等,都会影响其流动决策。

第三章　34 个大中城市住房均价与异质性劳动力的现状

一、34 个大中城市住房均价的现状

1. 我国城市住房均价的变化趋势

我国住房市场起步较晚，1998 年福利分房制度的终结标志着房地产开始的市场化，住宅市场由此开始进入近 20 年的飞速发展时期。由图 2-3-1 可看出，2000—2017 年我国商品住宅销售面积和销售均价总体保持持续上涨的趋势，住房平均销售价格由 2000 年的 1948 元/m^2 上涨至 2017 年的 7614 元/m^2。具体来看，2000—2017 年我国住房均价共经历了三个上涨周期。第一个周期为 2000—2008 年，受全球经济危机的影响，商品住房平均销售价格和销售面积在连续 7 年的持续增长后在 2008 年迎来了小幅回落；第二个周期持续时间为 2009—2014 年，由于经济复苏以及城镇化率的快速提高等因素，中国住房市场迎来了黄金发展时期，房价从 2008 年的 3576 元/m^2 爆发式上涨至 2013 年的 5850 元/m^2。受宏观经济下行压力、调控政策以及供应过剩等因素影响，住宅市场在 2014 年迎来了短暂的低迷，住宅销售面积较 2013 年下降，销售均价与 2013 年基本持平；第三个周期为 2015 年至 2017 年，受调控政策放松和棚改需求释放等因素的影响，房价迎来了新一轮的上涨，销售面积也创下了历史新高。

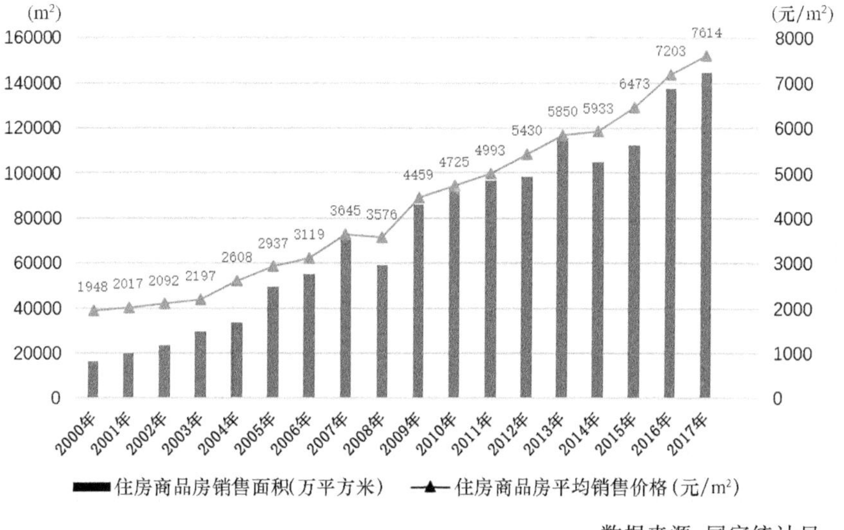

数据来源：国家统计局

图 2-3-1　2000—2017 年全国住房均价变化趋势

本篇按地理区位将全国分为东部沿海地区和内陆地区①。分地区看,整体上东部沿海地区和内陆地区住房均价在2001—2017年呈持续上涨的趋势,东部沿海地区房价整体要远高于内陆地区。东部沿海地区平均住房均价由2001年的2496元/m^{2}上涨至2017年的10031元/m^2,年均增长率为9.1%;内陆地区平均住房均价由2001年的1248元/m^{2}上涨至2017年的5685元/m^2,增长率为9.9%。自2001年以来,除2008年下降4.0%外,东部沿海地区房价一直保持增长趋势,内陆地区则一直保持正增长。从变动幅度上看,东部地区房价波动明显大于内陆地区,主要是由于东部沿海地区的经济发展水平相对较高,受外部经济环境影响相对较大。如图2-3-2所示。

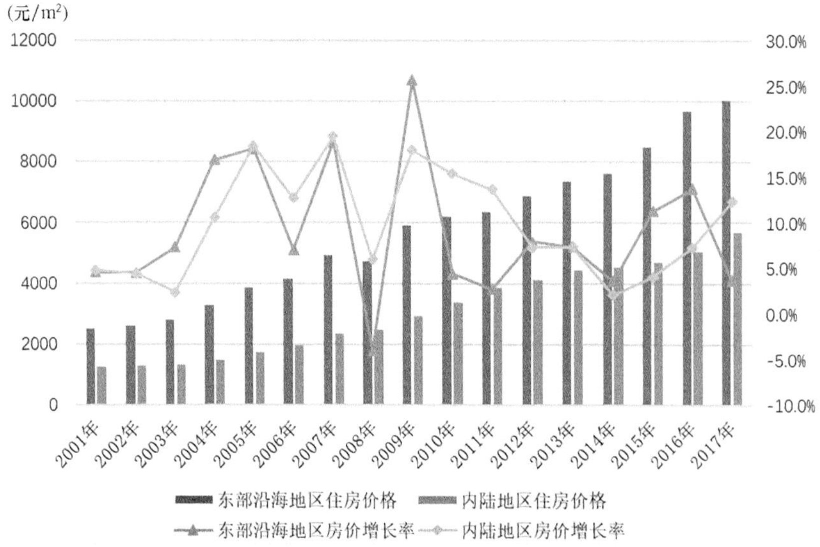

数据来源:国家统计局

图2-3-2 2001—2017年东部沿海地区和内陆地区住房均价变化趋势

2. 34个大中城市住房均价分布现状

图2-3-3显示了我国34个大中城市2006—2017年住房均价的变化趋势,由图可知,除个别城市在部分年份住房均价出现下降外,整体来看住房均价在近十年呈现不断上升的趋势。从城市层面来看,不同城市间住房均价水平和变化趋势差异较大,根据住房均价水平,可将34个大中城市分为4个梯队。

(1) 第一梯队:深圳、北京、上海、杭州和厦门5个城市

由图2-3-3可知,2017年住房均均超过20000元/m^{2}的城市共有深圳、北京、上海、杭州和厦门5个城市,5个城市住房均价上涨幅度明显高于全国其他城市。

① 东部沿海地区包含北京、天津、上海、河北、辽宁、江苏、浙江、福建、山东、广东和海南11个省及直辖市;内陆地区包括吉林、黑龙江、安徽、江西、河南等内陆剩余20个省及直辖市(不含港澳台)。

其中北京、上海和深圳为全国经济水平和人口吸附实力最强的3个城市，住房均价在近十年来居高不下且持续一路高升，深圳的住房均价更是在2017年达到了48622元/m²；杭州和厦门虽然仅为新一线城市和二线城市，但在进入2014年后房价快速走高，跻身第一梯队。

（2）第二梯队：广州、南京、天津和宁波

广州、南京、天津和宁波4个城市2017年住房均价在14000～20000元/m²区间，4个城市中除广州为一线城市外均为位于东部地区的新一线城市，整体上看，处于这一梯队的城市经济实力和人口吸附力均处于全国城市中的上位圈，住房均价上涨幅度仅次于第一梯队。

（3）第三梯队：武汉、合肥、大连、福州和海口

武汉、合肥、大连、福州和海口5个城市房价均过万元，在2006年5个城市的住房均价均在2000～3000元/m²间，至2017年房价翻了三番以上，呈现稳步上升的趋势。其中武汉和合肥为内陆城市；大连、福州和海口为东部沿海城市。

（4）第四梯队：20个城市房价在万元以下

这一梯队包括剩余的20个城市，其中大部分是内陆城市。这20个城市在2006年住房均价多在1500～3000元/m²之间，在2017年多数在5000～10000元/m²之间。这一梯队的城市经济发展水平和人口吸附能力都在中下水平。

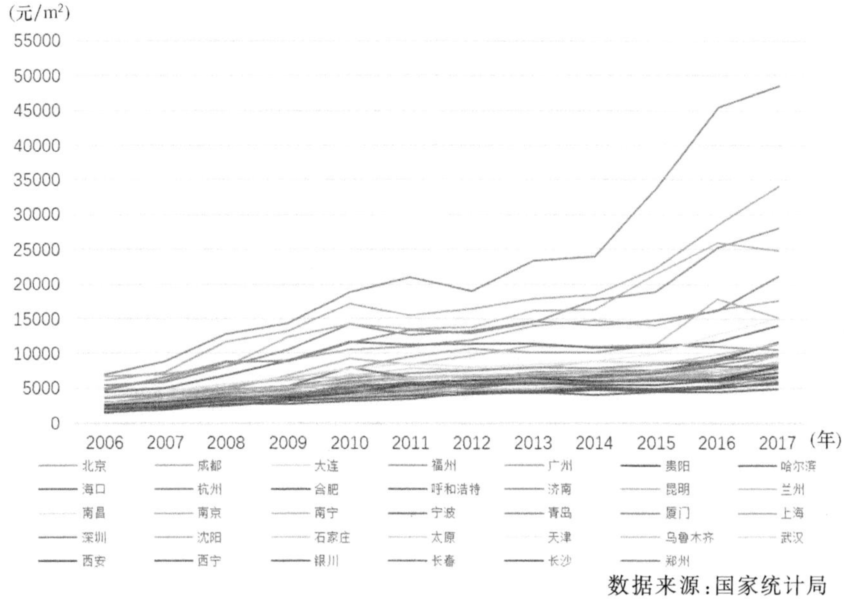

数据来源：国家统计局

图2-3-3　34个大中城市2006—2017年住房均价变化趋势

二、34 个大中城市异质性劳动力流动的现状

1. 我国劳动力流动的整体变化趋势

(1) 流动规模变化:由快速增长进入调整期

20 世纪 80 年代以来,伴随着经济发展的不同阶段,我国劳动力流动规模的变动过程可分为三个阶段:第一个阶段为 1982—1990 年,《关于农民进入集镇落户问题的通知》的颁布开始破除了我国农村剩余劳动力进城就业务工的制度限制,由此我国农村人口开始大规模地向城市迁移。根据国家卫生健康委员会的数据显示,在这 8 年间,我国流动人口规模增长了 3 倍,由 657 万人提高至 2135 万人,年均平均增长率达 7%。第二个阶段是 1990—2010 年,劳动力流动规模增长进一步加快,至 2010 年我国流动人口规模超过 22143 万人,年均平均增长率达 12%。第三个阶段是 2010 年至今,2010—2015 年的劳动力流动规模增速开始断崖降低,流动人口规模年均增长率仅 2%。2015 年至 2017 年,我国流动人口规模连续 3 年出现了下降,由 2015 年的 2.52 亿人降至 2017 年的 2.44 亿人,总共减少了约 750 万人。我国劳动力流动由此进入了全新的调整时期。

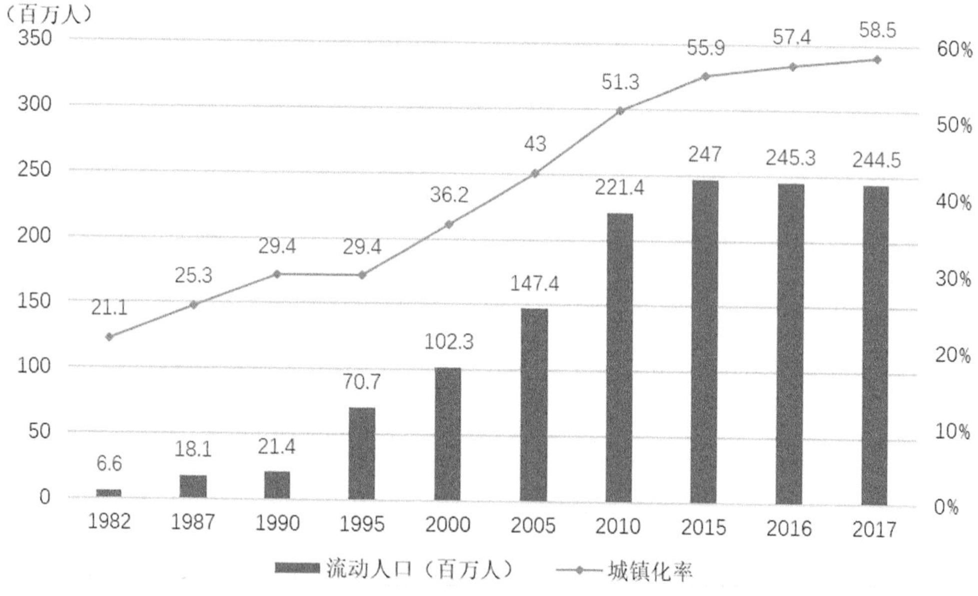

数据来源:国家卫生健康委员会

图 2-3-4 1982—2017 年我国流动人口规模及城镇化率

劳动力流动规模的下降是多种原因作用的结果。首先近几年我国新型城镇化的快速推进促进了大量的流动人口在流入地落户,我国人口城镇化率已由 1982 年的 21.1%升至 2017 年的 58.5%(图 2-3-4)。此外,经济波动因素、个别特大城市的人口疏散政策、支持农民工返乡创业政策等诸多因素共同造成了这一现象,从长

期来看，随着我国人口红利拐点的到来，劳动力流动规模逐渐下降是必然趋势。

(2) 流动速度变化：东部地区增速放缓，西部地区劳动力流入增速加快

长期以来，东部地区一直是我国劳动力流入的主要地区。根据国家卫计委发布的《中国流动人口发展报告 2016》，2013 年我国的流动人口中，流入东部地区的比例为 75.7%，2015 年这一数据为 74.7%，虽比例略有下降，但仍占据主要地位。西部地区由 2013 年的 14.9%升至 2015 年的 16.6%。由此可见，西部地区劳动力流入增速明显，但东部地区仍然是我国劳动力的主要流入地。如图 2-3-5 所示。

一方面，东部地区集聚了我国长三角、珠三角和京津冀三大城市群，三大城市群的人口占全国人口的 1/4，经济总量占全国的四成左右。未来三大城市群仍然是我国经济增长的主要引擎，在科学技术、人力资本、物质资本和交通设施等方面的绝对优势无法动摇，因此仍然是未来劳动力流动的主要流入地。另一方面，近年来随着长江经济带、"一带一路"等国家级规划和倡议的出台和推进，成渝和长江中游等中西部城市群已成为我国全面深化改革和推进新型城镇化的重点区域，中西部地区正在崛起成为我国经济发展新的增长极，未来在承接东部产业梯度转移和吸纳劳动力集聚等方面将发挥越来越重要的作用。

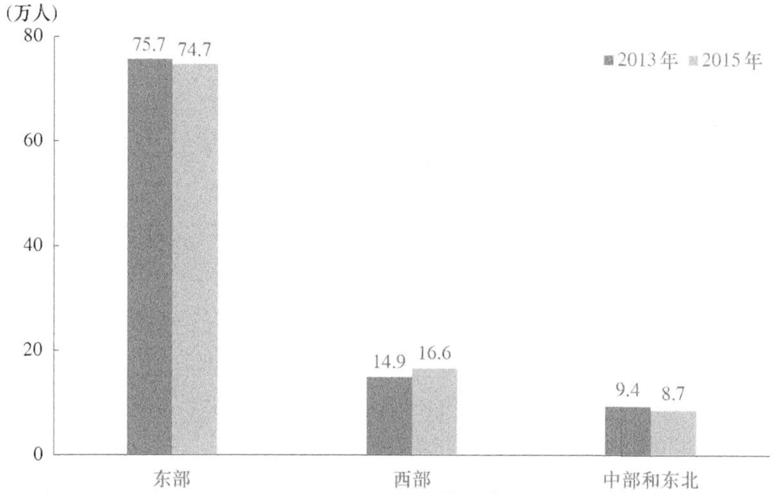

数据来源：《中国流动人口发展报告 2016》

图 2-3-5 我国流动人口区域分布

(3) 流动结构变化：空间流动模式和流入地多元化，结构化矛盾日益凸显

改革开放以来，在中国的快速城市化和进程中，"乡—城"劳动力流动模式构成了中国劳动力流动的主要特征。但在当前的社会经济环境下，劳动力流动的空间格局出现了新的变化。首先，"城—城"劳动力流动规模在持续提高。根据第六次人口普查的数据，2010 年我国"城—城"流动人口规模达 4685.46 万人，是第五次人口普查时的 2.21 倍，占流动人口总数的 21.5%，而根据国家卫计委的数据，这一比例在 2015 年上升到了 30%。随着我国新型城镇化战略的不断推进，未来将有大

规模农业转移人口和其他常住人口等非户籍人口在城市落户，由于大城市落户门槛过高，未来中小城市和小城镇将成为农业转移人口的主要落户选择。但是这些城镇可提供的就业机会有限，大城市及周边城市群仍将继续是新增就业的主要集中区域，同时也是中小城市和小城镇剩余劳动力的主要流入目的地。于是可以预见，“城—城”劳动力流动规模将会迎来快速增长，其在全部劳动力流动规模中的比重将会进一步提高。

其次，在流入地层面上，劳动力流向中心城市的比例在下降，流向非中心城市的比例在上升。根据国家卫计委的数据，2015 年流向中心城市的跨省流动人口占全国跨省流动人口的 54.9%，而在 2013 年这一数字为 56.8%。由于高铁网络的完善、区域间产业梯度转移以及大城市人口疏散政策等因素，劳动力已不仅仅是向北上广深等一线城市流动，开始逐渐向周边城市迁移，以城市群为导向的劳动力流动趋势十分明显。另外，随着现代信息技术的快速更新和发展，资源空间配置不再局限于地理空间的维度，未来也可能将进一步影响我国劳动力的空间分布格局。

在新时期下，我国劳动力流动也面临着新的问题和挑战。第一，劳动力流动正步入总量缓慢下降的调整阶段，而短期内我国劳动力在空间分布上的高度集中特征不会改变，这就导致劳动力向大城市持续集聚，导致其他城市劳动力供给短缺，近年来在中西部和部分东部中小城市持续出现的“用工荒”问题愈演愈烈。第二，经济新常态下我国经济形势发生了变化，经济增速的换挡将带来就业岗位的减少，将导致结构性失业增加。根据《中国流动人口发展报告 2016》，2015 年我国流动人口的失业率为 1.52%，比 2014 年增加了 0.71%，且劳动力受教育程度越低，失业率越高。第三，大规模的劳动力流动带来的城市流动人口面临着长期定居的决策，随着劳动力流动的长时间累积，定居务工城市成为多数流动人口家庭的主流意愿。然而长期定居意味着劳动者整个家庭的住房、教育、医疗等问题在城市需要得到解决，而这一过程必然会遭遇现行户籍制度、社保、医疗和教育等诸多的制度障碍，还受到劳动者个人和家庭的资本积累限制。因此实现流动人口的市民化和社会融入，面临着巨大的障碍和困难。

2. 样本城市异质性劳动力的区域分布情况

由于我国目前没有具体按受教育程度分类的劳动力流动数据，考虑数据的可获得性和一致性，参考邬思怡(2017)的做法，在《中国城市统计年鉴》统计了各城市按行业分组的 19 个大类的从业人员数据，在《中国人口和就业年鉴》中则统计了全国按行业分组的 20 个大类下的就业人员受教育程度构成，将两个数据相结合即得到异质性劳动力的数据。

样本城市整体劳动力结构现状见图 2-3-6。2006—2015 年期间，除 2014 年略有下降外，样本城市劳动力总数保持整体上升的趋势，2016 年比 2015 年减少了约 219 万人，达到了 6609.39 万人。高技能劳动力与低技能劳动力的比值由 2006 年的 0.32 升至 0.47，表示整体劳动力的受教育程度得到了很大提高。

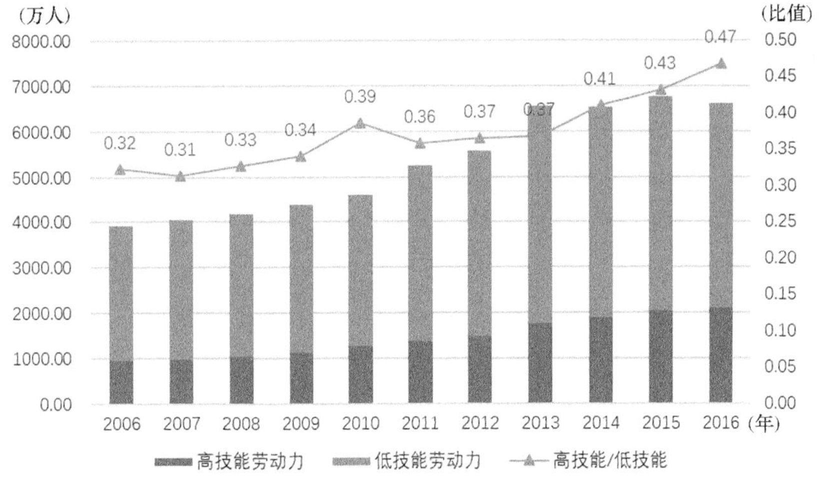

图 2-3-6　2006—2016 年样本城市整体劳动力结构

经过长期的持续增长，东部沿海地区劳动力总数自 2014 年开始下降。2016 年劳动力总数为 4196.70 万人，与 2014 相比减少了约 169.69 万人，其中高技能劳动力占比持续提高，高技能劳动力与低技能劳动力的比值由 2006 年的 0.31 升至 0.48，整体劳动力的受教育程度提升明显。如图 2-3-7 所示。

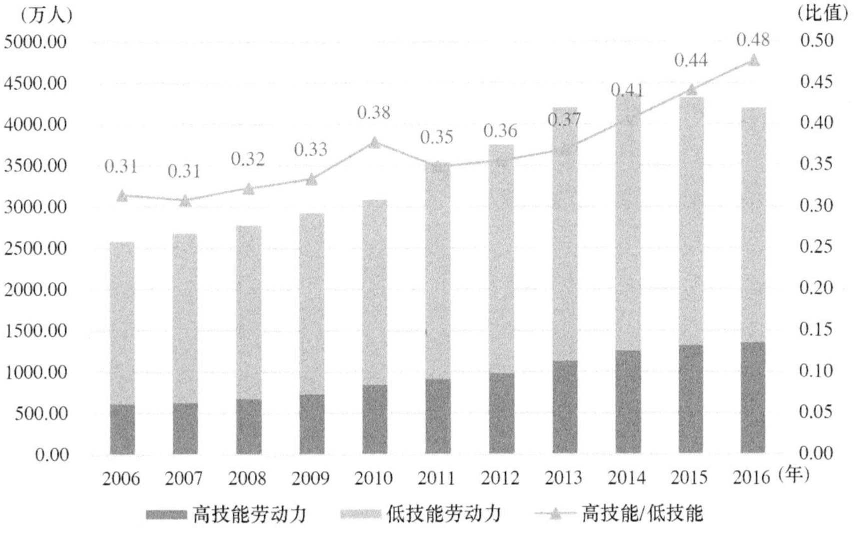

图 2-3-7　2006—2016 年东部沿海城市劳动力结构

内陆地区的劳动力总数在 2015 年达到了历史最高点，2016 年小幅下降，为 2412.69 万人。劳动力受教育程度也明显改善，高技能劳动力与低技能劳动力的比值由 2006 年的 0.34 升至 0.45，但仍低于东部沿海地区。如图 2-3-8 所示。

劳动力总数的增加和减少在一定程度上可以反映劳动力流入和流出的情况。从城市层面上看，34 个样本城市中 2016 年劳动力总数增加最高的分别为成都、北

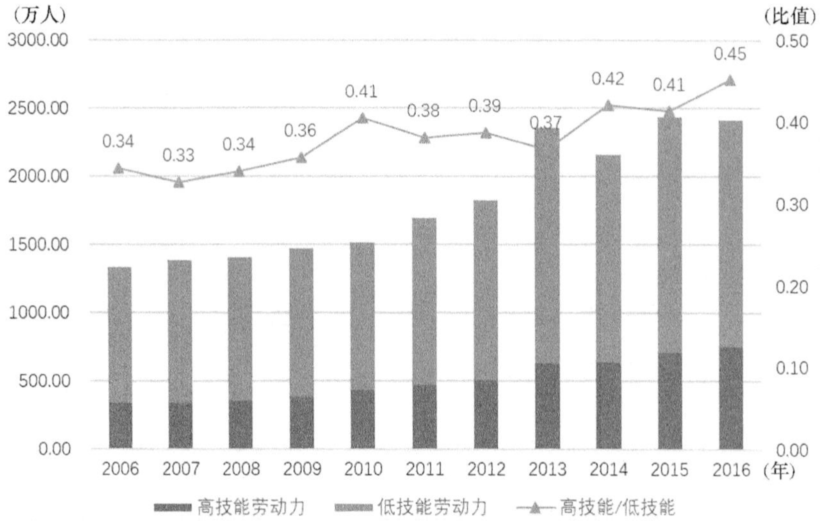

图 2-3-8 2006—2016 年内陆城市劳动力结构

京、武汉、广州和合肥等 10 个城市。其中东部沿海城市和内陆城市各占 5 个，除北京外其余均为省会城市。由表 2-3-1 可知，前 10 名城市劳动力总数的增加主要来自高技能劳动力的增多，比如排名第一的成都市，2016 年劳动力总数增加了 16.67 万人，其中低技能劳动力减少了 3.17 万人，高技能劳动力增加了 19.84 万人。由此可见，虽然目前我国大中城市中劳动力流动仍以农民工等低技能劳动力群体为主，但劳动力结构正在发生变化，大中城市中的高技能劳动力数量正在快速增长，占据越来越重要的地位。

表 2-3-1 2016 年样本城市劳动力总数增加数最高的 10 个城市(单位:万人)

城市	低技能劳动力			高技能劳动力			劳动力总数增加数
	2015 年	2016 年	变动量	2015 年	2016 年	变动量	
成都	401.13	397.96	−3.17	134.93	154.77	19.84	16.67
北京	480.44	473.05	−7.39	296.90	318.47	21.57	14.17
武汉	148.42	150.79	2.37	58.85	62.47	3.61	5.98
广州	218.22	215.97	−2.25	102.09	109.26	7.17	4.92
合肥	106.70	107.50	0.81	37.17	40.52	3.34	4.15
济南	88.19	89.58	1.39	43.71	46.31	2.61	4.00
厦门	106.82	107.47	0.66	29.95	31.68	1.72	2.38
郑州	140.40	138.09	−2.31	58.17	62.76	4.59	2.28
海口	32.90	33.75	0.85	16.26	17.67	1.40	2.25
贵阳	73.82	74.32	0.50	30.20	31.42	1.23	1.73

2016 年劳动力总数减少最高的分别为上海、银川、沈阳、宁波和长沙等 10 个城市，其中东部沿海城市和内陆城市各占 5 个。除上海和深圳外，其余均为二线省会城市。上海和深圳两个特大城市劳动力总数的减少主要是主动疏散人口政策、产业结构升级等因素造成的，其中上海劳动力总数减少最多，达 95.11 万人。从表 2-3-2可知，城市劳动力总数的减少主要来自低技能劳动力的减少。说明我国现今城市中的低技能劳动力在越来越少，这一现象是产业结构转型升级、低技能劳动力继续教育、国家鼓励农民工返乡就近创业就业政策等多种复杂的因素造成的，但可以一定程度反映出城市中低技能劳动力生存空间越来越小已是不争的事实，这将对我国劳动力流动的格局带来深远的影响。

表 2-3-2 2016 年样本城市中劳动力总数减少数最多的 10 个城市(单位:万人)

城市	低技能劳动力			高技能劳动力			劳动力变动量总数
	2015 年	2016 年	变动量	2015 年	2016 年	变动量	
上海	504.90	431.11	−73.79	217.99	196.67	−21.32	−95.11
银川	57.02	21.75	−35.27	21.70	13.71	−7.99	−43.26
沈阳	100.11	86.25	−13.87	46.64	43.02	−3.62	−17.48
宁波	123.28	109.24	−14.04	43.55	42.62	−0.93	−14.97
长沙	90.22	80.34	−9.88	40.24	40.59	0.35	−9.53
天津	210.99	197.84	−13.16	83.79	88.21	4.42	−8.74
南京	150.77	141.88	−8.89	62.33	63.31	0.98	−7.91
大连	77.72	71.53	−6.19	35.96	36.22	0.26	−5.93
青岛	106.56	101.29	−5.26	43.56	44.11	0.56	−4.71
深圳	350.28	339.89	−10.38	109.69	116.34	6.65	−3.73

第四章 住房均价影响异质性劳动力流动的实证研究

本章主要用广义矩估计法(GMM)对动态面板数据样本进行估计,GMM估计主要包括差分GMM和系统GMM两种估计方法。其中系统GMM估计是对差分GMM估计的扩展,其将差分GMM与水平GMM估计方法相结合,较好地克服了差分GMM方法的弱工具变量的缺点,解决内生性问题,更好地提高了参数估计的效率。在模型中,异质性劳动力为被解释变量,其滞后期和住房均价为解释变量。同时为了提高实证检验结果的准确性,引入其他可能影响异质性劳动力流动的因素作为控制变量。此外,模型中的内生性问题和序列相关问题不可忽视,因此引入滞后项为工具变量。本篇将分别从全国样本层面、地区分类层面分析住房均价波动对异质性劳动力流动的影响,为保证估计结果的一致性和准确性,需对模型进行自相关检验和过度识别检验,所有计量结果均由Stata15版本进行操作。

一、住房均价影响异质性劳动力流动的相关假设

按照经典的成本—收益理论,每个劳动者均为既定外部条件下的理性人,追求自身利益最大化。假设将流动看作投资行为,在进行流动决策时,劳动者会对流动成本和预期收益进行对比,只有当预期收益大于流动成本时,劳动者才会选择流动。本篇认为住房均价对劳动者流动决策的影响可能同时包含拉力作用和推力作用。首先,由于住房本身的资产属性,其本身的价值一定程度反映了投资者对住房所在地的预期投资收益价值。从现实经验看,住房均价相对较高的地区背后往往意味着更高的收入水平和投资收益水平、更多的就业机会,也代表着更优质的人力资本和物质资本集聚、更完善的公共服务和更好的社会环境等。因此,住房均价的高低一定程度上影响着劳动者对于一个城市经济发展和收入水平的判断,对劳动者存在着相应的拉力作用。其次,劳动者在决定流入或迁出一个城市时,都必须要解决居住问题,无论是选择购房还是租房,住房支出始终是劳动者个人或家庭生活支出中的重要部分,显然住房均价的上涨会增加劳动者的生活负担,加重其流动成本。当房价上涨超过一定临界值时,由于流动成本上升超过劳动者的预期收入,劳动者就会选择离开城市,此时住房均价对劳动力流动产生了推力作用。

劳动力异质性是客观存在的,受教育程度较高的高技能劳动力由于拥有较高的人力资本积累,往往具有更高的经济收入能力,经济负担能力更高,其效用水平不仅受收入等经济因素的影响,往往还受城市的社会和文化环境等非经济因素的影响;而受教育程度较低的低技能劳动力更关注收入水平和生活成本支出等经济

因素。因此，各种因素对于异质性劳动力的影响作用也会呈现出差别。另外，我国幅员辽阔，东部地区和内陆地区经济和社会发展差距巨大，人文和自然资源禀赋各异，城市属性各有不同，不同区域劳动力流动的特征也存在差异性。

基于以上分析，提出以下假设。

假设1：住房均价对劳动力流动同时存在着推力和拉力作用，当拉力大于推力时，住房均价的上涨会促进劳动力流入；当拉力小于推力时，住房均价的上涨会对劳动力流动产生抑制作用。

假设2：由于劳动力异质性的存在，住房均价对高技能劳动力和低技能劳动力流动的影响存在差异性。在相同条件下，东部沿海地区和内陆地区住房均价对劳动力流动的影响作用不同。

二、计量模型设计与变量选取

1. 模型构建

为了探讨住房均价波动对异质性劳动力流动的具体影响机制，需构建动态面板数据模型进行检验。设计的基本计量模型见式(2-4-1)。为进一步研究住房均价对异质性劳动力流动的影响是否存在拐点，引入住房均价的二次项进行进一步的实证回归，考虑尽量减少多重共线性的影响，将原变量(住房均价的对数 $\ln hp$)进行中心化处理，记为 $\mathrm{Cln}hp$，将 $\mathrm{Cln}hp$ 和其二次项 $\mathrm{Cln}hp^2$ 引入模型，得到式(2-4-2)：

$$la_{it}=\alpha_1+\beta_1 la_{it-1}+\beta_2 \ln hp_{it}+X_{it}+\delta_{it} \tag{2-4-1}$$

$$la_{it}=\mu_1+\gamma_1 la_{it-1}+\gamma_2 \mathrm{Cln}hp_{it}+\gamma_3 \mathrm{Cln}hp_{it}^2+Z_{it}+\varepsilon_{it} \tag{2-4-2}$$

以上二式中，i 表示第 i 个城市；la_{it} 表示 t 时刻 i 城市的异质性劳动力数量(分为高技能劳动力和低技能劳动力)，la_{it-1} 为其滞后一期的的数值；$\ln hp_{it}$ 为 t 时刻 i 城市住房均价的对数；$\mathrm{Cln}hp_{it}$ 和 $\mathrm{Cln}hp_{it}^2$ 为中心化处理后住房均价的一次项和二次项；α_1，μ_1 为截距项；β_1，β_2，γ_1，γ_2 和 γ_3 为待估项系数；X_{it}，Z_{it} 为控制变量；δ_{it}，ε_{it} 为误差项。

2. 变量选取和数据说明

(1) 被解释变量：异质性劳动力数量，数据来源同本篇第三章中第二节内的第2小点。将高技能劳动力用 hla 表示，低技能劳动力用 lla 表示。

(2) 核心解释变量：住房均价。为消除异方差和数据量纲的影响，对住房均价取对数后用 $\ln hp$ 表示，各城市住房均价的数据来源为《中国房地产统计年鉴》。将原变量进行中心化处理后的一次项和二次项分别记为 $\mathrm{Cln}hp$ 和 $\mathrm{Cln}hp^2$。

(3) 控制变量。不同城市的经济发展和城市公共服务水平的差距可能对异质性劳动力流动产生一定的影响，从而导致估计结果出现误差。为保证计量结果的准确性，本篇引入了其他控制变量，分别为：

① 收入差距。劳动力的流动动机很大程度来自不同城市间的收入差距，劳动

者预期收入的增加会提高劳动者的效用水平，平均收入越高的地区对劳动力流动的吸引力越大。本篇选择各城市职工平均工资与全国平均工资的比值表示各城市的收入差距，记为 *wag*。

② 产业结构。产业结构的升级会影响城市对劳动力需求结构的影响，继而影响异质性劳动力的流动。通常来说，产业结构升级用产业结构高级化和产业结构合理化两个指标来考量。本篇选取产业结构高级化指标作为反映产业结构变迁状况，用城市第三产业产值与第二产业产值的比值表示，记为 *ind*。

③ 技术进步。技术进步可以提高劳动生产率，影响劳动力需求。用城市公共财政支出中的科学支出表示，取对数记为 ln*sci*。

④ 人口规模。城市人口规模会对劳动力流动产生集聚效应，人口规模越大的城市意味着可能提供更多的工作岗位。用户籍人口的对数表示，记为 ln*pop*。

⑤ 城市公共服务。城市公共服务影响劳动者的效用水平，由于公共服务涉及的因素较多，本篇选取最有代表性的医疗、基础教育和交通设施水平三个因素来度量。其中医疗水平用人均床位数的对数表示，记为 ln*med*；基础教育水平用普通高中每万名学生配备的专职教师数表示，取对数记为 ln*edu*；交通设施水平用城市道路面积表示，取对数记为 ln*tra*。

本篇采用 34 个大中城市 2006—2016 年的面板数据，实证分析住房均价波动对异质性劳动力流动的影响。34 个城市分别为：北京、天津、上海、南京、杭州、宁波、石家庄、太原、呼和浩特、沈阳、大连、长春、哈尔滨、合肥、福州、厦门、南昌、济南、青岛、郑州、武汉、长沙、广州、深圳、南宁、海口、成都、贵阳、昆明、西安、兰州、西宁、银川和乌鲁木齐。各城市主要数据来源为《中国人口和就业统计年鉴》《中国统计年鉴》《中国城市统计年鉴》和《中国房地产统计年鉴》，部分缺失数据来自各城市统计年鉴。本篇选用市级层面数据为样本的原因在于，相对于省级层面数据，市级层面数据提供的信息更具有现实价值，相较劳动力在各省之间的流动，市级层面的劳动力流动性更大，各城市的住房平均价格也更具代表性，省级层面的住房平均价格会掩盖各省份中不同城市之间的经济发展差距和房价差距。另外，为减少异方差和数据量纲的影响，分别对异质性劳动力、房价、人口规模、工资收入、医疗水平和教育水平等指标做了对数处理，样本的描述性统计见表 2-4-1。

表 2-4-1　　各变量描述性统计

变量名称	观察量	平均数	标准差	最小值	最大值
高技能劳动力(ln*hla*)	374	3.468	0.713	1.872	5.764
低技能劳动力(ln*lla*)	374	4.448	0.742	2.755	6.254
住房均价(ln*hp*)	374	8.693	0.572	7.340	10.73
收入差距(*wag*)	374	10.69	0.405	9.736	11.72
产业结构(*ind*)	374	1.248	0.599	0.617	4.166

续表

变量名称	观察量	平均数	标准差	最小值	最大值
技术进步(ln*sci*)	374	11.33	1.649	6.310	15.21
人口规模(ln*pop*)	374	6.306	0.596	4.975	7.279
医疗水平(ln*med*)	374	6.342	0.300	5.612	7.146
教育水平(ln*edu*)	374	6.610	0.183	5.826	7.314
交通设施(ln*tra*)	374	8.296	0.697	6.317	9.975

3. 单位根检验结果

在利用所建模型做实证分析前，为了避免伪回归，确保估计结果的有效性，应对各面板序列的平稳性进行检验(表 2-4-2)。因本篇的面板数据从样本结构上看属于“大 N 小 T”的短面板，因此对样本数据选用了 IPS 检验和 HT 检验两种检验方法，结果显示，所有变量都通过了两种单位根检验，降低了伪回归的影响，可以建立面板回归。

表 2-4-2　变量的单位根检验结果

变量	IPS 检验	HT 检验
ln*hla*	−3.8199*** (0.0001)	−4.9692*** (0.0000)
ln*lla*	−2.7080*** (0.0034)	−6.0227*** (0.0000)
ln*hp*	−1.8601** (0.0314)	−2.1445** (0.0160)
wag	−3.2055*** (0.0007)	−7.9898*** (0.0000)
ind	1.6082** (0.0461)	1.9749** (0.0459)
ln*sci*	−5.1990*** (0.0000)	0.2062*** (0.0001)
ln*pop*	−1.8713** (0.0306)	−1.0404** (0.0491)
ln*med*	−3.1970*** (0.0007)	−2.9200*** (0.0018)
ln*edu*	−2.1266** (0.0167)	−6.7828*** (0.0000)
ln*tra*	−2.0776*** (0.0000)	0.1414*** (0.0000)

注：表中“***”“**”“*”分别表示 $p<0.01$，$p<0.05$ 和 $p<0.1$。

三、全国层面的实证分析

1. 住房均价对异质性劳动力影响的回归分析

分别采用高技能劳动力(ln*hla*)和低技能劳动力(ln*lla*)作为被解释变量,L. ln*hla*和 L. ln*lla* 分别表示对应滞后一期的值,表 2-4-3 显示了住房均价对异质性劳动力流动的计量回归结果。结果显示,无论是否在模型中加入控制变量,对于高技能劳动力还是低技能劳动力,住房均价对其流动呈正向影响作用,且均通过了模型的自相关检验和过度识别检验。

从表 2-4-3 可知,当被解释变量为高技能劳动力时,无论是否考虑控制变量的影响,住房均价对其影响的回归结果都显著为正,且有关序列相关检验和过度识别检验都显示 P 值大于 0.1,表示接受模型不存在残差项二阶自相关和工具变量过度识别的假设,尽量保证了模型的有效性。回归结果显示,城市住房均价对高技能劳动力正相关,即在当前的样本范围内,城市住房均价的上涨有利于高技能劳动力向城市流动。具体来说,当不考虑控制变量时,住房均价每上涨 1 个单位,城市高技能劳动力就流入 0.127 个单位;在充分考虑控制变量时,城市住房均价对高技能劳动力流入的影响稍有上升,当住房均价每上涨 1 个单位时,城市高技能劳动力就相对流入增加 0.151 个单位。

从控制变量来看,对高技能劳动力流动有显著影响的变量有技术进步(*sci*)、产业结构(*ind*)、人口规模(ln*pop*)和医疗水平(ln*med*)。第一,技术进步对高技能劳动力流动的促进显著为正,结果显示技术进步变量每增加 1 个单位,城市高技能劳动力就相对流入增加 0.025 个单位。技术进步可以带来更多高技术和高收入岗位的增长,而高技能劳动力相对受教育程度较高,在就业范围和工资收入等方面的优势会扩大,因此技术进步会进一步促进高技能劳动力向城市流入。第二,产业结构升级也会对高技能劳动力流入产生正向影响,产业结构升级指标每提高 1 个单位,城市高技能劳动力相对增加 0.043 个单位。产业结构高级化指标一定程度能反映城市的产业升级状况,城市产业升级能增加高附加值行业的就业岗位,因此城市的产业结构高级化程度越高,对高技能劳动力的人才需求越大。第三,城市人口规模对高技能劳动力流动的影响同样也呈正向作用,城市人口规模每增加 1 个单位,高技能劳动力相对提高 0.249 个单位。人口通过迁移在城市集聚形成一定规模,促进了当地经济的增长,区域经济增长进一步吸引劳动力流入,因此人口规模对劳动力流动的影响显著。最后,在城市公共服务因素中,回归结果显示,医疗水平对高技能劳动力的影响呈正向显著。

当被解释变量为低技能劳动力时,无论是否考虑控制变量的影响因素,住房均价对低技能劳动力的影响均稳健的显著为正,且均通过了有关序列相关检验和过度识别检验,这说明住房均价上涨同样促进了低技能劳动力向城市流动。当完全不考虑控制变量因素时，住房均价每上涨1个单位，城市低技能劳动力相应增加0.069个单位；当考虑控制变量的影响时，住房均价每增加1个单位，城市低技能劳动力相应增加0.108个单位。

从控制变量上来看，与高技能劳动力有所差异，影响低技能劳动力流动的主要变量有收入差距、人口规模和产业结构。第一，城市收入差距变量每增加1个单位，低技能劳动力流入相应增加0.131个单位，考虑我国现实中低技能劳动力受教育程度较低且多来自农村等欠发达地区，增加收入为其进城务工的最大动机，这一回归结果也符合传统劳动力流动理论和我国现实。第二，与高技能劳动力相同，城市人口规模对低技能劳动力流动有正向促进作用，城市人口规模每提高1个单位，低技能劳动力相应增加0.123个单位。第三，与高技能劳动力相反，回归结果显示，产业结构高级化对低技能劳动力有负向的显著影响作用，城市产业结构高级化每增加1个单位，低技能劳动力相应流出0.032个单位，这可能是因为城市产业升级的过程中淘汰低技术和低附加值的产业，从而导致对低技能劳动力的需求减小，导致低技能劳动力的流出。另外，城市公共服务中医疗水平、教育水平和交通设施3个变量对低技能劳动力流动没有显著影响，可能是因为我国现实中户籍制度和社会保障制度壁垒的存在，使得低技能劳动力人群相对来说享受城市公共服务的门槛较高，无法完全享受城市公共服务水平提升带来的福利，因此影响作用甚微。

表 2-4-3　　全国层面住房均价对异质性劳动力影响的回归结果

变量	ln*hla*		ln*lla*	
L. ln*hla*	0.893*** (0.034)	0.653*** (−0.041)		
L. ln*lla*				0.697*** (−0.082)
ln*hp*	0.127*** (0.028)	0.151*** (−0.017)	0.069** (0.031)	0.108** (−0.040)
Cj		0.072 (−0.048)		0.131** (−0.064)
sci		0.025** (−0.010)		0.020 (−0.014)
ln*pop*		0.249** (−0.042)		0.123* (−0.065)
ln*med*		0.156*** (−0.045)		0.014 (−0.057)
ind		0.043*** (−0.015)		−0.032** (−0.012)
ln*edu*		−0.030 (−0.026)		−0.034 (−0.038)

续表

变量	lnhla		lnlla	
tra		0.017 (−0.022)		−0.002 (−0.023)
Constant	−0.673*** (0.159)	−3.002*** (−0.494)	−0.065 (0.159)	−1.034 (−0.675)
AR(2)统计量	0.557	0.668	0.357	0.364
Hansen 统计量	0.130	0.139	0.421	0.132
观察量	340	340	340	340

注:(1) 括号中数据表示的是稳健标准误差;

(2) "***""**""*"分别表示 $p<0.01$,$p<0.05$ 和 $p<0.1$,下同。

2. 引入二次项后住房均价对异质性劳动力影响的回归分析

为进一步研究住房均价对异质性劳动力流动的影响是否存在拐点,引入住房均价的二次项进行进一步的实证回归,考虑尽量减少多重共线性的影响,将原变量(住房均价的对数 ln*hp*)进行中心化处理,记为 Cln*hp*,将 Cln*hp* 及其二次项 $\text{Cln}hp^2$ 引入模型进行回归,结果如表 2-4-4 所示。

表 2-4-4 引入二次项后住房均价对异质性劳动力影响的回归结果

变量	lnhla	lnlla
L. lnhla	0.905*** (−0.136)	
L. lnlla		0.345*** (−0.398)
Clnhp	0.151*** (−0.042)	0.425** (−0.187)
$\text{Cln}hp^2$	−0.176*** (−0.063)	−0.443*** (−0.111)
Cj	0.103** (−0.047)	0.535** (−0.203)
sci	0.008 (−0.020)	0.076 (−0.086)
lnpop	0.060 (−0.083)	0.298 (−0.183)
lnmed	0.020 (−0.064)	−0.016 (−0.119)

续表

变量	ln*hla*	ln*lla*
ind	0.010 (−0.030)	0.022 (−0.055)
ln*edu*	−0.046 (−0.044)	−0.092 (−0.136)
tra	−0.023 (−0.036)	0.040 (−0.107)
Constant	0.214 (−0.877)	0.025 (−1.431)
拐点(Cln*hp*)	0.42897	0.47968
AR(2)统计量	0.517	0.200
Hansen 统计量	0.581	0.126
观察量	340	340

当被解释变量为高技能劳动力时，住房均价变量的二次项和一次项的回归结果均稳健的显著，其中二次项的回归系数为负、一次项系数均为正，同时模型通过了自相关检验和过度识别检验，这说明住房均价和高技能劳动力流动之间呈现倒U形的影响关系，即高技能劳动力随着住房均价的上涨呈现出先上升后下降的趋势，当 Clnhp 未超过拐点(Clnhp≈0.42897)时，城市高技能劳动力的流入随住房均价的而上升，当 Clnhp 超过拐点时，城市高技能劳动力的流入随住房均价的提高而下降。因此，住房均价的持续上涨最终将不利于城市高技能劳动力的流入，但在当前观测样本范围内，超过这一拐点的有北京、上海、深圳和广州等 11 个城市部分年份的数据，同时仍有超过 80%以上的样本未到达拐点，所以目前阶段住房均价的提高对城市的高技能劳动力仍处于正向影响阶段。

当被解释变量为低技能劳动力时，住房均价变量二次项的影响显著为负向，一次项的影响显著为正向，且均通过了自相关检验和过度识别检验。说明了住房均价和低技能劳动力之间同样也呈现出倒 U 形的非线性关系，当 Clnhp 小于最高拐点(Clnhp≈0.47968)时，城市低技能劳动力的流入随着住房均价的提高而上升；当 Clnhp 大于拐点时，城市高技能劳动力的流入随着住房均价的提高而下降。因此，住房均价的持续上涨同样最终也将阻碍城市低技能劳动力的流入，但在当前观测样本的范围内，超过这一拐点的有北京、上海、深圳和广州等 11 个城市部分年份的数据，有超过 80%以上的样本还未到达拐点，所以目前阶段房价上涨仍在促进城市低技能劳动力的流入。

从以上分析可以看出，虽然住房均价上涨对高技能劳动力和低技能劳动力流入的影响都呈现出倒 U 形趋势，住房均价持续上涨最终将抑制劳动力的流入，但是对异质性劳动力的影响存在着差别。从拐点上看，高技能劳动力群体的拐点要低于低技能劳动力群体的拐点，这可能是因为相对于高技能劳动力，低技能劳动力在城市中相对于买房更倾向于租房，其购房需求意愿较低，由于我国房地产购房和租房市场价格存在“剪刀差”的现状，倾向于租房的低技能购房群体受到房价上涨的阻力较小。所以房价持续上涨到一定水平时，高技能劳动力群体受到房价的影响要比低技能劳动力群体敏感，此时高技能劳动力会开始选择离开城市，当房价继续上升至超过低技能劳动力的承受能力时，低技能劳动力才会开始选择流出城市。

四、分区域层面的实证分析

我国幅员辽阔，由于自然资源禀赋、社会和经济发展水平各异，东西部地区各城市在社会和经济环境、住房均价水平和产业结构等方面上有着显著差距。因此。为更深入地了解我国各地区住房均价对异质性劳动力流动的影响机制，本篇从分区域层面的角度，探讨不同区域住房均价对异质性劳动力流动的影响。在本节中，将原有的 34 个样本城市划分为东部沿海地区和内陆地区，分别进行面板数据的回归分析。

在地区层面的分析中仍然对东部沿海城市和内陆城市分别采用高技能劳动力($\ln hla$)和低技能劳动力($\ln lla$)作为被解释变量，L. $\ln hla$ 和 L. $\ln lla$ 分别表示对应滞后一期的值。

1. 东部沿海城市住房均价异质性劳动力影响的回归分析

对东部沿海城市的回归结果如表 2-4-5 所示，当被解释变量为高技能劳动力时，无论是否考虑控制变量的影响，住房均价对其影响的回归结果都显著为正，且有关序列相关检验和过度识别检验都显示 P 值大于 0.1，表示接受模型不存在残差项二阶自相关和工具变量过度识别的假设，尽量保证了模型的有效性。回归结果显示，城市住房均价对高技能劳动力正相关，即在当前的样本范围内，城市住房均价的上涨有利于高技能劳动力向城市流动。具体来说，当不考虑控制变量时，住房均价每上涨 1 个单位，城市高技能劳动力就流入 0.141 个单位；在充分考虑控制变量时，城市住房均价对高技能劳动力流入的影响稍有上升，当住房均价每上涨 1 个单位时，城市高技能劳动力就相对流入增加 0.191 个单位。

从控制变量来看，东部沿海城市中对高技能劳动力流动有显著影响的变量有产业结构、技术进步、人口规模和交通设施。第一，产业结构升级也会对高技能劳动力流入产生正向影响，产业结构升级指标每提高 1 个单位，城市高技能劳动力相对增加 0.058 个单位。在几个指标中，产业结构的影响回归结果显著水平最高，说明了产业结构升级对东部沿海城市中吸引高技能劳动力的重要性。第二，技术进步促进高技能劳动力的流入，结果显示技术进步变量每增加 1 个单位，城市高技能劳动力就相对流入增加 0.028 个单位。第三，城市人口规模对高技能劳动力流动的影响同样也呈正向作用，城市人口规模每增加 1 个单位，高技能劳动力相对提高

0.215 个单位。最后，在城市公共服务因素中，回归结果显示，交通设施的提高对高技能劳动力的影响呈正向作用显著。

当被解释变量为低技能劳动力时，当考虑控制变量的影响时，住房均价对低技能劳动力的影响均稳健的显著为正，且均通过了有关序列相关检验和过度识别检验，这说明住房均价上涨同样促进了低技能劳动力向城市流动，此时住房均价每上涨 1 个单位，城市低技能劳动力相应增加 0.180 个单位。在控制变量中，回归结果显示东部沿海城市的城市收入差距和技术进步因素对低技能劳动力流动有显著的正向影响作用。其中，城市收入差距增加 1 个单位，低技能劳动力相对提高 0.262 个单位，说明收入差距为影响低技能劳动力进城务工的重要原因。此外，技术进步变量每提高 1 个单位，低技能劳动力相对提高 0.032 个单位。

表 2-4-5　　东部沿海城市住房均价对异质性劳动力影响的回归结果

变量	ln*hla*		ln*lla*	
L. ln*hla*	0.888*** (−0.028)	0.649*** (−0.103)		
L. ln*lla*			1.040*** (−0.043)	0.708*** (−0.080)
ln*hp*	0.141*** (−0.019)	0.191*** (−0.048)	0.007 (−0.068)	0.180** (−0.062)
Cj		0.079 (−0.066)		0.262** (−0.091)
sci		0.028** (−0.010)		0.032** (−0.014)
ln*pop*		0.215** (−0.079)		0.076 (−0.057)
Ind		0.059*** (−0.017)		−0.018 (−0.016)
ln*med*		0.058 (−0.066)		−0.095 (−0.078)
ln*edu*		−0.011 (−0.041)		−0.002 (−0.061)
tra		0.064* (−0.033)		0.057 (−0.038)
Constant	−0.792*** (−0.182)	−3.116** (−1.094)	0.613 (−0.425)	−4.038** (−1.633)
AR(2)统计量	0.548	0.268	0.357	0.743
Hansen 统计量	0.348	0.728	0.364	0.524
观察量	170	170	170	170

2. 内陆城市住房均价异质性劳动力影响的回归分析

对内陆城市的回归结果如表 2-4-6 所示，当被解释变量为高技能劳动力时，无论是否考虑控制变量的影响，住房均价对其影响的回归结果都显著为正，且有关序列相关检验和过度识别检验都显示 P 值大于 0.1，表示接受模型不存在残差项二阶自相关和工具变量过度识别的假设，尽量保证了模型的有效性。回归结果显示，城市住房均价对高技能劳动力正相关，即在当前的样本范围内，城市住房均价的上涨有利于高技能劳动力向城市流动。具体来说，当不考虑控制变量时，住房均价每上涨 1 个单位，城市高技能劳动力就流入 0.445 个单位；在充分考虑控制变量时，当住房均价每上涨 1 个单位时，城市高技能劳动力就相对流入增加 0.140 个单位。从控制变量来看，城市人口规模对高技能劳动力流动的影响同样也呈正向作用，城市人口规模每增加 1 个单位，高技能劳动力相对提高 0.317 个单位，考虑内陆样本城市均为我国中西部地区各省的省会城市，且多为各省的单核城市，因此城市人口集聚效应对劳动力的引力作用明显。在城市公共服务因素中，医疗水平的提高对高技能劳动力的影响呈正向作用显著。

当被解释变量为低技能劳动力时，无论是否考虑控制变量的影响因素，住房均价对低技能劳动力的影响均稳健的显著为正，且均通过了有关序列相关检验和过度识别检验，这说明住房均价上涨同样促进了低技能劳动力向城市流动。当完全不考虑控制变量因素时，住房均价每上涨 1 个单位，城市低技能劳动力相应增加 0.188个单位；当考虑控制变量的影响时，住房均价每增加一个单位，城市低技能劳动力相应增加 0.425 个单位。在控制变量中，回归结果显示内陆城市的城市人口规模对低技能劳动力流动有显著的正向影响作用，城市人口规模每增加 1 个单位，高技能劳动力相对提高 0.543 个单位，同样说明了无论是高技能劳动力还是低技能劳动力，内陆城市中城市人口集聚效应的引力作用十分明显。

表 2-4-6　　内陆城市住房均价对异质性劳动力影响的回归结果

变量	ln*hla*		ln*lla*	
L. ln*hla*	0.614*** (−0.078)	0.639*** −0.083		
L. ln*lla*			0.802*** (−0.079)	0.524** (−0.241)
ln*hp*	0.445*** (−0.114)	0.140*** (−0.031)	0.188** (−0.081)	0.425*** (−0.141)
Cj		0.123 (−0.143)		0.439 (−0.335)
sci		0.024 (−0.015)		−0.0175 (−0.045)

续表

变量	lnhla		lnlla	
lnpop		0.307*** (−0.076)		0.543** (−0.207)
ind		0.038 (−0.034)		−0.033 (−0.059)
lnmed		0.147** (−0.069)		0.069 (−0.163)
lnedu		−0.026 (−0.029)		−0.083 (−0.091)
tra		−0.014 (−0.038)		−0.128 (−0.094)
Constant	−2.462*** (−0.759)	−2.959*** (−0.750)	−0.732 (−0.425)	−4.038** (−1.633)
AR(2)统计量	0.620	0.648	0.357	0.364
Hansen 统计量	0.279	0.163	0.421	0.132
观察量	170	170	170	170

3. 引入二次项后住房均价对异质性劳动力影响的回归分析

为进一步研究在东部沿海和内陆城市中住房均价对异质性劳动力流动的影响是否存在拐点，引入住房均价的二次项进行进一步的实证回归，为尽量减少多重共线性的影响，将原变量（住房均价的对数 ln*hp*）进行中心化处理，记为 Cln*hp*，将 Cln*hp* 和其二次项 $\text{Cln}hp^2$ 引入模型进行回归，结果如表 2-4-7 所示。

表 2-4-7 分区域层面引入二次项后住房均价对异质性劳动力影响的回归结果

变量	东部沿海城市		内陆城市	
	lnhla	lnlla	lnhla	lnlla
L. lnhla	0.782*** (−0.055)		0.730*** (−0.088)	
L. lnlla		0.814*** (−0.099)		0.444** −0.231
Clnhp	0.268*** (−0.044)	0.253** (−0.106)	0.128*** (−0.039)	0.162 (−0.122)
$\text{Cln}hp^2$	−0.142*** (−0.029)	−0.129*** (−0.041)	−0.021 (−0.030)	0.131 (−0.083)

续表

变量	东部沿海城市		内陆城市	
	ln*hla*	ln*lla*	ln*hla*	ln*lla*
Cj	0.016 (−0.060)	0.134 (−0.098)	0.231 (−0.211)	0.249 (−0.274)
sci	0.021 (−0.017)	0.029 (−0.022)	0.0164 (−0.013)	0.049 (−0.043)
ln*pop*	0.124** (−0.058)	0.037 (−0.061)	0.265*** (−0.048)	0.537** (−0.215)
ind	0.058*** (−0.013)	0.010 (−0.016)	0.028 (−0.025)	−0.053 (−0.059)
ln*med*	−0.058 (−0.064)	−0.177** (−0.072)	0.110** (−0.046)	0.194 (−0.157)
ln*edu*	−0.094 (−0.078)	−0.077 (−0.096)	−0.039 (−0.027)	−0.033 (−0.069)
tra	0.075** (−0.030)	0.073 (−0.043)	−0.046 (−0.052)	−0.033 (−0.085)
Constant	0.022 (−0.750)	1.108 (−0.730)	−1.202** (−0.525)	−2.462 (−2.101)
拐点(Cln*hp*)	0.9437	0.9864	—	—
AR(2)统计量	0.338	0.955	0.598	0.501
Hansen 统计量	0.569	0.280	0.504	0.143
观察量	170	170	170	170

在东部沿海城市中，当被解释变量为高技能劳动力时，住房均价变量的二次项和一次项的回归结果均稳健的显著，其中二次项的回归系数为负、一次项系数均为正，同时模型通过了自相关检验和过度识别检验，这说明住房均价对高技能劳动力流动具有倒U形的影响，即高技能劳动力随着住房均价的上涨呈现出先上升后下降的趋势，当Clnhp未超过拐点(Clnhp≈0.9437)时，城市高技能劳动力的流入随住房均价的而上升，当Clnhp超过拐点时，城市高技能劳动力的流入随住房均价的提高而下降。因此，住房均价的持续上涨最终将不利于城市高技能劳动力的流入，但在当前观测样本范围内，超过这一拐点的有北京、上海、深圳和广州等6个城市部分年份的数据，有超过95%以上的样本未到达拐点，所以目前阶段房价上涨仍在促进城市高技能劳动力的流入。

当被解释变量为低技能劳动力时，住房均价变量二次项的影响显著为负向，一次项的影响显著为正向，且均通过了自相关检验和过度识别检验。说明了住房均价和低技能劳动力之间同样也呈现出倒 U 形的非线性关系，当 Clnhp 小于最高拐点（Clnhp≈0.9864）时，城市低技能劳动力的流入随着住房均价的提高而上升；当 Clnhp 大于拐点时，城市高技能劳动力的流入随着住房均价的提高而下降。因此，住房均价的持续上涨同样最终也将阻碍城市低技能劳动力的流入，但在当前观测样本的范围内，超过这一拐点的有北京、上海、深圳和广州等 6 个城市部分年份的数据，有超过 95%以上的样本还未到达拐点，所以目前阶段住房均价的提高对城市高技能劳动力的仍处于正向影响阶段。

从以上分析可以看出，虽然住房均价上涨对高技能劳动力和低技能劳动力流入的影响都呈现出倒 U 形趋势，住房均价持续上涨最终将抑制劳动力的流入，但是在东部沿海城市中，住房均价对异质性劳动力的影响同样存在着差别。与全国层面一致，高技能劳动力群体的拐点要低于低技能劳动力群体的拐点，再次验证了在东部相对发达城市中，高技能劳动力群体受到房价的影响要比低技能劳动力群体敏感，所以房价持续上涨到一定水平时，高技能劳动力先于低技能劳动力会开始选择离开城市，当住房均价提高至超过低技能劳动力的承受能力时，低技能劳动力才会开始选择流出城市。

而在内陆城市中，住房均价二次项的系数不显著，说明在当前样本范围内，住房均价对异质性劳动力的影响未出现明显拐点。一个可能的解释是，在本篇的样本中，内陆城市的住房均价水平相对较低，城市中住房均价对异质性劳动力的影响仍处于正向递增的阶段，未达到拐点。

第五章　结论与展望

本篇主要研究我国住房均价波动对异质性劳动力流动的影响，是当前在我国社会和经济环境下具有充分理论与现实意义的研究课题。本篇分别从理论和实证研究层面上探讨了住房均价和异质性劳动力的关系。在理论研究上，以房地产经济学和劳动力流动理论为基础梳理了住房均价对异质性劳动力流动的影响机制，并构建了相应的计量模型；在实证研究上，本篇采用了2006—2016年全国34个大中城市的样本数据，利用系统GMM估计方法分别研究在全国层面上和不同区域层面上住房均价对异质性劳动力流动的影响。

一、结论

从理论和现实经验来看，高房价背后往往反映了一个城市的经济发展水平，住房均价相对较高的地区背后往往意味着更高的收入水平和投资收益水平、更多的就业机会，也代表着更优质的人力资本和物质资本集聚、更完善的公共服务和更好的社会环境，因此相对较高的住房均价能对劳动力流动产生一定的拉力；但同时，高房价会推高住房成本，对劳动力会产生挤出效应，即对劳动力流动存在着推力。本篇建立了动态面板数据模型论证了住房均价对异质性劳动力流动的影响机制，从实证结果看，主要有以下几点结论：

(1) 在当前样本范围内，在一定条件下，住房均价对高技能劳动力和低技能劳动力都具有正向的促进作用，即住房均价的上涨有利于对高技能劳动力和低技能劳动力产生拉力，促进劳动力流入，且结果是稳健的。

(2) 进一步在模型中加入住房均价二次项后，从实证结果可以清晰地看到，无论是被解释变量为高技能劳动力还是低技能劳动力时，住房均价二次项回归显著均为负。这说明从长期来看，住房均价对劳动力流动的影响作用存在拐点，住房均价的持续上涨最终将不利于劳动力的流入。当房价未超过拐点时，住房均价对异质性劳动力流动的影响呈正向促进作用，当房价超过拐点时，住房均价上涨会抑制劳动力流入。即住房均价和低技能劳动力之间同样也呈现出倒“U”形非线性关系。劳动者在城市中不可避免地要解决居住问题，无论是购房还是租房，住房支出始终是劳动者个人或家庭生活支出中的重要部分。房价的上涨会增加劳动者的生活负担，降低其效用，当房价超过拐点时，劳动者留在原城市的效用小于其对于迁出到其他城市的效用，此时住房均价对劳动力的推力作用大于拉力作用，此时劳动者就会选择迁出。

(3) 高技能劳动力的房价拐点要比低技能劳动力的要低，说明高技能劳动力更容易受到住房均价上涨的影响，当住房均价上涨到一定高度时，高技能劳动力要早于低技能劳动力离开城市。这可能是由于低技能劳动力的购房意愿相对较低，而我国住房和租房市场价格长期存在的“剪刀差”，使其受到房价的影响相对于倾向购房的高技能劳动力降低。从 34 个样本城市层面上看，超出高技能劳动力流动和低技能劳动力的房价拐点的城市有北京、上海、广州、深圳、南京、天津、武汉、福州、厦门、合肥和宁波，以上城市要警惕高技能人才流出等劳动力供给的风险，合理引导住房市场和劳动力市场的健康发展。

其他结论主要有，对高技能劳动力流动有显著正向影响的其他变量有技术进步、产业结构、人口规模和医疗水平，说明技术的持续创新进步、产业结构的升级、城市的集聚效应和良好的公共服务都能对高技能人才产生拉力作用。而对低技能劳动力显著受到正向影响的变量是城市的收入差距和人口规模，与高技能劳动力相反，产业结构的升级会进一步对低技能劳动力流动产生负向的挤出效应。

从分区域层面上看，本篇将 34 个大中城市分为东部沿海城市和内陆城市进行讨论。与全国层面一致，在两个区域中住房均价对高技能劳动力和低技能劳动力流动均能产生正向的促进作用，东部沿海城市中房价与异质性劳动力同样也呈现出倒“U”形的非线性关系，但是在内陆城市中拐点不明显，可能是由于西部地区房价普遍相对较低，未到达拐点。整体来说，东部沿海城市劳动力流动受住房均价的影响更大。

二、可能存在的创新点

本篇利用系统 GMM 估计方法，针对住房均价对异质性劳动力流动的影响关系进行研究，可能存在的创新之处有以下几点：

(1) 目前在住房均价和劳动力流动相互之间关系的研究中，国内多关注迁移人口对房价的影响，而对于房价对劳动力流动影响的研究较少，且并未形成一致性结论。现有研究主要集中在探讨房价与劳动力“数量”之间的关系，少有研究共同将劳动力异质性和不同区域的差异性纳入分析。本篇聚焦于住房均价对受教育程度不同的异质性劳动力流动影响的差异性，并对不同区域进行了分类分析，进一步补充现有研究的实证结论。

(2) 从研究对象上看，目前我国有关劳动力流动的研究无论是理论还是实证多数是针对农村流向城市的“乡—城”流动模式，研究群体多聚焦于农民工这一特殊群体。本篇选取国内 34 个大中城市作为样本，研究对象同时涉及低技能劳动力和高技能劳动力，在对住房均价影响不同劳动群体流动力的影响研究上进行了深入探讨。

(3) 在数据层面上，现有研究使用的数据多停留在 2014 年以前，少有涉及

2014 年之后的数据。实际上 2014 年之后我国住房市场经历了新一轮爆发式增长，本篇使用 2006—2016 年全国 34 个大中城市的市级面板数据，数据更新更能反映当前经济环境下我国的现实情况。

三、不足与展望

本篇研究的不足在于，由于数据可得性问题，本篇对异质性劳动力的衡量通过计算各城市不同行业下的就业人员获得，缺乏更准确的劳动力流动数据，对研究结果的准确性有一定的影响。对住房均价影响异质性劳动力流动的研究也仅仅只能从 34 个大中城市层面上进行探讨，未涉及更小规模的中小城市和小城镇等，研究结果有一定的局限性。另外，异质性劳动力流动决策同时受诸多难以观测的因素影响，比如制度和政策因素，又如近几年我国少数城市开始主动实行的人口疏散政策对劳动力流动格局产生了较大的影响，但由于这部分因素难以找到合适的方法与标准度量，本篇并未纳入考虑中，后续研究有待进一步改进。最后，劳动力流动还受到劳动者的年龄、性别、婚姻状况、社交、受教育程度以及家庭等其他微观因素的影响，考虑数据的可得性，本篇的实证研究只是基于受教育程度对异质性劳动力进行了分类，缺乏更多劳动力本身微观角度的考察。

综上，本篇的研究存在一定的缺陷与不足，这些不足也为后续的研究提供进一步的思路。首先从数据上，对我国劳动力流动的监测和数据收集有待进一步完善。其次针对本篇的不足和遗憾，后续研究中可进一步加入政策因素和微观因素考察住房均价对劳动力流动的影响机制，以完善研究结论的完整性和科学性。

参考文献

[1]　梁琦,李建成,陈建隆.异质性劳动力区位选择研究进展[J].经济学动态,2018(04):122-137.

[2]　张莉,何晶,马润泓.房价如何影响劳动力流动?[J].经济研究,2017,52(08):155-170.

[3]　张平,张鹏鹏.房价、劳动力异质性与产业结构升级[J].当代经济科学,2016(2):87-93.

[4]　马克思.资本论:第1卷[M].北京:人民出版社,1975:190.

[5]　焦斌龙.劳动价值论中的劳动同质性假设[J].山西财经大学学报,2002,24(3):1-3.

[6]　舒尔茨.论人力资本投资[M].北京:北京经济学院出版社,1990:3-4

[7]　焦斌龙,孙晓芳.劳动力异质性及其流动——兼论我国劳动力从自发流动向自主流动转变[J].当代经济研究,2013(09):61-66.

[8]　李丽辉.技术进步对劳动力流动的效应研究[M].北京:经济科学出版社,2007:51-54.

[9]　Helpman E. The size of regions: topics in public econom-ics[M]. London: Cambridge University Press,1998.

[10]　Brakman S,Garretsen H,Schramm M. New economic geography in Germany: testing the Helpman-Hanson model[J]. Hwwa Discussion Papers,2002.

[11]　Rabe B,Taloy M P. Differences in opportunities? Wage, unemployment and house-price effects on migration[J]. Oxford Bulletin of Economics and Statistics,2012,74(6):831-855.

[12]　Plantinga A J,D tang-Dessendre,C cile,Hunt G L,et al. Housing prices and inter-urban migration[J]. Regional Science and Urban Economics,2013,43(2):296-306.

[13]　Degen K,Fischer A M. Immigration and swiss house prices[J]. Swiss Journal of Economics and Statistics,2017,153(1):15-36.

[14]　Borowiecki K J. Dynamics of a protected housing market: The Case of Switzerland[J]. Trinity Economics Papers,2012,49(49):3195-3210.

[15]　Sa F. Immigration and house prices in the UK[J]. Economic Journal,2015,125(587):1393-1424.

[16] 陆铭,欧海军,陈斌开. 理性还是泡沫:对城市化、移民和房价的经验研究[J]. 世界经济,2014(1):30-54.

[17] 张超,李超,唐鑫. 高校扩招、人口迁移与房价上涨[J]. 南方经济,2015(12):90-103.

[18] 白极星,周京奎,佟亮. 人口流动、城市开放度与住房均价——基于2005—2014年35个大中城市面板数据经验研究[J]. 经济问题探索,2016(8):19-27.

[19] 高波,陈健,邹琳华. 区域房价差异、劳动力流动与产业升级[J]. 经济研究2012(1) :66-79.

[20] 刘志伟. 城市房价、劳动力流动与第三产业发展[J]. 经济问题,2013(8) :44-47.

[21] 范剑勇,莫家伟,张吉鹏. 居住模式与中国城镇化:基于土地供给视角的经验研究[J]. 中国社会科学,2015(4):44-64.

[22] 刘广平,田祎萌,林润辉. 房价、产业结构变迁与人力资本[J]. 系统工程,2018,36(01):69-80.

[23] 江永红,陈奡楠,张彬. 房价上涨、区域差异与异质性劳动力流动[J]. 华东经济管理,2018,32(07):87-92.

[24] 张佐敏,邝雄,戴玲. 高房价对劳动力人口的"驱逐"方式——基于中国35个大中城市的实证分析[J]. 现代经济探讨,2018(02):1-9.

[25] Lewis A . Economic development with unlimited supplies of labour[J]. The Manchester school of economic and social studies, 1954, 22(2):139-191.

[26] Ranis G,Fei J C H. A theory of economic development[J]. American Economic Review,1961,51(4):533-565.

[27] Todaro M P. A model of labor migration and urban unemployment in less developed countries. [J]. American Economic Review, 1969, 59(1):138-148.

[28] 中共中央政策研究室农村组. 关于农村劳动力跨区域流动问题的初步研究[J]. 中国农村经济,1994(03):3-7.1

[29] 高国力. 区域经济发展与劳动力迁移[J]. 南开经济研究,1995(02):27-32.

[30] 蔡昉. 中国二元经济与劳动力配置的跨世纪调整——制度、结构与政治经济学的考察[J]. 浙江社会科学,2000(05):19-23.

[31] 柳建平. 中国农村土地制度及改革研究——基于农村劳动力流动及人口城市化视角的分析[J]. 中州学刊,2011(05):72-77.

[32] 郑子青. 土地制度变迁对农村人口流动的影响研究——以湖南省平江县某村民小组为例[J]. 中国人民大学学报,2014,28(02):73-82.

[33] 蔡昉.中国劳动力市场发育与就业变化[J].经济研究,2007(07):4-14,22.
[34] 梁琦,陈强远,王如玉.户籍改革、劳动力流动与城市层级体系优化[J].中国社会科学,2013(12):36-59,205.
[35] 夏怡然,陆铭.城市间的“孟母三迁”——公共服务影响劳动力流向的经验研究[J].管理世界,2015(10):78-90.
[36] 尹鹏,李诚固,陈才,等.新型城镇化情境下人口城镇化与基本公共服务关系研究——以吉林省为例[J].经济地理,2015,35(01):61-67.
[37] 蔡秀云,李雪,汤寅昊.公共服务与人口城市化发展关系研究[J].中国人口科学,2012(06):58-65,112.
[38] 马伟,王亚华,刘生龙.交通基础设施与中国人口迁移:基于引力模型分析[J].中国软科学,2012(03):69-77.
[39] 宋晓丽,李坤望.交通基础设施质量提升对城市人口规模的影响——基于铁路提速的实证分析[J].当代经济科学,2015,37(03):19-26,124-125.
[40] 程名望,史清华,徐剑侠.中国农村劳动力转移动因与障碍的一种解释[J].经济研究,2006(04):68-78.
[41] 赵德昭,许和连.FDI、农业技术进步与农村剩余劳动力转移——基于“合力模型”的理论与实证研究[J].科学学研究,2012,30(09):1342-1353.
[42] 王子敏.互联网、技能偏向与农村流动人口就业[J].人口与经济,2017(02):107-115.
[43] 程名望,史清华,闵远光.影响我国农村劳动力转移的城镇因素的调查分析[J].华南农业大学学报(社会科学版),2005(03):13-19.
[44] 蔡昉.劳动力流动的政治经济学[M].上海:上海人民出版社,2003:264-266.
[45] 赵耀辉.中国农村劳动力流动及教育在其中的作用——以四川省为基础的研究[J].经济研究,1997(02):37-42,73.
[46] 黄敦平.农村劳动力流动微观决策分析[J].人口学刊,2016,38(05):54-59.
[47] 潘静,陈广汉.家庭决策、社会互动与劳动力流动[J].经济评论,2014(03):40-50,99.
[48] 赵峰,星晓川,李惠璇.城乡劳动力流动研究综述:理论与中国实证[J].中国人口·资源与环境,2015,25(04):163-170.
[49] 钱瑛瑛.房地产经济学[M].上海:同济大学出版社,2008:2-12.
[50] Sjaastad L A. The costs and returns of human migration[J]. Journal of Political Economy,1962,70(5):80-93.
[51] 杨河清,王守志.劳动经济学[M].北京:中国人民大学出版社,2010:278-279.
[52] Bogue D J. CHAPTER 11 - A migrant's-eye view of the costs and bene-

fits of migration to a metropolis 1[J]. Internal Migration,1977:167-182.
[53] 邬思怡.房价波动对异质性劳动力流动及产业结构变迁的影响研究[D].南宁:广西大学,2017.

第三篇

大型商业综合体项目设计管理研究

第一章 绪 言

一、选题背景

近年来,随着我国城市化进程的加快及各地经济发展水平的提高,国内大型商业综合体项目的建设正处在一个爆发期。以上海为例,购物中心总数由2015年的148个上升为2016年的181个。截至2017年,根据业内知名的"万达广场"的官网数据:全国已建成"万达广场"168座,并以"万达广场就是城市中心"为其宣传口号。其开发规模及持有物业的面积位居全球第一,也因其近10年来的快速扩张,造就了国内商业综合体项目的建设高潮。众所周知,在产品创造的过程中,质量、工期、成本三者之间存在着此消彼长的平衡关系。国内商业地产项目的开发普遍存在追求工期速度、忽略成本、忽视品质的现象。尽管项目数量在不断增加,但是在国际上广有口碑且商业运营成功的精品标杆项目却只是少数,业内做商业调研仍然以欧美、韩日的项目考察为主。以一句话概括国内大型商业综合体项目建设的现状:总量大、精品少。

现状固然如此,大型商业综合体项目却有着不可回避的发展趋势,主要体现在以下几个方面:

其一,城市规划理念的进步,促使更多的大型商业综合体项目出现。城市综合体是城市化进程发展到较高阶段的标志和要求[25],综合体项目会成为未来城市开发的主流类型。我国政府长期以来倡导集约利用土地的规划方针,政府对土地价值的挖掘也日趋科学完善。在规划层面单一功能的大型商场会越来越少,功能复合的商业综合体会越来越多。办公、商场、酒店、公园和公寓等功能在同一项目内复合;结合城市地铁、城际铁路中转站进行TOD上盖开发;在城市建成区进行的城市更新形成新的城市副中心等。某种程度上,城市的发展会借助大型商业综合体项目的城市化效应来实现规划目标。

其二,市场环境的变化,对大型商业综合体项目提出更高要求。商场如战场,国内商业环境瞬息万变。近年来,电商、微商给实体商业带来不少冲击。依据互联网大数据公司"易观"的数据统计(图3-1-1),在2013年国内网络零售市场的交易量就已经超过了1.9万亿元,较2012年的增长率超过50%,而在2015年网络零售市场交易规模更是达到了3.8万亿元。

2017年仅"双十一"网络购物节当天,全网成交量已达2539.7亿元。但冲击只是暂时的,实体商业并非被市场淘汰。有不少电商都在积极探索实体化经营。如Amazon尝试使用物联网技术开启了无人营业的购物店,阿里巴巴旗下开始了

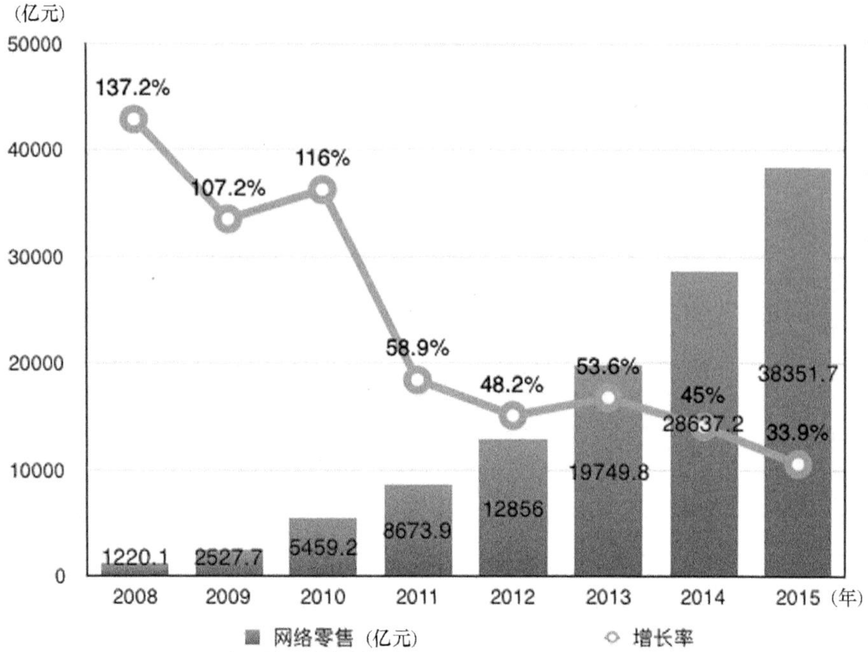

图 3-1-1　2008—2015 中国网上零售市场交易规模

新型的线下超市“盒马鲜生”。可见,互联网企业正在以更直接的方式介入传统的实体商业,挤压着实体商业的利润空间。在如此背景之下,商业项目自身也在进行体验式消费的积极探索、与艺术会展跨界合作的尝试,以及消费业态的升级。这些因市场环境变化引起的升级,无疑是对大型商业综合体的策划、设计、建设和运营提出了更高的要求。

其三,大型商业综合体的项目经营趋势也在发生变化。商业项目有别于简单售卖模式的住宅类项目,更讲究持有阶段的运营。发展商不再是简单地把建成项目当产品售卖给下家,其角色是项目的投资方＋管理方＋运营方。所以,大型商业综合体项目的项目管理必须“以终为始”,在设计阶段就需要全过程地统筹考虑项目。

其四,商业综合体项目的管理趋势正发生变化。国内正在积极探索建筑业的深入转型发展。推进“建筑师负责制度”的形成,其目的正是为了促进以设计为核心的项目管理理念,提倡建筑师对项目全过程进行服务;既是与国际惯例的项目管理模式接轨,也是未来项目管理的趋势。而在商业综合体的项目管理领域,借鉴国外及港澳台的成熟项目管理模式,基于设计服务的建筑师负责制大有应用前景。

上述几方面的发展趋势,对大型商业综合体项目既有挑战也有机遇。在此背景下,本篇认为设计管理是管理大型商业综合体项目较好的切入点,研究此类项目的设计管理具有一定的现实意义。

二、研究目的和意义

设计管理并不是什么创新的管理理论概念。学界普遍认为第二次世界大战结束后，设计管理作为一个课题，得到了初步的发展，各方在设计管理理论方面的研究也都形成了一定的积累。国内学者整理了 20 世纪 50 年代至今比较重要的国外学者对设计管理的定义[1]（表 3-1-1）。

表 3-1-1　设计管理的定义[1]

年代	作者	国家	设计管理的内容
1965	河源和忠之	日本	设计管理是企业设计部门运作的规划和执行战略
1966	迈克尔·法尔	英国	设计管理的功能包括定义设计问题、寻找最适合的设计师、让设计能够在规定的时间和预算内解决问题
1977	布莱恩·史密斯 Brain Smith	英国	强调企业所要关注的道德、社会和伦理议题
1980	艾伦·托普连	英国	1. 企业的高层设立政策、决定设计标准、组织设计活动； 2. 管理设计项目和与设计相关的日常行政管理等
1981	约瑟夫·威尔考克	英国	设计管理就是使设计人才和市场机会相结合
1981	彼得·劳伦斯	美国	1. 与设计公司或设计部门有关的管理、组织、结构、资金等问题； 2. 同等重要的是和非设计部门的沟通以及他们对设计的理解
1982	黑木靖夫	日本	设计师，尤其是工业设计师不应只是艺术家，而且更应该是了解企业内所有资源的创新者。他们应该是市场的创造者，通过把社会趋势和企业内部相结合，设计出新的产品。设计管理是有效整合、组织所有这些要素的驱动力
1984	国家学术奖励委员会	英国	设计管理是指设计组织的国际化管理，而不是单指制造型组织里的设计项目管理
1989	乌干瓦 迈克尔·约翰·贝克	英国	设计管理是通过经理们的有效控制、监督和协调，及时地应用各种技术改进产品及生产流程，以形成具有国际竞争力的产品优势
1990	彼得·戈尔博	英国	设计管理部管理设计工艺及实践流程，产品线经理在达成企业目标的过程中把企业现有设计资源重复利用而使企业得到发展
1993	罗伯特·布莱赫 和珍妮特·布莱赫	美国	把设计的执行作为一个企业内部的正式项目展开，通过把设计和企业长远目标相结合，在企业运作的各个层面上协调设计资源，达成企业设立的发展目标

续表

年代	作者	国家	设计管理的内容
1994	纪露(Kiro)	日本	通过系统化的安排设计部门内的业务以达成有效性
2002	比尔·柯林斯	英国	设计管理就是发展新产品和服务的组织流程
2002	约翰娜·阿霍佩尔托	芬兰	设计管理被看作是对设计和规划的管理,并且作为管理和设计的规范化语言。设计管理也可以被描述为通过管理设计,以使创新和创意能更好地应用在产品上
2003	博丽塔·博雅·德·墨柔塔	法国	通过设计管理训练管理者、合作者和设计师,使管理者熟悉设计,也使设计师熟悉管理。设计管理亦能够把设计整合到企业环境中
2006	凯瑟琳·贝斯特	美国	设计的产出是我们日常接触的产品、服务、建筑和软件等,而管理这些设计项目仅仅是设计管理的一个方面
2006	平野哲行	日本	通过建立包含传统手工艺、新技术和顶尖设计的合作网络,提出解决问题的完整方案。

不难发现,立场不同对设计管理的理解就会不同;设计所针对的对象不同也会造成对设计管理的论述不同。当针对某个特定行业、处在行业中的特定立场时,设计管理的内容也不尽相同。

本篇研究的目的是从大型商业综合体项目业主方的角度出发,理清设计管理的主要内涵,在此基础上构建起此类项目设计管理的系统框架,并且为项目的实际管理操作提供具体建议。

在商业综合体项目中设计活动处于核心驱动地位,做好设计管理对项目的目标达成、成本控制、进度推进和质量提高均有着非凡意义。

据有关资料统计,设计准备阶段及设计阶段对项目经济性的影响为75%~95%;技术设计阶段为35%~75%;施工图设计阶段25%~35%;施工阶段的影响只有10%[2](图3-1-2)。对于商业综合体项目而言,各部分业态的比例构成、档次定位、目标消费群体、区位选址及配合的招商策划预案等,均为前期设计阶段需要解决的问题,通常由项目的可行性研究进行论证,项目的方案设计作为支持。项目后续的设计深化均会在此框架下进行。

美国建筑工业学会(Construction Industry Institute)研究表明,设计活动可以减少20%的项目成本(Construction Industry Institute research indicates that the FEL and early project planning can reduce project cost as much as 20 percent on average in comparison to poorly planned projects.[3])。设计活动可以在实施前对方案进行适当优化以取得成本上的节约。

从进度的角度,设计工作的成果是其他工作展开的基础。例如,方案设计文件是对可行性研究报告的支持;面向政府的开发报建工公司作,在不同阶段需要不同

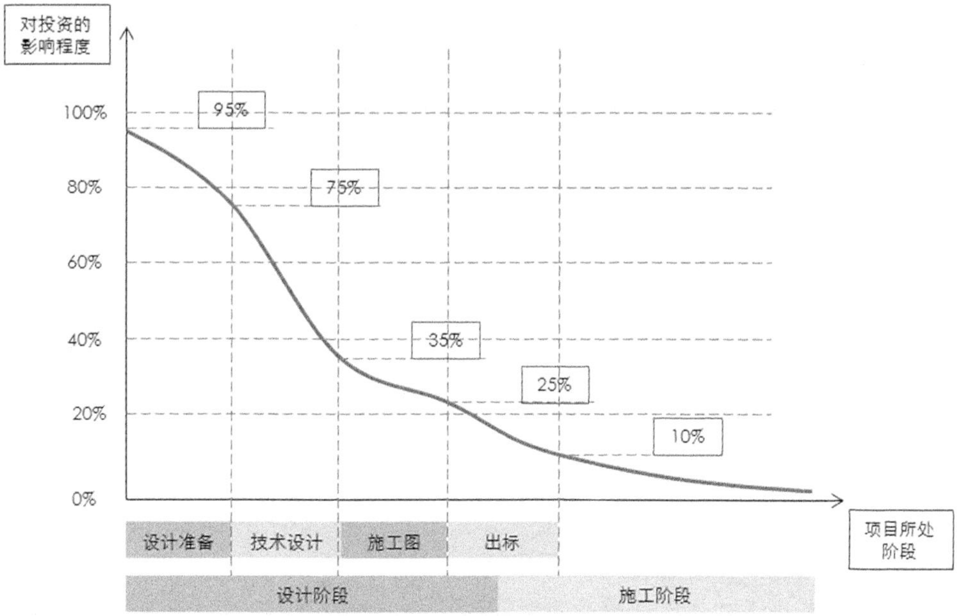

图 3-1-2　设计对投资影响程度的曲线

深度的设计文件;总体设计文件或者施工图设计文件,是项目招标采购的依据;更多的专业深化设计图纸更是被用来直接指导工厂加工与现场施工。设计在项目管理中与其他各环节之间的关系可以用一个齿轮模型来描述(图 3-1-3),设计就像一组齿轮中处于核心位置的齿轮,其转动可以带动其他各部分的运转。

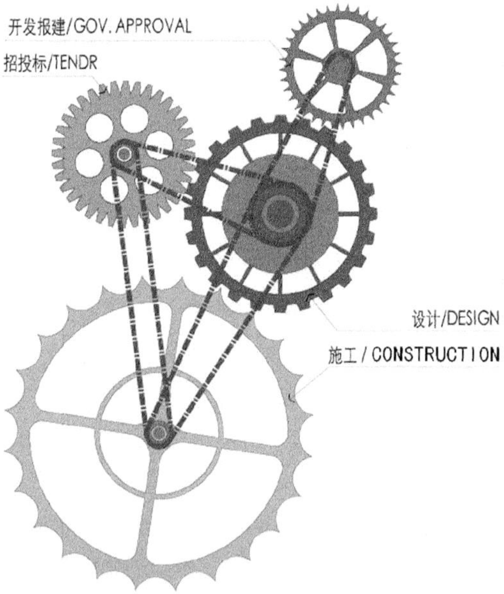

图 3-1-3　设计与各环节之间的关系(齿轮模型)

从质量的角度，设计文件的质量直接决定了工程施工的质量。且不谈施工单位对设计深化的能力高低，在施工单位直接按图施工的前提下，设计内容的质量直接决定了工程的适用性、经济性和美观性。有国外的研究资料总结，民用建筑中因设计原因而导致的质量事故占原因统计的40%之多[4]（表3-1-2）。

表 3-1-2 质量事故原因统计表[4]

质量事故的原因	占百分比
设计责任	40.1%
施工责任	29.3%
材料原因	14.5%
使用责任	9.0%
其他	7.1%

而对商业综合体项目而言，由于其功能组合复杂、规模庞大等自身特点，更是提高了设计的复杂性与难度。加之项目设计及顾问团队按专业细分，增加了管理及协调上的难度。如何梳理商业综合体项目的自身特点、如何理清项目中设计与其他各管理模块的关系、如何对设计进行有效管理，使设计在项目运作过程中真正发挥出高效的核心驱动作用，是本篇研究的的意义所在。

有观点认为，目前工程项目风险管理的不足是来源于项目知识的缺乏，业主管理方或承包方可以通过对实际优质案例的经验总结和积累来促进管理的效果[35]。本篇引入的案例分析，是本篇讨论的典型大型商业综合体项目，也是国内较为少见的以项目管理办公室为核心的项目制管理项目，对实际项目应用颇具参考价值。

三、文献综述

本篇研究的核心内容是应用已有的管理学相关原理对大型商业综合体项目的设计管理进行分析，是理论知识的实际应用，所以，众多的文献研究以及已成型的行业学会文件是本篇的重要理论基础。

国际上一些行业学会的指引、手册，构建了一个比较完整的理论体系并且具有一定的实际项目指导意义，对本篇的形成有很多启发，其中尤为重要的文件有：

美国项目管理协会（PMI）颁布的项目管理知识体系（Project Management Bbody of Knowledge，PMBOK）较为详细地介绍了项目管理者应了解具备的知识体系[46]。

美国土木工程师学会（The American Society of Civil Engineers，ASCE）整理出版的 *Quality in the Constructed Project，A Guild for Owners，Designers and Contractors*，构建了建设项目业主方的管理框架[36]。

国际工程咨询工程师联合会（FIDIC）出版的《设计采购施工/交钥匙工程合同

条件》一书中，提供了 EPC 总包的合同范本，并从设计管理的组织和沟通角度规定了总包对设计的责任、权利和义务[45]。

文献资料方面对建设工程的成本、进度、质量做研究的文献不计其数，已为本领域的研究奠定了较为深厚的基础。近年来对复杂工程的项目管理、项目风险管理、知识管理和 BIM 等相关研究为项目管理研究更是打开了新的思路和方向。

其一，复杂建设项目的项目管理研究的众多文献对本篇极具参考价值。原因是大型商业综合体项目是功能复合，规模庞大的复杂工程，了解项目的复杂性可以帮助管理者更好的认识项目，在管理中可以形成更适合项目特点的方法。重要的文献结论有：

美国项目管理协会颁布的项目管理知识体系详细描述了复杂项目管理的知识体系，包括项目整合管理、范围管理、时间管理、成本管理、质量管理、人力资源管理、沟通管理、风险管理、采购管理和项目干系人管理，为项目的实际管理操作提供了可遵循的原则性意见[46]。

何清华、罗岚、陆云波、李永奎(2013)对项目复杂性内涵框架进行了梳理，从属性和构成角度全面解析了项目复杂性的内涵和产生原因[11]。

李永奎、乐云、何清华、卢昱杰(2011)将大型复杂项目的组织视为一种动态和复杂关联的社会网络，道破了复杂项目的组织复杂性[13]。

盛昭瀚、游庆中、李迁(2008)在研究综合集成管理课题时具体分析了大型工程的复杂性，并指出管理者应依据复杂性思维，构建针对大型复杂工程的方法和方法论[33]。

王茜、程书评(2009)指出大型工程是一个开放系统，具有一般系统的基本特征，同时也是复杂系统，表现出典型的系统复杂性特征[31]。

其二，设计管理的相关理论研究，对本篇的内容形成、研究侧重点均有一定启发。在查阅了不同行业背景以及同一行业不同的上、下游单位对设计管理的研究文献之后，发现对设计管理的概念理解各方均有异同，但设计管理的内涵却日渐丰富。重要的文献资料有：

刘国余(2009)通过理论研究，系统地展示了设计与管理之间的相互关系。从设计管理组织、设计管理与企业经营、设计项目管理和设计沟通几个主要方面深入讨论了设计管理的运作[12]。

刘曦卉(2015)详细介绍了设计管理理念的形成历史及发展背景，脉络清晰。从战略、组织、执行三个层次分析设计管理的具体意义。讨论的仍然是生产型企业的设计管理，亦可理解为工业设计领域的设计管理[1]。

张立群(2014)深入研究了企业设计管理的理论体系，从设计组织管理方法、设计项目管理方法、设计决策管理方法层面做了探讨[14]。

张浩(2015)以施工总包的角度，讨论了国际 EPC 合同模式下的设计管理，论述了设计与成本、质量、工期的关系以及建立优秀设计管理团队的必要性[17]。

黄澄铠(2014)站在设计方的角度,详细论述了建筑设计院的设计管理,深入分析了以设计服务为产品的企业的管理。对设计院的管理做了剖析,并对设计院中项目管理的流程、质量、效率做了优化建议[18]。

周岚岚(2010)在设计管理的语境下深入研究了设计沟通问题,提出立体设计模式有利于高效高质的设计沟通,从而可以提高设计活动的效率和质量[16]。

李忠富、张亚妮(2013)以跨区域多项目的房地产管项目管理为研究对象,重点探讨了设计的进度、成本、质量控制手段[15]。

其三,系统管理、风险管理、知识管理和界面管理等均是项目管理领域比较成熟的相关管理理论,也是本篇研究的重要基础。本篇的研究相当于是这些相关管理理论在实际工程项目领域的应用与延伸。重要的相关研究有:

丁士昭(2001)指出风险管理就是人们对潜在的意外损失进行辨识、评估、预防和控制的过程。建筑工程由于其规模大、周期长、生产的单件性和复杂性特点,在实施过程中存在着许多不确定因素,比一般产品有更大的风险[27]。

Venkatachalam Senthikumar、Koshy Varghese 通过对实际项目的测试证明了界面管理工具 diMs 在项目管理中的实际有效性,点出了界面管理的应用价值[22]。

应晓磊、强茂山(2006)指出知识管理是提高项目管理能力的重要因素之一,在建设项目中开展基于项目的知识管理对提高项目管理绩效有重要作用,同时提出了建设项目实施多项目知识管理的操作步骤[47]。

综上所述,本篇的文献研究主要是以成熟的行业学会指引和指导手册、国内外的期刊文献以及已出版的管理书籍为基础,围绕复杂项目管理、设计管理、项目管理相关理论等关键词去展开的。

文献调查的情况基本可总结为以下几条:

(1) 针对工业设计领域的设计管理研究理论框架较为完整且系统性强,设计在工业设计领域作为企业的一个重要职能被管理者所重视。设计直接与产品的质量、成本以及公司的经营相关。微观至具体的产品设计控制,宏观至公司的公司战略,设计均被认为是公司的重要活动及组成部分。设计决定了产品,产品决定了公司。所以,在工业设计领域,设计管理的理论框架最为完整,从决策到执行均有很好的基础和结构。

(2) 建设工程项目领域的设计管理研究各有偏重,部分研究成果缺乏实际操作性。在建设工程领域已有众多文献从不同角度提及设计管理。当以设计方为主体来讨论设计管理,此时的设计管理是指把设计作为一个生产活动来看待,讨论如何以较少的资源投入来完成较多的设计活动。当以施工方的角度来讨论设计管理,此时设计作为一个技术手段,设计管理的目的是优化施工可实施性和降低建造成本。当以业主方的角度来讨论时,角度更为广泛,有讨论如何提高设计效率的,也有讨论如何提高设计质量的。多数研究仍然把设计作为一个单一的简单活动去理解,忽略了项目过程中可能会发生的各种设计修改和设计反复情况。仅把设计作为一次性的活动去研究得出的很多结论在实际的项目中缺乏操作性，无法直接应用。

(3) 专门研究商业综合体项目设计管理的相关内容较少，尚缺乏完整系统的体系研究。如以商业综合体项目为关键词展开搜索，得到的相关研究较少。很多文献研究了建设项目管理的成本、进度、设计和施工等课题，但往往都忽略了商业综合体项目本身的特点。商业综合体项目与住宅项目在设计管理方面有明显区别。住宅项目如按产品设计的思维进行管理，可能也是行得通的管理思路。商业综合体项目则有其自身的独特性，设计必然作为一种来自组织外部并且贯穿项目全过程的持续性服务而存在。以业主方角度谈设计管理，某种程度上是以设计为切入点进行项目管理。而基于业主方项目管理为目标去分析设计管理的研究则更为少见。

(4) 行业学会文件极具参考价值。FIDIC，PMI 和 ASCE 的文件不仅提供了项目管理所需的知识体系，而且有很强的实际操作性。但其更多的是提供了通用的知识框架和通用的操作建议，没有专门为特别类型的项目提供专门意见参考。

四、研究主要内容及技术路线

基于文献调查得出的基本结论，本篇研究的方向基本明确，即以业主管理方的角度出发研究大型商业综合体项目的设计管理。研究的主要内容实则需要回答以下几个问题：

设计管理管的主要内容是什么？业主管理方不是设计活动的实施者，却是设计的决策者。在项目中，引导设计师设计出富有特色、美观实用且经济可行的方案是业主方设计管理的目标。为了实现这个目标，设计管理首先需要对设计的实施方——设计师进行管理，通过合同界面的策划来安排各个专业设计之间的权责利关系，使设计师与业主方之间形成一定的互动机制，在项目进程中得以运作。其次，设计管理要对设计成果进行管理，提升设计成果的质量即是提高项目的品质。再次，设计管理所管理的是设计活动，通过沟通协调来确保设计活动的高效性。

大型商业综合体项目的设计管理有何特殊性？大型商业综合体项目有别于普通的住宅项目，在建设过程中设计会随着市场变化、招租情况、规范调整等不确定因素而发生变化。设计也相应具有不断循环迭代的特点，每次设计变更会对项目的开发报建、现场施工产生影响。此外，大型商业综合体项目由于其规模庞大，涉及的专业设计顾问纷繁复杂，设计管理协调难度大。鉴于项目的规模，仅从技术手段去优化沟通的效率已甚微，业主方需要建立有效的运转机制用于沟通协调。更重要的是，大型商业综合体项目的设计管理，实则是从设计角度对项目进行管理，需要业主方以更宏观的视角去全面看待问题，而非局限于设计本身的质量、成本、进度去讨论设计管理。

如何做好大型商业综合体项目的设计管理？本篇研究的主要内容是大型商业综合体项目设计管理的管理系统框架，在框架渐露雏形后，对重要的几个方面做重点研究，以回答如何做好设计管理的问题。基于管理的重要职能：计划、组织、领导、控制，若要对设计做好管理，则业主管理方需要组织好设计团队、计划好设计进度和步骤、对设计质量进行控制、通过对设计的定案决策实现对设计进程的领导。以上几方面即为本篇研究的重点内容。

本篇的技术路线如图 3-1-4 所示。

本篇立足于目前国内大型商业综合体项目发展的实际情况，研究的目的是为了梳理出管理逻辑清晰并且可供实际操作的设计管理框架，故行业背景是本篇重要的研究基础。同时，通过对设计管理、复杂工程、组织界面管理、质量管理和决策管理五个方面的论文及文献的调查研究，奠定本篇论题的理论基础。

通过梳理，设计在大型商业综合体项目管理中的重要性逐渐清晰，设计管理是此类项目管理的重要切入点是一个基本的结论。

在进行一定量的文献调查和行业背景归纳之后，研究的主要问题逐渐明晰：即本篇要明确大型商业综合体项目设计管理的具体内容是什么？大型商业综合体项目有别于其他项目的特点在哪里？为何其设计管理尤为重要？从哪些方面入手可以管好大型商业综合体项目的设计管理？实际项目的管理情况是怎样的？

基于以上要解决的问题，本篇拟采用文献调查法及理论分析结合实证分析的方法进行研究，故带着研究问题对资料做进一步收集整理。此阶段的资料收集主要为两方面内容，一方面是对文献进行进一步分类归纳整理，另一方面是对实际要研究的案例进行深度分析。

随着研究的深入，越发发现不仅大型商业综合体项目是一类复杂工程，其设计管理也是较为复杂的系统，其中关联的项目管理知识是多维度多方面的，应验了一些学者的观点：大型工程一般都具有系统层面上的复杂性，因此必须要依据复杂性管理思维，构建针对大型复杂工程的方法与方法论[33]。所以，大型商业综合体项目的管理框架，可能是一个多圈层的环状结构，其中既有技术层面的管理内容，又有企业组织管理方面的管理内容。而本篇基于项目管理的特点，拟从组织层面、控制层面、领导层面三个维度进行展开，并利用相关管理理论进行分析。同时，结合笔者的工作经历，用案例分析的形式对论点进行引证。

（1）从组织角度研究设计管理的主体——管理团队。利用界面管理原理对其构成、控制、管理进行分析，解决如何构建管理团队、如何进行设计委托等实际问题。

（2）从控制角度研究设计管理的客体——设计过程。分析商业综合体项目设计过程控制的问题，解决针对此类项目特点如何进行过程划分、如何进行过程控制、如何控制过程变更等问题。

（3）从领导职能角度讨论设计决策问题。讨论如何通过提高决策意识来优化

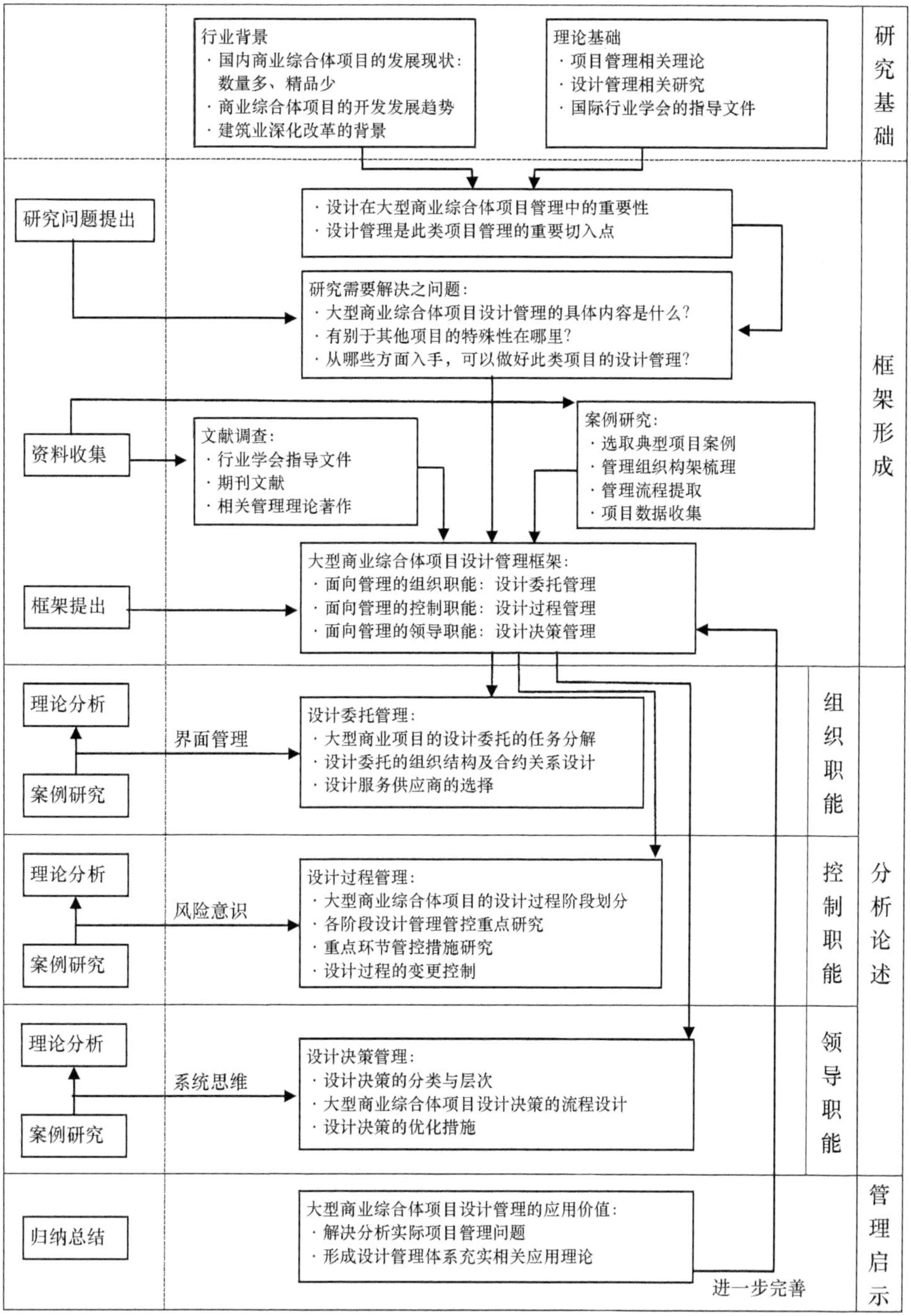

图 3-1-4　本篇研究技术路线

决策水平。

最后，进行总结梳理。体现设计管理在实际项目操作中的应用价值，明确设计管理框架里包含的内容，形成研究成果。

第二章 大型商业综合体项目设计管理的特点、难点与重要性

一、大型商业综合体项目实施的复杂性及设计与各环节的关系

1. 大型商业综合体项目的定义

通常建筑工程会用总投资额或建筑面积来定义大型工程。结合国内实际的建设情况，一般将总投资额在20亿元以上，且独立投资额在10亿元以上，总建筑面积在20万平方米以上的项目，可称之为大型项目。本篇讨论的大型商业综合体项目指的是总建筑面积在20万平方米以上的由商务办公、商业零售及酒店公寓等核心功能组成的建筑综合体。

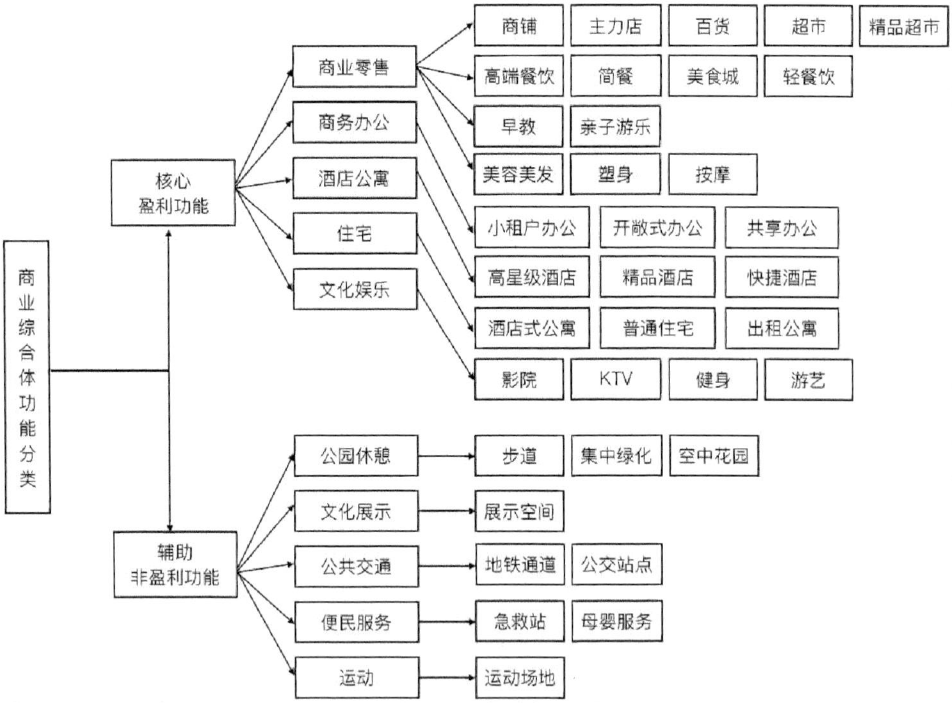

图 3-2-1 商业综合体功能类型细分

综合体项目的使用功能多而复杂。根据国务院发展研究中心等机构对2003年以来建成或在建的100个建筑综合体的研究表明，从建筑综合体的复合功能或业态来看，65%的建筑综合体具有酒店、办公、商业和公寓四大基本功能。[5]本篇认为，商业综合体所包含的功能应分为核心功能与辅助功能，核心功能包括商务办

公、酒店、商业、娱乐及公寓等具有盈利能力的功能；辅助功能包括公园、展示、公共交通、休憩、运动及便民服务等非盈利性质的功能。商业综合体应是三项以上核心功能及若干辅助功能的集合体（图 3-2-1）。

国内有学者在 2013 年选取研究了国内外 71 个典型城市综合体，并在功能业态的比例上得出了“商务、商业、酒店、住宅”业态比例为“三三二二”的结论（表 3-2-1）。[6]

表 3-2-1　　国内外城市综合体开放的业态类型统计[6]

城市	综合型业态	比例
国际城市	商务办公、商业零售、酒店公寓、住宅	44∶23∶32∶12
国内一线城市	商务办公、商业零售、酒店公寓、住宅	34∶26∶16∶24
国内二线城市	商务办公、商业零售、酒店公寓、住宅	26∶29∶12∶33
国内三线城市	商务办公、商业零售、酒店公寓、住宅	20∶34∶12∶34

注：表格将四大业态比例作了总和为 100% 的规律化处理，因为案例中部分综合体四大业态比例未达 100%。

表 3-2-1 中的数据统计及结论存在相当的合理性，商业综合体的主要业态的确为办公、商业、酒店及住宅。此四大功能对于资金的回收速度不同，住宅以直接售卖的形式可以快速回笼资金；办公及商业功能以长期稳定的收入来回笼资金，其中办公租赁相对稳定而商场租赁因市场变动存在更多风险；酒店则由于其更高的建设运营成本而拉长其回收期。所以，从其统计得出的数据结论不难发现，销售压力及资金压力在国内的二三线城市显然最大，其比例中住宅的比例最高；随着商业发展，办公和商业功能的长期盈利能力得以凸显，在越是发达的商业模式之下，办公和商业的比例越是高。本篇所讨论的商业综合体项目，即是以商务办公、商业零售、酒店和文化娱乐为主要核心功能，且核心功能比例不小于总面积的 80% 的项目。

2. 大型商业综合体项目复杂性分析

大型商业综合体项目的复杂性是多方面的，既有管理组织方面的复杂性，也有工程技术方面的复杂性。

管理组织的复杂性可以从管理团队与企业的关系和管理团队本身的架构两个层次进行分析。

大型商业综合体项目通常是集团公司的重点关注的项目，企业投入了巨大的人力、物力和财力来实施项目。一些企业会采用矩阵式的组织结构，从各个部门抽调精英骨干成立项目小组，临时赋予该小组一定的权限对项目进行管理。另一些企业会采用项目部制的结构，由一个相对稳定的项目部来执行具体的项目。无论是矩阵制还是项目部制，执行项目的团队在企业组织架构中的地位是否接近决策中心，团队调动和整合集团资源的权限是否充分，会与项目的成败直接相关。

从团队本身的内部架构来分析项目对专业技术能力要求和沟通协调要求都非常高。而伴随着项目的规模越来越大，以及技术专业的细分越来越深入，业主方通常在技术方面做不到完全满足项目的要求，于是专业技术顾问的介入会成为必然。多学科背景的产品设计团队在减少项目成本、加快设计速度、快速应对市场变化方面具有明显优势[44]。以技术顾问、管理顾问为代表的外部人员与业主方为代表的内部人员共同组成项目管理团队，是此类项目的趋势。

业内把项目管理的模式分为三类：①业主自行项目管理模式；②委托项目管理模式；③混合项目管理模式。其中委托项目管理模式又可以分为完全委托式和部分委托式两种[7]。如图 3-2-2 所示。

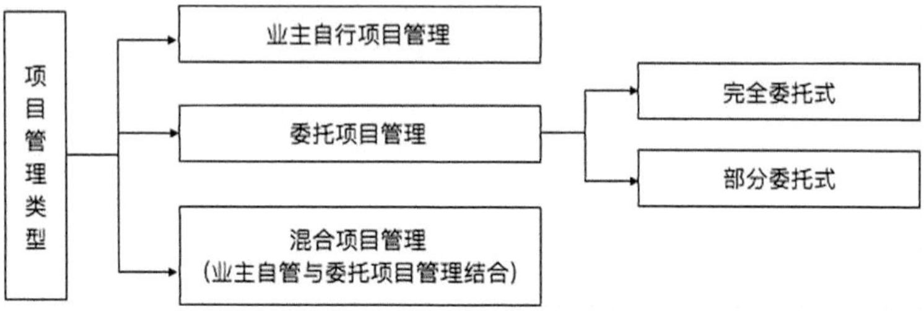

图 3-2-2　项目管理模式

在实际项目中，住宅类型的项目，其建设过程与产品生产过程相类似，产品设计相对稳定，工艺相对成熟，建设期较短，大多业主会采用自行管理模式。而大型商业综合体项目，单个项目特殊性较大，建设期长，改动调整随市场招商变化，专业问题相对复杂，故业主方采用委托管理或混合管理模式居多。在项目管理中，业主方通常希望对项目各方面有全盘的掌控，大到项目总体规划，小至门窗细节，业主方所面对的矛盾是专业技术能力有限。顾问方作为外部人员，在专业技术方面可以弥补此项不足，但大部分情况下无法更全面地看待问题，无法把自身的专业意见与实际成本、质量、进度控制建立起有效联系。

业主方与顾问方共同对项目进行管理。实施管理的顾问方与业主方在管理团队构架内的权责关系，顾问方为解决问题之技术建议的提出人，业主方为是否采纳建议的决策人。要在有限的管理成本下搭建一个全专业覆盖的构架(图 3-2-3)。

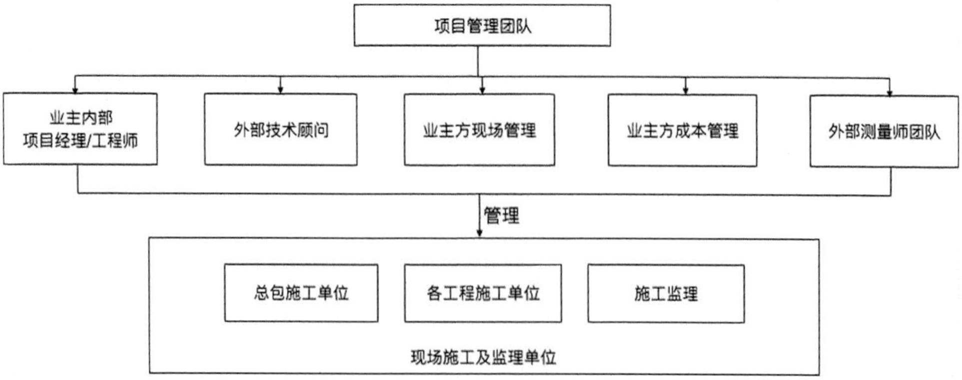

图 3-2-3　业主方与顾问方共同管理项目的组织构架

项目在工程技术方面的复杂性可从设计、现场施工、招投标和开发报建四个方面进行分析。

大型商业综合体项目的设计难度是不言而喻的。

其一，功能组合的复杂程度决定设计难度。大型商业综合体项目的最大特点是功能复合，这也是复杂性产生的源头。

建筑设计的复杂性随功能的增多而增加。功能数量的增加已为此类项目的设计复杂程度奠定了基础。每个单项功能的建筑设计均需要满足流线清晰，以支持其自身功能的运作。不同的使用人群和不同的功能有不同的流线需求，各个功能之间的区分与联通、隔离与互动均是建筑设计需要解决的问题。显然，与一个功能单一的住宅楼相比，此类项目的建筑设计会复杂得多。

其二，协调难度决定设计难度。设计其实是协调活动。设计成果是设计师综合各方意见后的专业结果，是协调的产物。大型商业综合项目的参与方众多，在不同阶段有不同的参与方介入，其中有些是项目的直接利益相关群体(表 3-2-2)。以表格中的设计顾问方为例展开，除建筑、结构、机电三大专业之外，其他专业设计方的增加也会平添设计的复杂性。随着专业的细分，商业综合体项目中可能遇到的专业设计方有：外立面设计、商场内部流线设计、酒店设计、影院设计、室内设计、景观设计和灯光设计等。这些专业设计的介入会对项目设计产生一定影响，如何平衡各方的需求完成项目设计需伴随着多轮沟通进行。设计团队在项目的全过程中会接收到包括各专业设计顾问在内的各方输入的信息，对于信息的梳理、分析、跟进都需要在协调中完成。而协调信息的来源之多、信息量大，加之信息传输机制的复杂，都会成为协调的难度，也成为设计推进的障碍。

表 3-2-2　项目利益相关方分析表

	是否为项目参与方	是否为利益相关方	利益关联形式
项目发展商/建设方 包括酒店管理公司/商业管理公司等	●	●	以项目成功为目标 获取直接经济利益 获取社会效益
项目投资者/银行/保险基金/资本团体	○	●	以直接获取经济利益为目标
勘察/设计/顾问/监理	●	●	服务项目　并获得相应经济收入及行业影响力
施工总包/各级分包	●	●	服务项目　并获得相应经济收入及行业影响力
政府部门	×	●	维护公共利益 以税收增加得到经济利益 获取社会影响力

续表

	是否为项目参与方	是否为利益相关方	利益关联形式
周边民众	×	●	维护自身经济利益
目标消费群体	×	○	获得更好体验
社会就业	●	●	项目增加的就业量

●——是,○——可能是,×——否

大型商业综合体项目施工复杂性会集中体现在两个方面:①因分期实施产生的复杂性。②因施工工艺产生的复杂性。

因分期实施产生的复杂性是管理层面的复杂性。

大型商业综合体项目因为功能子项多,且各个功能面对的市场不同,所以分期实施的确定会是一个各方博弈的结果。其影响因素有招商方面的,有技术方面的,有政府开发层面的,也有纯技术层面的。将各方面的因素综合得到的分期实施定案是施工策划的依据。在分期的基础上如何安排工地、安排施工运输流线、考虑工程搭接施工,施工临时设施的安排包括临水、临电、塔吊方案,各个施工区段或分期使用的临时设施之间的配合是否存在冲突等,都属于因项目分期而产生的复杂性。

因施工工艺产生的复杂性是技术层面的复杂性。

综合体项目会因为功能空间不同而需要不同的施工工艺来实现,不同施工工艺对应有不同的施工方案。

如项目含有超过 250m 的超高层建筑物,施工需要考虑分段验收、分段实施的方案,即土建—幕墙—机电—精装分区段在上一工艺验收后进行下一工艺的搭接施工以节省工期,超高层单体建筑物施工期的高空作业方案、塔吊变化方案等。

如项目的地下室开挖深度较深,是采用顺作法施工还是逆作法施工,基坑围护的施工如何在保证安全的前提下做到既有效又经济。

如项目邻近地铁设施,如何考虑地铁的保护要求与连续施工的矛盾,如何分基坑分区段施工。

如项目含有酒店、影院、宴会厅等特殊功能,如何考虑大跨度结构的实施,是工厂预制构件的现场吊装还是现场支模混凝土现浇。

如项目含有天桥、连廊联通几个建筑物单体,连廊的实施时间、结构形式、吊装方案也是特殊的施工工艺。

复杂的标段划分与复杂的招投标时序是大型商业综合体项目的招投标特点。

从合约成本角度,一个工程所含标段数越多,标段的规模就越小,市场上符合要求的潜在投标人就越多,工程的生产费用就越低[9]。让更多符合要求的投标人参与投标,可以形成竞争优势,取得更为接近成本的费用。从管理流程角度,标段划分的数量越多,则管理协调难度越大。也有文献分析若干业界学者对标段划分

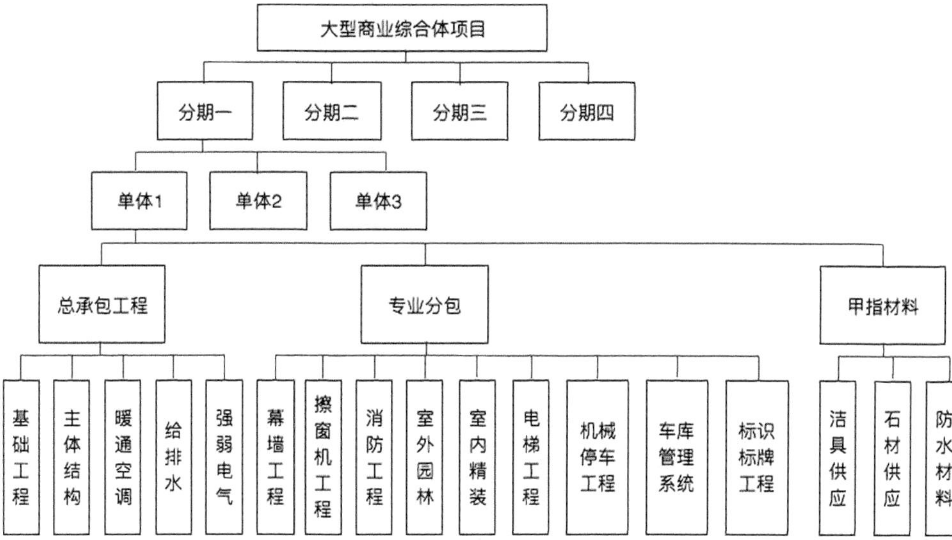

图 3-2-4　商业综合体基本标段划分(施工)

的原则之后,提出“经济性原则”“便于管理”“保证工期”“责任明确”“保证施工质量”是考虑标段划分最为重要的几个原则[38]。对于一个大型商业综合体项目,以施工部分的招投标为例,一般来说以下标段是不可避免的(图 3-2-4)。

在适当的时间完成对应项目的招标,招标的时间计划与施工的时间计划形成配合是项目管理水平的体现。但在实际的项目操作中,商业综合体项目的建设期较长,反映到招投标上会形成招标方与投标方之间的博弈。投标方意图通过招投标把部分因时间引起的成本变动风险通过发包方式分散到各个总包及分包人上,投标人会冲着项目的工程量参与投标,意图签下大单,但也需要预防定标时间到实施时间之间材料、人工上涨的风险。所以可以想象,在不恰当的时间,如过早地进行招标或把几年后才会实施的同类项目一同进行招标,招来的投标人不一定会因为量大而提供最优报价,反而可能为了避免材料上涨风险或者考虑仓储成本等因素抬高报价;相反,如果招标过晚,投标人也会因供货期的减短而抬高报价,对业主来说局面可谓进退两难。而何时招标?同类标段是否适当合并?大型总包标段是否进一步拆分?这些问题恰恰是业主方需要考虑的复杂问题。

开发报建是在国内开发建设项目的特色。对任何项目而言,报建流程都是复杂的。2013 年的广州两会上,广州市政协常委曹志伟在市委书记、市长面前摆出一幅行政审批流程的“万里长征图”,“一个项目从立项到审批,要跑 20 个委办局、53 个处室、盖 108 个章,需 799 个审批工作日”[10],足以证明国内项目在开发报建流程上内容多、流程长、程序烦琐。以上海为例,在上海建设方开发建设一个建筑项目,从政府拿地一直到规划确权会经历的流程(图 3-2-5)。

可见在城市管理水平比较高的发达地区,报建流程仍然复杂。虽然政府层面在提倡简政放权、简化审批,但报建流程中有许多环节是与公众利益、公共安全密

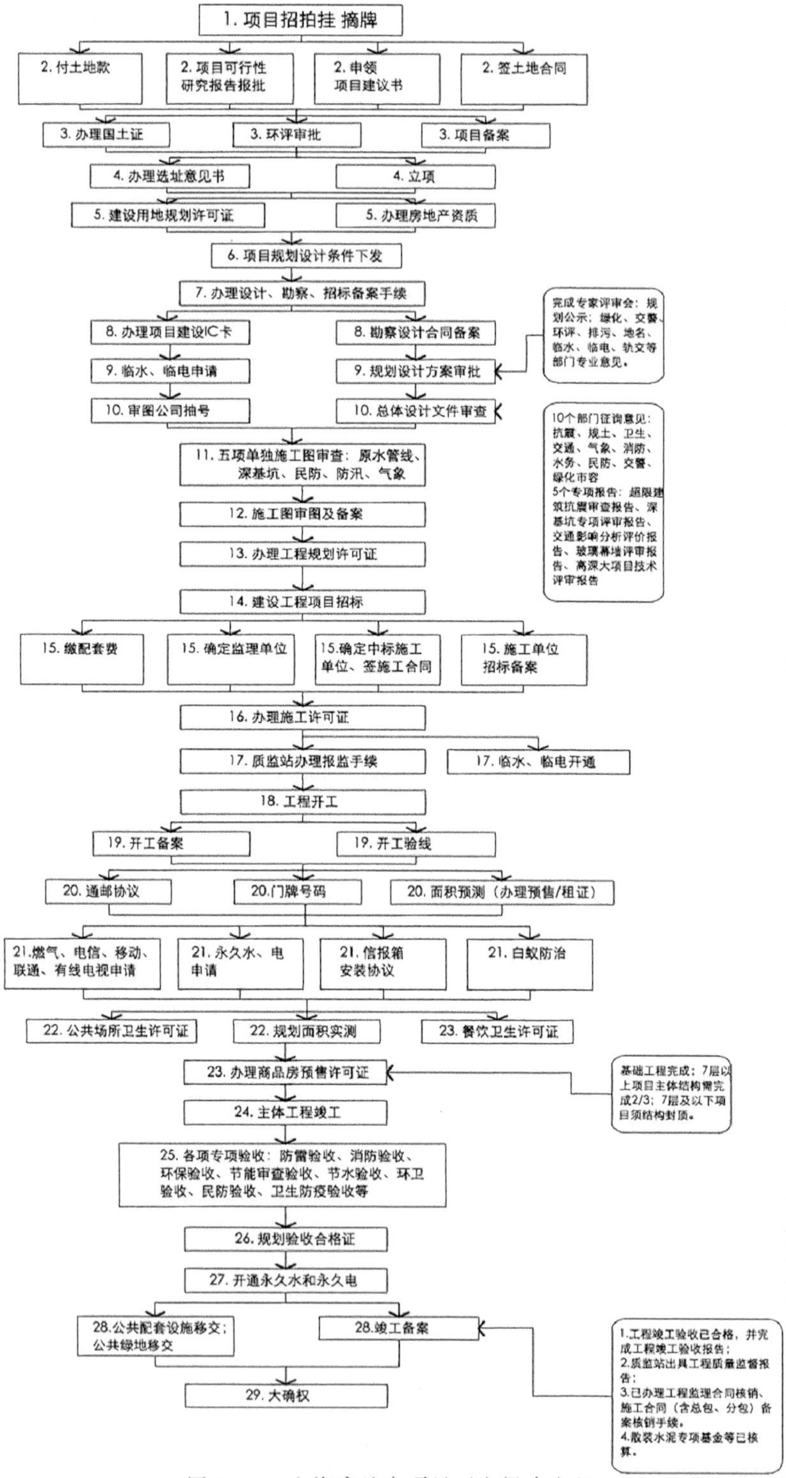

图 3-2-5　上海房地产项目开发报建流程

切相关，所以政府也不应该放任不管。就流程而言，即使环节再简化，只要政府存在监管意识、只要政府保留公众参与的通道，开发报建就会是一个复杂系统。

3. 设计与开发报建、招投标及施工的关系

在商业地产开发项目中，设计、开发报建、招投标与施工均是业主方需要进行管理控制的重要环节。对任何一个环节的管理缺失均会诱发项目失败的风险。

设计与开发报建、招投标及施工之间的关系，可以通过前文提及的“齿轮模型”来描述(参见图 3-1-3)。

一方面，设计不同阶段的成果可以成为其他各环节工作展开的基础。

在设计前期，概念设计阶段，概念设计是业主进行项目投资估算的依据，是政府立项的基础。方案设计稳定后的设计成果是规划部门审批的重要文件，批复后的方案，落实了各个政府部门和利益相关方的设计要求，不仅是进一步进行初步设计的基础，也是展开招标策划、施工策划、租赁进行初步市场沟通的重要依据。设计深入到初步设计或者扩初设计阶段，项目的各项功能需求相对稳定，各项技术设计逐步深入，各子项系统逐渐明确，此时的设计文件可梳理成招标文件供招投标使用。再进一步深入施工图设计阶段，各节点做法的明确及使用物料的确定，使此阶段的设计文件可以指导现场施工。可见，随着设计深度的逐步深入，各个阶段的设计成果均会成为各环节工作展开的依据。业主方如能够有条不紊地对设计进行推进，则其他各个环节的进度则会自然而然地被推进。

另一方面，各个环节遇到的问题，需要设计进行协调解决。

开发报建环节是业主方与政府各个部门密切沟通的环节。大型商业综合体项目通常会涉及规划、建交委、消防、环保、市容环卫、绿化、民防、卫生防疫、旅游局、商务委、抗震办、燃气、供水、排水和供电等十多个部门的并联审批。各部门的意见均需要设计理解后落实到图纸上。各部门代表的公众利益与业主方代表的商业利益在此环节相互博弈，而设计则会体现双方博弈的结果。在报批环节、验收环节还需要设计配合相关部门的需求进行图纸表达，以便于审批的顺畅。

招投标环节是设计得以实现的重要基础，是设计与成本挂钩的环节。设计文件表达的不充分和不完整会引起招投标成本的误差。而在招投标阶段，经过多轮次来往的疑问与回复，投标人不仅会对设计表达不充分的内容提出疑问，也会提供一些切合实际的实施建议，此阶段就需要设计与投标单位的协调沟通，把设计内容与施工范围、材料、工程量与价格建立起有效的联系。

施工环节遇到的问题更是多而直接。例如施工图纸中各个专业之间的错漏碰缺，施工现场因施工工艺或施工步骤产生的问题等均可以由设计进行澄清确认，确保施工继续推进。

所以，设计和各个环节之间各自存在着一定的关联关系，各部分遇到的问题设计可以从技术角度协调解决。业主方通过协调和管理对设计进行把控，即是对其他各个环节的运作作出积极控制。

二、大型商业综合体项目设计管理的难点

1. 设计顾问的管理难点

大型商业综合体项目的设计顾问数量庞大且类别繁杂。除了普通项目会涉及的建筑师、结构、水、暖、电工程师之外，还有专业的幕墙建筑师、商场建筑师、酒店建筑师；还有专业的声学顾问、光学顾问、环境评价顾问、交通顾问及 BIM 顾问等。由于商业综合体项目的专业细分程度极高，各个专业设计顾问均在技术上不可替代，业主管理方如试图减少设计顾问团队的数量，则会面临技术方面覆盖不全的风险。而面对数量庞大且类别繁多的设计顾问团队，业主管理方会面临以下管理难点。

（1）界面划分的难点

设计顾问的数量决定了各个顾问之间界面划分的难度，数量越多，各设计顾问之间的界面划分难度越高。设计顾问之间的界面是指各个设计顾问的“权、责、利”。

最容易理解的为“责”，即设计顾问的工作范围。所有顾问的设计范围，均可以用相对的、明确的文字表述清楚，例如“办公楼方案设计”“商场外立面施工图设计”等。但事实是商业综合体项目各个功能区域之间存在众多重合区域，不同顾问在设计深度上面也存在一定搭接，所以看似有明确的表述却很容易出现设计的“三不管地带”。比如，土建的结构外边线与外立面幕墙设计有关，很多情况下会出现定位不准的情况，因为土建建筑师认为是幕墙设计的工作范围，幕墙设计认为是土建设计师的工作范围，一个简单的技术问题会因为各顾问方对工作范围，即“责”的理解不同而产生多次协调，而这协调并不是因为技术能力造成的，而是界面划分出现的问题，是管理的问题。“权”即权限，在大型商业综合体项目中，会遇到成百上千的技术问题，一部分技术问题可以通过纯粹的技术手段解决，是可以通过赋予设计顾问一定的权限来解决的。在项目中如何定义“项目总建筑师”“项目行政建筑师”“建筑设计师”就是业主方对顾问的放权。权限的级别，决定了在解决技术问题的过程中，哪些顾问拥有权重较大的话语权。“权”的界面处理，是业主方对项目管理机制的构建，是流程机制的设计。“利”指的是顾问方的利益，在此处既有设计顾问方成本费用的含义，也有设计顾问名誉的意思。在商业综合体项目中，经常遇到外方设计与中方设计联合合作的情况。一方面业主管理方，在考虑设计成本时不能只考虑外方设计的比重，而忽视后期解决大量技术问题的中方团队的成本。另一方面，各个顾问团队在项目上均是名誉共同体，共享项目的声誉，业主方在选择顾问的时候也应适当考虑顾问品牌可以给项目带来的益处，在执行项目的过程中也应给予设计顾问充分的尊重，达到共赢的目的。

在大型商业综合体项目中，如何分配设计顾问的“权”“责”“利”是对业主管理

方项目管理水平的考验。再大、再复杂的项目均是由设计顾问一步步设计出来的，不合理的分配轻则造成设计成本的增加和对土建成本的影响，严重的对项目的进程也会产生影响。而这些问题在设计委托发包阶段就应该解决，故业主方应对设计顾问的委托做好管理和策划。

(2) 协调沟通的难点

大型商业综合体项目的设计管理方，大部分的基层管理内容均为沟通协调工作。随着项目规模的增大，设计顾问团体的数量也逐渐增多，设计顾问之间的技术交界面也趋向复杂，业主方必须通过不同形式的沟通来理顺和明确各顾问之间的工作范围，对责任进行分配。具体到商业综合体项目，协调沟通的难点会集中体现在以下两个方面：

① 业主方与设计方的沟通。商业综合体项目的设计管理方，需要不断地从政府管理部门、公司内部的租赁部门及物管部门获取设计输入、明确设计要求，经过消化整理后与设计方进行沟通。既不能做单纯的信息传递者，把诸多无用信息传递给设计方做无用的设计比稿，也不能拒绝一切修改不做任何调整。关键是如何在设计过程中建立起常态化的沟通管理机制，使业主方与设计方之间可以进行平等的技术交流，达成有效沟通。商业综合体项目由于专业的细分，经常会出现业主需要同时与多个平行顾问进行沟通的情况。此时，如何确保沟通的质量也会成为难点。

有文章指出，在设计过程的沟通中，业主方需要把握以下原则：尊重平等的心态，积极主动的态度，合作双赢的思路[8]。大型商业综合体项目的设计管理，需要同时面对的是更多的设计顾问方，不仅要积极主动地引导各方解决技术问题，更要在沟通中达成共赢的局面，这也是考验业主方管理水平的难点。

② 不同设计顾问之间的沟通。大型商业综合体项目的各个设计顾问之间，可能不存在相互的合同关系，但由于技术上的需求，必须进行沟通。在此情境下的沟通，不仅在多数情况下不会自发出现，而且沟通的效果极差。设计管理方不仅需要组织各顾问进行沟通，而且需要深度参与沟通的技术讨论，并在关键节点明确各设计顾问方的责任界面。如何建立机制促成不同顾问之间的沟通，如何依靠管理确保机制运作和沟通质量也是此类项目的沟通难点。

(3) 设计成本控制的难点

大型商业综合体项目的设计成本是建设成本里不可忽视的部分，却又在数量上难以预计。

一方面，由于设计顾问数量众多，从专业分有不同专业背景的，从地域分有国外、国内的，从工作范围分有设计图纸的，也有仅提供咨询的。各专业、各地域的取费方式均有不同，要借助 WBS 的管理逻辑，对设计包逐层分解，业主方需要合理安排设计成本，判断哪些设计顾问服务值得投入更多的设计成本，哪些设计顾问服务倾向于性价比。大型商业综合体项目的子项数量多，业主方更要考虑哪些设计顾问有能力提供更多类型的服务，哪些同类型服务可以合并到一起，由单一设计顾问提供，以获得更合理的设计成本。

另一方面，商业综合体项目的建设周期较长，设计伴随着项目从方案策划到竣工验收，是一种长期持续的服务。项目的建设期越长，项目的设计顾问团队所产生的设计成本越大。

此外，在建设期内，项目会有诸多不可预计的情况发生，无法避免设计出现改动，但反复改动也会引起设计成本的增加。业主方在考虑设计成本总量时也应该适当考虑这些不可预见的设计工作量的增加。

所以，从整个项目期来看，大型商业综合体项目在设计上的投入是持续性的长期投入。请多少设计顾问，请什么级别的顾问，花多少钱请设计顾问，正是业主方需要考虑回答的。

2. 设计质量控制的难点

大型商业综合体项目的设计过程与普通住宅项目有明显不同。普通住宅项目可近似成一种线型的思维：从销售或市场部门获取诸如市场策划报告、户型分析报告等资料，进行一次设计输入，待设计完成后输出为图纸，进行招标、判标，然后现场实施，竣工验收后即可销售交付。而大型商业综合体项目的设计过程，其逻辑跟接近 PDCA 循环的原理，是螺旋式推进的过程(图 3-2-6)。

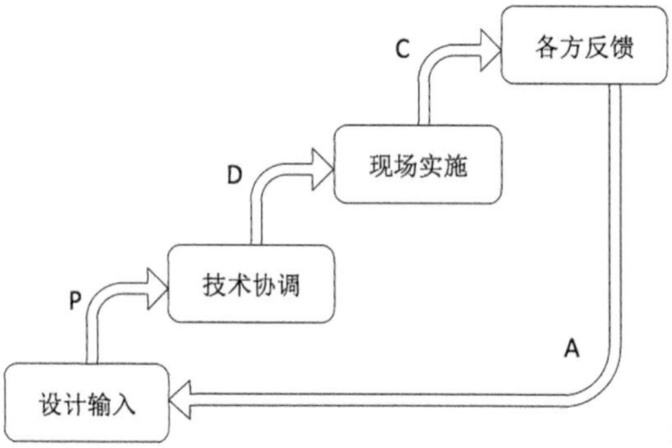

图 3-2-6　大型商业综合体项目的设计过程 PDCA 循环

根本的原因是，商业综合体项目的第一客户并非最终的消费者，而是办公楼租户、商场租户、酒店管理公司等。这些客户的需求都很难在项目初始进行明确，业主方一方面通过项目的经验积累可以给出一部分需求，另一方面需要通过项目过程中不断地从租户部门、物业管理部门、市场部门甚至政府等利益相关方进一步获取信息，形成设计输入。设计过程是在一轮又一轮的磨合中完成的。每一轮磨合均会对上一轮的设计产生些许变更，这些变更如何顺畅有序地进行实施也是难点。所以，设计质量控制的最大难点在于过程控制。业主方能否设计出与大型商业综合体项目相匹配的控制过程是关键。对应过程中各个重要节点，例如设计输入、设计输出的控制措施是关键。

其次，不同顾问之间的衔接是质量控制的另一个难点。在大型商业综合体项目中，经常遇到不同地域的设计顾问对同一专业不同深度的部分进行设计。此情况下，顾问之间的衔接尤为重要。例如，由于国内外招标方式的差异，一些国外顾问对招标图的理解深度，相当于国内的方案图纸深度。当国外顾问把他们认为合格的招标图纸，交付给业主，准备由国内顾问进一步深化时，发现图纸深度不符合国内顾问的理解，由此就出现了工作范围上的断档。由此，会对国内顾问的深化设计质量产生重大影响，对应到工程中项目的实现程度也会大打折扣。

同样重要的是对设计变更的管理。设计变更的原因有业主方的需求变化引起的，也有设计方的错漏碰缺造成的。大型商业综合体项目的设计磨合过程中，不断地有来自各方的新设计输入，对设计产生调整是必然的，设计调整后对设计文件进行变更也是必然的。设计变更如果杂乱无序，对项目的进程势必产生影响。作为业主方要对设计变更引起重视，既要接受本类型项目发生变更的必然性现实，也要主动对变更流程、变更原因进行分析整理，重视变更管理是大型商业综合体项目设计质量控制的重要方面。

3. 业主决策的难点

既然专业的设计工作可以由设计团队提供，指导设计的专业意见可以有专业顾问把关，那业主方是否就高枕无忧？答案是否定的。在实际项目中，设计顾问扮演着专业的咨询和设计执行者的角色，是设计解决方案的提供方。业主方是真正对方案进行决策的一方。

项目过程中的设计决策，并非只是指项目初期的策划决策，而是指项目从前期策划到后期现场施工的各种大小决定。其中既有涉及重大商业决定的战略决策，例如功能的变更、业态的调整；也有执行过程中发生的具体事项的决策，例如电梯数量多寡的调整、预计规范调整所安排的设计预留等。

纵观大型商业综合体项目开发建设期，动辄数年(5～10 年)，时间的维度加剧了业主方在决策时点做出设计决策时无法完全准确预判后期项目推进时面临的风险。

政策层面的风险：在 5～10 年的时间，项目所在区域的政府对项目涉及的相关方面如有新的相关规定出台，比如规划部门、建筑管理部门、绿化部门、消防部门和人防部门等技术部门，会对项目产生影响。比如，上海政府推进在项目中使用装配式构件的例子。一旦政策出台，项目上需要使用多少装配式构件、装配率要求、预制率要求都会一一落实，对没有预先考虑的项目提高预制装配率会引起成本的大幅增加。

技术层面的风险：5～10 年的时间，很多技术规范也会面临更新。规范更新对项目设计往往会产生重大影响。以消防规范为例，2015 年颁布的新版规范在技术方面虽然较老规范更全面、安全，但由此增加的消防配置从项目的管理角度来讲，均是因技术层面的变化引起的费用增加。以近年来消防规范的更新为例：消防部门对大型商业综合体的疏散设计要求越来越严格，且定量标准越来越具体化。新版消防规范对项目的疏散楼梯间数量、防火分区划分均产生了重大变更，项目因这些变更所产生的建设成本增加是巨大且难以预见的。

经济层面的风险：对于大型商业综合体项目，其本质是布局未来5年之后的商业，项目如开发时间短，可以很快进入市场，当然对市场的预测也会相对准确；而现实恰恰相反，开发时间长造成决策者无法准确判断未来市场，设计调整会成为必然情况，管理者对经济形势及市场情况的预判尤为重要。另外，建设期内如何保持项目上有稳定的现金流，保障项目的进度得以实施也和经济环境息息相关。作为成熟的发展商需要对宏观经济形势做好判断，尽可能保持项目有稳定持续的现金流，避免投资方撤资造成项目流产、烂尾的局面出现。

这些风险导致了业主方在做决策的时候会造成决策滞后和决策偏差。

决策滞后。任何决策者都希望在做决策的时候可以掌握充分的资料，并有足够的时间作出判断。但实际项目的决策往往是有时限的，工程进度、开发进度、招商进程环环相扣，未能在时限内作出决策就产生了决策滞后，悬而未决就会对项目产生影响。

决策偏差。在掌握信息不充分、决策环境不确定的情况下难以避免出现决策偏差。决策偏差会给项目造成一定的损失，或者后期为了弥补偏差项目则会付出更多的代价。

但无论决策的风险有多大，最后承担项目风险的永远是业主方。设计方提供的解决方案，若没有业主方在过程中进行领导和指引也会停滞不前，而业主管理方正是通过对设计过程中各种大小问题的决策来推进设计进程，从而推动整个项目。

三、大型商业综合体项目设计管理的重要性

1. 设计管理与项目管理的关系

项目管理是一个大的系统，其中包含成本管理、设计管理、招投标管理、施工进度管理和开发管理等部分，业主方可以选择从任何一个角度切入，对项目进行系统管理。设计管理是项目管理的重要体系之一。设计管理在项目管理中具有明显的统领作用和驱动作用。

首先，设计具有全局性的活动。设计本身是一个集成—细分—集成活动：设计需要解决的工程问题通常是一个多专业、多维度的复杂问题，设计通过将问题按照专业细分，在各自的专业领域寻求相对合理的答案，之后再将各方各面的答案汇总综合形成设计结论。统领项目的建筑师通常有一定的大局观念，技术层面需要平衡结构、给排水、暖通和电气等专业的需求；协调层面要让方案不仅可以解决业主的需求问题，同时也对周边的经济环境和城市文脉作出良好回应。“建筑师负责制度”的推进，其本意也是需要一个对项目全局有所把握的群体对项目进行负责，而

这个群体除了业主应该就是建筑师。设计不仅仅是一张图纸,其图纸的内容是由众多利益相关方介入协调后的结果。所以,设计本身就有全局性的属性。

其次,在项目管理中设计发挥的驱动作用(参见图 3-1-3)。设计随着深度的增加可以分为方案设计、初步设计(总体设计)、施工图设计。方案设计的成果是项目概算的依据、是项目报批报建的基础。初步设计的成果是项目预算和各个政府相关部门的审批依据,落实审批意见后的初步设计文件可以成为项目招投标的依据。施工图是工地施工的依据,也是后期验收的依据。如上分析,设计与报批报建、招投标、施工的关系就如图中的齿轮。设计的齿轮转动后会带动其他齿轮转动,所以推进设计进程即可推进项目进程。

如业主方忽视设计管理,会引发若干管理问题,极其容易导致项目的失败。

(1) 管理者难以理顺组织权责关系。大型商业综合体的组织复杂性,容易使管理者对组织内的权责关系理解不充分,造成许多事情“人人都在管,又似乎人人都不是负责人”的局面。

(2) 管理者对项目全面认识的困难。复杂性和不确定性使管理者难以对项目形成全面认识。尤其是在做决策的时候,管理者会发现决策环境存在诸多不确定因素,支持决策的信息越少,决策的局限就越大。

(3) 项目难以避免的设计改动。大型商业综合体项目的建设期较长,设计条件的输入会随着招商进程、市场环境、设计风格等因素发生变化,所以设计改动无法避免。而设计变动意味着现场的变更,由此会带来成本变动、开发受阻、进度拖沓等问题,如何控制设计改动也是管理方面临的问题。

(4) 决策滞后与决策偏差。管理者依靠决策来实现其领导职能,推进项目。复杂性和不确定性很容易引起决策的滞后和决策偏差,使项目承受一定的损失。

设计管理表面上是对设计顾问进行管理以及对设计成果进行把关,实际上是项目管理,是以设计为切入点对项目进行管理。再具体一步,商业综合体项目的设计管理是在合理的成本下,找到合适的设计顾问,并创造一系列的机制与环境,引导顾问完成设计文件,并在项目实施过程中依据更新的设计输入有序进行设计变更。业主方通过对设计顾问的有效管理、对设计过程的适时把控,稳步推动设计过程从而推进项目进程。合理高效的设计管理可以成为解决一系列项目管理问题的有效途径。

2. 大型商业综合体项目设计管理系统框架分析

基于文献调查和多方面的资料收集,并经过一定的归纳梳理,本篇认为可以把设计管理的系统框架理解为一个多圈层的结构(图 3-2-7)。

首先,设计管理的核心仍然是管理,实现管理的核心职能:计划、组织、领导、控制,是设计管理的目标。

其次,为实现管理的核心职能,可以进一步在操作层面,按照管理的深度将设计管理分解为:执行层面的设计管理、战术层面的设计管理、战略层面的设计管理。

针对三个不同的层次再做进一步的细分。

执行层面的设计管理，是建设项目第一线的基层管理，涉及诸多的技术管理内容，是业主方日常管理耗费管理人力资源最多的部分。具体到设计管理，体现为设计过程管理、设计质量管理、设计进度控制和设计协调等，多为具体操作的技术管理。

战术层面的设计管理，其管理层级高于基层管理，其管理的内容需要为执行层面的管理提供操作流程或者执行依据。具体可以体现为设计的委托管理、设计成本控制、设计质量标准的建立等。战术管理涉及管理流程的塑造、组织结构的构建等问题，对项目管理有指导意义。

战略层面的设计管理，为层级最高的上层管理，直接决定项目的走向。具体体现为业主方的重大决策管理、设计定位研究等方面。高层次的战略决策，是耗费业主方智力资源最多的管理。

再次，为了实现三个层次有序的设计管理，会应用到一系列成熟的管理理论与方法。在研究设计过程管控时会应用到经典的戴明环（PDCA）方法论和精益设计理论，会考虑并行工程的操作概念。在设计委托管理研究中，可能会涉及博弈论的方法、界面管理的应用。当研究设计决策时，可能涉及系统思维的理论、知识管理的理论和风险意识方面的相关知识。这些管理方法及理论，会随着学者们对项目管理前沿研究的深入不断扩充放大，从而充实设计管理的系统框架。

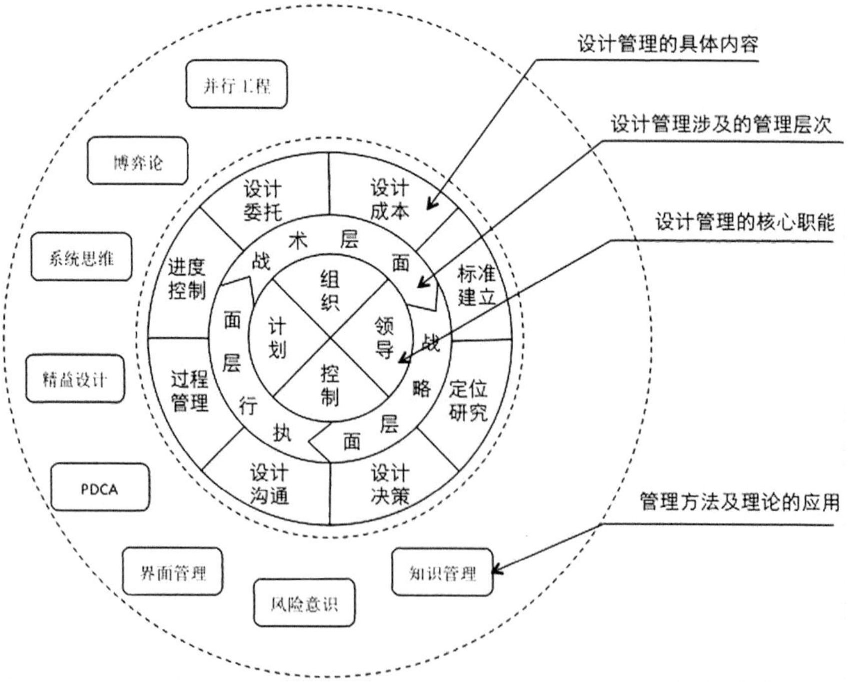

图 3-2-7　设计管理的系统框架

可见，设计管理的系统框架内包含的内容是多种多样的。业主方进行设计管理的角度也是多选择的，每项内容均是设计管理的重要组成部分。而针对大型商业综合体项目，由于其复杂性的特点及其造成的管理难度，致使业主方必须从组织的结构、管理流程、过程管控及决策管理等直接与管理核心职能高度联系的内容入手对设计进行管理。

本篇从设计委托、过程管理、决策管理三个方面展开，重点研究在大型商业综合体项目的设计管理中，如何对设计委托管理使业主方可以合理安排设计服务资源，选取理想的设计顾问，组织设计管理团队；如何在设计过程中进行有效管理，从而控制设计质量，对项目的完成度进行把关；以及如何通过高效高质量的设计决策，推进设计从而推进项目进程。

四、案例引入：上海 XH 项目

1. 上海 XH 项目概况

徐家汇，为上海总体规划中的城市中央活动区之一，是发展有 20 余年的老牌商圈。XH 项目（图 3-2-8），毗邻商圈中的核心商业项目——港汇恒隆广场，紧邻城市主要交通干道——虹桥路与华山路，与地铁徐家汇站直接接驳。项目用地总面积 99 188m^2，总开发量达 903 471m^2，其中地上建筑物面积 584 203m^2，地下建筑面积约 319 268m^2。

图 3-2-8　XH 项目鸟瞰图

XH 项目建成后，新增的商业总量将是目前徐家汇商圈的商业量的总和，其中包含了 $28\times10^4m^2$ 的商业面积、$38\times10^4m^2$ 的办公面积和 $2.5\times10^4m^2$ 的高端酒店。项目不仅有上海开挖深度和开挖面积都首屈一指的基坑工程，而且包含一栋 370m 高的未来浦西最高建筑物。

项目的发展商为香港 S 公司，有丰富的商业综合体项目开发经验。在上海已有陆家嘴国金中心及淮海路环贸广场两个成功案例。XH 项目，是公司全力打造的新一代大型商业综合体项目，建成后会成为徐家汇地区的商业标杆，并对所在区域的城市更新、商业升级做出贡献。

有研究表明，一个纯粹的项目目标导向型组织结构，通常会在对重要且独特的项目进行管理时使用[42]。XH 项目是典型的项目制管理，由 S 公司的 SPD(Special Project Department)部门执行。SPD 专注于大型综合体项目的开发，其工作包含了项目的设计管理、工地管理、招投标和开发报建，从项目拿地开始一直到最终交付到租赁部门的所有事项，SPD 部门均有绝对的发言权和决策权(图 3-2-9)。

从组织关系图分析，项目部对项目公司进行直接管理从而对项目进行全面管

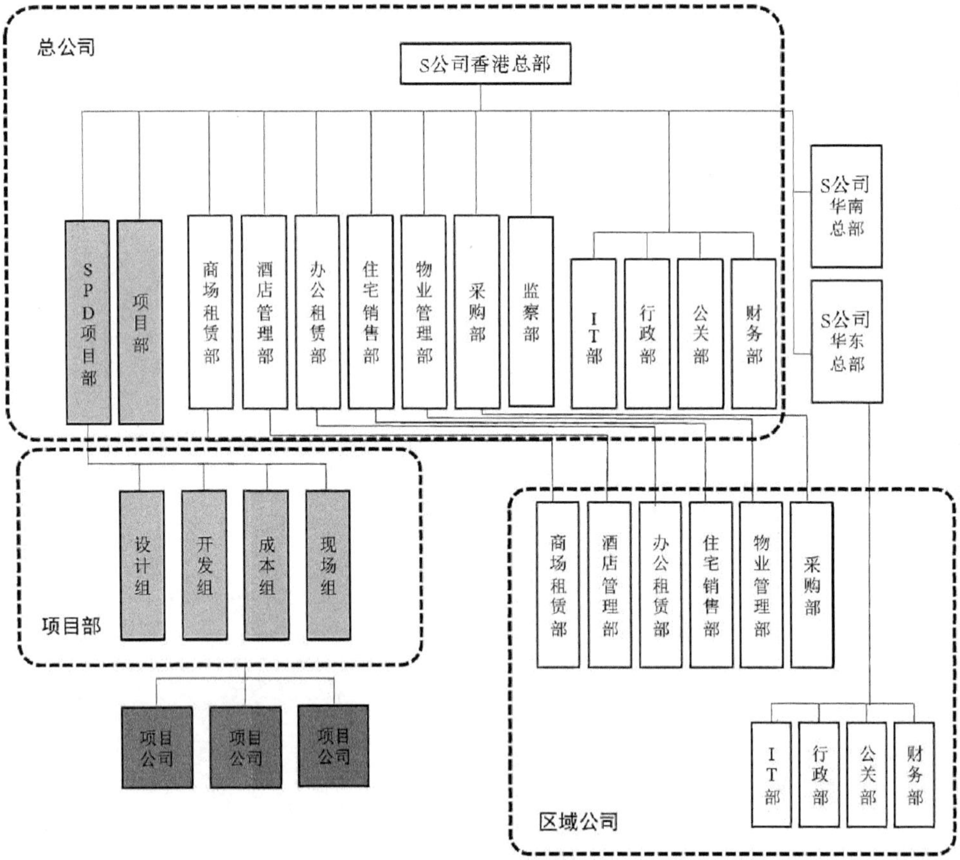

图 3-2-9　S 公司组织关系

控，而地区公司则会把工作重心放在项目的维护与运营上，对项目公司仅提供一定的行政后勤支持。

进一步展开 SPD 项目部内部的组织构成，项目团队由香港项目办公室（HK SPD Office）和现场项目办公室组成（Centre Project Office，CPO）。香港项目办公室主要解决项目定案一类的战略决策；现场项目办公室主要解决现场协调一类的执行决策。CPO 包含了长驻现场并深度参与项目管理的外部技术顾问，是一个内部团队结合外部顾问共同对项目进行管理的组织（图 3-2-10）。

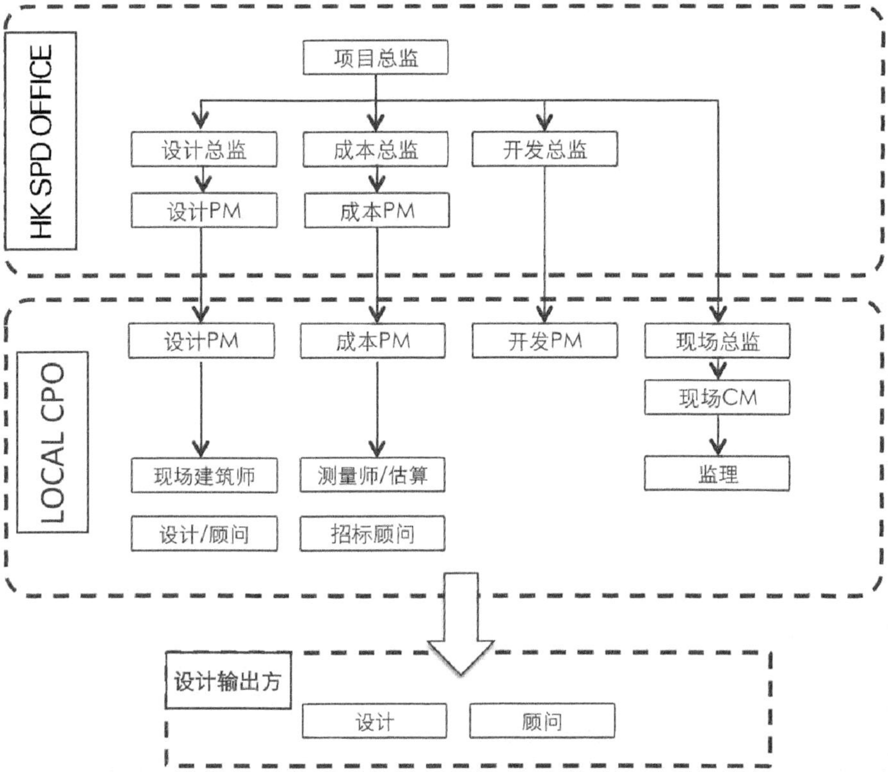

图 3-2-10　SPD 项目部的构成

2. 上海 XH 项目的复杂性体现

（1）规模及功能的复杂性。

XH 项目是典型的商业综合体项目，其功能包含商场、办公楼、电影院和酒店等（图 3-2-11）。项目分布在四个地块，其中华山路地块位于华山路与天平路之间，相对独立，功能为商场和办公楼的复合；广元路与恭城路交口位置的恭城路地块和宜山路西面的宜山路地块规模均较小，与最大的虹桥路地块进行关系紧密的同步开发，地块之间通过人行天桥相互连接，使各地块功能互通。

（2）分期复杂性。

项目地块分布在四个地块，共分四期建设，一期华山路地块项目已于 2017 年

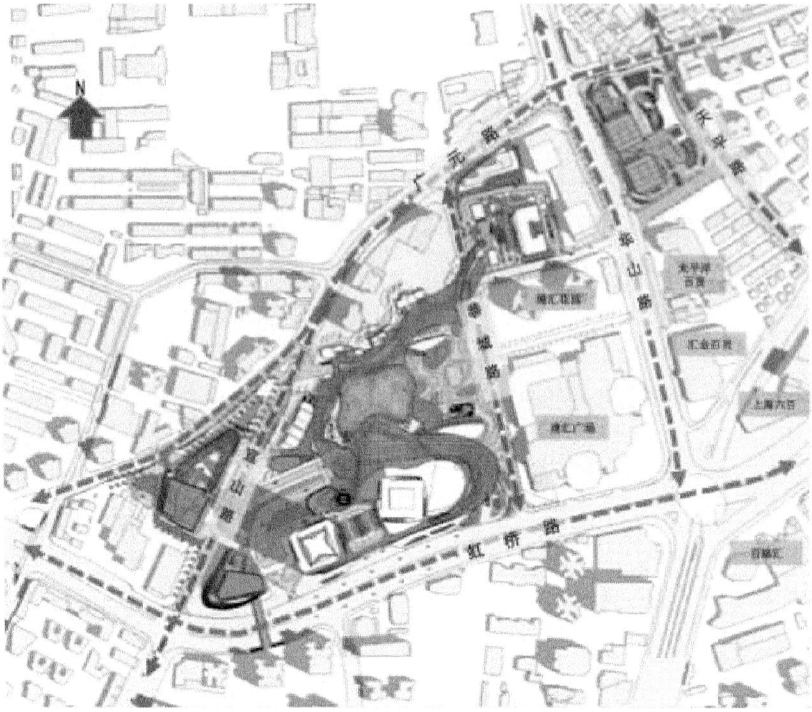

图 3-2-11　XH 项目总平面图

竣工，二期恭城路地块预计在 2018 年竣工，三期宜山路地块处在试桩阶段，四期虹桥路地块正处于桩基施工阶段。

对于此类复杂项目，分期分标段实施，资金可以相应逐步到位，可以缓解企业的资金压力[20]。同时，分期并非单纯的技术角度的工期安排，更是政府、开发商、施工总包等各方利益博弈的结果。在本项目中，管理团队经过对外与政府部门沟通，对内与租赁部门市场部门的沟通，了解到政府的需求是希望在短期内可以有项目进入市场，使这一核心区域的重点项目给人以快速对接市场的感觉而非长期处于施工状态；同时，租赁部门在分析了市场情况之后却对大体量的商业与办公的快速招商和出租表示担忧，毕竟大面积的空置对公司利益会有影响；而项目管理团队从项目建设的角度考虑，也需要有一个完整独立的“一期”工程进行招投标、规范、验收流程和管理效果等方方面面的试水。于是，经过多方权衡，就有了把华山路地块作为相对独立的“一期”进行作业的结果。在项目开展的前 2 年，项目团队的经历主要在一期华山路地块上，并借此积累大量的经验，用以指导另外几期项目（图 3-2-12）。

另外，项目四期虹桥路地块，是规模最大且功能最为复杂的部分。项目团队就四期的情况又进行了一轮拆分，根据租赁提出的入市设想以及工地实际施工的进度特点结合政府的形象进度要求提出了更细化的分期。在工程上超高层建筑物出地面后的施工速度会明显加快，可能塔楼结构封顶的时候，地面裙房等部分还尚未

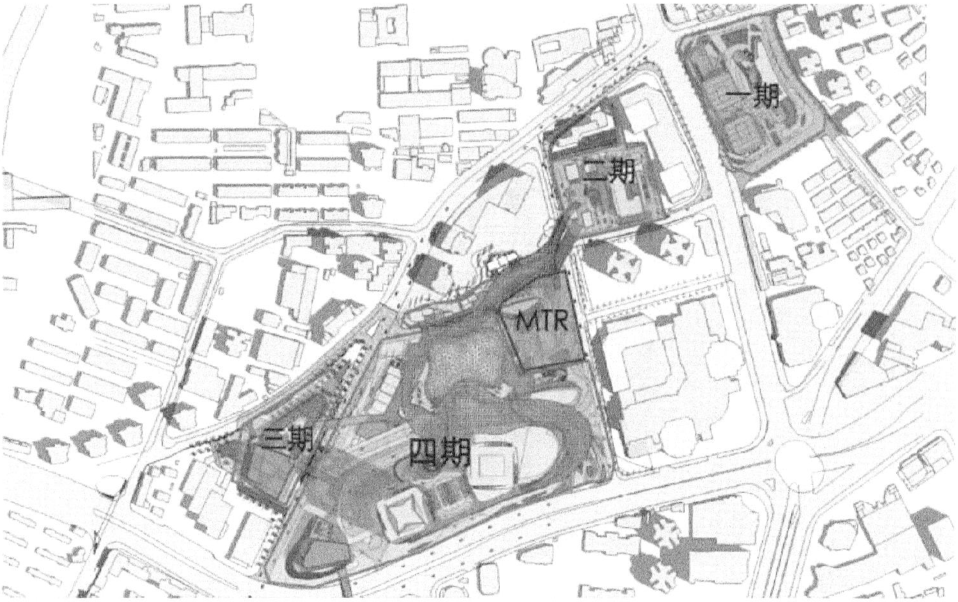

图 3-2-12 XH 项目分期示意

完成。而租赁方面，大体量的办公楼入市如没有一些商业功能作为支持配套，对出租仍会造成影响。所以，管理团队提出了塔楼按"栋"进行分期、裙房按区域进行分期，塔楼与部分裙房先行验收的想法。由于四期的项目设计理念为多个塔楼在一个大裙房上，很难形成传统的"按栋分期"的效果，而是在水平和垂直方向同步进行拆分。这样拆分方案不仅需要设计团队在技术方面考虑周到，同时也需要管理团队与政府监管部门积极沟通。如图 3-2-13 所示。

(3) 技术的复杂性。

一是项目所处的位置临近地铁，有正在运营的地铁 9 号线、11 号线穿越项目地块。所以项目所有的地下室施工方案、施工时序均需要与地铁方面密切配合，满足地铁的安全需求，这对于技术方案的选择形成了一定的限制。

二是功能的复合。办公、商业、停车场、酒店和电影院等各种功能的流线交织到一起。设计既要做出符合功能使用要求相互不影响的流线设计，又要做出互通互联的创新。比如实现与地铁的无缝连接(图 3-2-14)、酒店与商业的紧密结合、办公与城市的连接互通。

三是特殊建筑本身的技术复杂性。高达 370m 的浦西第一高楼，如何设置楼层分区，如何进行电梯布置，如何落实特殊的消防设计，需不需要考虑停机坪，擦窗机的作业考虑，高空施工方案如何编排等，每一个问题均是一个值得展开的课题。

除了这些，还有施工计划编排的复杂、招投标处理的复杂以及开发报建的复杂，在此不做赘述。无论这些问题涉及的是工程问题、设计问题或者是管理问题，均可以转化为设计管理问题，并通过设计来协调解决。

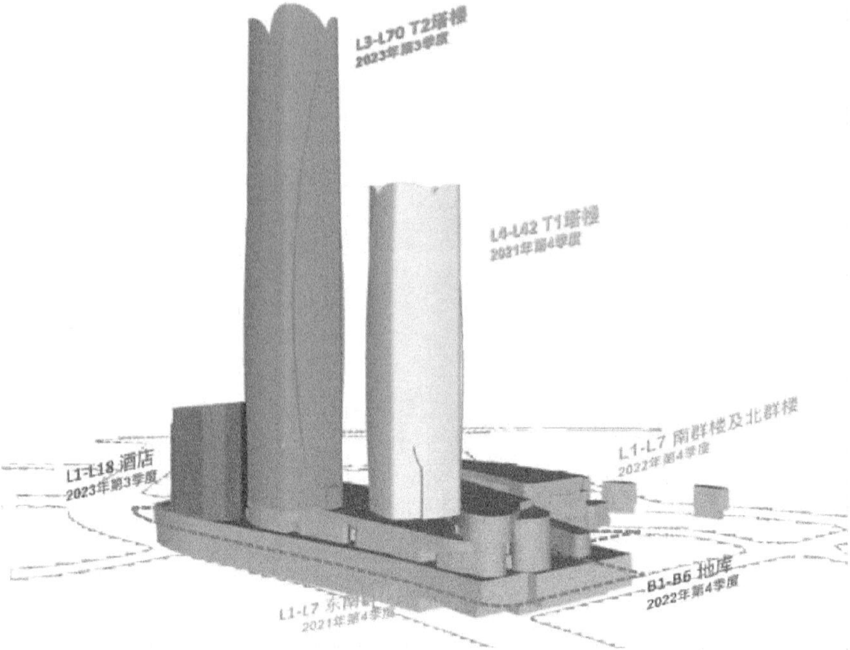

图 3-2-13　XH 项目四期虹桥路地块分期示意

图 3-2-14　XH 项目四期与地铁联通效果图

3. XH 项目设计管理的重点

XH 项目共分四期建设，每一期无论规模大小均是至少包含商业、办公两大主要核心功能以及城市服务、展示、休闲等非核心功能的商业综合体；每一期均针对不同的专业功能配备一套设计顾问团队。项目业主方的设计管理的首要重点，是对这些设计顾问团队的管理和组织安排。

(1) 大型商业综合体项目均是城市中备受瞩目的项目，各大设计顾问均愿意参与其中与之达成协议，故原则上一定会派出公司内实力相当的设计团队担任设计任务，所以各个设计顾问在技术方面均旗鼓相当。业主方在技术上不需要做非此即彼的指挥式判别，只需综合考虑各种技术解决方案在经济效益、社会效益等方面的优劣做出优选即可。为了使各个顾问相互之间可以达成配合，发挥出技术方面的实力，业主方必须通过合约形式将各设计顾问之间的“权”“责”“利”进行有序分配，从而实现顾问团队的组织安排。业主管理方需要设计出一个组织构架，将不同专业的技术顾问及设计顾问安排其中。

(2) 虽然 XH 项目设计顾问的实力很强，但业主管理方仍需要重点关注设计过程的管理。有两方面的原因：一方面，XH 项目功能构成及开发时序异常复杂，在项目执行过程中存在很多原因可以引起设计调改。如来自各方的设计输入不经过梳理就给到设计跟进或对设计输出不加以把关，不仅会耗费巨大的设计资源，也会在设计方案上造成混乱。同时，业主方更需要对设计变更加以控制，将设计有条不紊地在现场落实。另一方面，设计顾问的数量增加，随之带来的是沟通问题和协作问题。业主方需要设计好各顾问之间设计配合的流程，并适时设置过程管控的节点，以确保设计工作有序展开。

(3) XH 项目的设计管理重点还在于推进项目过程中业主方对设计问题的决策。业主方如在高度不确定的环境下做出决策，设计变更和设计返工的风险一般都会增加，作为业主方应努力扮演一个有能力尽量预见外部不确定性，并指导设计继续进行的重要角色[43]。尽管存在决策风险，但业主方仍然是通过对大小设计方案的决策来推进项目的。XH 项目开发的建设期从 2013 年开始计算到计划的 2025 年入市开业，长达 12 年之久。虽然，期间会有一期二期项目陆续入市，但对于最大的虹桥路地块项目而言，其最早竣工的部分也要排期到 2022 年。对于商业综合体项目有没有可能确保 5 年前定下的规划在 5 年后面对的市场就是完全一致的？答案显然是否定的。只要有市场的不确定性存在，项目团队就必须面对一次次应市场趋势变化引起的调整，不断地对项目进行迭代更新，以确保在项目入市时接近于市场需求。在诸多不确定及信息不充分的情况下做出合理决策推进项目，也考验着业主方的设计管理水平。

第三章 大型商业综合体项目设计委托管理

一、大型商业综合体项目设计委托的任务分解

大型商业综合体项目的业主管理方长期面对的矛盾，是对项目技术层面的把控需求和专业技术能力的缺乏之间的矛盾。除了聘用一定量的有技术背景的管理人员之外，需要依靠大量的外部技术力量。项目的设计委托的核心就是为业主寻找合适的专业技术团队，把技术层面的任务分派到各个团队，让专业的团队解决专业的问题。

大型商业综合体项目的设计委托可以分为两大类：一是设计类服务，二是顾问类服务。

设计类服务指的是建筑设计、结构设计、机电设计等具体设计服务。其最终交付业主的服务成果为各类符合要求的图纸，可用于开展招投标工作、指导施工、报批报建或者存档交付。设计类服务的特点是：设计方长期投入大量的人力资源，进行高水平的脑力劳动，并形成图纸成果；且图纸是项目其他工作开展推进的依据。

顾问类服务指的是项目管理顾问、环境顾问、交通顾问和日照顾问等专业顾问提供的咨询服务。这类顾问不会具体出图，其服务成果可能是咨询报告、可能是管理服务。顾问类服务的特点是，顾问方短期集中投入相关资源，形成针对项目的咨询报告，作为指导设计活动的依据或者推进项目其他工作的支持文件。顾问服务同样包含了高水平的技术含量，并时常与设计服务的提供商是同一家单位，所以对设计管理而言，均可以包含到设计委托中。

在此框架下，利用 WBS 的相关知识，对项目的设计委托任务进行分解，可以了解对于大型商业综合体项目而言，有多少设计任务需要进行委托。图 3-3-1 基本描述了业主方需要发出的设计服务和顾问服务委托的分类。设计类服务中，虽然各个专项设计均是由于专业性产生的不可替代的设计，但它们的共同特点是最终都需要被整合到主体设计的设计成果中。比如，幕墙专业设计，由于其设计的细节程度必须接近于施工图才可以指导招投标，一般主体设计团队无法做到如此细节化的设计，但幕墙专业设计的成果却会在主体施工图阶段被整合到主体设计图纸里，以保证主体的结构尺寸均可以和幕墙施工对应。在顾问类服务中，顾问的咨询报告成果均是指导设计的依据。其中涉及专项评审的顾问服务，其成果还将成为评审的报告文件，比如交通顾问所完成的交通评价报告，最后需要通过政府交通部门的专家评审才能生效。另一些咨询服务，是提供业主更多的专业维度去控制项目，比如声学顾问，往往是根据业主的要求对项目进行声学分析，提出声学要求，指导

隔声构造节点的设计。

在理解了这些服务包之间的关系之后，可以帮助业主方进一步选择合适的设计委托合同结构。

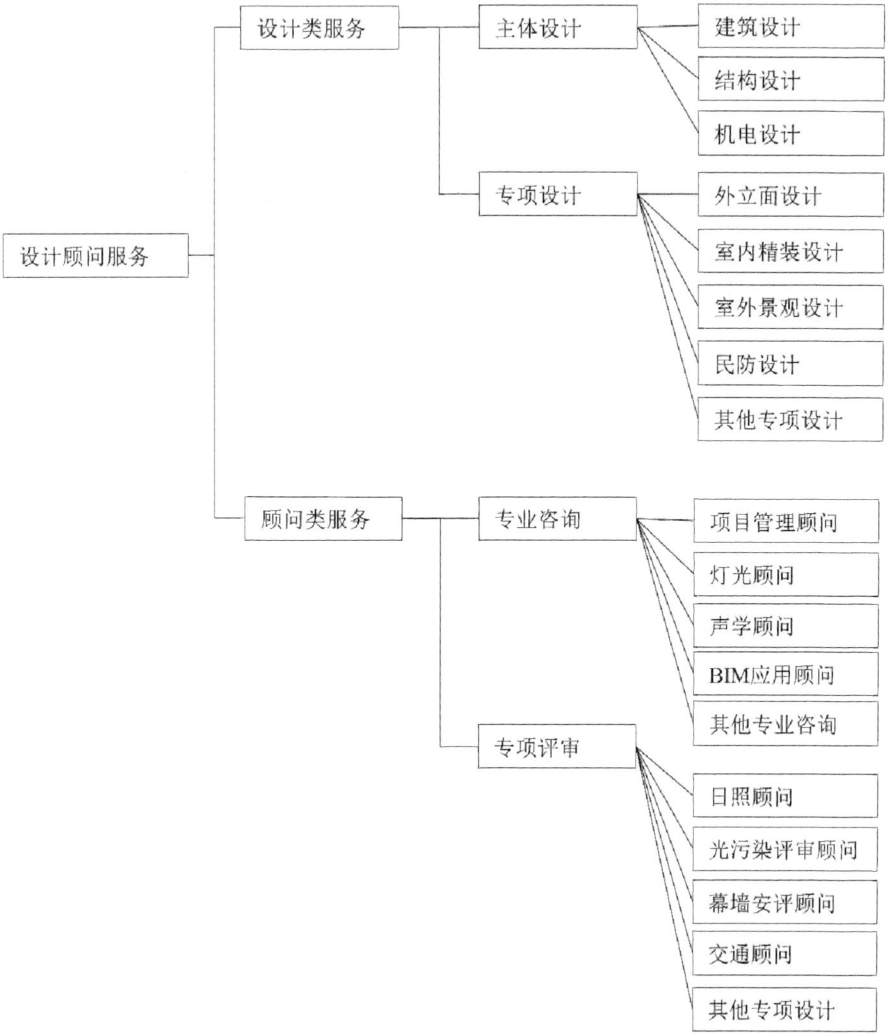

图 3-3-1　设计顾问任务分解

二、设计委托的组织模式

1. 平行委托模式与设计总包模式

业主方设计管理在考虑选择合适的设计委托合同模式时，需要理解委托结构产生的必然性以及构建合同结构的限制。必然性是指，大型商业综合体项目是复杂程度极高的项目，其中涉及诸多的专业分工，即使是设计工作，都难以委托给单独的一家设计单位完成。构建合同结构的限制在于，业主方不可毫无顾忌地拆解项目，在不理解项目的情况下过分拆解项目会引起项目的失败。2003年国家颁布的《工程建设项目勘察设计招标办法》中的相关规定已经明确了合同结构的底线：

(1) 业主可以将整个项目的设计任务发包给一家设计单位，也可以分别发包给几家不同的设计单位。

(2) 设计单位在满足条件的情况下可以再次进行分包，需要满足的条件是：必须是除主体工程以外的部分，必须经业主方书面同意，分包单位应具有相应的设计资质。

(3) 严禁设计单位转包设计任务。

设计服务的合同委托模式可以分为两大类：平行委托模式与设计总包模式。

平行委托模式是指业主将设计任务同时分别委托给多个设计单位，各个设计单位之间的关系是平行的[7][图3-3-2(a)]。业主可以把设计按照不同的专业，比如建筑设计、幕墙设计、景观设计和室内设计等分别进行委托；也可以把设计按照不同的阶段进行划分，如方案设计、扩初设计、施工图设计等分别进行委托。平行委托的优势是可以充分发挥各专业设计方的优势进行设计，业主对各个分包都是直接的控制关系有利于设计过程的控制。其弊端在于，各个设计分包均与业主产生直接关系，分包之间的自主协调几乎不存在，都需要由业主方中转，所以大大增加了设计协调的复杂程度和工作量；同时，也由于分包过于独立和专业，在设计合同的议价阶段不利于业主获得有竞争的议价权利，不利于设计成本的控制。

设计总包模式是指业主只与牵头的设计总包单位签约，由设计总包单位与其他设计单位订立分包合同[7][图3-3-2(b)]。设计总包结构的委托关系较为简单，有利于合同管理，设计方“一价全包”的报价方式，有利于业主控制设计成本。同时，业主方的协调工作大大降低，大量的设计协调由设计总包单位牵头完成。然而，业主方对总包设计单位依赖度较大，对分包的所有指令均变成间接指令，都需要经过总包单位协调，对专项设计的掌控力度明显减弱，设计管理的程序也会变得复杂。

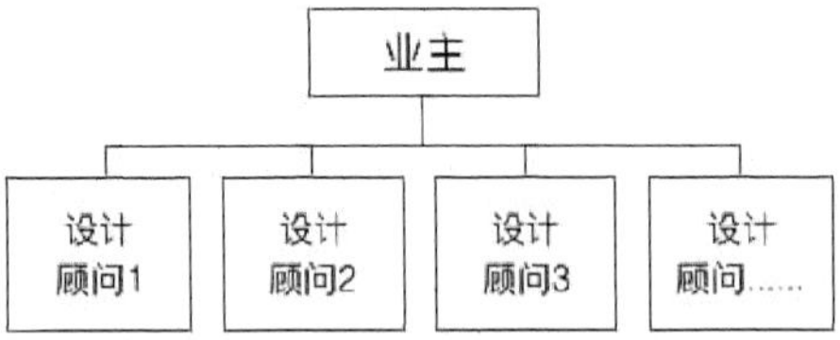

(a) 平行委托模式

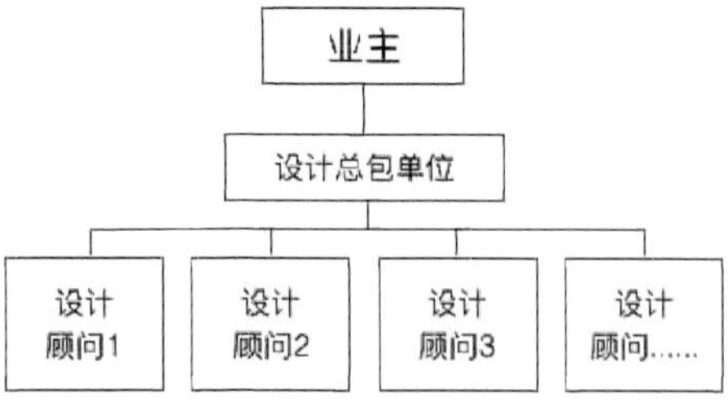

(b) 设计总包模式

图3-3-2 平行委托模式与设计总包模式

2. 适应大型商业综合体项目实施的委托模式设计

上节所述的两种委托模式其实只是提供两种较为理想的模型供管理者参考，作为设计管理者的大型商业综合体项目的业主方遇到的实际情况会复杂得多。

（1）中外合作设计。近年来的商业项目，业主为了获得更好的创意和商业形象，通常会邀请外方设计团队作为项目的概念设计或方案主创。到了项目的设计深化阶段，由国内的设计院来进行深化设计，以此弥补外方设计团队在规范理解及图纸深度方面的不足。

业主方为了保证项目方案的原创性以及对方案的控制度，会倾向于直接委托给外方设计团队进行设计。而为了方案的可实施性和操作性，中方设计团队与外方设计团队则最好在初步设计阶段形成总包和分包的关系，以便更好地衔接。

（2）专业顾问的参与。上文提及的设计委托中，已明确在商业综合体项目中存在着大量的专业顾问服务。专业顾问的服务目的有两个：一是对业主负责，就某个专业领域提供专业咨询意见；二是对应国内项目要求的某个专业评审，形成专业报告文件递交。为了保证顾问方意见的专业性和中立性，顾问服务一般会将业主的服务内容直接平行外包。但随着顾问人数的增多，业主的协调量也会增多。部分与工程主体相关的技术内容，诸如：抗震报告、日照报告等，业主可授权总包设计单位直接委托相应资质的单位进行运作，以此取得更好的协调。

（3）项目的区块划分。大型商业综合体项目通常不是一栋建筑单体，如按照不同功能的建筑单体形成区块，或者分期实施也会对项目的设计委托产生影响。对业主方而言，即使项目分期实施，也需要保证每一期项目的完成质量一致。业主方会倾向于把专业顾问服务按项目委托给同一顾问。比如，分期实施的项目，为保证各个部分的隔声要求及构造做法一致，业主会选择雇佣同样的声学顾问。项目各个区块的复杂程度直接影响设计的难度，各部分不同的功能也会对设计有不同要求，业主方也会考虑按不同区块将项目设计平行外包给几个设计单位。例如，综合体项目的酒店功能如独立形成区块，通常是会单独外包给酒店设计经验丰富的设计团队。

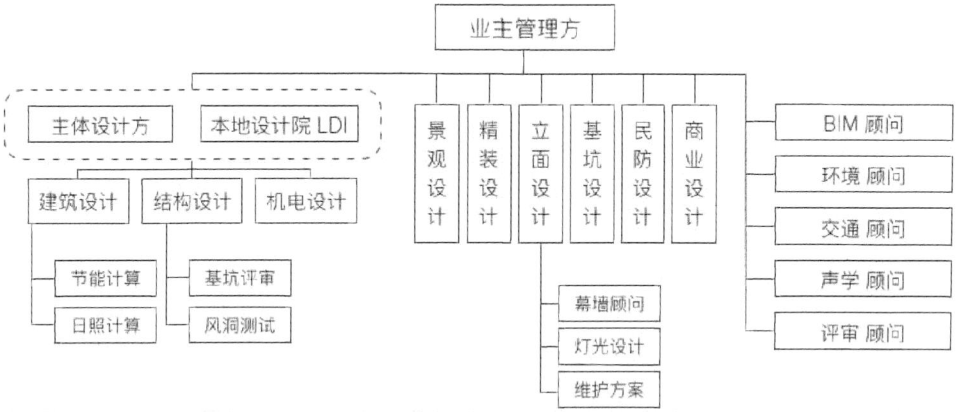

图 3-3-3　大型商业综合体项目可采用的设计委托模式

综合上述实际情况，大型商业综合体项目通常会将工程主体相关的设计和中后期的深化设计以设计总包结构的形式进行发包，将诸如幕墙、景观、室内和灯光等专业设计和创意需求高度集中的方案阶段设计以平行委托的形式进行发包(图 3-3-3)。专业顾问作为业主方的顾问智囊,也作为与设计总包平行的主体进行发包。

三、设计资源的统筹管理

1. 设计服务供应商的选择原则

设计管理的首要工作是为项目找到合适的设计顾问资源。对于市场上纷繁复杂的设计机构及工程咨询机构,业主方应建立一个设计顾问的评价体系,选择符合要求的设计团队,与设计团队协商确认其在项目中的工作范围、管理职权和利益关系[36]。

项目的设计活动可以简单地划分为两大阶段:前期和后期。前期是指项目的概念设计、方案设计阶段,此阶段需要的是设计、是创意能力。后期是指项目的深化设计阶段,如初步设计和施工图设计,这一阶段需要的是设计师的执行能力。一般项目会在前期方案阶段选择公开竞赛的模式,广泛接纳各方创意,最后由评委评出中标单位。在后期会委托一家业主方熟悉的设计院作为深化设计单位,以相对较低的设计成本完成设计任务。

而大型商业综合体项目有其特殊性,项目的区位优势、地标优势无论对业主或是对设计方都有可能是具有里程碑意义的重大项目。所以,大型商业项目的设计服务资源选择的原则会略有不同:

(1) 对项目目标的充分理解。大型商业综合体项目的业主请设计顾问不仅仅是单纯的完成设计工作,出一份图纸供工地施工,而设计顾问还作为业主方管理项目的团队的一员出现的。业主方需要借助的是设计顾问的专业知识,并赋予设计顾问一定的权利去控制项目。从这个角度,设计顾问和业主方是同一团队,共同对项目的施工、招投标等事务进行管理,所以,作为项目团队的成员,是否对项目目标有充分的理解和认同,是否有意愿对项目给予长期的支持是业主方选择设计顾问的首要考量标准。

(2) 设计顾问的品牌效应。大型商业综合体项目通常具有地标意义,为了项目的整体形象,业主方更愿意请业内具有一定品牌效应的设计力量加入。比如,项目如涉及超高层建筑物,那业主方会倾向寻求诸如 SOM、KPF、Gensler 等知名的超高层专家;项目如想打造个性化的商业空间,则会考虑 Benoy、RTKL 等业内广有口碑的商业设计专家。设计能力与品牌口碑有一定对应关系,且设计师的品牌应与项目的定位保持匹配。项目因设计师的品牌效应增值,设计师也会因为项目的成功增值,这是一个双赢的思维结果。

(3) 设计顾问的项目执行能力。在考虑品牌之后,业主方的设计管理应着重考察设计方的项目执行能力,即实际操作项目设计的设计团队的能力,设计师可以调动相关资源和协调相关专业的能力,以及设计师能否持续保持对项目的热情提供稳定高质量的服务。并且应把项目的设计负责人锁定。大型商业综合体项目的业主方的管理人员其实也具备一定的技术能力，很多设计是由设计方及业主方进行多轮推敲打磨才最终定案的，业主方并不会让顾问天马行空地胡乱设计，而是在一定限制条件和一定要求下仔细推敲，所以，业主方更重视的是设计顾问的执行能力。

(4) 处于合理区间的价格。最后，业主方当然需要考虑设计成本。在满足技术条件的候选服务提供方名单里，除了考虑最低价中标，也可选择处于合理价格区间的设计服务资源。大型商业综合体项目的开发周期较长，应把价格放到全过程去考虑，一个稳定高质的服务可以减少业主方的管理成本，业主方选择设计服务切忌只看价格，应在全面考量之后做出选择。

2. 设计服务资源的维护措施

为了可以找到符合选择原则的设计顾问，业主方并非在需要的时候去进行设计招标，而是在平日通过以下几个措施去维护业主方与设计顾问之间的长期持续关系，以便在项目需要的时候可以顺利招来合适的设计服务资源。

(1) 建立长期合作伙伴关系。业主应该随时随地都在选择设计服务资源，不应是遇到了项目再去开始招标。业主方团队，应试图在过往项目或者平时的合作中，找出适合的设计方并建立长期的合作伙伴关系。在设计取费、配合方式、工作范围等非专业技术层面的议题达成一定默契，一旦有大型商业项目出现，这些合作伙伴会成为项目设计招标的候选人。如此，业主方可以做到对设计成本有所把握，对设计顾问的能力有所了解。

(2) 定期评价机制。长期合作伙伴关系的建立相对容易，因为设计服务一方为乙方，业主方的邀请当然会欣然接受。业主方进一步需要做的是对这些合作伙伴进行定期评价。如在合作状态下的，需要每月、每季度进行评价，对设计方的合作能力进行评价，例如，是否响应及时，是否对权限内的事务管理到位等。如不在合作状态下的，需要每半年评价一次，考察其近期完成的项目，以了解其设计能力的变化。

(3) 退出及准入机制。有了考察评价机制后，就应该有退出及准入机制。技术实力符合要求的设计方，即使没有合作过项目也应该加入候选人名单中，可以在后续项目拿出小部分的专项设计，如局部室内设计来开展合作。在合作名单中的设计方，如遇到重大人事变动，重要设计师的离职等特殊情况，则也应考虑其退出。

四、设计委托的界面管理

1. 组织界面、设计界面及实施界面的相互关系

大型商业综合体项目存在多个为项目服务的设计方和顾问方，设计管理中产生的许多实际问题其实是由界面问题产生的，所以，管理好设计顾问之间的界面是

业主方设计委托管理的任务。

组织界面是指建筑项目参与各方之间的相互作用，有合同关系的组织界面通过合同来协调。合同可以清晰地划分出参建各方的权、责、利的界面[21]。在设计委托发包完成后，各个顾问之间的组织界面就已形成。设计界面是指各个设计顾问之间由于所承担的设计内容的工作范围而形成的交界面，可能是以设计深度为维度的交界面，如初步设计与施工图设计存在交界面；也可能是以专业不同形成的交界面，如建筑设计和室内设计存在交界面。实施界面（实体界面），是指各个设计顾问的交付成果，作为下一步递交到招投标阶段或者施工实施阶段，各实施方之间形成的交界面，比如幕墙的施工方与暖通的施工方在百叶接驳口的位置就存在交界面。

设计顾问的组织界面应当与其对应的设计界面高度重合，并且应包含更多与项目管理相关的权责。比如，室内设计方不仅承担室内设计的出图工作，还可以包含对项目管理中物料采购的质量的控制权利。实施界面指不同的总分包实施单位之间的界面，这种实体的实施工作范围的界面协调会大量出现在项目管理一方的日常工作中，所以，顾问的设计界面应包含下一阶段的实施界面，在技术上避免遗漏（图 3-3-4）。

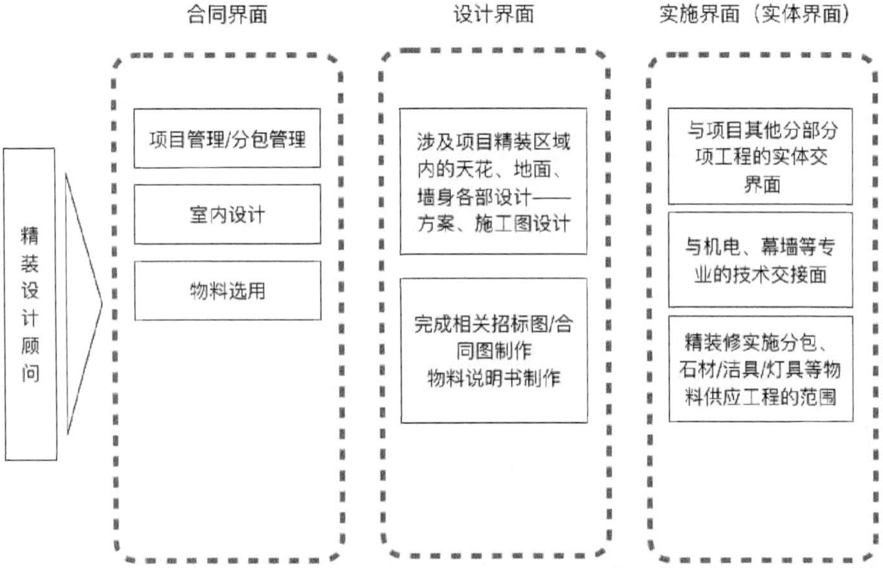

图 3-3-4 室内设计顾问的合同界面、设计界面及实施界面

2. 大型商业综合体项目的设计委托界面划分原则

大型商业项目设计顾问众多，合同关系错综复杂，在管理界面时应遵循以下原则：

（1）归类整合原则。业主方应将大型商业综合体项目的设计包按照不同纬度的相关程度做一个归类，比如与主体结构相关的建筑、结构、水、暖、电，可以归类到主体设计方（设计总包方）设计，或者把存在设计深度衔接关系的设计包进行归类，比如主体的初步设计和施工图设计可以由一家单位完成，室内设计的方案设计和施工图设计可以由同一设计单位完成。归类的目的是适当减少设计方的设计技术界面，以降低协调的复杂程度。

(2) 避免垄断原则。在整合归类的同时应考虑避免垄断情况的发生。应避免完全的设计总包委托结构出现，完全的设计总包委托结构虽然可以最大减少业主的协调工作量，但也极大削弱了业主对设计的控制力。例如，在进行幕墙招标时，可以对实施范围进一步划分：把造型独特、系统特殊的高难度幕墙独立出来，单独形成工作包发包，把普通类型的幕墙另行发包，用以避免因技术垄断而减少了符合要求的投标单位。

(3) 范围清晰原则。建议用文字结合图示的书面方式记录各个设计方之间的工作范围界面，描述清晰有利于明确各方的工作范围。同时，在合同层面应适当重叠局部专业界面，用少量的设计费换取业主在协调时对项目的控制弹性。比如，景观设计的范围除了对种植区苗木的摆布、室外石材铺装之外，可以延伸到建筑主体周围的幕墙边界，即除了主体结构以外的室外部分均为景观设计范围。而主体建筑的设计范围则除了主体建筑结构轮廓之外，应包括总平面的设计。如此，安排室外场地部分的设计范围是相互重叠的，主体设计单位的设计要求可能只是符合最低使用标准和验收标准，景观设计单位则有把这些范围设计得更漂亮的责任，如此可以避免遗漏。

3. 大型商业综合体项目的界面管理工具

国外学者对 Design Structure Mmatrix(DSM)这一管理工具做过研究，详细比较了利用这一工具的实验组和不利用这一工具管理的参照组的管理效果，最终得出 DSM 工具实际有效的结论[22]。

DSM 工具的使用主要有三个重要的步骤(表 3-3-1)。概括起来是：识别→构建→应用。

第一步是识别。需要识别的是大型商业综合体项目的主系统，例如：商场工程、办公楼工程等，以及主系统包含的次级系统，例如商场工程里的土建工程、幕墙工程、机电工程等。并且要在系统分解的基础上识别出系统之间的界面，例如商场的幕墙工程和办公楼的幕墙工程存在界面、商场的幕墙工程和商场的机电工程存在界面等。

第二步是构建，构建界面矩阵。实体界面(实施界面)比较容易识别，实体界面的矩阵也易于构建。设计界面会更多的涉及工作范围、合同定义及权责利的分配，所以难于构建。大型商业综合体项目设计方众多，管理者在理清设计顾问之间的界面的时候难免有所遗漏，所以，更需要管理者构建出一个规则和原则将界面问题的协调配合细节规范化。

第三步是应用。大型商业综合体项目的业主管理方，即便有相对成熟的设计协同机制供顾问使用，也需要管理方深度参与项目的协调。在协调过程中发挥控制作用，适时调整顾问之间的界面范围，甚至依据项目需求更新协调配合的具体规则。

表 3-3-1　　diMs 方法步骤(diMs methodology)

(摘录自 Senthilkumar and Varghese 2009,Courtesy of Taylor and Francis,本篇作者译)

Process 流程步骤	Tools 工具
Entity - Identification 系统识别	
Identifying the major project System 识别项目主体系统	Project Decomposition 项目分解
Decompose the System into Main Components and Sub Components 按主次将项目系统分解为主要组成部分和次一级组成部分	Project Decomposition 项目分解
Interface - Identification 界面识别	
Capture the Physical Interfaces between the Components and Sub - Components of all systems 识别所有主次组成部分之间的实体界面	Physical Interface Matrix (Workshop1) 实体界面矩阵 (工作协调会 1)
Capture the Design Interfaces between the Main Components and Discipline 识别主要组成部分与专业的设计界面	Design Interface Matrix (Workshop1) 设计界面矩阵 (工作协调会 2)
Define the Specific Details of all design interfacing issues and its collaborative agreement 明确界定所有设计界面问题及其协同配合的细节	Design Interfaces Issues/Agreement (Interface Meeting) 设计界面问题/协同 (界面协调会)
Interface - Management 界面管理	
Formulate the Drawing DSM 绘制 设计结构矩阵 表格	Drawing DSM framework (Interface team internal process) 绘制设计结构矩阵框架 (界面管理 内部流程)
Optimize the Drawing Release Sequences 优化图纸发布次序	Algorithms for DSM analysis (Interface team internal process) 基于设计结构矩阵的计算分析 (界面管理 内部流程)
Review the Design Interfacing Issue and its collaborative agreement periodically 定期检查设计界面问题及协同机制	Update Design Interface Issues/Agreements (Interface Meeting) 更新设计界面问题/协同原则 (界面协调会)

大型商业综合体项目在应用DSM工具时可以进行一定的简化和变体，在不同阶段进行不同的应用：

(1) 任务分解。首先，业主方可以将设计任务进行分解，明确有多少设计顾问是需要引入团队的。

(2) 界面识别。业主方可以对设计顾问之间的关系进行预判，确定顾问之间是否存在界面。比如，灯光顾问和建筑设计、景观设计、室内设计及强弱电系统设计均存在交叉；但灯光顾问和给排水设计不存在交叉界面。单个专业不同深度的设计存在界面衔接等。

(3) 形成矩阵。在不同的阶段，形成不同各类型的矩阵，帮助设计管理方进行界面管理。

在设计委托发包阶段，利用表3-3-2可以清晰统计出各专业各阶段的设计的委托情况，避免发包的遗漏。

表3-3-2　　设计/顾问委托管理表

设计/顾问委托管理表								
	建筑	结构	机电	幕墙	精装	景观	商场	……
概念设计								
方案设计								
初步设计								
招标图设计								
施工图设计								
二次深化设计								

在各个设计发包的工作范围确认中，可以通过表3-3-3来判断各个专业之间是否存在技术范围的界面交叉，如存在问题，应进行协调，协调是否取得结果，也可通过更新该协调表使其一目了然。

表3-3-3　　设计技术界面协调表

设计技术界面协调								
	建筑	结构	机电	幕墙	精装	景观	商场	……
建筑								
结构								
机电								
幕墙								
精装								
景观								
……								

(4) 界面管理。设计委托合同界面的管理是一个迭代优化过程。业主方,通过矩阵工具判断出各个专业之间需要协调的界面问题之后,可以结合项目的实际情况及上文阐述的一些界面管理原则,适当合并及拆分设计服务范围,以优化设计管理实际操作中的界面问题。

五、案例分析:上海 XH 项目的设计委托管理

1. XH 项目的设计任务分解

XH 的项目管理模式是"业主+顾问"的模式,所以其设计任务也会相应地分成设计类服务和顾问类服务两大类。设计类服务中又可以分成主体设计和专项设计,主体设计包括建筑设计、结构设计、机电设计;专项设计包括人防设计、基坑设计、室内设计、景观设计和幕墙设计等。顾问类服务分成专业咨询顾问和专项评审顾问。设计任务分解的结构与上文的分析一致(参见图 3-3-1)。但需要提醒管理者的是:若设计任务拆分过多,容易造成工作界面混乱,沟通渠道繁杂,大大增加协调工作量[40]。

在此任务分解的基础上,XH 的业主团队进一步通过专业进行划分,对不同专业的设计顾问进行管理,并通过顾问参与对施工现场、招投标、开发报建实现管理。

图 3-3-5 选取了一部分分解后的设计任务服务包,放置到 XH 项目的管理框架逻辑中,以显示业主管理方与设计顾问方的关系。以建筑 PM 为例,根据专业划分,建筑 PM 需要对主体设计的建筑师、专项设计的景观设计、精装设计进行管理,也需要对交通顾问、幕墙顾问等与建筑有关的顾问进行管理,确保这些设计顾问的服务符合要求。与此同时还需要把这些顾问作为团队的一部分,对现场工作(实施方)进行管理。各个专业均对本专业对应的设计顾问起到管理作用,还需要协同顾问对对应的分包进行监督管理。

2. XH 项目的委托合同组织结构

XH 项目的委托合同组织结构是上文提到的主体设计总包结合平行分包的形式(图 3-3-6)。

以 XH 项目四期的设计顾问合同结构为例,业主管理方把主体设计的任务交由香港 PT 公司,并由 ECAD 设计研究院担任本地设计院,主体设计中的建筑设计由 PT 公司完成;结构设计由奥雅纳完成;机电设计由柏诚完成;合同关系上,三家单位均属于本地设计院在此项目上的分包。主体部分设计涉及的部分顾问,如节能顾问、日照顾问、风洞测试顾问等,会以主体设计单位的分包角色出现。

业主管理方会平行的把一些专业设计服务发包给平行单位,例如民防设计、精装设计、景观设计等,这些服务分包或者是专业性高度集中例如民防设计和基坑设计,主体设计单位无法完成;或者是涉及项目效果业主需要重点管控,例如景观设计、室内设计及幕墙设计。如果在专业设计方面还需要支持的技术顾问,业主方则

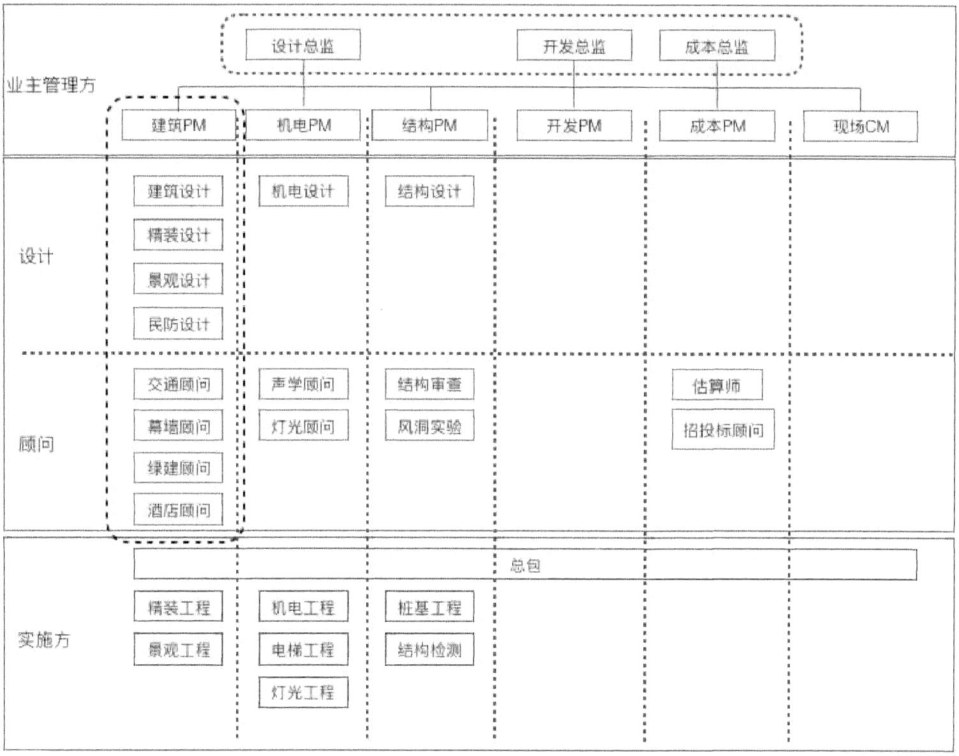

图 3-3-5　XH 项目管理逻辑框架

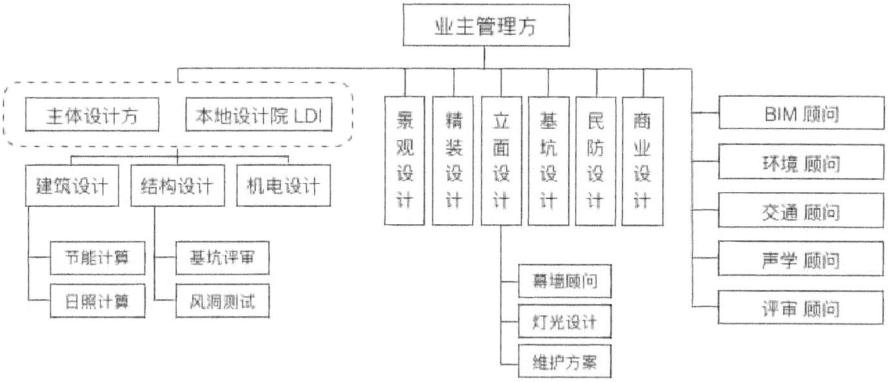

图 3-3-6　XH 四期项目设计委托合同结构图

会倾向于由对应的专业设计方继续分包，例如幕墙设计的服务包就包含了幕墙设计需要自己邀请灯光设计顾问和幕墙技术顾问来配合其设计，甚至需要考虑完整的擦窗机维护方案，以使幕墙设计的最终交付内容是个完整的设计包，而不是无法实现或者欠缺考虑的方案。

业主管理方也会把专业的技术咨询顾问作为独立的平行分包进行发包，其目的是为了其专业意见的质量可以保持中立而不受上级设计单位的影响，直接对业主负责；另外是为了足够体现专业意见的效力，可以作为设计要求始终贯穿项目。在XH项目“一期”就发生过，声学顾问的意见和本地设计院（主体设计）的意见相左，本地设计院依据项目经验及国内规范在办公楼屋顶楼层的水管下方未设置减震措施；而声学顾问在巡视工地后则提出需要增加减震措施的要求。设计管理人员经过分析后，认为本地设计院不存在主管设计错误，声学顾问的意见也非常有价值，对项目有利，所以增加了减震措施，并要求设计方在后期项目中继续落实。这个例子就显示出了平行顾问意见的价值，如声学顾问是在主体设计之下的分包，其意见的分量则会大打折扣，可能更多的是证明目前设计做法的合理性而不能中立地指出设计问题和有待改进的地方。

3. XH项目的设计合同界面管理

XH项目的设计在考虑合同界面时，主要采用了上文提到的DSM的管理工具。

从水平维度的专业划分去考虑。把设计工作分为建筑、结构、机电、幕墙、精装、景观等（表3-3-4）；值得一提的是，XH项目把建筑设计单位作为主体设计单位考虑，并规定项目范围内（用地范围内）除了明确的专业分包的工作之外，主体设计单位均有设计责任。比如，建设期内工地围墙的设计，依据此合同界面，设计管理上不会再出现独立的围墙设计分包，可由主体设计单位完成。

表3-3-4　　XH一期项目　设计/顾问委托管理表

设计工作 / 设计专业	建筑	结构	机电	幕墙	精装	景观
概念设计	PT公司	/	/	RLP	DZM	Othori
方案设计	ECAD	ECAD	ECAD	RLP	DZM	Othori
初步设计	ECAD	ECAD	ECAD	/	/	Othori
招标图设计	ECAD	ECAD	ECAD	RLP	DZM	TH设计
施工图设计	ECAD	ECAD	ECAD	幕墙分包	市装饰	TH设计
二次深化设计	建工公司	建工公司	建工公司	幕墙分包	市装饰	SH园林

从纵向维度的设计深度划分去考虑，XH的设计管理比较重视以招标图进行划分的实际意义。之前的招标图设计由对应的专业设计单位完成，招标图之后的深化设计则可能由施工单位执行。以幕墙设计为例，招标图由外立面设计单位、幕墙顾问共同完成，在定标之后，则由幕墙设计单位进行深化设计。设计管理方则根据实际管理需求赋予设计方一定的权利，对深化设计进行核查与批复，以确保设计的执行。

第四章　大型商业综合体项目的设计过程管理

一、大型商业综合体项目的设计过程阶段划分

建设项目的各个专业设计在阶段划分存在一定普遍规律：概念设计→方案设计→初步设计（扩初、总体设计）→施工图设计。这符合设计活动由大到小、由粗到细、由总体到局部的过程。

以这一规律看待问题是相对简单和静态的，可以适用于一些简单的项目。以住宅项目为例，其功能单一，且建设开发期较短，1～2年的时间项目已经可以建设完成并出售完毕。设计住宅与设计产品类似，业主方一定是利用市场分析得出的结论对住宅户型产品进行选择和升级，再由设计方落实设计。其产品变动的可能性较小，并且设计过程的确存在比较清晰的衔接关系。

而对于大型商业综合项目，多方面的复杂性已经决定其在建设期内存在许多不确定性，故一般的设计阶段划分已不能全面体现其复杂性，需要在应用阶段进一步寻求更适合的阶段划分方式。

大型商业综合体项目的设计管理其本质是从设计角度管理项目，除了从设计深度去界定项目的阶段，还应从项目管理角度出发去考虑阶段划分。综合考量后可以把项目阶段分为三段，即前期、中期和后期。前期是指项目策划→概念设计→方案设计的阶段，以项目取得规划部门的方案批文为节点。中期指初步设计→（扩初）总体设计→招标图设计的阶段，以项目的相关招标完成为节点。后期指以招标图为依据进行施工图设计→竣工图纸→项目验收→项目交付的阶段，以项目最终交付到租赁部门或者最终用户为节点（图3-4-1）。

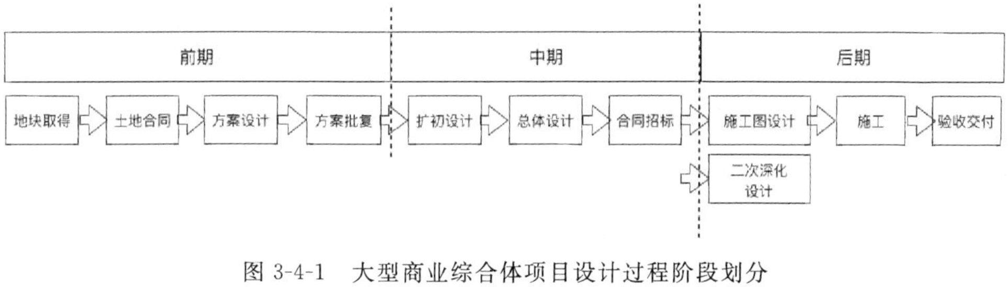

图3-4-1　大型商业综合体项目设计过程阶段划分

可见，商业综合体项目阶段划分的重要节点都是有实际意义的里程碑。公司认可的方案图纸，应作为政府报建的图纸，在取得政府规划部门的认可后，代表项目才可以按照方案图纸全面展开。招标图是项目实施分包签订合同的依据图纸，也是下一步部分工程实际施工展开的依据图纸，是建设成本控制的重要依据。竣

工图纸，是项目验收的依据，是交付工作完成的基础保障。

由于项目的复杂性和不确定性会引起不可避免的设计修改，由此会产生设计阶段的循环迭代。一个成熟的发展商应尽可能避免在中后期出现对前期概念设计的修改，从而引起项目大方向的变化。而那些对方案不可避免的局部修改，应该在全面的评估之后再执行。

二、不同阶段业主方设计管理的管控重点

大型商业综合体项目的各个阶段，业主方在设计管理上均有不同侧重点。有的阶段管理重点偏重组织职能，需要招徕设计顾问，将顾问组织到项目框架内。有的阶段需要突出领导职能，对项目设计做定案，推进项目。有的阶段更多体现控制职能，业主方管理人员的工作重点会放在协调沟通上。表 3-4-1 按大型商业综合体项目的特点，详细罗列了各阶段设计管控的重点。

表 3-4-1　　各阶段设计管控重点

		各阶段设计管理管控重点
前期	概念设计	• 收集设计基础资料，整理设计需求和设计限制 • 确保设计方了解明确项目目标及定位要求 • 组织设计竞赛，组织外部专家评审
	方案设计	• 收集整理开发报建要求及相关销售、租赁、物业部门要求 • 组织每周设计协调会议 • 核查内容，确保符合政府方案报批要求
中期	扩初设计	• 协调顾问在方案设计基础上展开扩初设计 • 组织每周设计协调会议 • 已扩初设计文件为基础进行各项专业评审并取得评审意见 • 核查内容，确保政府各部门对扩初设计（总体设计）的审查 • 确保文件深度符合造价成本估算的要求
	招标图设计	• 协调顾问在方案及扩初的基础上，根据标段划分制作招标技术文件 • 核查招标图及技术说明书内容，避免遗漏 • 参与相关标段的招标会议，对投标人回标文件给出建议
后期	施工图设计	• 协调顾问在合同及上位设计文件基础上展开施工图设计 • 确保施工图深度满足施工要求 • 协助取得设计相关的审图合格证 • 组织每周设计协调会议，协调工地施工时暴露出的设计问题，组织实施设计变更 • 对实施方的材料报审、深化设计、进度安排是否符合施工图设计要求给出意见
	深化图设计	• 对实施方的材料报审、深化设计、进度安排是否符合施工图设计要求给出意见 • 核查图纸内容，确保尺寸无遗漏，符合加工要求

续表

		各阶段设计管理管控重点
后期	竣工图设计	• 落实施工阶段造成的图纸修改 • 确保竣工图符合竣工验收的要求
	验收交付	• 核查设计文件符合验收归档标准 • 协调租户的定制要求并进行设计修改 • 确保设计修改在竣工图纸的基础上仍然合理

1. 项目前期设计阶段的管控重点

项目前期指的是从项目前期拿地的战略决策到规划方案落地获得审批通过的阶段。在此阶段作为业主方，设计管理的首要任务是设计管理团队的构建。上文提及，大型商业综合体项目的设计管理团队，是由内部团队及外部专家共同构成的专业化项目管理团队。所以，前期设计管理的首要重点在于发挥组织职能，把适合项目的设计顾问放在适合的位置，形成初期的管理团队构架，并进行运作修正。有学者在研究了类似项目"新加坡环球影城"的组织结构后认为："在庞大复杂的工程中，项目组织结构决策管理是贯穿于整个项目决策管理中的一项战略性决策，根据项目的特点和工期进度需求，项目组织结构实施动态管理，以适应项目管理的阶段性需求。"[48]业主方在初期构建的设计管理团队框架是项目管理运作的基础，随着项目阶段的推进，该组织框架可以作适当的变动。

前期阶段设计管理的另一个重点在于资料收集和指标测算。大型商业综合体项目的开发期较长，在项目前期，由于信息不充分，致使业主方的战略决策存在较大的超前思维弧度，决策中存在较多对未来的预测。设计管理，在这一阶段需要从多方面进行资料收集，资料来源不仅有组织外部的政府政策、市场预测等，也有组织内部的租赁要求、管理要求等。资料收集得越全面充分，基于收集资料所做的指标测算可信度就越高，则决策结果越接近目标。

然而，前期阶段的战略决策往往不能直接作为项目的具体行动方案，还需要分阶段进行分解。而规划方案的审批通过，则是一个可操作的策略目标。规划方案中的指标，几乎都是前期测算指标，在外部协调后形成的量化结果。规划获批方案得同时，也是项目设计下一步展开的重要依据和阶段性成果。未来会发生诸多挑战，在一定程度上要在规划方案的框架之内完成。所以，对大型商业综合体项目而言，前期设计管理的技术重点是对确定规划方案并且顺利获批的推动。

2. 招投标阶段的管控重点

招投标阶段是大型商业综合体项目中期阶段的设计把控重点阶段，原因是招投标阶段独有的承上启下功能。招投标文件是基于前期确定的方案和初步设计发展而来的重要文件，设计深度上已具备量化的条件，可以将设计进行有效的量化，得到明确的建设成本。其对建设单位的成本管理意义重大。

在此阶段，设计管理遇到的多数困境是由设计思维与成本思维的不一致导致的。国内众多的设计企业，可以比较完善地绘制成套的施工图，但在概念上始终与招投标的成本思维不能达成一致。例如，设计公司在图纸中绘制商场室内地面的石材，设计师只知道这个石材是 35mm 厚度，用水泥砂浆按图纸设计图案铺在地面上的做法，但不会具体考虑这种石材到底是什么花纹，花纹是否需要追纹，产地哪里，是否进口，什么规格，有无工厂预拼的加工要求，是否需要专用的黏合剂，设计图案废料率是否高，采购时是否需要多备料等因素，而这些因素的任何一条对地面铺装工程的造价均会产生影响。所以，在招投标阶段业主方必须指引设计顾问按照招标要求尽可能多地将细节具体化，把设计与成本建立起密切联系。

在起始的招标阶段，业主设计管理的重点是招标图，需要设计按照业主要求整理出成套的招标文件。在招标阶段的末尾，业主设计管理的重点是合同图。合同图是指在招标阶段出于成本控制、加工工艺等方面的考虑，对招标图纸引起的设计修改，这些修改是被投标方与业主方都接受的成套的合同图文件，是合同内容的一部分，与工程价格直接对应。

大型商业综合体项目建设过程中的最大特点就是调整，工地现场发生的变更有很大一部分是对合同约定内容的变更，可能是工作范围的变化，也可能是具体技术措施的变化。但这些变化都是基于合同文件所做的比较，所以，大型商业综合体项目应特别关注招投标阶段的成果，明确的合同文件是后续工作有序展开的基础。

3. 施工阶段的管控重点

大型商业综合体项目施工阶段的设计管理管控重点在于沟通协调和变更控制。

施工阶段设计仍然存在诸多的协调工作。需要各方提前协调图纸的出图是时间，解决图纸里的技术问题，有效减少因图纸的“错、漏、碰、缺”引起的索赔风险。而大型商业综合体项目大量的设计深化工作会由施工阶段的承包商承担，但承包商的思维方式是便于施工与精简成本，难以充分理解设计的原有意图。在大型商业综合体项目中，每天需要协调的技术问题成百上千，业主方必须在某种程度上赋予设计方一定的权利，让设计方对承包商的深化设计进行审批，判断哪部分是工艺要求、施工工序引起的必要调改，哪些是承包商贪图施工便捷弱化设计质量的修改。业主方按照专业把对应的承包商交给对应的设计顾问，对其深化设计、材料申报进行审批管理，并对现场施工质量进行验收。业主方设计管理对各个承包合同应做定期或不定期的抽查监控，可以通过技术协调会或者检查会的形式进行督导，确保在设计层面设计深化满足要求，在成本层面没有突破合同约定。

除了在工地现场的协调，业主设计管理方在这个阶段还需要面对来自公司内部部门（租赁、物管等）和外部部门（政府、酒店）的设计意见。设计管理在消化意见后会形成设计输入，交给设计顾问后让其进行设计调改。由于大型商业综合体项目的很多调改会在施工阶段实时发生，所以，设计管理要做好变更的管理，确保变更的严肃性和准确性。尽可能地减少现场的返工数量。大型商业综合体项目的设计管理，在施工阶段很大精力都是对变更的管理。变更混乱会引起各个施工合同的金额增加，现场返工会严重影响施工质量和工程进度。所以，设计管理方必须构建一个有效的变更程序，在程序中充分发挥设计顾问的技术能力和技术判断。给予设计顾问一定权利，签出合理的变更。而业主方，更需要发挥领导职能，对变更原因和变更内容做冷静分析，适时批准或否决变更，确保项目的推进。

三、设计过程管理的重点环节

大型商业综合体项目设计过程管理的目的是提高设计质量，从而提高项目的实施质量。由于设计并非凭空捏造，而是由各利益相关方的目的需求结合实际的限制条件，经过多轮磨合后得到的产物。所以，条件的输入作为设计的前端控制，显得尤为重要。在设计活动结束后，设计方输出的设计成果也需要设计管理方的控制，以达到实际可用的目的，所以对设计输出的末端控制同样重要。在设计过程中，业主方和设计方投入多大的时间成本进行设计，设计进度关系着项目的进度。在具体操作阶段，设计管理具体把控的环节是值得研究的讨论点。

1. 设计进度的管控

住建部在 2016 年 12 月颁布了《全国建筑设计周期定额（2016 版）》（以下简称《周期定额》），其根据建筑物的不同功能及复杂程度，分门别类地提供了工程项目设计周期的定额数值，并指出：《周期定额》是建设单位与设计单位签订的建设工程设计合同，确定合理设计周期的依据；建设单位及设计单位不得任意压缩设计周期。的确，定额对设计费用的计算有一定指导意义和参考价值，但是对实际项目中设计工期的推算不能够直接照搬采用。主要原因如下：

(1) 定额并未考虑实际项目中设计团队的差异，10 人设计团队和 5 人设计团队在处理同样项目时，所花费的设计时间当然会不一样。

(2) 定额仍然把设计工作作为一个独立活动考虑，即一段时间的设计完成一个相对固定的交付成果。未考虑诸如大型商业综合体类型的项目，设计活动可能会贯穿项目的实施全过程。未从长期持续的服务角度提出计算依据。

(3) 在考虑设计周期时，业主方如照搬定额数据，可能造成设计工作之后耽误工期；设计方如照搬定额数据，则可能会因设计时间花费过多而在市场中失去竞争力。

事实表明，在实际项目的操作层面，《周期定额》仍可作为设计取费的参考依据；但在设计周期的确定上，仍然依靠设计方与业主方的相互博弈和市场的手段来调节。成熟的业主方，会根据项目经验，结合实际施工工期、开发报建要求，对数据进行总结，提出内部控制的要求时间[26]（表 3-4-2）。而成熟的设计方，也会根据各自对项目的把控能力和实际设计经验有一个设计周期计算结果，毕竟更短的设计时间可以获得更好的市场竞争力。

表 3-4-2　　万科各阶段设计周期规定[26]

设计阶段	大盘	高层	多层
概念草图设计	90d	45d	30d
概念规划设计	180d	55d	55d
方案、扩初		90d	70d
施工图		70d	55d
合计		260d	210d

针对大型商业综合体的特殊性作为设计管理方的业主，在管理进度时还可以引入如下指标。

(1) 合理设计时间

通常在设计招投标阶段，业主方与设计方经过几轮议价和协调，会确定一些阶段成果的设计时间的条款。例如：设计方在业主方明确设计要求及具备设计资料后 30d 提供方案设计文本；设计方在业主方提供完整资料后 45d 提供施工图纸。这些条款规定的周期一般是符合业主工期要求且符合设计方实际设计能力的日期。故可以将这些日期确定为合理设计时间。在项目中，依据开发时序和施工时序要求设计方集中提供图纸时，可以以此时间为要求。如根据项目进度要求在 6 月底需要取得规划部门的方案批复，扣除政府协调所需的一个月时间，则设计需要在 5 月底提供方案设计文本，业主需要在 4 月底明确所有方案设计要求。

(2) 设计响应时间

大型商业综合体项目的设计服务是长期持续的。常态化的每周设计例会制度形成后，每周例会对设计的讨论内容均有可能涉及设计调改，设计方和业主方应在会上对调改内容做好响应时间的确定。比如，本周提出的修改需要在下周提供方案在例会上讨论，抑或修改量较大需要 2 周后在例会上讨论，或者某个设计问题会上已讨论得出解决方案，应在会后几日跟进出图。由于设计响应时间均是在会上由多方根据项目进度要求磋商得到的合理结果，所以设计管理方根据不同时间情况和进度需求协调出合理设计响应，并督促设计方按此时间执行，有利于确保项目进度可控。

2. 设计需求的输入控制

设计输入可以分为两类：需求及限制。

设计需求的来源方主要为业主方及项目管理一方。目的是达到最终交付时的使用功能，满足销售、租赁物业部门的要求。

设计限制的来源为相关法律法规、政府部门的要求、行业的行为规范等。比如，运营地铁线路对项目设计的限制，消防对不同建筑功能的限制，规划部门对建筑物高度、退距的要求，绿化部门对项目绿地面积的要求等。

对于设计方而言，多数的设计限制存在于规范和规定中，均有文字记录可循，是可以被预判和估计的，项目经验越是丰富的设计机构对于规范规定的熟悉程度越是好。而大多数的需求是在与业主方沟通之前难以预计的，并有可能是会随着时间的变化而发生改变的。混乱的需求输入会造成设计的频繁调改，形成内耗，不利于项目的推进。所以，作为设计管理，就需要对设计输入进行控制。

大型商业综合体项目的需求除了来自业主方主管设计的部门之外，还会来自以下相关方：办公楼租赁部门会对办公使用提出要求、商场租赁会对商铺提出要求、酒店管理公司会把控整个酒店部分的设计、物业部门会对项目的大楼日常管理、车库运行等提出使用要求、住宅销售会对项目住宅的户型功能等提出要求。此外，可能还会面对最终交付方提出的一些定制要求作出响应。

上述需求不可能在设计之初就被完全提出，而是在设计的各个阶段都有可能出现。项目的需求信息不仅来源多而且提出时间难以预计，所以，在正式形成设计输入给到设计方执行设计之前，设计管理应进行一定的整理(图 3-4-2)。

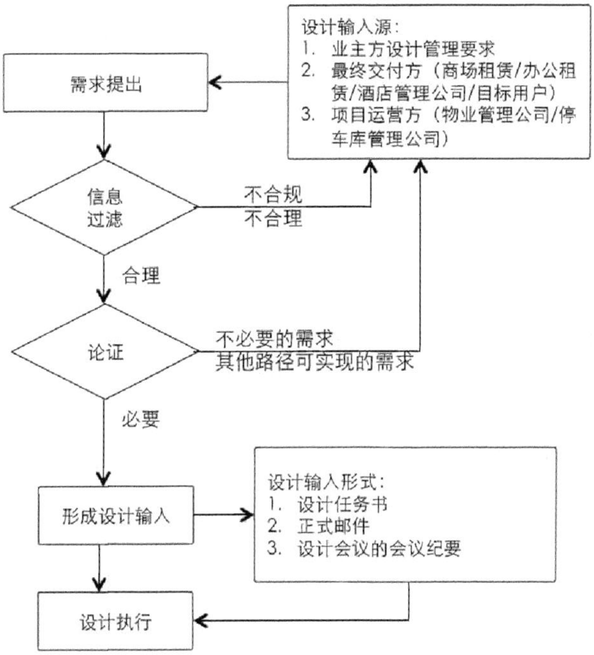

图 3-4-2　设计输入形成过程

首先，设计管理方应对接收到的各方信息做初步的过滤和筛选，把明显不合理、不符合现有规范要求的内容剔除，并反馈给相关方。

其次，对可能被执行的需求作出全面的分析。必须将团队内的相关设计顾问带入讨论，对设计的可实施性做充分研究。在团队内部必须充分讨论以下三个问题：

(1) 实现这一需求的代价是什么？应充分判断实现这一需求对项目的影响。在技术方面、工期方面、开发报建何成本控制几个方面分别联合相关顾问做一定分析。

(2) 是否一定有必要实现这一需求？判断需求是否一定要被实现，比如是出于后期改建可能考虑做的预留，或是已有明确租户签订长期合同而提出的定制要求。回答这个问题不仅需要设计管理团队内部进行分析，更需要和提出需求一方的充分沟通和讨论。

(3) 实现这一需求是否还有其他途径？借助价值工程的分析方法，寻求最低的全寿命期费用，并可靠地实现必要功能[23]。然后选取相对合适的方案再执行。

最后，在充分论证之后再形成正式的设计输入文件，提供给设计方执行设计。设计输入有其严肃性，必须由设计管理方做出，不能由需求提出方随意发出设计指令到设计方。设计输入的形式必须有书面记录。在大型商业综合体项目中，设计输入形式会有设计任务书和会议纪要等方式。设计任务书主要出现在规划设计及方案设计等前期设计阶段，一次性提供给设计方。在设计中后期，大型商业综合体项目的设计更多处于多轮磨合状态，业主方形成常态化的周例会制度用于沟通设计，许多需求的输入及论证均在设计例会上展开，所以，设计例会的会议纪要会成为设计跟进的依据。

3. 设计成果的输出控制

设计输出即设计活动取得的成果，控制设计输出是控制设计质量。国内学者把设计过程质量控制目标分为两类，直接效用目标和间接效用目标[24]（图 3-4-3）。

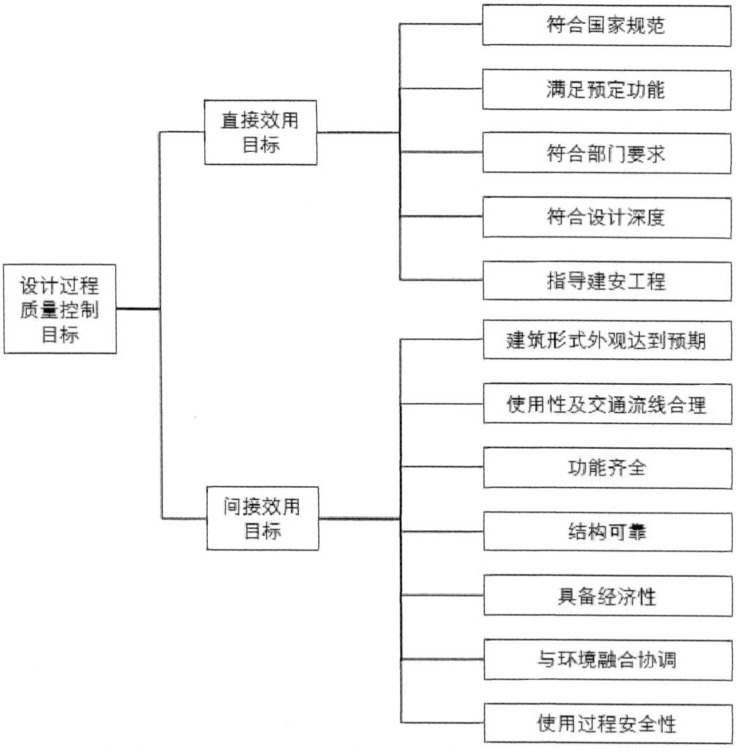

图 3-4-3 设计过程的质量控制目标[24]

除了从效用角度讨论质量控制目标，设计输出的控制还应具备“以终为始”的思维。各个阶段的设计输出成果，除了满足设计深度要求，还应满足各个阶段相关部门的使用要求。比如，方案设计成果应可以提供给项目开发部门做开发报建，并取得方案批文；施工图成果应可以提供给总包单位施工等（表 3-4-3）。

设计管理，应依据不同使用要求，对设计输出内容进行把控，充分体现设计的驱动作用。

为了设计管理可以顺利查询到每一个关键节点的设计文件，业主方还应控制设计输出的规范格式。统一的设计资料格式，不仅可以有利于项目资料的存档，而且在项目规模增大时，有效降低设计文件管理的复杂性。

业主方作为设计管理方，还应当对设计输出的内容进行评审。在前期阶段，概念设计及方案设计可以采用引入外部专家的评审制度，外部意见相对客观，更有利于业主方理性看待方案。在中后期的实施阶段，应形成常态化的内部评审机制，对设计文件进行审核，并且为保证审核的可操作性及有效性，应逐步建立起项目团队对成本、开发、质量等方面的共识，确保正在实施的设计图纸没有主观设计错误。

表 3-4-3　各阶段设计成果输出及其效用

	概念设计	方案设计	扩初设计（总体）	招标图设计	施工图设计	二次深化设计
设计成果	效果图 模型 动画 图纸	效果图 模型 图纸 说明	效果图 图纸 说明 计算书	效果图 图纸 说明书 计算书 设备材料表	图纸 说明书 计算书	图纸 计算书
效用	1. 响应项目策划要求 2. 表现项目目标 3. 业主方宣传及与政府沟通 4. 成本估算	1. 开发报建取得批文 2. 成本概算 3. 政府沟通 4. 专业评审	1. 成本预算 2. 政府报批 3. 专业评审	1. 总包/分包出标 2. 确定实际合同价 3. 施工深化依据	1. 总包施工依据 2. 政府报批 3. 二次深化依据 4. 竣工资料归档	1. 工厂加工深化 2. 竣工资料归档

四、设计过程变更控制

1. 设计变更的分类

大型商业综合体项目的设计变更难以避免，引起设计变更的原因也多种多样。设计管理有大部分时间是在处理设计变更，所以，对设计过程管理可以从对设计变更的管控着手。

在操作层面，设计管理倾向于将设计变更根据变更的理由进行分类，这样有助于明确需求的来源和设计输入的起因。设计变更按照变更理由可以分为：

（1）由政府行为/法规改动引起的变更。大型商业综合体项目建设期长、规模大，会遇到诸多规范修改、政策变动情况。因政府行为引起的改动通常影响较大、费用较高，但通常有足够的时间来协调决策。

(2) 市政配套要求跟进的变更。市政配套的实施主体通常和项目的实施主体不一致，故周边道路和管线的接驳要求通常到项目后期才逐渐明确，由此会引起一定设计调整。

(3) 租务/销售/物业要求引起的变更。商业项目的租赁和销售部门代表了项目最终交付使用方的要求。但这些要求通常会随着项目招商意向的明确才会逐步确定，也会集中出现在项目中后期。

(4) 工地需要。因工地施工误差、施工时序、施工安装方案要求引起的变动。

(5) 合同处理方式。在合同基础上重新划分工作界面，或者处理合同中暂定金额的项目。

(6) 设计遗漏/新增。设计改动引起的或者设计主观错误引起的调整。

同时，设计变更也有必要按照实施的缓急程度分为普通变更及加急变更，这样的区分有利于帮助设计管理对变更进行筛选以按照不同的流程及时限执行。

2. 设计变更的流程

设计变更的流程可以按照变更需要执行的缓急程度分为普通流程及加急流程(图 3-4-4)。

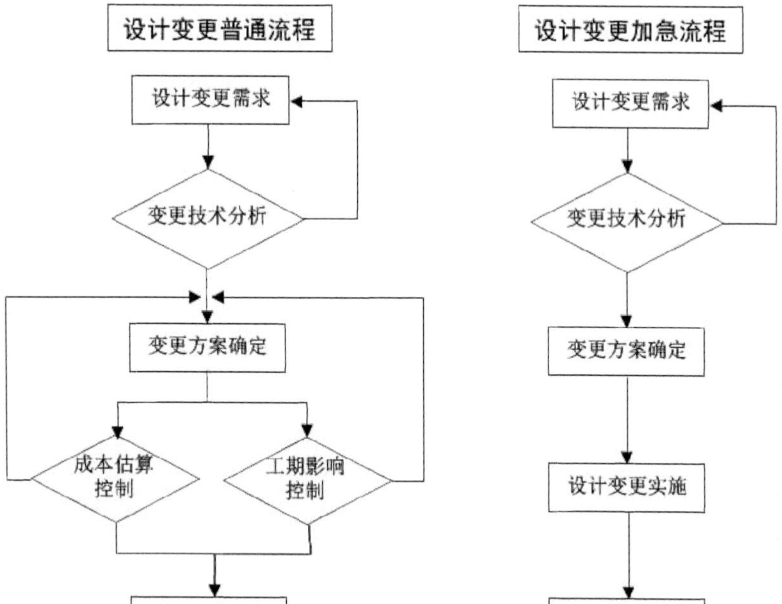

图 3-4-4 设计变更的流程

普通变更流程为：变更需求提出→变更技术分析→变更方案确定→成本估算控制及工期影响控制→设计变更实施。普通流程中，设计管理方在接到变更需求后应组织相关顾问团队对变更进行分析，并进行多个方案的比选，最终确定技术优化的变更方案形成变更文件。变更文件递交给成本估算部门后，由估算部门和工程管理部门进行费用及工期影响估算，得出金额影响后再由不同层级的领导签发。

加急变更流程为：变更需求提出→变更技术分析→变更方案确定→变更实施→变更费用清算。在加急流程中，设计管理方明确变更要求后会同设计顾问团队进行分析并得出最优方案，形成变更文件直接签发执行。

加急流程很难对项目的成本费用作出很好控制，存在较大风险，仅在变更必须短期执行的情况才可使用。设计管理对设计变更的管控，其本质也是一种风险管理。

3. 变更风险的识别与控制

风险管理就是人们对潜在的意外损失进行辨识、评估、预防和控制的过程。建筑工程由于其规模大、周期长、生产的单件性和复杂性特点，在实施过程中存在着许多不确定因素，比一般产品有更大的风险[27]。变更就是一种风险，需要对其进行识别和控制。

变更的本质是对合同约定事宜的变更，合同约定内容既包括物品材料等实物量，也包括安装、深化设计等工作量。所以，设计变更引起对以上合同内容的变更即有可能在金额上产生影响。

大型商业综合体项目的变更风险主要来源有：

(1) 市场风险。项目的租赁状态、招商状态是会根据市场状态实时发生变化的。可能原先设计为普通店铺的区域，根据招商情况会变成一个餐饮店铺。由于大部分商铺不可能在项目伊始就确定入驻，造成这类变更难以预计，在项目投入使用前会集中体现。

(2) 政策风险。项目建设期内可能遇到相关政策变化或者规范变化。当规范变化引起技术要求的变化，就会产生设计变更。这类变更通常影响较大，但又必须实施，但通常新的政策或规范出现前会有一些征求意见稿出现，成熟的项目管理方应根据获取的信息作出预判。

(3) 设计疏漏。有研究指出，设计管理如要减少设计失误，应在设计质保、设计沟通、设计后检查三方面建立标准并进行管控[37]。而大型商业综合体设计顾问数量多，设计交界面复杂，由于设计产生的错漏碰缺，也可能造成合同范围或者现场施工产生遗漏。因此原因产生的现场返工金额积少成多也颇为可观。由于国内设计保险制度不健全，业主方通常无法向设计单位追责设计失误引起的费用，由此造成一定损失。

在此基础上应对变更产生的金额影响按一定数量级作出预判（如 5 万元，5 万～10 万元，10 万～100 万元，100 万元以上）；也需对工期影响作出预判（如加急、非加急等）。如此对变更风险做好识别。

在控制变更的时候主要有以下管理措施：

(1) 避免设计疏漏。通过加强管理，以例会制度、邮件记录、追责制度加强顾问之间的沟通配合，减少纯粹因设计的错漏碰缺产生的变更。

(2) 风险转移。通过将部分专业性强的深化设计以 Design-Build 包干价的形式发包到对应分包。把由深化设计引起的材料变化、做法变化的风险转移出去。

(3) 风险自留。大部分的政策风险和市场风险其实仍然由业主方承担。风险自留并非放任不管,应做好充分预判。设计管理可以采取的措施有,根据实际项目需求预留一定的设计弹性;根据变更协调顾问进行预设计以判断变更产生后对项目的影响程度。

对变更做好有效控制,不仅仅单纯要从数量上减少变更的数量,而且要减少加急变更流程的比例数量。设计变更选择加急流程,在没有充分估算和论证的情况下实施,是设计管理对于设计变更管理不充分的表现。如设计管理方与顾问方对项目的变更风险均有提前预判,自然会有足够的时间进行技术论证,有足够的时间去走正常的变更流程。

为了更好地监控设计过程,从管理角度理应引入一些可量化的考察指标,以帮助设计管理方对设计管理工作是否有效进行评估。一些国外学者在其论文中引入了一系列具有参考价值的指标(表 3-4-4)。[22]

表 3-4-4　　设计过程管理的量化控制指标

Number/序号	Assensment Criteria [22] 评估标准	要点
1	Number of revisions 修改数量	以百分比表示,图纸修改数量/项目图纸总数
2	Number of submission delays 延期递交的次数	逾期递交图纸的次数 设计响应时间不符合要求
3	Productivity 生产效率	生产效率=图纸总数/设计人员总数
4	Number of site reworks due to design error 因设计失误引起的现场返工	由于设计本身的"错漏碰缺"引起的现场返工数量
5	Average design interface time take to solve an interface issue(in days) 解决设计界面问题所花费的时间(以天计)	协调设计界面问题所花费的人工与时间

同理,设计过程的管理指标可以从以下三方面考虑:

(1) 设计的效率——设计方是否用更少的时间完成设计或者用更少的人员投入完成设计。

(2) 设计协调——设计管理方和设计方是否花了很多时间在协调设计界面上。

(3) 设计变更控制——设计变更数量是否过多,是否因设计引起工地返工。

当设计管理有效,设计活动的效率和设计质量就会对应提高,设计管理对应的设计协调工作所花的时间就会减少，设计变更也会减少或者得以控制。

五、案例分析：上海 XH 项目的设计过程管理

1. 上海 XH 项目的设计管理阶段划分

XH 项目的阶段划分为前期、中期及后期。前期的里程碑包括项目地块取得，与政府签订土地合同、地块方案通过政府审批取得方案批文；中期：在方案基础上完成总体设计取得总体批文，项目主体工程（土建、机电、幕墙）标段定标；后期：施工图设计及二次深化设计批复，施工完成取得项目验收，项目交付。

值得一提的是，XH 项目的设计管理特别关注招标图的设计及其对应的意义。许多设计顾问的合同签署均是以完成招标图并顺利定标为目标的。可以这样理解：定标之前的设计，方案工作成分较多，需要充分发挥设计师的创意及综合协调能力，设计成果通常是业主管理方及设计方经过多轮讨论磨合的结果；定标之后的设计工作，多为深化设计工作，更多的是在固定成本下的合理深化，技术成分多而创意成分少，此阶段的设计多数由施工单位执行。

2. XH 项目的过程管控机制

S 公司在管理项目过程中推崇依靠制度对项目进行管理，尽可能使项目管理制度化，尽量减少项目中“人制”的成分，目的是为了靠制度来运行项目而非某个个人。以 XH 项目的过程管控机制为例。

为便于理解，可以将 XH 项目过程管控机制进行模块化（图 3-4-5）。

模块 1 指的是业主管理方确定设计需求完成设计顾问的选定之后，设计顾问

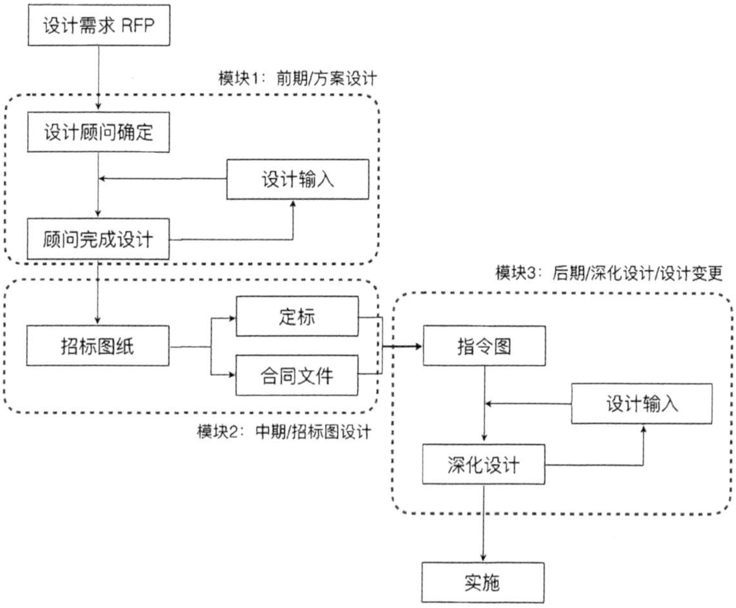

图 3-4-5　XH 项目　过程管控机制

不断接到设计输入完成设计的过程。在XH项目中,模块1的设计顾问多为香港顾问,由香港办公室(HK SPD Office)完成,期间会通过多次与租赁部门、酒店管理部门、物业部门等最终交付部门的沟通会议,以及在内地与开发报建有关的开发部门及与本地规范有关的LDI单位的沟通,不断明确设计输入。经过多轮磨合,设计师形成方案、完成设计。

模块2主要是设计顾问在确定的方案基础上,完成招标文件,期间会有测量师/估算单位的介入,项目部内负责成本的同事及负责设计的同事会进行密切配合。在此模块内,设计顾问作为业主管理方的技术支持,以发标方的顾问身份在招标阶段与投标单位进行技术沟通,在几轮议标之后,与测量师一同将招标图纸、技术说明等文件整理成合同文件,完成定标。至此,设计内容与成本费用可以形成一一对应的关系。模块2的管理工作均在CPO完成。

模块3是项目执行的重要模块,合同文件中的图纸一般为第一份指令图,在没有设计变更的情况下,施工单位依据指令图进行深化设计,递交相应的施工材料、施工方案及深化图纸。业主管理方赋予相关设计顾问一定权利,对上述三项内容进行审批,审批通过后施工方即可实施。由于大型商业综合体项目的特殊性,在执行阶段,项目部仍然会不断地接到来自商场租务、物业管理等方面的设计输入。XH项目通过每周一次的设计例会与设计顾问对设计输入进行讨论评估,判断变更的可行性,完成评估及调改方案后,则会进入变更程序,由设计管理方发起设计变更指令,施工单位再次依据指令进行深化设计,测量师根据设计变更指令内容比较与上一版指令的差异并进行金额估算,施工方最终的结算依据为对应的指令。CPO的设计管理在后期大部分的工作是对这些变更指令的控制。

3. XH项目的设计变更控制

XH项目的变更按照工地需求的缓急情况分为两类,工程师指示(Architect Instruction)和工地备忘录(Site Memo)(图3-4-6)。

工程师指示(AI)是前文提及的普通流程的设计变更:在设计顾问综合各方意见发出变更指令之后,由CPO的现场管理CM部门签署,提供对工期的影响及施工方案考虑的意见;由成本组PM协调测量师发出相应估算,再由相应职权的项目经理PM签署发出。

工地备忘录(SM)是未经过估算流程而直接发出的工地指令。通常是由于工期关系,在分析了指令的必要性之后,直接由设计顾问整理发出,业主方管理PM签字后即可直接生效。

从两类指令的流转表格范本可以看出XH项目的一些特点:

(1) 无论AI指令或是SM指令,均由设计顾问发起,可见设计顾问在项目中已被赋予一定的执行权限。

(2) AI指令需要进行估算,在估算后进行签字流转,其流转时间较长通常为2周到1个月;而SM指令直接发到工地实施,估算后补,通常3d即可到达工地。

(3) 在 XH 项目的一期和二期竣工后，本篇选取并统计了发出的工程师指令及工地备忘录的相关数据，并做了进一步的分析(图 3-4-6)。

一期华山路项目为综合体项目的“试水阶段”，有着一定的示范和积累经验的作用。一期项目共计发出指令 1033 个，其中 AI 指令 559 个，占比 54%。

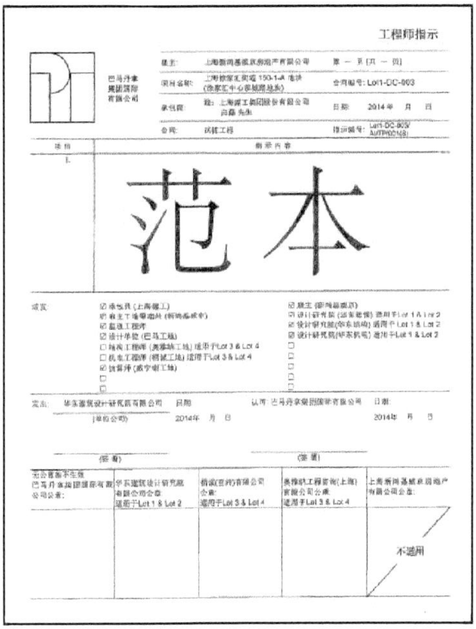

图 3-4-6　XH 项目工程师指示(AI 指令)与工地备忘录(SM 指令)范本

SM 指令 474 个，占比 46%。从项目管理角度分析，一期项目的变更管理情况并不理想，有一半的指令是未经估算而发出的指令，在结算阶段对业主方在成本控制上形成了比较大的压力。

有了一期项目的前车之鉴，设计管理团队与设计顾问团队共同进行总结分析，明确了设计顾问在项目中的权限，深入了解本项目变更管理的意义和运作机制。二期恭城路项目选用的设计顾问与一期为同一团队，在充分理解业主的需求之后，设计变更的管理效果逐渐显现：二期项目共计发出指令 556 个，其中 AI 指令占比 79%，仅有 19%的指令是未经估算的加急指令。指令总数的减少，一方面是二期项目的难度和需要技术协调的部分明显少于一期，另一方面更多的是因为二期管理团队对管控机制理解后在管理效果上体现的提升。

进一步分析一期和二期各个专业发出的 AI 指令数量可以明显了解到，所有专业的 AI 指令数量均有明显下降，说明各个专业的平均管理水均得到了提高。

SM 指令是指由于工地现场施工需求紧急而未经估算直接施工的指令，是设计滞后的体现。XH 的管理团队有分析过，一期项目 SM 的“重灾区”是机电专业，主要原因是机电专业在综合体项目中存在大量的深化设计工作及专业交叉，设计节奏未能赶上现场施工节奏就会引起滞后。在二期项目中，设计顾问与业主管理方加强了对机电分包深化设计的管理力度，并预留了充足协调时间，所以，二期项目机电设计滞后的情况有了明显的改善。如图 3-4-7 所示。

	XJH-ITC 项目 LOT 1 一期 华山路地块	XJH-ITC 项目 LOT 2 二期 恭城路地块
项目建筑面积	64475	46861
项目功能	商场/办公	商业/办公
指令总数	1033	556
工程师指示（AI）	559	438
工地备忘录（SM）	474	118

指令比例

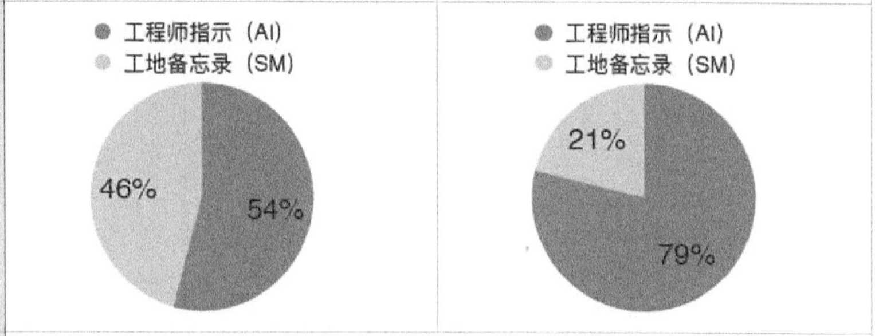

各专业AI指令数量比较

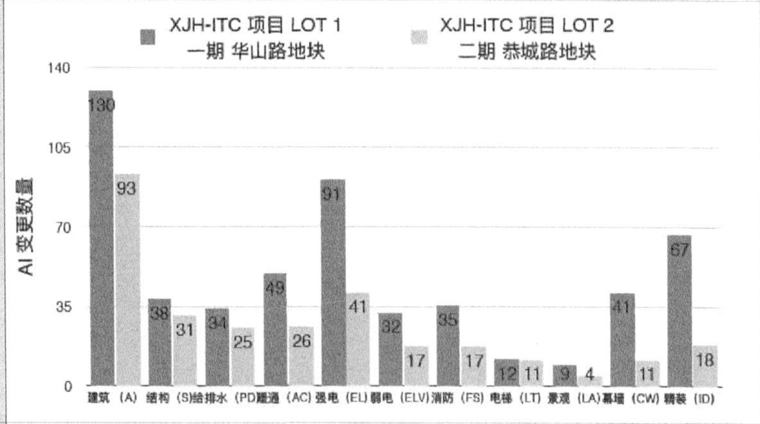

各专业SM指令数量比较

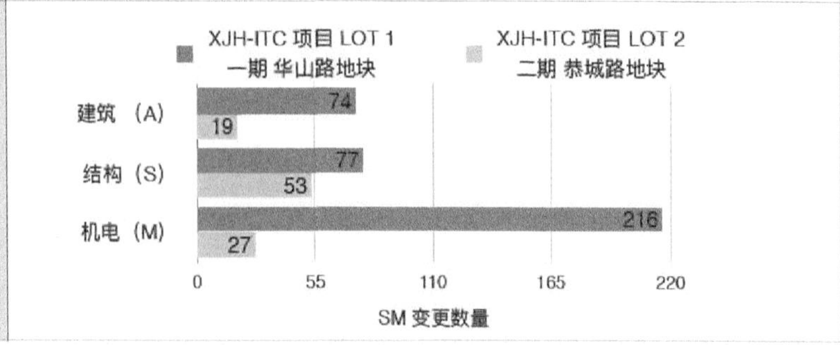

图 3-4-7　XH 项目一期/二期变更指令对比分析

第五章　大型商业综合体项目的设计决策管理

一、设计决策的分类及层次管理

业主决策是项目成功的关键因素[32]。设计决策是保证设计项目不被中断而持续朝着最终设计目标发展的管理引领力[39]。在大型商业综合体项目的设计管理中，业主方或设计管理方通过对大小问题做决策来实现其领导职能。设计的推进除了设计顾问间的有效沟通，形成解决方案后，最终仍然需要设计决策来决定是否执行。维持高效的设计决策方可使项目的设计活动得以运转，从而推进项目的发展。

1. 结构性决策与非结构性决策

国内学者把大型工程项目的决策问题按结构化程度分为：结构化问题、半结构化问题和无结构化问题[28]（图 3-5-1）。

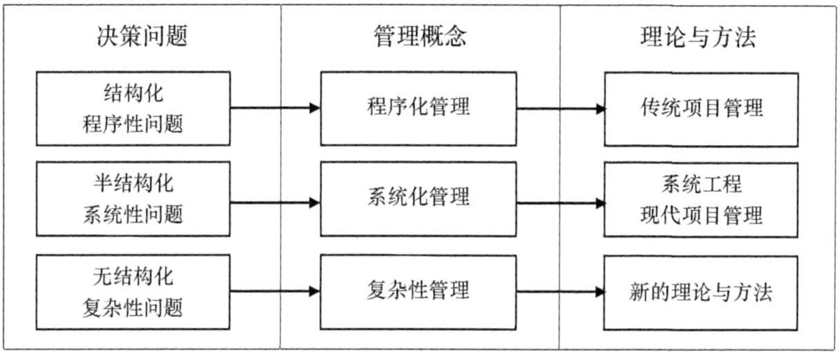

图 3-5-1　大型工程决策问题的结构化类别[28]

结构化决策问题一般涉及的决策因素较少，决策过程稳定可控，可以依靠合理科学的决策流程来控制决策的质量。半结构化决策问题涉及因素已明显增加，影响因素之间的关联性，存在一定的不确定性。无结构化决策问题涉及的关联要素之间关系则更为错综复杂，决策目标难以明确，不确定性程度最高。

大型商业综合体项目是一个复杂工程，设计管理方在管理过程中需要作出的设计决策均可以套用到上述按结构化程度划分的分类中。而在实际项目中，结构化的决策问题和大部分的半结构化决策问题是可以依靠科学的决策流程做出有效控制的。所以，设计决策可以进一步简化分成结构性决策和非结构性决策；结构性决策靠科学的流程来控制，非结构性决策靠多方讨论权衡以及管理者的决策意识来实现。

2. 战略层面的设计决策

大型商业综合体战略层面的设计决策，可以从两个方面去理解：前期设计阶段的定案决策及项目进行过程中涉及重大变更的决策。

前期设计阶段，是项目决策信息最不充分，但业主方又必须作出一系列重要决策的阶段。在设计方面，业主管理方需要依据项目的整体目标，为项目选择合适的设计顾问团队；设计管理流程并构建设计管理团队；在确定顾问团团队之后需要指引其完成概念设计，并对概念设计进行定案。成熟的商业综合体设计并非寻求迅速售卖的快周转项目，在前期阶段的重大战略决策均会采用集体决策的方式，尽可能多地从各方面收集决策信息，使决策结果尽可能接近项目目标。

而在项目进行过程中，大型商业综合体项目会遇到各种突发的来自内部或外部的设计输入，有些设计调整所引起的变动，从成本、进度角度对项目存在重大影响，如何选定设计方案、是否执行设计，也是业主管理方在项目进程中所面临的战略层面的设计决策。

例如，在大型商业综合体项目中经常会遇到在市政道路下做一条地下联通道通往周边的案例，地下联通道的设计往往会和施工方案直接关联。如采用路面大开挖的方案，期间会涉及对市政道路下方的市政管线的影响，需要进行多次翻浇，道路也需要进行多次临时封堵和改道。如采用顶管的施工方案，则可能不需要开挖路面就可以实现。两种方案在实施效果上有差异，顶管作业的隧道宽度和设备存在直接联系；在成本测算上也有差异，顶管施工贵在设备，大开挖的方案则贵在多次翻浇；在施工工期上有差异。可见两种方案的优劣并非显而易见，需要结合项目的实际情况作出判别。但无论选哪个方案，业主方均需要承担一定的风险，对项目的成本和进度来说均产生重大影响。而设计顾问能做的只是对两个方案的深入细化，使方案接近实施情况，以确保成本测算和工期测算结果的接近，真正作出决策，确定用哪个方案的还是业主管理方。

3. 执行层面的设计决策

大型商业综合体项目在执行层面出现的设计决策多为解决设计界面问题、施工技术问题、专业工期协调等专业技术问题的决策，不会涉及项目的方案调整。许多是上文提到的结构性决策，设计管理人员可以把这些问题放到对应的决策流程中，依靠流程里技术顾问的力量和管理人员自身的能力就可以作好决策。

招投标阶段的设计界面划分的设计决策是典型的执行层面设计决策。业主设计管理方，确保顾问的设计图纸及说明书满足招投标深度，在此基础上需要联合公司内部的招标管理团队，对各个工程包的工作范围做好明确界定，确定具体的实施范围。在成本平衡的前提下，将各个子项的设计内容确定。这一过程不需要业主方高层参与决策，完全可以通过不同专业的管理人员带领相关顾问去完成。

大型商业综合体项目中，由于子项繁多，不同工种之间的交叉也多，图纸表达难免有所疏漏。当遇到图纸上的疏漏，需要业主方明确设计范围及实施主体时，也需要业主进行决策推动。

另一种普遍存在的执行层面的设计决策是施工技术问题的解决，往往涉及优选方案。这类执行层面的决策，有的结果优劣是显而易见的，有的需要通过简单的分析即可得到答案。管理者可以依据决策流程设置的权限，指引设计顾问团提供适当的信息，即可做出判断。

执行层面的设计决策虽然小而繁杂，涉及的成本变化不大，但确实是综合体项目的基层管理者日常面对最多的协调内容。如若不给予重视，这些执行层面的决策也会积少成多，演变成影响项目进程的决策问题。

二、设计决策的流程设计

1. 设计决策的问题分析

大型商业综合体项目在前期主要的设计决策大多和项目决策保持高度一致，多为非结构化决策。设计概念的确定和方案的定案与项目目标、定位、招商意图及分期策划等问题都存在相互关联。而项目的复杂性使项目在初期处于高度的不确定状态，面对的市场情况是不确定的、技术解决方案是不确定的、管理者所掌握的决策信息可能也是不充分的，所以，前期的设计决策有难以确定和高风险的特点。

大型商业综合体项目在中后期的设计决策大多是偏向技术的结构化决策，主要的产生原因是设计界面或者技术界面的问题或者是纯粹的技术问题。此时的设计决策往往是具体到某个技术方案，是执行层面的决策居多。发生频率高是这一阶段设计决策的特点之一，设计管理者可以有机会掌握相对充分的决策信息，可以依托科学合理的管理流程，在确定的时间内作出相对正确的决策。决策频次高和流程化是这一阶段决策的特点。

但无论是前期的决策还是中后期的决策，在实际项目中设计决策往往会遇到以下问题：

（1）决策主体不明确。大型商业综合体项目在各个阶段的决策主体可以不同。前期涉及项目方向的概念设计和方案设计，决策主体无疑是业主。而在中后期，涉及合约界面、费用变化的一些决策仍需要业主一锤定音；不涉及金额的问题、纯粹的技术问题或者深化图纸批复的问题则可以分权给对应的技术顾问。现实项目中，当顾问对自己拥有的权利理解不充分，或者业主方不同专业的管理者不了解各自的决策范围，就会造成决策主体不明确的问题。当问题找不到对应的管理者去做一个决策，显然是会影响项目进度的。

（2）决策不及时。集体决策最大的问题是决策滞后，各个设计顾问团对决策问题的分析有时候会花费大量的时间，最终业主管理方可以得到一个准确的判断，但由于决策时点已过，造成了现场的返工，这也是大型商业综合体项目业主决策的常见情况。

(3) 决策偏差。业主方容易出现“拍脑袋”胡乱决策的情况，在专家顾问给出分析结果之前就作出错误判断。业主方在推进项目的过程中，有不计其数的大小决策需要去做，若胡乱决策，则会给项目带来重大风险。

大型商业综合体项目的设计管理针对设计决策的管理目标，其实就是提高决策效率和提高决策的准确性。通过理顺组织内的权责关系可以明确决策主体，配合科学的决策流程，尽可能明确结构性决策和非结构性决策并将其带入对应流程，这些均可以提高决策的效率；通过提高决策者的决策意识水平则可以提高设计决策的准确性，避免偏差。

2. 决策流程设计

科学的决策流程设计是明确决策权责关系和提高决策时效的有效手段，决策流程的设计应当遵循以下原则：

(1) 分权原则。商业开发项目的设计均是以实施落地为目标的，所以设计不仅要满足功能需求、考虑美观，同时应兼顾成本。在做设计决策时也一样，不能所有的决策权都落在一个专业手上，应给予各个相关专业发言的权利。通常大型商业综合体项目在战略战术层面的设计决策，设计总监、开发总监、成本总监均有对等的权利，一方有权制衡另一方，以确保决策的客观性，避免“一言堂”的情况出现。另外，分权是指业主方将一部分执行层面的决策权可以适当分到对应的专业顾问手中，利用专业顾问的专业判断来解决界面问题或设计协调问题，推进项目的执行。

(2) 梯度原则。不同层级的领导掌握的权力不同，应按照设计内容对项目的影响程度对管理方的决策人做出明确指定。最典型的是按照影响金额进行梯度划分，例如，影响金额在 0 万～1 万元的，顾问有权决定，同时需作出备案；影响金额在 1 万～5 万元的，由业主方项目经理决定，并向上级报备；影响金额在 5 万～10 万元的，需要由业主方高级项目经理进行决策；在 10 万元以上的，应由总监级别进行决策。

(3) 时效原则。决策流程应有合理的决策时间限制。除了战略决策会占用比较多的资源和时间之外，对于结构化决策问题的决策应安排一个解决问题的实现，由此可以推进管理团队在决策问题上的效率。

大型商业综合体项目的决策流程可以根据上述原则进行设计，虽然不同的公司在具体细节上会略有不同，但大体流程如图 3-5-2 所示。

从图 3-5-2 的流程可以看出，设计管理的工作首先是接收设计需求，转化成设计输入给设计单位，形成设计方案。

形成设计方案后首先要判断对此设计的决策是纯技术的结构化决策还是涉及战略战术的非结构化决策，并进入不同的对应流程。结构化决策，一般在设计深化方案之后，需要现场部门提供设计的实施方案确保设计可行，在有了具体施工方案，明确做法、材料之后，成本控制部门可以跟进进行成本测算，期间可能会有多轮

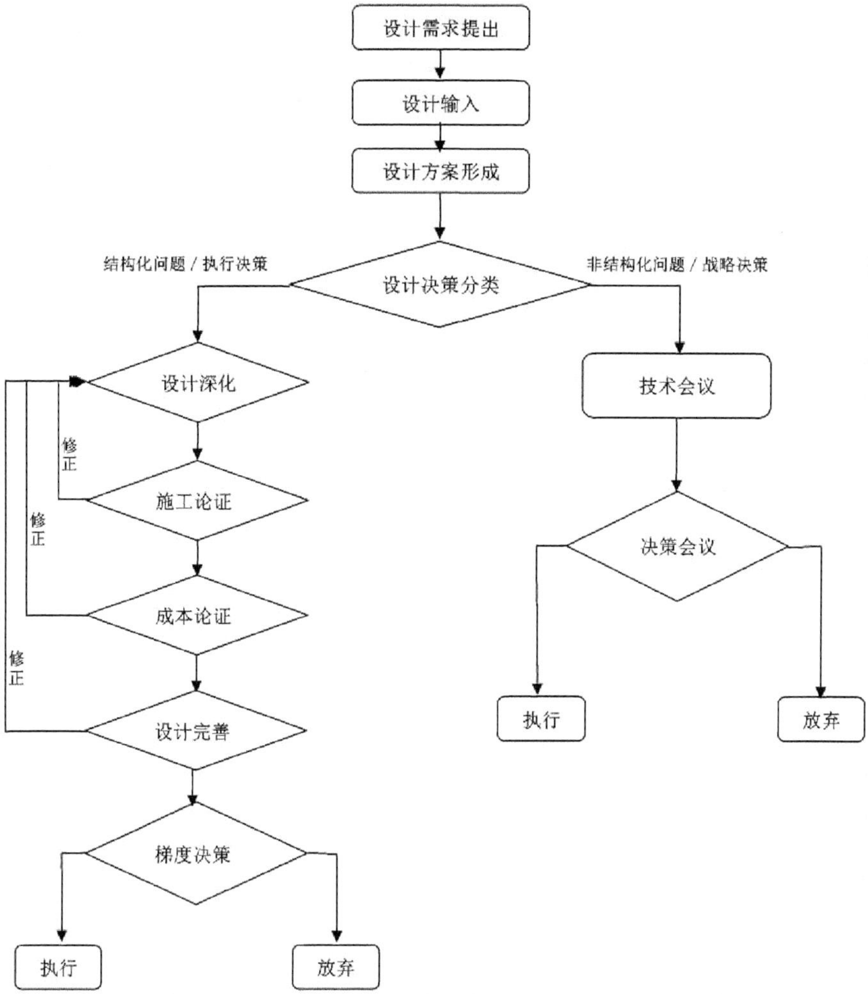

图 3-5-2　设计决策流程的基本模型

反复最后形成可供决策的最终版设计。最后再依据成本部门测算出的结果，按照管理的梯度划分给到不同级别的决策经理进行决策。而对于非结构化的决策，首先需要在技术层面（包含成本、施工等）同步讨论，讨论期间可能会把一部分问题转化为结构化问题解决。同样，当广泛收集决策信息之后，可以由高层次的决策管理会议进行讨论决策。通常，高层次的决策会议的规模较小，以确保决策的效率；参与决策会议的人员的级别较高、决策意识较强，以确保决策的准确性。

三、设计决策的优化措施

设计管理是通过一个个大小决策来推进设计和项目进程的。所以，无论是执行层面还是战略层面，都应想方设法提高决策意识来提高决策的可靠性和准确性。

决策意识提高可以从以下 4 个方面入手。

1. 系统思维

大型工程是一个开放系统，具有一般系统的基本特征，也是一个复杂系统，会表现出系统的复杂性特征[31]。设计管理的切入点虽是对设计的管理，但不能只着眼于设计本身，不能只追求设计美感或者技术突破，需要结合项目的施工条件、当地的开发环境、公司的成本考虑做一个有机结合的整体统筹。

由于项目所处环境条件不同，几乎所有项目的战略决策均是一次性的非结构化决策，管理者只有具备系统思维，才可能在比较高的高度俯瞰项目情况，对项目发展的方向做出有效判断。建设项目是处在一个大系统环境中的，包括社会环境、文化环境、经济环境、自然环境和技术环境等，对建设项目的设计管理要考虑这些环境之间的联系和相互作用[29]。

即使是在解决结构化的问题时，决策者也需要具备系统思维的意识，因为设计在解决结构化问题时一定是一个多专业协调配合的状态。不能只着眼于某一个单一专业，在解决问题时需要系统地考虑解决方案对各个专业的影响。

2. 知识管理意识

将风险决策与知识管理进行集成，不但可以利用知识提高建设项目风险决策的效率与水平，也能够优化建设项目知识管理的流程[34]。设计管理的一个侧面是技术管理。如果所有的技术问题都是从零开始论证的话，那会花费很多时间在论证协调上，也就加长了决策的时间。为了将项目经验很好地加以利用上以支持一部分的决策形成，设计管理就应具备知识管理意识。

大型商业综合体项目的知识来源有：

(1) 项目团队中经验丰富的人员或领导。

(2) 项目分期实施情况下，上一期所积累的经验。

(3) 物业管理部门、租赁部门的技术要求。

知识管理的目的是将上述经验、要求、做法、数据等信息(隐性知识)，变成有处可寻的显性知识。其中，第(1)项需要团队成员经验的积极分享及长期的积累，可以通过不定期的分享沟通来达成；第(3)项的内容相对成熟，需要在设计输入阶段引导相关部门尽可能多的提出要求；第(2)项的内容最具指导意义，大型商业综合体项目通常会把面积较少但是同样较为复杂的部分作为首期去开发，目的就是通过首期的全过程来积累经验。首期项目遇到的问题是最有针对性的问题，所以必须重视第(2)项内容的积累和分享。

当知识管理形成后，无论是业主方项目管理或是设计顾问方，均会具备解决大部分结构化决策问题的能力，由此常规的设计决策流程的效率才得以保障。

3. 全寿命期思维

在价值工程(VE)讨论范畴，强调“以最低的全寿命期费用可靠地实现必要功能”[23]这一核心思想。当管理者面对诸如大型商业综合体这类复杂项目的时候，需要预留一定的时间去做全寿命期的思考，用 VE 的手段来判断是否值得执行相关的设计。

“以终为始”是很恰当的归纳。设计虽然是一个发生在实施前端的工作，但是其发挥的作用会一直持续到项目结束。所以，在设计阶段就应该有全寿命期的考虑，做决策的时候不是仅仅局限在眼前的施工便捷或者成本低廉。全寿命期的思维方式在商业综合体项目中的具体体现有：

(1) 重视最终使用方的意见。商业综合体项目的最终使用人群是消费者、办公人员、酒店使用人员等，所以相关部门从各自使用人群收集回来的反馈信息必须受到重视。诸如，反映消费者对购物体验数据、反映办公人员等候电梯感受的数据，设计管理可以以此判断中庭的数量尺寸、办公楼的电梯数量等。在大数据时代，这些数据均可以被整理归纳成为有价值的信息来指导设计决策。

(2) 寻求前期物管(Facility Management)介入。有研究表明，早期物业管理的介入不仅对物管公司本身有利，同时也对项目的业主、设计均有利(“Early FM involvement not only benefits FM providers but also benefits other key stakeholders, such as clients, designers, and end users.”[30])。商业综合体项目的物业管理范围比较宽泛，并且内容比较专业。例如：酒店管理、办公楼管理、地下车库管理、商场管理；优秀的物业管理是可以不断提升商业综合体项目的服务品质。从物业管理角度可以提供很多关于后期运营、维护的经验，足以在前期指导设计决策。以车库设计为例：设计除了利用现有的经验数据做出一版符合规范要求的设计之后，停车库管理方会综合不同客户的用车取车习惯、使用感受给出停车使用的分区、车库流线规划意见、车库产品的选用意见和闸机设置位置等，这些意见再结合专业交通顾问的测算，综合后可以得到非常明确的设计指导意见，设计管理者可以基于此意见对车库的设计进行决策。

(3) 直面不确定性，预留弹性。大型商业综合体项目的最大不确定性可能在于商业功能的不确定性和多变性，因为设计很难在 5 年前来确认 5 年后的实际商业业态。设计管理方应直面这些不确定性，适当做好预留设计，不可闭门造车。比如，商业的店铺在招商前无从判断店铺在未来招租是否会是餐饮功能，设计管理方应首先把值得作为餐饮店铺的位置与租赁部门事先做好沟通，在这些铺面预留设计相关的荷载考虑和机电配置，为日后招租预留弹性。另外，面对日后因规范调整或者功能调整引起的改建，应适当考虑应对预案。所以，在设计决策时应考虑该问题是否涉及项目灵活性的调整，如涉及的话应与成本测算综合考虑，预留一定灵活性。

4. 风险意识

建设项目的风险管理是一个复杂的决策过程[34]。在做任何决策的时候都应有风险意识。在做设计决策的时候也应从现场施工、成本管理、开发报建及运营维护等角度去考虑有无风险。

例如，执行层面的结构性决策，需要考虑对施工工期有无影响，是否有耽误工期的风险；对成本是否产生费用上的影响，设计调整是否设计各个分包工作界面的变化造成无施工方的风险；在运营维护角度，目前的设计是否有利于日后的运营维护还是会在维护时产生风险等，如各个方面的风险考虑全面了，才可提高决策的准确性。

而在战略层面的非结构性决策，通常是比较大的方案调整，更需要全面评估开发报建的风险，是否会因开发报建的时序问题引起工程进度的问题，是否会影响项目的最终验收进而影响交付等。

设计管理需要辨别出以上风险后作出全面的考量再进行决策，这样才能减少项目的风险。

四、案例分析：上海 XH 项目的设计决策分析

1. XH 项目采用的设计决策流程

XH 项目的业主管理方在对项目作出设计决策时，通常会根据决策问题的不同性质采用不同的决策流程，在战略层面的非结构化的决策问题通常由香港办公室讨论解决；大部分结构化的执行决策问题由 CPO 进行决策(图 3-5-3)。两个层面的决策流程可以归纳到图 3-5-4 和图 3-5-5。

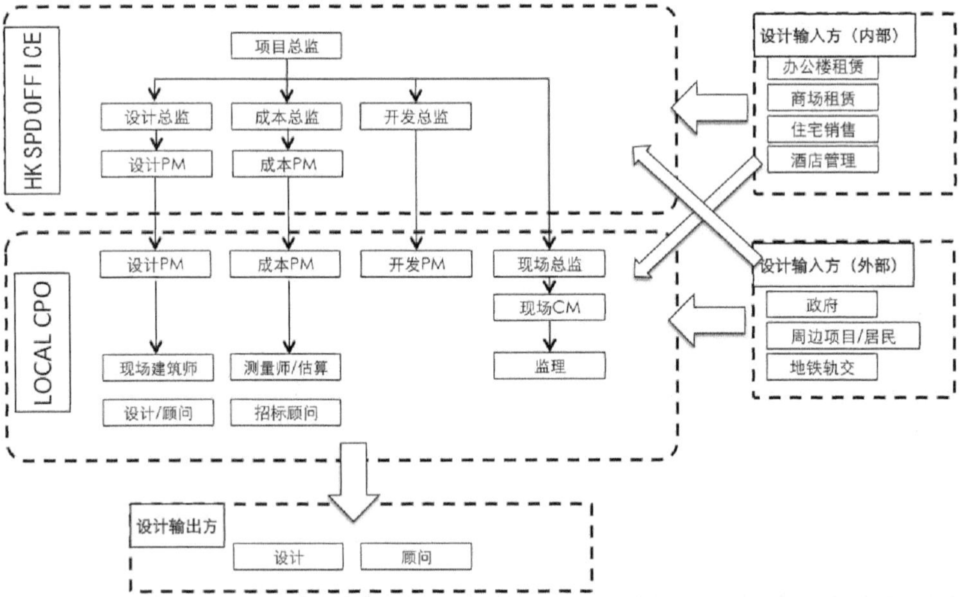

图 3-5-3　XH 项目设计决策构架示意

XH 项目作为商业综合体项目，项目的交付方在集团内部为办公楼租赁、商场租赁、物业管理和酒店管理部门；这些部门对设计的主要输入以及项目部与这些部

门的跨部门沟通，在项目前期主要发生在香港总部。这一阶段的设计输入多涉及项目功能定位或方案的重大调改，通常由总监级别的领导进行定案，HK SPD Office在香港会完成相关的设计顾问协调并组织形成方案，经总监确定后由 CPO 去执行。

在 S 总部，董事会会定期举行 China Project Meeting 的高层会议，由各个项目部的总监向董事会汇报项目的执行情况，董事会仅会对项目在拿地立项阶段涉及重大金额提供决策，之后项目有关的决策问题会落到项目部内部，由总监决策后向董事会报备。只有在项目发生类似资金链断裂、集团撤资等重大变故的情况下才会叫停项目，通常情况下主要决定权还是在项目部。

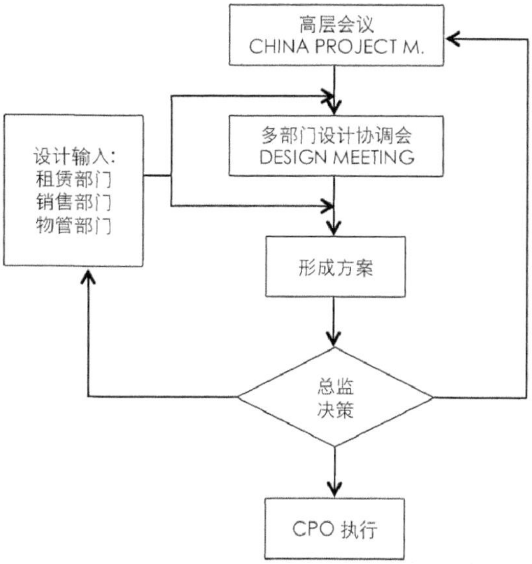

图 3-5-4　XH 项目战略层面设计决策流程

CPO 是项目执行阶段的主要管控机构。承前文论述，大型商业综合体项目的特点就是在执行阶段仍会不断地收到设计输入。此阶段有继续来自内部的设计输入，诸如租售部门的意见和物业管理部门的意见；也有来自外部的设计输入，诸如政府部门对项目的意见，施工现场对设计的反馈。业主管理方通过每周的 PCM 项目决策会议，对内部和外部的设计输入进行讨论，试图找出影响项目的关键输入，同时对决策问题做初步定性，如果是涉及战略调整会引起重大设计变革的内容，则会递交至香港 SPD 办公室进行战略决策讨论；如果是可以最终通过现场技术协调解决，且对项目的工期、成本影响较小的，并不会产生重大方案变更的决策问题，则会继续留在 CPO 解决。

PCM 会议决定需要在 CPO 层面解决的问题，则会进入每周的设计协调会议，在会议上由 PM 协同现场 CM 部门、设计顾问和 LDI 讨论得出解决方案，并将方案交由成本部门进行估算，按照估算得出的金额由不同权限和级别的 PM 进行签发。

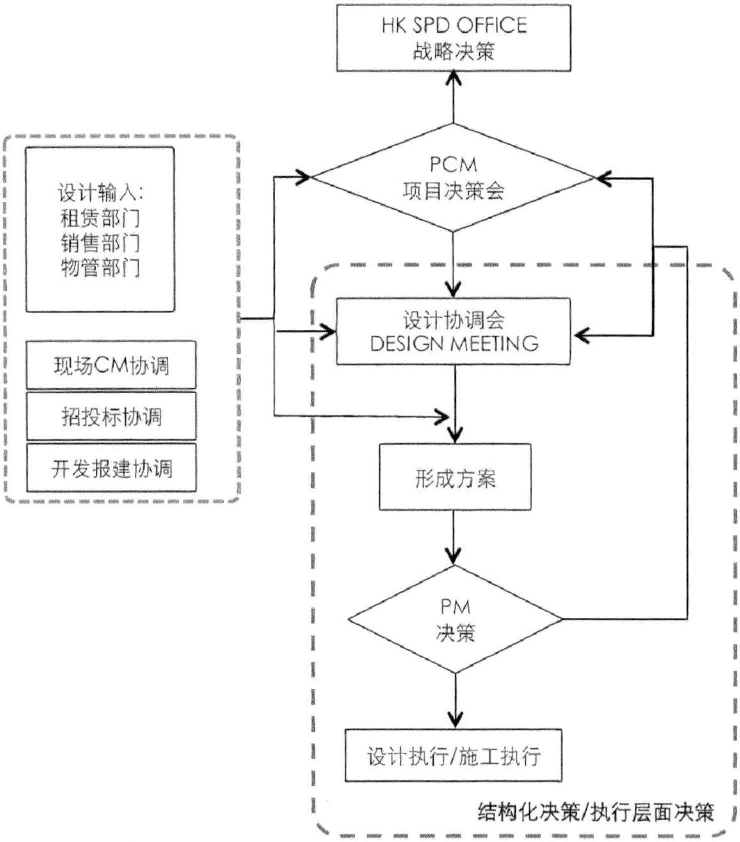

图 3-5-5　XH 项目执行层面设计决策流程

2. 重要设计决策分析

以两个实际案例来补充说明 XH 项目的设计管理方在做不同层面的决策时，其组织内部的运行情况。

案例一：四期虹桥路地块项目的车库设计的重大变更

四期项目规模体量的庞大，配建有约 2900 个停车位，原设计将其布置在地下室的 B6 层～B3 层。一方面，项目的停车数量是由国内规范根据各个功能的不同需求计算得出，并且经过专业的交通顾问进行具体论证分析。另一方面，项目开挖至 B6 层，开挖深度已达 32m，是目前浦西开挖最深、面积最大的基坑，由于地质情况、周边轨交线路安全、目前施工技术和投入成本考虑，此开挖深度已达极限。在这两大限制条件之下，原设计为了保留地面不出现停车位，将所有车位安排在 B6～B3，最后的设计结果即是 90% 的车位为机械车位，并且大部分是重列式的机械车位（图 3-5-6、图 3-5-7）。

在该方案得到政府批复之后，项目管理团队并未停止工作，而是协同交通顾问做了一定研究，发现在实际使用过程中重列式机械式停车布局虽然可以满足数量要求，但是实际使用后排取车困难，使用率较低，并不能发挥有效作用，用户体验较

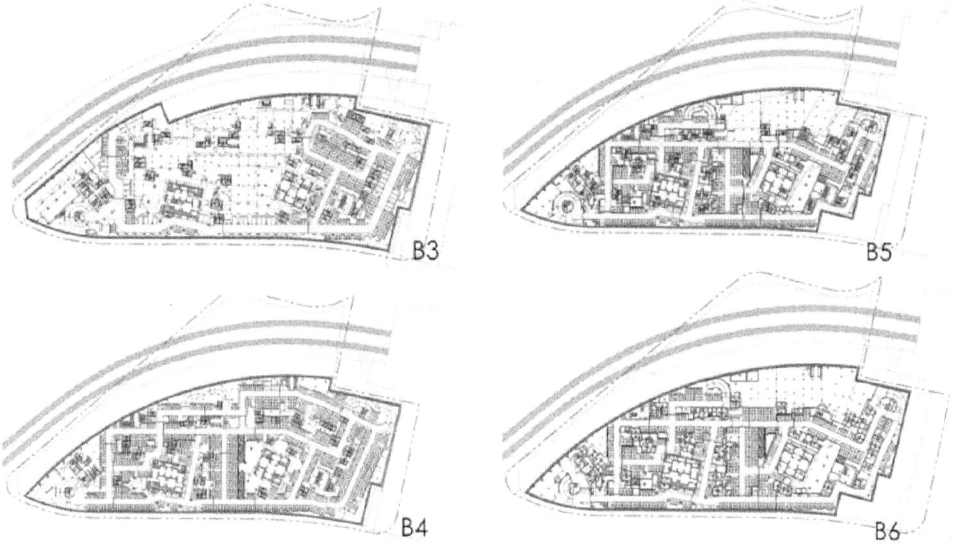

图 3-5-6　XH 四期项目车库设计方案

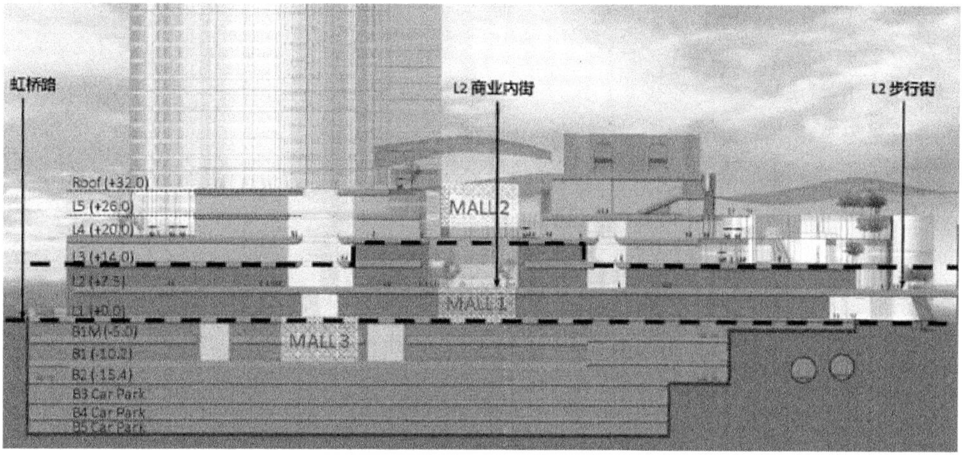

图 3-5-7　XH 四期项目车库设计方案之剖面示意

差。为了提高最终用户的体验以及项目的最终价值，主管设计的 PM 团队提出采用全新的车库布置方案。

新方案引入了机械自动化程度更高的“堆垛式”机械车库，采用了于地块内柱网规整的区域设计了可容纳 300 个车位的堆垛机械车库，建成后可能是浦西地区规模最大的全自动车库。届时人们可以将车开到堆垛式车库的入口，机械托盘就会将车拖放到固定车位，存车、取车都会变成特殊的体验（图 3-5-8、图 3-5-9）。另外，在地面商场的屋顶设置了停车区域，设计车辆专用电梯，将车直接推送至屋面，用户在车里乘电梯的体验应该也是不多见的。

这些设计上的改动对项目的地下室来说属于重大变更，不仅涉及后续设计、审

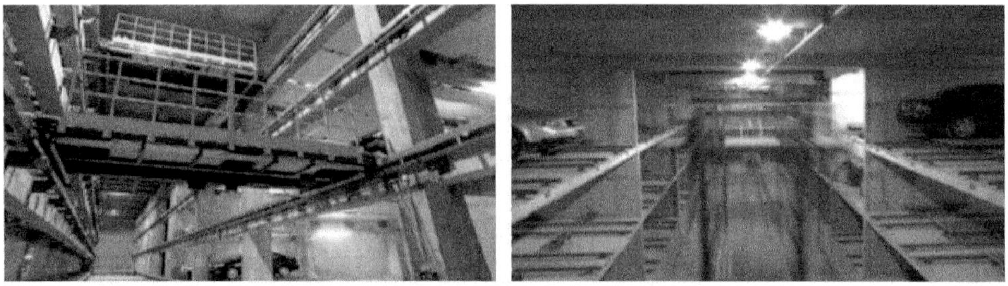

图 3-5-8　XH 四期项目堆垛式车库设备示意图

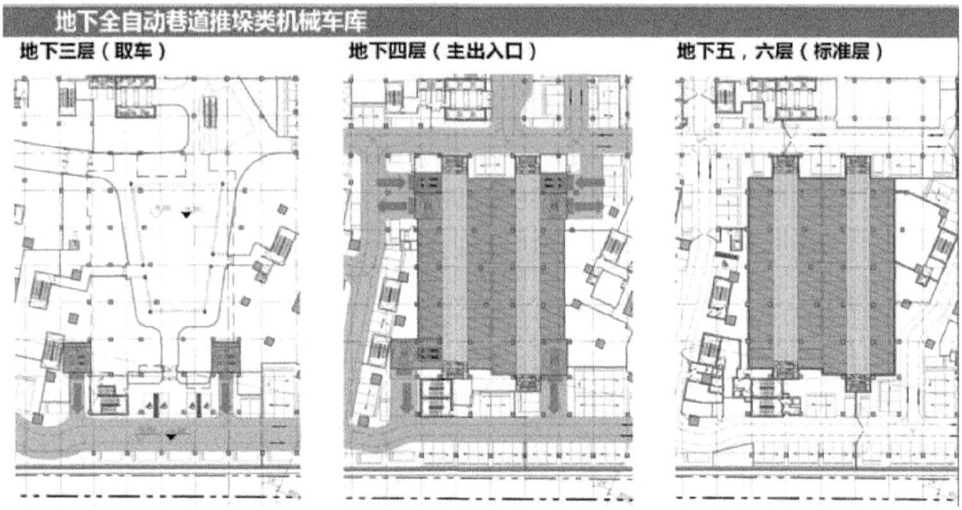

图 3-5-9　XH 四期项目堆垛式车库设计方案

批内容的变更，更重要的是成本的增加。所以，项目总监在高层的 China Project Meeting 上向董事会及公司高层进行专题汇报并获得支持，完成项目决策。后续的招投标跟进、设计跟进以及政府部门相关批文的变更，均会由 CPO 的团队执行。

案例二：二期恭城路地块项目的功能预留设计

在二期恭城路地块项目的建设过程中，CPO 仍然会不断得到来自租赁部门和物业管理部门的设计输入。在每月一次的常态化物管及租赁部门会议上，商场租赁团队多次分享了目前 IFC 项目和 ICC 项目的租户变化。PM 团队通过在图纸上直接画示与租赁部门面对面沟通，理解租赁部门提出的需求以及预判对项目会产生的影响；并在会后整理分析，判断在项目入市时，商场租赁面临的挑战会比较大，目前餐饮业态的出租率会明显高于普通商业业态。

所以，设计管理团队要求项目的商铺设计全面预留餐饮条件，从给排水、排油烟、消防疏散和燃气供应等方面做好全面预留，为后期租赁提供最大灵活性。现场办公室的 PM 在 PCM 会议上向总监汇报，讨论后团队认为此项修改非重大变更，不涉及战略调整，可以放到执行层面解决。由此，PM 会同设计顾问、现场 CM 等对工期影响、成本影响作出合理分析，并形成了具体方案，最终由各个专业 PM 决

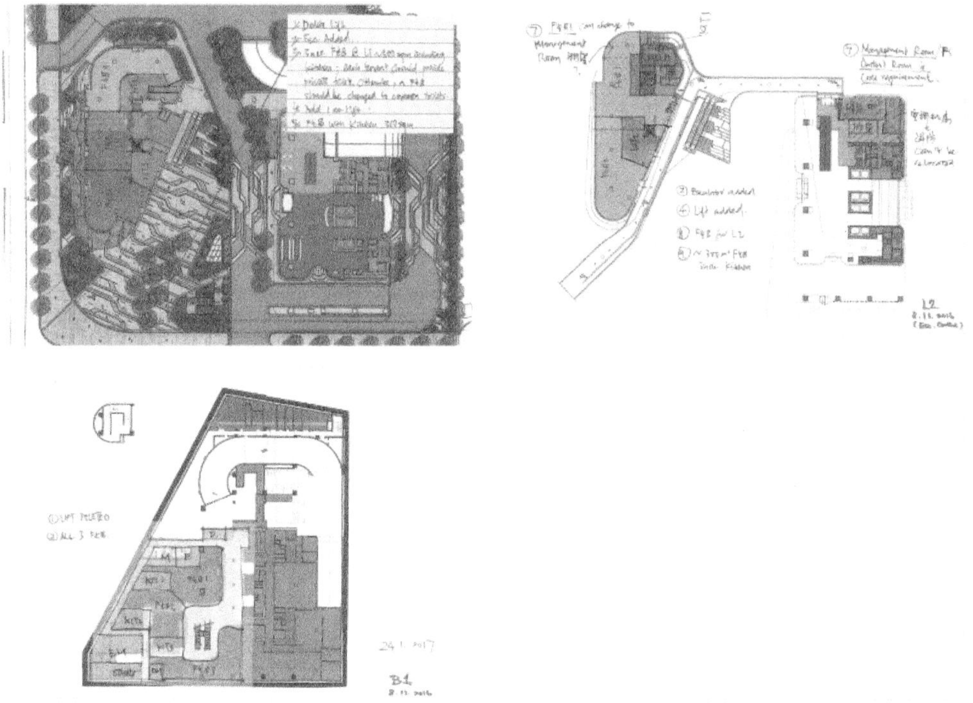

图 3-5-10 XH 二期项目租赁商业设计方案讨论稿

策，现场执行修改；所有决策均会以变更指令的形式经过批复发到现场进行实施。

以上两个案例表面看是对设计内容的修改，实际体现了 XH 项目的管理方在作出设计决策时考虑问题的思维方式，以及整个项目内部组织在设计决策时的运作情况。

第六章　结论与展望

本篇针对大型商业综合体项目的复杂性特点进行了分析，得出设计管理在项目管理中具有驱动作用的结论。业主方可以从设计管理这一角度入手，对项目进行全面有序的管理，设计的稳步推进有利于项目的进程。在此基础上，着重分析了设计管理的三个主要方面：设计委托管理、设计过程管理与设计决策管理。并结合了大型商业综合体项目的特点，论述了设计管理在这三个方面需要考虑的问题。同时，以一个实际的大型商业综合体项目——上海 XH 项目为例，分析项目管理团队在管理过程中的实际应用。

文章基本搭建出了大型商业综合体项目的设计管理框架，梳理出管理方面的一些结论：

(1) 设计委托管理。作为大型商业综合体的业主或者项目管理方，需要承认其所面对的项目的复杂性，以至于需要借助专业的技术人员作为团队一员进行设计管理。把设计服务资源按照顾问类服务和设计类服务，并指出大型商业综合体项目的设计委托适合选择主体设计总包结合专业设计平行分包的发包模式。倡导业主方与设计服务提供方建立良性的长久伙伴关系，并要在此基础上建立对设计顾问服务的评价机制和退出机制。由于设计委托定义了顾问的服务范围，文章结合了界面管理的知识给出了界面管理在大型商业综合体项目中应用的具体做法。

(2) 设计过程管理。文章给出了以方案、招标图、施工图和竣工图为划分节点的三期阶段划分原则，并在此基础上讨论了设计管理应关注的设计输入、设计输出、设计进度以及各阶段的管控重点。根据大型商业综合体项目的特点提出设计输入及输出的控制方法；进度管理方面提出了合理设计时间和设计响应时间的概念。此外，还着重分析了过程管理中的变更管理，指出大型商业综合体项目的变更无法避免，设计管理的目标应结合风险控制理论对变更进行控制，不仅减少变更的数量，而且要减少加急流程的比例。

(3) 设计决策管理。业主方作为设计管理方对设计的推动是通过一个个大小决策来推进的。文章介绍了决策问题的分类与层次，分析了设计决策遇到的问题，提出了因通过理顺决策流程和提高决策意识来提高设计决策的效率和可靠性。针对大型商业综合体项目的特点提出了管理方在设计决策流程时应遵循的一些原则。积极倡导设计管理方应通过系统思维、知识管理意识、全寿命期思维和风险意识这几方面的提高来提升决策意识，以提高设计决策的准确性和可靠性。

受限于个人的认知水平和项目经验，本篇对大型商业综合体项目的设计管理理解可能仍然不全面，除了设计委托管理、设计过程管理和设计决策之外，还有许多值得思考的问题：比如设计管理与项目开发的关系，或从沟通角度的设计顾问的激励制度的研究、设计效率的研究等。在论证分析方面，本篇的定性分析也多于定量分析，虽然文中有提出可量化的指标，但缺乏指标的实际应用。案例分析方面，仅用了一个典型的大型商业综合体项目进行论证和分析，难免会因为项目的特殊性产生偏颇。

可能就项目的设计管理而言，有的管理者会推崇本篇讨论的项目制管理，也有的管理者更倾向于职能部门制的管理方式。但笔者始终坚信国内建筑业正向着越来越专业化的方向发展，尤其针对大型的商业综合体项目，以项目制为基础的项目管理会成为趋势。在积极探索建筑业转型的时代背景之下，希望本篇提供的一些理论思考和案例分析可以成为日后有利于学者研究的参考，并且可以为大型综合体项目设计管理的实际操作提供帮助。

参考文献

[1] 刘曦卉. 设计管理[M]. 北京:北京大学出版社,2015.

[2] 丁士昭. 工业发达国家建筑产品的投资与费用控制[J]. 建筑,2001(08):39-40.

[3] Rajen Batavia,Bechtel Corporation Fron. End loading for life cycle success [J]. Offshore Technology Conference. Houston,Texas,2001,4.

[4] 丁士昭. 建设监理导论:建设项目建立从书之一[M]. 上海:快必达软件出版发行公司,1991.

[5] 龙固新. 大型都市综合体开发研究与实践[M]. 南京:东南大学出版社,2005.

[6] 黄杉,武前波,崔万珍. 国内外城市综合体的发展特征与类型模式[J]. 经济地理,2013(04): 1-8.

[7] 乐云. 建设项目前期策划与设计过程项目管理.[M]. 北京:中国建筑工业出版社,2010.

[8] 吴强,乐云. 项目业主方设计管理方法研究[J]. 项目管理技术,2012(7):82-86.

[9] 洪伟民,王卓甫. 建设工程施工标段划分优化研究[J]. 武汉理工大学学报(交通科学与工程版),2010,34(02):401-404.

[10] 曹海琴. 房地产项目行政审批的问题与对策研究[J]. 中国市场,2017(24):60-61.

[11] 何清华,罗岚,陆云波,等. 项目复杂性内涵框架研究述评[J]. 科技进步与对策,2013,30(23):156-160.

[12] 刘国余. 设计管理[M]. 上海:上海交通大学出版社. 2007.

[13] 李永奎,乐云,何清华,等. 大型复杂项目组织网络模型及实证分析[J]. 同济大学学报(自然科学版),2011,39(06):930-934.

[14] 张立群. 设计管理的方法体系[J]. 装饰,2014,(04):15-20.

[15] 李忠富,张亚妮. 跨区域多项目的房地产项目设计管理研究[J]. 土木工程与管理学报,2013,30(02):74-79.

[16] 周岚岚. 设计管理理念下的设计沟通模式探讨[J]. 艺术与设计(理论),2010,2(11): 253-254.

[17] 张浩. 国际 EPC 合同模式下的设计管理[J]. 国际经济合作,2015(07):78-84.

[18] 黄澄铠. 建筑设计院的设计管理[D]. 广州：华南理工大学，2014.
[19] 上海市人民政府. 上海市城市总体规划(2017—2035年)[EB/OL]. https://www.shanghai.gov.cn/newshanghai/xxgkfj/2035002/pdf.
[20] 朱海琦. 招标策划中的标段划分、发包模式及总分包界定[J]. 建筑施工，2007(08)：654-656.
[21] 吴铮，金凤. 大型商业项目业主方设计界面管理[J]. 工程建设与设计，2012(03)：144-147.
[22] Venkatachalam Senthilkumar，Koshy Varghese. Case study-based testing of design interface management system[J]. Journal of Management in Engineering 2013，6，29(3)：279-288.
[23] 左卫华. 项目业主方设计管理的系统问题及若干方法研究[D]. 上海：同济大学，2004.
[24] 刘建华. 建设项目业主方的设计管理研究[D]. 天津：天津大学，2013.
[25] 张永奇. 城市综合体开发的城市化效应[J]. 山西财经大学学报，2011(S3)：45-46.
[26] 李新伍. 房地产企业设计管理研究[D]. 北京：清华大学，2012.
[27] 丁士昭. 工业发达国家建设工程合同管理及风险管理[J]. 建筑，2001(9)：40-42.
[28] 李迁，盛昭瀚. 大型工程决策的适应性思维及其决策管理模式[J]. 现代经济探讨，2013(8)：47-51.
[29] 刘红兵. 价值工程在建设项目管理中的应用[J]. 现代商业，2008(6)：60+59.
[30] Xianhai Meng. Involvement of facilities management specialists in building design：United Kingdom experience[J]. Journal of Performance of Constructed FacilitiesOctober 2013，27(5)：500-507.
[31] 王茜，程书萍. 大型工程的系统复杂性研究[J]. 科学决策，2009(01)：11-17.
[32] 奉金权. 大型复杂工程业主方项目管理组织策划[J]. 建筑经济，2011(3)：35-38.
[33] 盛昭瀚，游庆仲，李迁. 大型复杂工程管理的方法论和方法：综合集成管理——以苏通大桥为例[J]. 科技进步与对策，2008(10)：193-197.
[34] 高妍方，邓晓红，崔晓青，等. 建设项目风险决策与知识管理集成研究[J]. 工程管理学报，2016，30(4)：121-125.
[35] Serpell A，Ferrada X，Rubio N L. Fostering the effective usage of risk management in construction[J]. Journal of Civil Engineering and Management，2017，23 (7)：858-867.
[36] ASCE. Quality in the Constructed Project，A Guild for Owners，Designers and

Contractors, third edition[M]. American Society of Civil Engineers, 2012.

[37] Johnson P W, Williams C E. Standards of professional practice for design management[J]. Journal of Professional Issues in Engineering Education and Practice, 2014, 140 (2): 4013011.

[38] 范金臣. 施工项目招标标段划分的影响因素与方案制定研究[D]. 长春：吉林大学, 2012.

[39] 王怡文. 设计管理中的涉及决策[J]. 科技展望, 2017(23): 302.

[40] 吴文利, 郭晓. 超高层综合体开发基于投资收益的设计管理策略[J]. 四川建材, 2018, 44(03): 229-230.

[41] Krämer M, Röhringer A, Kirchner W, et al. Programme Management and Project Control. ATZextra Worldw, 2009, 14: 150. https://doi.org/10.1365/s40111-009-0147-5.

[42] Alberto De Marco. Project Management for Facility Constructions, A Guide for Engineers and Architects[M]. second edition. 2018.

[43] David K. H. Chua, Md. Aslam Hossain. Predicting Change Propagation and Impact on Design Schedule Due to External Changes. [J]. Engineering Management IEEE Transactions on, 2012(59): 483-493.

[44] D. Wilson, B. Hannaford. Robust electronic design: what's that? [C]. Frontiers in Education Conference, 2001, 31(3): F3G-22.

[45] 国际咨询工程师联合会. 设计采购施工/交钥匙工程合同条件[M]. 1999.

[46] Project Management Institute. A Guide to the Project Management Body of Knowledge (PMBOK Guide)[M]. Fifth Edition. Newtown Square, Pennsylvania: Project Management Institute, Inc, 2013.

[47] 应晓磊, 强茂山. 我国工程建设项目多项目知识管理要素分析[J]. 工业技术经济, 2006, 25(10): 53-58.

[48] 刘波, 侯兆新, 刘志明, 等. 新加坡环球影城项目决策管理案例分析[J]. 项目管理技术, 2012, 10(01): 92-96.

第四篇

中美绿色建筑市场研究

——企业战略与空间分布

第一章 绪 论

一、研究背景

人口的增长，城市的发展，自然环境被持续破坏和由此导致的空气污染和气候变暖，都使得我们对于可持续发展的需求越来越迫切，对此我们提出了包括与自然环境和谐共处、阻止土地污染、有效利用资源和降低能耗等多个方面的可持续发展战略。在这些可持续发展的战略中，建筑业起到的重要作用不容小觑。根据澳大利亚绿色建筑委员会(2008)的统计数据，建筑业正消耗着世界 32% 的资源，产生着 40% 的填埋垃圾和 40% 的温室气体。鉴于建筑业对于资源消耗和气候环境的巨大影响，世界各地正越来越重视绿色建筑的发展。为了提高城镇化过程中的资源和能源利用效率，保护和改善人居环境，选择绿色建筑已成为越来越多工程项目的基本要求。

绿色建筑(Green Building)，又称为可持续建筑(Sustainable Building)或高性能建筑(High Performance Building)，是指建筑在的整个生命周期中(从选址到设计、施工、运营、维护、翻新和到达使用年限后的结构回收)，对环境承担起责任且高效利用资源的实践过程。这种绿色建筑实践可以从环境、经济、社会这几个方面为我们带来不同的效益。绿色建筑的环境效益不仅在于其减少了对环境的负面影响作用，更在于它们可以通过自行生产的能源或增加生物多样性从而对环境(在建筑或城市层面)产生持续的正面影响。联合国环境署(2016)的报告显示，到 2050 年，建筑业通过绿色建筑可以实现的潜在减排量高达 8400 亿吨二氧化碳[1]；在经济层面，绿色建筑不但能为业主通过降低建造和运营成本来节省费用，有效提高物业价值，还能创造大量的就业机会。在 2014 年，加拿大绿色建筑市场共创造了 234.5 亿美元的 GDP，并创造了近 30 万个全职工作岗位[2]。绿色建筑不仅带来了环境和经济效益，也带来了积极的社会影响，包括为绿色建筑的使用者营造健康的生活工作环境，以及由此提高使用者的工作效率。

随着绿色建筑的环境、经济、社会效益不断为业界所认识和得到实践的验证，在最近二十年来，全球各地的绿色建筑市场在开发商、承包商、设计单位、咨询单位及政府主管部门等多方面的推动下不断蓬勃发展。美国于 1993 年成立了美国绿色建筑委员会(USGBC)，正式从国家层面支持绿色建筑，并在之后的历程中不断发展和完善其绿色建筑相关评级标准和政策法规。美国的建筑企业在国家支持下稳定健康地向着可持续化发展转型，也由此形成了全球范围内最为成熟的绿色建筑市场。再看我国的绿色建筑市场发展情况，虽然自 2006 年《绿色建筑评价标准》

(GB/T 50378—2006)推出以来,我国对于绿色建筑发展的推动工作已经取得了可观的成果,成效显著,但是在绿色建筑市场中也出现了一系列的问题,需要在日后的工作中重点关注和解决。因此,对于已经成熟稳定的美国绿色建筑市场进行有针对性的定量分析,并从中总结规律和发展经验,与我国的绿色建筑市场发展现状相结合后进行深入研究,具有较强的现实意义。

二、实践需求及研究内容

我国绿色建筑市场的起始发展稍晚于美国,对绿色建筑市场的发展起主导作用的是国家政府对于绿色建筑的政策推广措施:2005 年,建设部、科技部联合出台《绿色建筑技术导则》,明确了发展绿色建筑的原则和要求;2006 年,《绿色建筑评价标准》(GB/T 50378—2006)发布,用于评价住宅建筑和公共建筑;在之后的时间里,围绕国标又推出了绿色建筑评价标识的实施管理细则和管理办法,以项目评分为划分标准将绿色建筑评价规定为一星级、二星级和三星级三个等级;2012 年,国家发布《关于加快推动我国绿色建筑发展的实施意见》,明确绿色建筑财政激励手段,首次提出国家层面的绿色建筑补贴标准,同时对绿色建筑的增长量提出要求;在 2017 年的《建筑节能与绿色建筑发展"十三五"规划》中,政府提出绿色建筑规划目标,到 2020 年全国城镇绿色建筑占新建建筑比例目标超过 50%,新增绿色建筑面积目标达到 20 亿平方米以上。在国家政策的大力推动下,我国的绿色建筑市场发展势头迅猛,前景广阔。而随着国家和各省市对绿色建筑提出新的建设目标,市场对于绿色建筑的需求量也将增大,预计 2020 年我国的绿色建筑面积将超过 15 亿平方米[3]。中国的绿色建筑市场有着巨大的潜力,目前正处于具有中国特色的绿色建筑市场发展的关键成熟期,这就更需要研究人员在绿色建筑领域的研究中注重境内绿色建筑市场的实际情况和问题,为推进我国绿色建筑市场发展做出贡献。针对我国目前绿色建筑市场的发展情况,本篇的实践需求包括以下两点:

(1) 总结美国成熟绿色建筑企业的发展模式,为我国建筑企业绿色转型发展提供建议。一方面,目前境内虽然有少数大型房地产企业和大型建筑承包商制订了绿色建筑发展战略,提高了其建筑项目产品的绿色化水平和品质,但是大部分建筑企业仍未充分意识到实施绿色建筑项目和绿色可持续化转型可以为企业带来的效益,而仅仅将取得绿色建筑标识作为其取得财政奖励或增强宣传效果以提高销售量的手段,并未真正将发展绿色建筑和企业绿色可持续化转型纳入其发展战略规划。它们的绿色建筑设计、建造、运营管理等能力不足以适应未来绿色建筑市场的需要。另一方面,我国建筑业的各个企业发展水平不一,既有像中建二局、万科地产这样的大型建筑施工及房地产企业,也存在许许多多地方的中小型建筑企业。不同层次的大中小型建筑企业面对着未来我国城乡建设模式可持续化发展趋势,该如何根据自身情况制订绿色转型发展战略,如何按照规划进行发展,从而使得企业能够在未来的绿色建筑市场中占据一席之地。这些问题涉及对不同类型绿色建筑企业发展模式的研究，需要在对美国较为成熟的绿色建筑市场中的绿色建筑企业进行量化分析并归纳总结后，结合我国建筑企业的特点提出建议。

（2）比较研究中美绿色建筑市场的时空演变情况，预测我国未来绿色建筑市场空间分布情况。从目前境内绿色建筑评价标识项目的地域分布来看，我国大部分绿色建筑项目集中在经济发达的东部沿海地区，中西部欠发达地区绿色建筑项目较少，且绿色建筑项目多集中在一线城市，二、三线城市较少，绿色建筑市场的地域发展不平衡情况较为显著。绿色建筑市场的空间分布有着什么的特征，随着时间变化会有怎样的演变趋势，需要在对美国这类已经较为成熟的绿色建筑市场的时空演变情况进行分析，并结合我国绿色建筑市场的时空演变情况进行比较分析后，对我国绿色建筑市场的未来空间分布进行预测、提出建议。

本篇的主要目标为发现美国不同类型绿色建筑企业的特点和发展模式，揭示中美两国绿色建筑市场的空间分布特点和演变趋势，为我国绿色建筑市场的发展从企业战略、空间分布两个不同方面提出建议。本篇的具体内容包括：①对美国464家绿色建筑企业的数据进行描述性统计和聚类分析，研究绿色建筑企业的分类及特点，为我国建筑企业制订可持续转型战略提供借鉴；②以对美国464家绿色建筑企业和33146个绿色建筑项目的空间自相关和空间回归分析为基础，研究其绿色建筑市场的空间演变情况；③根据我国3367个绿色建筑项目以及548个项目参建单位的信息，对我国绿色建筑市场进行空间自相关和空间回归的研究分析，并与美国绿色建筑市场空间分布特点进行对比，为我国未来绿色建筑市场发展提出建议。

第二章 文献综述

自20世纪90年代以来，绿色建筑或者说可持续建筑的逐渐兴起引起了全球各地的从业人员和研究人员的关注。与此同时，研究人员也开展了多种多样的与绿色建筑相关的研究并发表了研究报告。这些绿色建筑的相关学术研究成果对于建筑行业专家，建筑企业以及后续的研究人员都具有十分重要的参考价值。然而，如今与绿色建筑相关的文献主题高度多样化，为了能够让后续的研究者更深入地进行绿色建筑的研究，部分学者针对已有的绿色建筑研究文献进行了系统的整合和分类。Zuo和Zhao(2014)就是一个对绿色建筑研究文献做出分类的团队，他们在对绿色建筑相关文献进行广泛而深入的检索分析后，将绿色建筑研究的主题分成三类：①绿色建筑的定义和范围，②绿色建筑的益处及成本，③实现绿色建筑的方法[4]。Darko和Chan(2016)通过分析1990年至2015年在10种选定的建筑管理类期刊上发表的绿色建筑相关研究论文，提出了绿色建筑的研究的四个主题方向：①绿色建筑项目的交付和发展的研究，②绿色建筑认证相关研究，③与绿色建筑的能源性能相关的研究，④绿色建筑其他先进技术的研究[5]。

综合前人对于绿色建筑研究文献的分类以及在研究过程中对查阅文献的整合，本文将与绿色建筑相关的研究文献分为两个大层面，每个层面各有专项研究的方向。第一个层面为绿色建筑项目层面，包含了①绿色建筑项目的定义及效益，②绿色建筑项目的交付和运营，③绿色建筑项目先进技术三个方向的研究。第二个层面为绿色建筑市场层面，相对于绿色建筑项目个体来说更为关注整体绿色建筑市场发展层面的问题，主要涵盖了①绿色建筑企业组织管理实践，②绿色建筑市场分布和发展，③绿色建筑认证标准及政策法规三个主要方向。

一、绿色建筑项目研究现状

1. 绿色建筑的定义及效益

在学术文献中，绿色建筑与可持续建筑、高性能建筑这两个术语往往交替使用[4,5]，而且对于其定义也多种多样。Kibert(2008)在其经典著作中指出，绿色建筑是采用基于生态的原则，以资源有效利用的方式设计和建筑的健康设施[7]。美国绿色建筑委员会(2014)在其网站上描述绿色建筑为在建筑物的全生命周期中放大积极因素并减轻其负面影响的努力[8]，同时在其名为“建筑动量”的报告中，将绿色建筑定义为以环境、经济、健康和生产力等方面超过非绿色建筑标准来设计、建造和运营的建筑[9]。香港绿色建筑委员会(2015)也曾指出，绿色建筑背后的主要思想是通过三个基本过程尽量减少建筑物对环境的不利影响：建筑物的生命周期规划，资源的有效利用，环境废物和污染的减少[10]。这一定义与 Robichaud(2010)提出的绿色建筑四大支柱有互通之处。所谓的四大支柱即为最小化对环境的影响，改善居住者的健康状况，开发商和当地社区的投资回报，以及规划和开发过程中的生命周期考虑[11]。从以上的众多定义之中可以提炼出他们的共同要素：从建筑的全生命周期的方面考虑，保证建筑环境和资源利用的可持续性以及建筑对用户和社区的正面影响。

关于绿色建筑的效益和优点在很多的学术报告中都有所提及，Rics(2018)曾系统地统计过在学术文献中提及的绿色建筑益处，并将其归纳总结成表，其中被提及最高次数的五大益处分别为：降低建筑全生命周期成本、节约能源、提高住户的健康和舒适度、提高整体生产力以及保护环境[12]。总之，绿色建筑的效益及优点可以分为用户、环境、经济三个层面来评价。在用户层面，绿色建筑能为用户带来的生产力提高的效果不容小觑。Ries 等人(2006)就在其研究中发现，当用户从传统建筑搬入绿色建筑后，用户的工作缺勤率出现了显著降低，其生产力也提高了25%[13]。Frontczak 等人(2012)的研究还发现，建筑内的噪声水平、视觉效果、隐私性和对工作场所的满意度之间存在很强的相关性。同时，在建筑物中与同事互动的机会和足够的通光量也有助于提高用户的满意度[14]。在环境层面，绿色建筑不仅可以有效减少建筑物二氧化碳的排放量[15]，同时还可以实现大幅度节约能耗的效果[16]。Turner 和 Frankel(2008)发现，与全美平均水平相比，获得 LEED 认证的建筑可以实现 15% 到 58% 不等的节能效果。在众多建筑项目类型之中，图书馆、K-12 教育类建筑和多单元住宅的节能效果最为显著，节能率分别为 58%、48% 和 43%[16]。在经济层面，Kats 等人(2003)在报告中证实，支持绿色设计前期投入的增幅为 2% 的成本最后可以为项目的全生命周期节省 20% 的总建筑成本，是初始投入的十倍之多[17]。Edward(2006)和 Li 等人(2013)都不约而同提到了绿色建筑对于国家经济提升的贡献[18,19]。综上所述，通过与传统建筑的比较以及对在绿色建筑发展过程中的各方面表现的评估，前人的研究已经在多方面阐述了绿色建筑的效益和优点。

2. 绿色建筑的交付和运营

基于绿色建筑的发展优势和市场需求，针对如何交付绿色建筑项目和在运营阶段如何保证绿色建筑的实际成效最大化，许多学者也都在研究中提出了自己的方法和研究成果。马素贞等人(2010)在对某二星级绿色建筑的调研中发现，其绿色建筑技术的增量成本为 192.8 元/m^2，其中节能部分的增量成本远高于其他部分，约占 50%[20]。Ross 等人(2007)同时也在研究报告中指出，绿色建筑在建筑前期会有每平方英尺(1 平方英尺约等于 0.09 平方米)7.41 美元的“建筑溢价”[21]。Langdon(2007)在其研究中表示，如果要达到澳大利亚绿色建筑委员会(GBCA)绿色五星级或六星级的认证，需要在建设阶段增加额外的 4% 或 10% 的成本[22]。

但是由于能源和水资源价格的持续上升，这些前期建设的成本投入在后期都可以在运营和维护阶段所节省的成本来抵消。美国能源部科学和技术信息办公室(2010)的研究报告指出，绿色建筑在能源效率，水效率和成本效率等方面的表现均优于传统建筑[23]。Lau 等人(2009)的研究也表明，与传统建筑相比，具有绿色特征的低能耗办公楼可以节省超过 55% 的能源成本[24]。当然，对于绿色建筑在运营阶段的收效，也有部分学者持保守态度。Matthiessen 等人(2004)在使用大量建筑成本数据来比较绿色建筑的成本与可比较项目的建筑成本后，提出在进行绿色建筑交付的过程中任何其他项目都只是具备参考价值，其具体绿色建筑收益仍需依照特定建筑情况来进行分析[25]。除了对于绿色建筑项目中成本和收益的研究，部分学者还在绿色建筑项目的施工和管理方面提出了自己的见解。鲁荣利(2010)就在建筑工程项目绿色施工的管理方式中提出了组织管理、规划管理、实施管理三个方面的管理方法[26]。对于建筑施工现场的能源管理，水资源管理和污染管理，孙佩刚(2013)也指出，可以在项目前期通过选型设备和特定工艺来实现绿色施工的理念[27]。在管理方面，Boadu 等人(2012)指出，承包商需要采用新的管理实践才能成功实现获得 LEED 评级的项目目标。领导力的作用、战略计划、关注顾客需求及分析和知识管理等方面，对于促进 LEED 项目的成功实施都是至关重要的[28]。

3. 绿色建筑的先进技术

在绿色建筑项目应用方面，有多种多样的先进技术吸引着学者投入研究。这些技术的研究和试验都蕴含着巨大的经济效益，在众多技术之中绿色建筑节能新材料和 BIM 技术(Building Information Modeling，建筑信息模型)在绿色建筑的应用拥有最大的潜力。刘光洲和唐胜策(2013)在研究中将绿色节能建筑材料分为可回收性建筑材料、绿色植物建筑材料、碳素纤维建筑材料和抑菌建筑材料四种类别，同时列举了将不同类别的材料在绿色建筑墙体建造、门窗建设和屋顶建造中的应用方法[29]。Bianchini 等人(2012)对绿色屋顶材料的聚合物生产和环境影响进行了分析，发现不管是从制造过程的方面还是从长期平衡空气污染的方面来考虑，当前所谓的“绿色屋顶材料”都亟须被更环保和可持续的产品所取代[30]。

如今，BIM 建筑信息模型技术已经在建筑行业得到广泛应用，以辅助项目设计和建设过程中的决策。绿色建筑项目的设计和建设是一项充满不确定性的复杂任务，为了促进参与此项任务的多个项目团队之间的沟通合作，BIM 技术成为人们首选的工具。不少企业开始在自己的绿色建筑项目中加入 BIM 技术的应用，由此也产生了“绿色 BIM”的概念，即运用 BIM 技术来实现绿色建筑目标[31]。采用 BIM 技术来进行设计集成会使所有项目参与者有效地协作、共享信息和进行沟通，并就如何实现常见的绿色建筑项目做出高效的决策[31]。虽然 BIM 技术在绿色建筑的应用方面有许多优势，但仍然有很大的发展进步空间。在通过对承包商和设计师的调查后，Bynum 等人(2013)指出，BIM 技术在绿色建筑的应用过程中的互操作性问题仍然存在[32]。在政府大力推行 BIM 技术发展背景下的境内绿色建筑研究领域，也有不少学者对于 BIM 技术的绿色建筑应用做出了各自的研究。郭奎真(2017)结合 BIM 集成信息的具体流程展开了对基于 BIM 技术的绿色建筑工程信息集成机理的全面分析，同时构建了一个 BIM 技术在绿色建筑项目信息集成中运用的定量评价模型[33]。章帅(2014)在以绿色建筑评价标准为蓝本的基础上采用模糊的层次分析法，将 BIM 技术与环境性能评价结合了起来，并通过对南京市某建筑项目的工程实例分析验证了其模型[34]。总而言之，结合 BIM 技术在建筑全生命周期各个阶段的应用，可以发现 BIM 技术在绿色建筑方面还有广泛的应用空间，需要在未来继续探索和完善[35]。

二、绿色建筑市场研究现状

1. 绿色建筑企业组织管理实践

在对绿色建筑企业组织管理实践经验的研究中，多为对建筑企业在绿色建筑方面的管理实践的经验总结。Lu 和 Zhang(2016)就提出了在关注于绿色建筑项目交付的同时，建筑行业的公司企业也应该关注自身公司运营的绿色可持续化发展[36]。在总结了其他行业的可持续发展战略后，Lu 和 Zhang(2016)用涵盖了可持续社会、环境、经济三个方面和项目、运营、管理和利益相关方四个企业发展要素的 110 个指标，搭建了建筑企业的可持续发展框架[36]。Ahn 和 Pearce(2007)在其研究中对美国 87 家不同建筑承包商进行了问卷调查，收集了这些公司在绿色建筑方面的经验水平和能力、公司对新员工在绿色建筑知识和技能方面的期望以及受访者对绿色项目行业未来的预期和看法并进行了分析[37]。Boadu 等人(2012)在对美国的六家绿色建筑项目方面有成功经验的承包商进行访谈分析后，提供了一个直观的框架，以讨论管理实践的形式，以提高 LEED 项目的认证成功率。他们也指出了其研究方法的局限性：定性研究仅基于有限数量的建筑企业组织，需要后续研究者进行定量的研究从而为绿色建筑行业提供具有概括性的指标，以帮助提高绿色建筑企业的管理实践以及成本效益[28]。国内也有学者针对我国的建筑企业的特点提出了绿色建筑发展的战略。张光灿(2007)提出，在绿色建筑行业，我国的建筑企业面临着国内外竞争对手的激烈竞争。为了适应环境和竞争的需要，实现战略转型，我国建筑企业需要建立与绿色建筑相应的企业文化，进行绿色设计，推行绿色建筑施工，应用绿色建筑技术，提升企业的核心竞争力[38]。黄献明等人(2011)梳理了在绿色转型方面具有代表性的地产企业(万科、绿地、招商地产等企业)的发展战略后，总结了地产企业的绿色转型战略框架，提出企业的绿色转型战略框架是由企业绿色战略核心、绿色技术目标与体系、绿色支持机制三个部分构成的[39]。在对绿色建筑企业组织管理实践的研究中，中外学者多通过案例分析的方法来分析典型绿色建筑企业的组织管理经验和发展战略特点，而缺乏定量分析的结果对其总结的观点进行支持。

2. 绿色建筑市场分布和发展

绿色建筑市场自20世纪90年代以来的迅速发展和成熟,在对绿色建筑市场的分布和发展方面的研究也一直以来都是绿色建筑研究人员的一个关注重点。由于对绿色建筑市场的发展的研究种类和角度繁多,在此将其分为境内市场研究和境外及国际市场研究两个方面来进行陈述。在对境内的绿色建筑市场研究中,田慧峰等人(2012)分析了通过具有官方认证绿色建筑标识的绿色建筑项目逐年变化情况、建筑类型分布和地域差别等,最终提出中国绿色建筑发展尚处于初级阶段的结论。但他们同时也提出,绿色建筑的评审已经有全国普及化的趋势,通过认证的绿色建筑项目逐年增多,处于由"浅绿"向"深绿"的发展阶段[40]。Li等人(2014)则在研究报告中客观地指出,中国的绿色建筑仍只处于试点项目的状态,尚未形成绿色建筑群体,我们仍需更进一步研究和推动绿色建筑的规模发展[41]。在研究中,通过问卷调查收集了亚洲两个经济发达城市香港和新加坡的绿色建筑市场发展情况后,Chan等人(2009)发现了在这两地阻碍绿色建筑发展的三大因素分别为高昂的前期投入成本、缺乏政府的财政激励措施以及缺乏绿色建筑相关教育[42]。在对国外及国际绿色建筑市场的分析研究中,Ma等人(2017)在利用美国的绿色建筑项目分布情况构造好绿色建筑地方市场发展的参数模型后,用该模型预测了中国未来绿色建筑市场发展会更为有利的20个城市[43]。Kim和Cho(2014)分析了绿色建筑对基础设施市场的影响后,也利了用美国、韩国和全球建筑市场的往年数据来对未来这三个市场的绿色环保基础设施建设市场作出了预测[44]。在Dodge Data & Analytics(2018)发布的世界绿色建筑趋势报告中,提出超过60%的受访者表示希望其参与的项目为绿色建筑项目,而且报告还预测了市场对于绿色建筑的需求将会在2021年加倍[45]。不管境内还是境外,对于绿色建筑市场的分析更多的重点在于通过绿色建筑项目的数据,从对以往发展趋势的分析中得到未来市场走向的预测。

3. 绿色建筑认证标准及政策法规

学界在对于绿色建筑认证标准的相关研究涉及绿色建筑认证标准的制定、绿色建筑认证系统的环境效益评估以及绿色建筑认证系统的审查等问题[5]。Lockwood(2006)在文章中曾经提道:"绿色建筑成为主流的关键催化剂是在全球范围内制定的可靠的评估标准和评估体系。"[46]。现如今全球领先的绿色建筑认证标准包括有:能源与环境设计先导(LEED,美国)、建筑研究所环境评估方法(BREEAM,英国)、绿色建筑委员会绿色之星(GBCA,澳大利亚)、绿色标志计划(Green Mark,新加坡)、可持续建筑评估(DGNB,德国)、建筑环境效率综合评估系统(CASBEE,日本)和建筑环境评估方法(HK-BEAM,中国香港)。中国内地也有属于自己的绿色认证标准:由住房和城乡建设部科技与产业化发展中心颁发认证的绿色建筑设计和运营评价标识。所有这些绿色建筑评估工具都是自发而非强制性的评估认证标准。它由每个国家或地区的绿色建筑委员会开发,而其评估则由绿色建筑委员会委托认可的专业人员进行[4]。绿色建筑认证标准为绿色建筑的开发提供了方法和目标，而与此同时，建筑项目只有在获得了绿色建筑认证体系的认可之后，才能真正地自称为“绿色建筑项目”[47]。对此，境内的一些学者提出了一些绿色建筑认证标准的不足之处，支家强等人(2010)在比较了境内外的绿色建筑评价体系后，指出了很多评价体系的一个共有特征，即过度重视技术的应用和评分，却在实际建筑运行效果的评价方面有所欠缺[48]。徐树刚(2016)对此也提出了相似的观点，追逐绿色建筑认证的行为可能会导致技术节能而非建筑设计节能，而这也意味着更多的技术生产过程中产生了对能源的更大需求[49]。虽然存在着种种潜在问题，但是业主和承包商也已经逐渐意识到绿色建筑的本质为实现建筑全生命周期的可持续化发展，而不只是完成某项绿色认证[50]，绿色认证评价体系也在随着业界的意识转变而不断发展和进化。

在绿色建筑评价标准制定推出后，要保证其得到实施推行，就需要绿色建筑政策法规的保障。正如Olubunm(2016)在研究中所指出的那样，绿色建筑的相关政策法规是一种推动绿色建筑发展的动力，政府在其中也担当者重要的角色[51]。Eugene(2010)在对美国中心城市的绿色建筑政策研究中，运用回归分析建立了以市政监管政策、市政行政激励、市政技术支持为变量的回归模型，分析了美国中心城市的绿色建筑市场受政策的影响程度[52]。Khanna的团队(2014)对于美国和中国的绿色建筑政策进行了详细的比较研究，并提出中国政府提供的鼓励绿色建筑的政策实施仍有待落实[53]。张建国和谷立静(2012)进一步指出了我国绿色建筑标准评价体系不完善，绿色建筑法规制度不健全，发展绿色建筑的激励政策不足等绿色建筑发展挑战，并在此基础上提出了对我国激励政策加大力度的相关建议[54]。对于绿色建筑认证标准和绿色建筑政策法规的研究中的关注点在于对不同国家和地区绿色建筑标准和政策的比较，以及提出对我国完善绿色建筑认证标准和政策法规的建议。

三、研究目标

通过对绿色建筑项目层面和绿色建筑市场层面的相关文献的回顾整理和总结分析，可以看到学术研究人员在绿色建筑方向的研究已经形成了较为成熟完善的研究思路和研究体系。在绿色建筑市场层面的研究中，境内的研究人员在对境内绿色建筑市场做出我国绿色建筑市场目前仍处于初级发展阶段的分析后，将重点关注政策和标准的制定以及通过激励手段推动绿色建筑市场发展两方面。而国外的研究中虽然通过量化的方式分析了以往绿色建筑市场的发展趋势以及预测了未来的市场发展方向，但是在对绿色建筑的市场层面的研究过程中，大多数将重点放在了绿色建筑项目上面，将绿色建筑项目的分布等同于绿色建筑市场的分布，却忽视了绿色建筑企业在市场发展过程中起到的不可替代的作用。在对绿色建筑企业的管理实践的研究中，研究人员仅对部分企业个体的绿色建筑实践经验进行了分析，而未能从市场的全局角度定量地来对绿色建筑企业的管理模式进行总结分析。这种忽视，使研究人员从企业的方向来对绿色建筑市场进行评估分析的部分出现了空缺。从业人员缺少了绿色建筑企业在绿色建筑市场发展过程中的转型参考，研究人员也缺少了对绿色建筑企业这一在绿色建筑市场起推动作用的关键因素的分析。因此，为了填补这一空缺，本篇首先从企业的角度对绿色建筑市场进行了分析。以美国绿色建筑企业的信息为参考，发现不同类型绿色建筑企业的特点和发展模式，同时结合绿色建筑项目的信息，揭示绿色建筑市场的空间分布特点和演变趋势，并与境内绿色建筑市场的发展情况进行对比，为我国绿色建筑市场的发展从企业战略、空间分布两个方面提出建议。

第三章　研究思路及方法

一、数据收集

为了研究美国绿色建筑市场企业战略与空间分布的特点，本篇收集了美国权威工程领域学术杂志《工程新闻记录》(*Engineering News-Record*, *ENR*)从2008年至2017年十年中每年评选出的百强绿色承包商(Top 100 Green Contractors)和百强绿色设计公司(Top 100 Green Design Firms)共计2000份的企业信息，并对其进行归纳，最终整合为在2008年至2017年在ENR绿色建筑企业百强名单上榜过的464家绿色建筑企业数据。在这464家绿色建筑企业中，包含223家绿色建筑承包商和241家绿色建筑设计公司。每一个绿色建筑公司的信息包括其平均排名、上榜次数、平均绿色建筑收益百分比、平均参加项目种类数、平均绿色建筑资质认证员工数量、平均绿色建筑收益和人均绿色建筑收益。在对美国绿色建筑项目的数据收集中，总共整理了从2000年至2018年12月31日共计33146个LEED项目的信息，每个项目的具体信息包括项目的名称、地理位置、项目评级(认证级、银级、金级、铂金级)和项目获得评级的时间。

在对中国绿色建筑市场空间分布特点的研究中，对境内绿色建筑市场的研究数据主要来源于绿色建筑地图网站(www.gbmap.org)，在这个网站中以地图和列表的形式将中国各个地区的绿色/低碳建筑项目、企业、政策法规等信息呈现出来。本篇中从此网站收集整理了我国绿色建筑项目和参建单位的信息，作为对境内绿色建筑市场研究的数据库。在经过数据筛选处理后，共统计了2005年至2018年间在我国的3367个绿色建筑项目的信息，以及参加这些绿色建筑项目的548个建筑设计单位和建筑咨询单位的信息。

二、描述性统计方法

为了在对中美绿色建筑市场展开细致的分析前先进行一个初步的认识，本篇对收集整理的数据进行了信息的统计和描述。对绿色建筑市场信息的统计主要从两个方面入手：①对项目和企业的数据信息进行描述性统计。②对项目和企业的位置信息进行描述性统计。

1. 项目和企业的数据信息的描述性统计

在对美国的绿色建筑市场的数据信息统计中，整合2008—2017年的十年间每年榜单上百强绿色建筑承包商和百强绿色建筑设计公司的年绿色建筑收益，并计算出每年的美国绿色建筑市场百强绿色建筑企业总收益，以此从时间角度观察美国绿色建筑市场的发展趋势；同时整合十年间每年占承包商和设计公司的绿色建筑项目年总收益份额最高的四个建筑类型（商业建筑、教育建筑、医疗建筑和政府建筑）的占比变化，从不同种类项目的市场份额角度观察其绿色建筑市场的发展趋势。在对中国的绿色建筑市场的数据信息统计中，整合统计不同评级标准下的绿色建筑项目数量，并统计这些绿色建筑项目在不同种类（居住建筑、公共建筑、工业建筑）中的数量和占比，以此从项目角度观察我国绿色建筑市场的发展特点；同时整合统计绿色建筑项目参建企业中设计单位和咨询单位的参建项目数量，从项目参建单位角度观察我国绿色建筑市场的企业特点。

2. 对项目和企业的位置信息的描述性统计

在对美国的绿色建筑市场的空间信息统计中，以县（County）为单位统计了每个县中绿色建筑项目的数量、绿色建筑企业的数量以及绿色建筑企业的上榜数，以此对美国绿色建筑市场中项目与企业的空间分布有一个初步的了解，发现热点区域，同时为后文更进一步的定量分析奠定数据基础。在对中国绿色建筑市场的空间信息统计中，以市为单位统计了每个市内绿色建筑项目的数量以及绿色建筑项目参建单位的数量，以此发现绿色建筑市场发展的热点区域，并为后续分析做好数据基础。

三、聚类分析方法

本篇在综合统计毕美国绿色建筑市场中 464 家典型绿色建筑企业的信息后，需要对这些绿色建筑企业的特点与发展战略进行具体分析。然而，由于企业数量庞大，对每一个绿色建筑企业都进行剖析是不可取的。因此，本篇采取对这 464 家绿色建筑企业进行分类的方法，分析每一类绿色建筑企业的特点并挑选其中的典型企业进行案例分析，以此达到研究目的。在本篇中，对绿色建筑企业的分类采用了聚类分析的方法。聚类分析的特点在于，与判别分析相比，聚类分析不需要提前知道组的结构，而通过样本数据的特征来计算归类出来。鉴于聚类分析的特点，许多研究人员会使用聚类分析作为一种探索性工具来进行研究[53]。聚类分析的特点正符合本篇对于绿色建筑企业进行分类的需求，即在不知道不同类型的绿色建筑企业的特点的前提下进行分类，再描述分析每一类绿色建筑企业的特点。在聚类分析的多种统计方法中，主流的统计方法有层次聚类法、二阶聚类法和 K-均值聚类法[56]。

1. 层次聚类法

在对美国 464 个绿色建筑企业进行聚类分析的过程中，首先对层次聚类方法进行了试验。层次聚类的合并算法就是通过计算两类数据点间的相似性（距离），对所有数据点中最为相似的两个数据点进行组合，并反复迭代这一过程，这一算法可以通过计算不同类别数据点间的相似度来创建出一棵有层次的嵌套聚类树。层次聚类的计算效率相对较低，多适用于较小的数据集。

2. 二阶聚类法

在对美国 464 个绿色建筑企业进行聚类分析的过程中，同时对二阶聚类方法进行了试验。二阶聚类是一种两步聚类方法。第一步是对数据进行预聚类（准聚类），在此期间，它将原始输入数据压缩为一组可管理的子群集。第二步使用层次聚类方法逐步将子聚类合并为越来越大的聚类，而不需要另外传递数据。由此可见，二阶聚类和层次聚类一样都不需要提前确定最终聚类的数量。二阶聚类方法相比于层次聚类增加了预聚类的步骤，使得即使对于大型数据集也能快速进行层次聚类，而且二阶聚类可以处理混合字段类型，测试多个集群解决方案并选择最佳解决方案，因此二阶聚类方法可以自动确定最优的聚类数。二阶聚类分析相对于层次聚类分析操作起来更加简明，通过选用赤池信息准则（Akaike Information Criterion，AIC）的聚类准则，可以让软件自动确定最终聚类的数量和各个企业的归类。

3. *K*-均值聚类法

在对美国典型绿色建筑企业的分类中，也对 *K*-均值聚类算法进行试验。*K*-均值聚类算法（*K*-Means）相比于层次聚类算法和二阶聚类算法的不同之处在于，*K*-均值算法会对最终集聚的簇的数量进行预先假设，假设最终所有样本会分为 *K* 类。*K*-均值聚类分析首先选择 *K* 个样品为初始凝聚点，然后对所有样品进行逐个归类，将每个样品根据其与凝聚点的欧式距离进行归类，在归类后形成的新类中的均值会被作为新凝聚点继续进行归类，直至所有样品归类完成。由于其计算方式中预先确定聚类群数的特点和其计算方法的广泛适用性，虽然自 1955 年其正式发布以来已经过去了 60 多年，*K*-均值算法依然是学术界最为普遍也是最受欢迎的聚类算法之一[55]。*K*-均值聚类方法的优点在于其简单灵活，且适用于大型数据集，算法效率较高。*K*-均值分析可提高聚类准确性，对研究人员确保有关特定问题域的信息或聚类结果是具备分析研究价值的。

本篇分别对三种聚类方法进行了实验并对实验结果进行了比较，并最终选取了最优的一种作为对绿色建筑企业进行聚类的方法。在研究中，三种聚类方法的运算均通过 SPSS（Statistical Product and Service Solutions）社会科学统计软件包来实现，SPSS 是由 IBM 公司推出的用于统计学分析运算、数据挖掘、预测分析和决策支持任务的软件产品，自 1968 年推出以来，得到学术界的普遍认可，被广泛应用于统计相关的学术研究当中。

四、空间自相关分析方法

在对绿色建筑市场中项目与企业空间位置信息的描述性统计中发现了项目与

企业在空间中的热点区域，这些热点区域存在着集聚的特征。为了定量地证明绿色建筑市场空间分布中的集聚特点，在本篇中引入了空间自相关的分析方法。

本篇使用的空间自相关分析是一种较为直观的定量证明绿色建筑企业和绿色建筑项目在空间上是否存在集聚的分析方法。Tobler(1969)曾经提出过地理学第一定律："所有的事物都是相互关联的，但是相距较近的事物相比于相距较远的事物的关联更强。"[59]空间自相关这一概念就是使用定量的计算方法来确定一个对象与其附近对象的相似程度的计算方法。空间自相关显示的是地理空间之中各个变量间的相关性，是一种相似性的度量，通过定量的方式来表现事物在空间上的依赖关系。Hubert 等人(1981)对于空间自相关给出了一个概括性的定义：给定包含 n 个地理单位的集合 S，空间自相关指的是在 n 个地点中的每一个中观察到的变量，与从 n 中选择的所有 $n(n-1)$ 对定义的地理邻近度的度量之间的关系[60]。通俗地说，如果在一个区域内的变量随着测定距离的缩小而变得更相似，则说明这个变量存在着空间正相关的特征；反之，若变量值随着距离的缩小差异性增大，则说明这一变量存在着空间负相关的特征；如果在这一区域中的变量没有表现出空间依赖关系的话，则表示这一变量在空间中呈现随机分布的特征。

空间自相关中空间关联度的计算方法有多种，包括 Moran's I，Geary's C，Getis和 Ord 的 Gi 局部聚类法，Anselin 的 LISA 空间关联的局部指标法等，在这些众多的计算方法中，莫兰指数(Moran's I)是空间自相关中最为广泛使用的度量计算方法[58]，也是本篇中采用的空间自相关计算方法。莫兰指数的取值范围在 -1.0到$+1.0$ 的区间内。若莫兰指数为负数，则说明数据集中的高值排斥其他高值，低值排斥其他低值，表现为空间负相关，莫兰指数越接近 -1.0 则越分散；若莫兰指数为正数，则说明数据集中的高值聚集在高值附近，低值聚集在低值附近，表现为空间正相关(空间集聚)，莫兰指数越接近 $+1.0$ 则越集聚；若莫兰指数为 0，则表示数据在空间中随机分布。

五、空间回归分析方法

本篇在通过空间自相关分析证明绿色建筑项目与企业空间分布中热点集聚特点的同时，也发现绿色建筑企业和绿色建筑项目的热点分布具有相似之处，因此假设绿色建筑企业和绿色建筑项目在地区的分布上存在着回归关系，即通过某地绿色建筑企业的规模可推算出此地绿色建筑项目的数量。为了验证这种假设，本篇对绿色建筑企业上榜数(解释变量 X)与 LEED 项目数(因变量 Y)进行了回归分析。

传统的回归方法在进行回归模型的分析过程中，往往选择一个变量作为因变量，其余变量为解释变量，然后通过拟合来研究因变量与解释变量之间的关系。但是在经典回归模型的最小二乘法估计中，假设前提是独立(解释)变量的系数值在研究的空间范围内是恒定的。换句话说，在经典回归模型中如果在变量关系中存在任何空间变化，则必须将其限制在误差范围内。但是，当变量数据中存在着空间依赖性，或空间自相关性，则会违反经典回归模型中对于误差范围的假设，则最小二乘估计的假设不成立，其构造的回归模型也就是存在谬误的[62]。空间(包含自相关性)和非空间(最小二乘估计)回归分析之间回归系数的差异基本上是不可预测的，在分析空间数据集时忽略空间自相关可能会产生误导性结果[63]。因此，在对具有空间依赖性(相似性)的数据进行回归分析时，回归模型需要考虑数据的空间自相关性，而这种模型一般称之为空间回归模型[63]。

空间回归模型在经典回归之上加入了数据之间的空间关系，通过空间权重矩阵将数据(因变量和解释变量)与数据的空间位置结合起来，达到更好的拟合结果。空间回归模型自 20 世纪 80 年代开始到现在已经发展了许多种类的模型算法，其中经典的就是联立自回归(Spatial Autoregression，SAR)模型，这种模型又分为两种假设条件下的空间回归模型。

(1) 空间滞后模型

$$y(i) = \beta_0 + \beta_1 X_i(i) + \cdots + \beta_k X_k(i) + \rho \sum_{j=1}^{n} W(i,j) y(i) + \varepsilon(i) \quad (4\text{-}3\text{-}1)$$

式中，y 为因变量；$X_1, \cdots, X_k$ 为解释变量；β_k 为回归系数；ε 为随机误差项；ρ 为空间自回归系数；W 为空间权重矩阵。在空间滞后模型中假设 y_i 是具有空间相关性的，即 y 的值是受空间内周边其他因变量的影响的。

(2) 空间误差模型

$$y(i) = \beta_0 + \beta_1 X_1(i) + \cdots + \beta_k X_k(i) + \zeta(i) \quad (4\text{-}3\text{-}2)$$

$$\zeta(i) = \lambda \sum_{j=1}^{n} W(i,j) \zeta(i) + \varepsilon(i) \quad (4\text{-}3\text{-}3)$$

式中，y 为因变量；$X_1, \cdots, X_k$ 为解释变量；β_k 为回归系数；λ 为空间自回归系数；ζ 为空间自相关误差，ε_i 为随机误差。空间误差模型的假设是在进行回归拟合的过程中，空间自相关误差项 $\zeta(i)$ 存在着空间自相关性，$\zeta(i)$ 受数据在空间中所处位置的影响。

在使用空间回归模型的过程中，选择空间滞后模型还是选择空间误差模型需要通过如图 4-3-1 所示的步骤来进行判断，通过拉格朗日乘数的诊断检验，最终挑选出可进行极大似然估计得出最优拟合结果的模型。选定模型后，在运用空间回归模型对数据进行回归分析时会得到体现拟合模型的解释度量 R 的平方(R^2)，R^2 又名决定系数(Coefficient of Determination)，是反映模型拟合优度的统计量，即反映变量之间的相关性，是一个取值范围在 0 到 1 之间的值。当 $R^2 \geqslant 0.8$ 时，代表着回归分析的变量间高度相关；当 $0.8 > R^2 \geqslant 0.5$ 时，意味着回归分析变量间中度相关；而当 $0.5 > R^2 \geqslant 0.3$ 时，则变量间低度相关；若 $0.3 > R^2$，则视回归分析中变量之间的相关性极弱[64]。R^2 值越大，则回归模型的拟合度越高，因变量被解释变量解释的程度就越高，二者间的相关性越高。

本篇对绿色建筑企业和绿色建筑项目的空间自相关分析与空间回归分析均通过 GeoDa 软件实现。GeoDa 是一个由 Anselin 博士和其团队开发的开源的空间数据分析软件，软件提供了丰富的用于探索性空间数据分析方法[58]，满足本篇对于绿色建筑空间数据分析的需要。

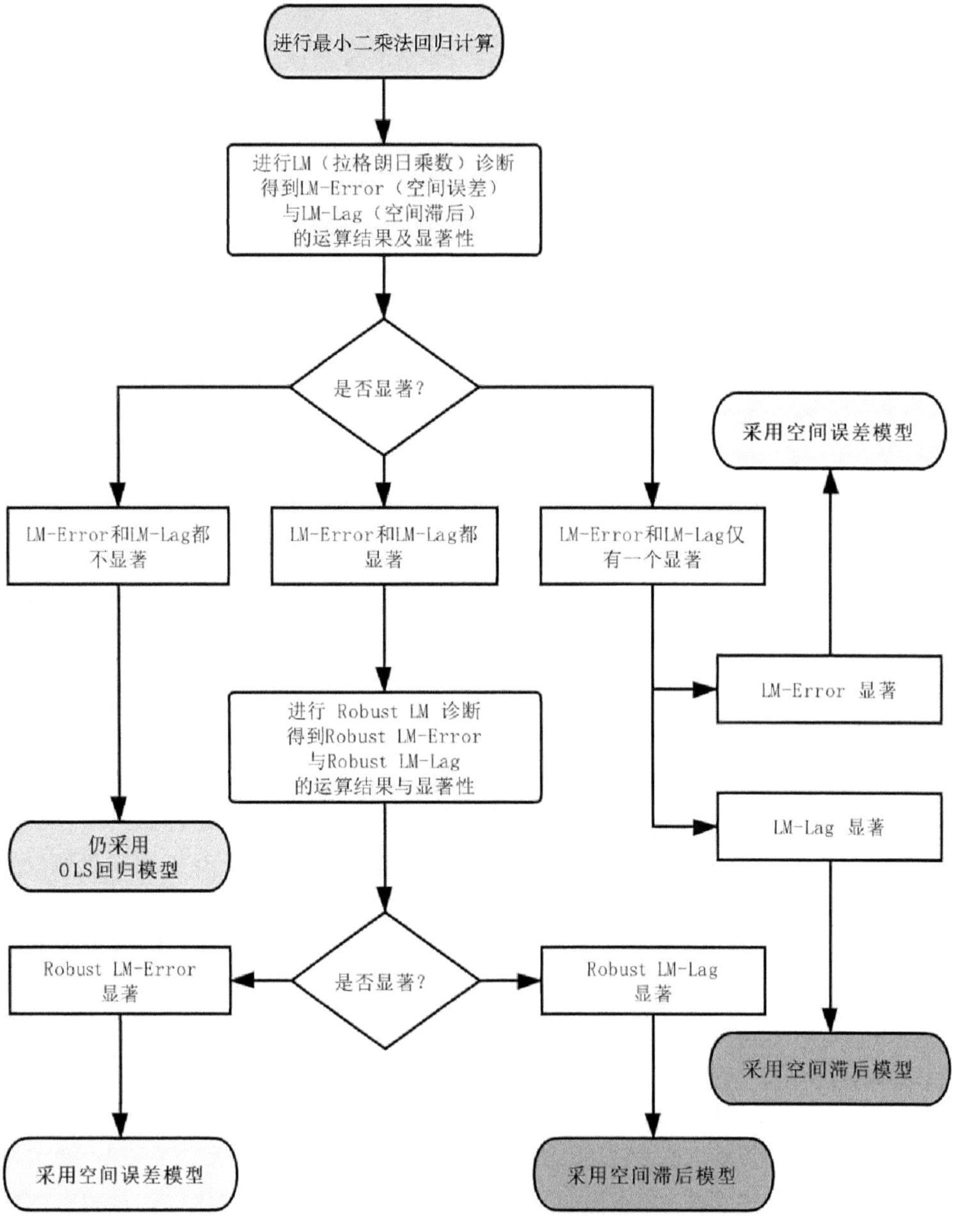

图 4-3-1　空间回归模型选择步骤

第四章　描述性统计结果及讨论

一、美国绿色建筑市场

本篇通过对 2008—2017 年间每年前百榜单上绿色建筑承包商和绿色建筑设计公司在绿色建筑项目上获得的总收益进行整合，得到美国绿色建筑企业总收益变化趋势图(图 4-4-1)。同时，通过整合 2008—2017 年之间每年承包商和设计公司的绿色建筑项目年总收益份额占比最高的四个建筑类型(商业建筑、教育建筑、医疗建筑和政府建筑)的占比变化，得到绿色建筑承包商市场份额变化趋势图(图 4-4-2)与绿色建筑设计公司市场份额变化趋势图(图 4-4-3)。在绿色建筑承包商市场份额变化的趋势图中，由于 2007 年部分数据缺失故并未在图中表示出此年的信息。

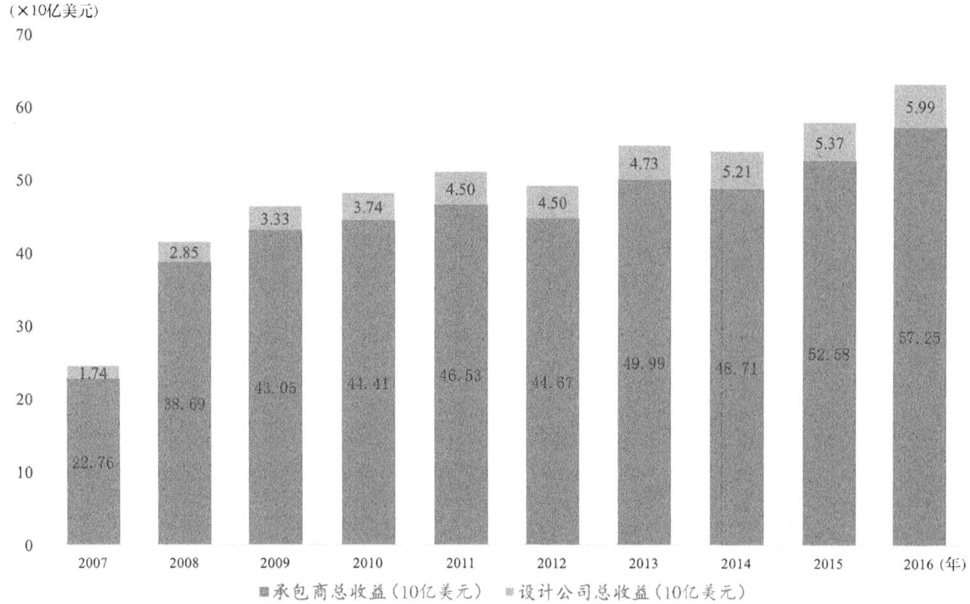

图 4-4-1　美国绿色建筑企业总收益变化趋势图

从图 4-4-1 可以观察到，在总体趋势上，美国的绿色建筑市场总收益是在逐年增加的，表明绿色建筑市场在过去十年间都呈现出一个增长的态势。而从图 4-4-2 和图 4-4-3 中则可以发现，美国绿色建筑市场中不同类型的建筑项目的市场份额在过去十年间是在波动变化的。具体分析每一年内的相关数据并结合美国绿色建筑委员会颁布更新绿色建筑标准 LEED 的时间线，可以将美国的绿色建筑市场发展

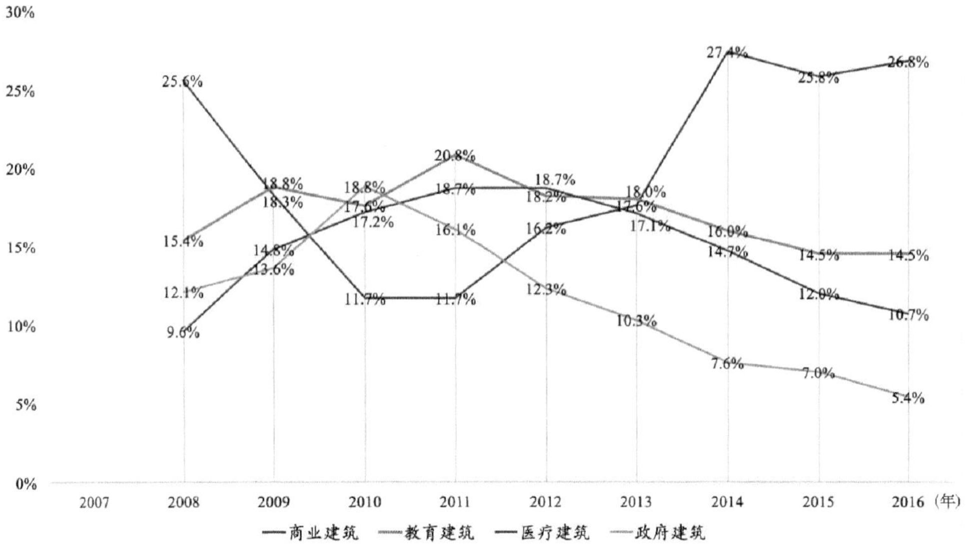

图 4-4-2 美国绿色建筑承包商市场份额变化趋势图

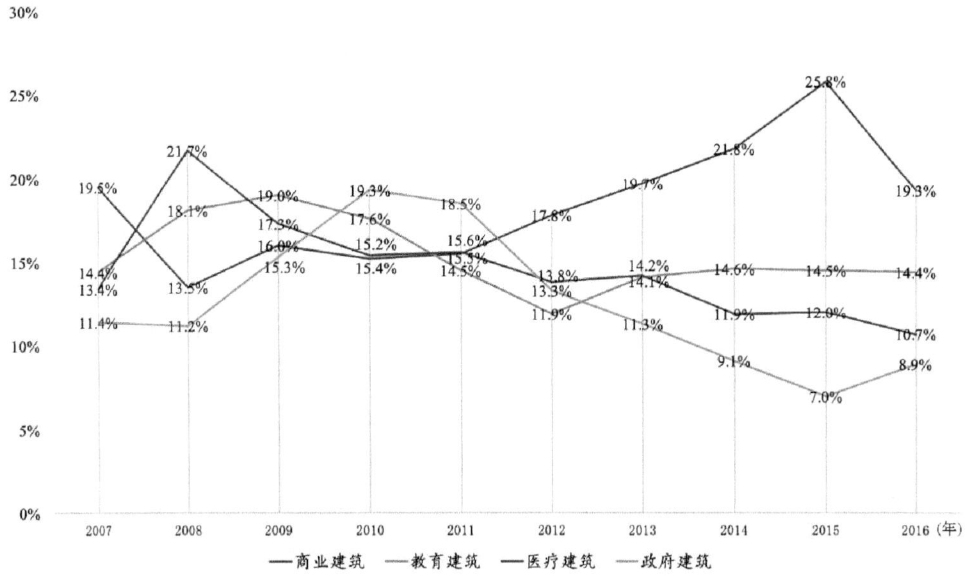

图 4-4-3 美国绿色建筑设计公司市场份额变化趋势图

情况分成三个阶段：发展初级阶段、发展成熟阶段和发展转型阶段。

在发展初级阶段(2003—2008)，美国绿色建筑市场主要依托的绿色建筑评价标准是美国绿色建筑委员会在2003年正式推出的LEED v2.1版本及在此基础上的修订和完善版本。最初，LEED v2.1仅仅是针对公共建筑的标准，之后随着市场的发展逐步成为包含各个类型建筑的评价标准体系。绿色建筑市场也随着标准的逐步完善而在发展，绿色建筑产业也逐渐成形：完成绿色建筑项目的成本在逐步降低，一方面是因为随着承包商对绿色建筑项目的熟悉度增加，积累了一定经验后，他们不再需要为绿色建筑支出额外的绿色建筑咨询和市场调查费用了，在承建绿色建筑项目的过程中承包商慢慢建立起自己的绿色建筑的供应商名单(Vendor Pool)，使得他们的成本得到下降；另一方面是因为绿色建筑所需的材料和设施在这一阶段逐步发展成产业化生产的模式，使用绿色建筑材料和设施的成本也在逐步降低。虽然初级发展阶段绿色建筑市场有着迅速的发展和扩张，但是同时也存在着一定的问题，其中最主要的就是 LEED v2.1 仍存在着一些评分标准上面的缺陷和漏洞，使得市场对于 LEED v2.1 的认可度并不算非常高。业主、承包商以及设计公司都意识到了绿色建筑的重要性以及未来前景，但是他们认为绿色建筑的评价标准体系尚不完善，有待提高，多持观望态度，因此在这一阶段百强绿色建筑企业的绿色建筑项目总年收益并不高。

在发展成熟阶段(2009—2013)中的第一年(2009)，美国绿色建筑委员会推出了 LEED 评级的新标准 LEED v3.0，而这一标准也成为最受业界广泛认可、使用度最高、影响范围最广的绿色建筑评级标准。2008 年的金融危机和房地产市场危机，导致绿色建筑市场也受到了一定程度的影响，业主公司开始更加关注绿色建筑的实际运营成本，而 LEED v3.0 的更新恰好符合市场对于新标准的期望：与 v2.0、v3.0 的评分体系相比，更加侧重于建筑中对于资源和能源的节约效率，而这正是业主对绿色建筑效益最为关注的部分。业主开始关注建筑在整个生命周期(包括运营阶段)的成本，考虑计算绿色建筑初期的高投入可以带来的收益。因此在这一阶段绿色建筑企业的绿色建筑项目年总收益是在逐年稳步提高的。在发展成熟阶段，公共建筑中的政府建筑、医疗建筑和教育建筑都是占绿色建筑市场份额较大的建筑类型，这归因于联邦政府和各个州级政府为了推行绿色建筑发展，在政策法规方面提出对于这些类型的建筑的绿色建筑标准强制要求，所以可以看到这一阶段政府在建筑、医疗建筑和教育建筑的市场份额达到一个高峰。也正因为前文所述的因 2008 年金融危机及房地产市场动荡，绿色建筑市场中商业建筑的市场份额在经历了比较大幅度的降低后，才开始逐步缓慢恢复。

美国绿色建筑市场发展转型阶段(2013 至今)最为关键的转型就是市场对于 LEED 标准的态度转变。2013 年美国绿色建筑委员会推出的 LEED v4.0 并没有得到和 LEED v3.0 一样的欢迎，相反，v4.0 甚至受到了业界部分企业和立法人员的抵制。LEED v4.0 与前一版相比最重要的更新是对于建筑材料提出了更高的要求，对于建筑内部居民的环境健康提出了更高的标准。而这种本意良好的标准的提高却遭到了建筑行业的部分抵制，是因为在新标准中对特定建筑化学原料的评定中将原本业界通用的化学原料(如 Vinyl，乙烯基)定义为对人体有害的建筑化学原料，进而禁止在未来 LEED 评级的绿色建筑中使用。这一标准会导致与建筑业合作紧密的化学原料厂商受到极大的打击，而建筑的材料成本也会相应大幅度提高，因此许多团体都通过各种行动来阻止新标的推行：美国化学委员会(American Chemistry Council,ACC)在各州游说以让州级政府立法通过禁止使用 LEED v4.0 而采用其他标准进行绿色建筑评级的规定;部分化学产品厂商和产品制造厂商组织发起了新的绿色建筑标准以对抗 LEED v4.0。鉴于业界的反对声音,美国绿色建筑委员会最终决定将 LEED v4.0 推迟到 2016 年再正式施行,在此之前仍然使用 LEED v3.0。绿色建筑市场对于 LEED 的新标推出和并行模式的反映可以在美国绿色建筑市场发展趋势图中很清晰地观察到:2012 年到 2014 年之间绿色建筑总收益存在着波动,而 2014 年到 2016 年则持续快速增长(企业为了避免 LEED v4.0 相比于 v3.0 提高的要求带来的建筑成本增加,而赶在 2016 年正式实施新标之前进行绿色建筑认证,引发绿色建筑市场总收益的快速上升)。由于 LEED v4.0 带来的众多改变和影响过大,业内人士预测可能需要 3 年的适应期才能让 v4.0 重新成为被业界所广泛接受的绿色建筑评级标准。绿色建筑市场也随着 LEED 标准的改变开始转变:业主不再将绿色建筑的关注重点放在评级认证上面,而更多关注建筑在绿色化后可以带来的实际收益,有些业主甚至不希望参加绿色建筑评级,以减少不必要的成本;现有建筑的可持续改造市场正在兴起,业主更愿意对其已有建筑进行可持续化的改造来降低运营成本;公共建筑中政府建筑、医疗建筑和教育建筑的市场份额占比逐渐下降,取而代之的是商业建筑市场份额的持续增高。众多变化都表示,美国绿色建筑市场在成熟稳定后,正经历着一个突破瓶颈、走向新方向的发展转型阶段。

二、中国绿色建筑市场

本篇对境内的绿色建筑项目和项目参建单位的数据信息经过整理后,绘制出中国绿色建筑项目评级分类图(图 4-4),从图中可知,在 3367 个绿色建筑项目中,有 890 个项目是正在申请及已获得 LEED 认证的项目,占绿色建筑项目总数的 26%。在寻求 LEED 认证或已经获得认证的项目中,已注册的建筑项目有 504 个,获得认证级的项目有 34 个,获得银级、金级、铂金级的项目数分别为 86 个、232 个和 34 个。获得 LEED 金级认证的项目数远高于其他认证等级的原因主要是金级认证难度适中,且金级认证相对于其他等级更有助于使用绿色建筑的企业营造其可持续发展的企业形象;除 LEED 认证外,有 107 个项目申请了其他的绿色建筑项目认证,占总数的 3% ,这些认证包括 WELL 认证、英国 BREEAM 认证、绿色建筑创新奖、绿色生态城区评价标准(GB/T51255—2017)等;绿色建筑大部分采用的是绿色建筑评价标识认证,有 2387 个项目,占总数的 71% ,由此可见,在境内的绿色建筑市场中,占据主流市场的还是国家推行的绿色建筑评价标识。绿色建筑评价标识是依据国家住房和城乡建设部发布的《绿色建筑评价标准》确认我国绿色建筑等级的一种信息性标识。绿色建筑评价标识依据对于建筑各个方面的表现总分划分为三个等级:一星级(50 分及以上)、二星级(60 分及以上)和三星级(80 分及以上)。在获得了绿色建筑评价标识的项目中,一星级、二星级和三星级的项目数量分别是878个、1054个和497个。大多数项目为一星级和二星级项目,这与评级标准的高低和政策法规的要求有着密切的联系。

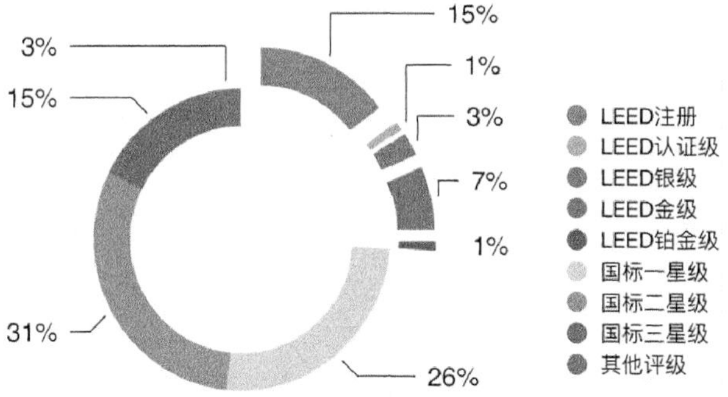

图 4-4-4 中国绿色建筑项目评级分类

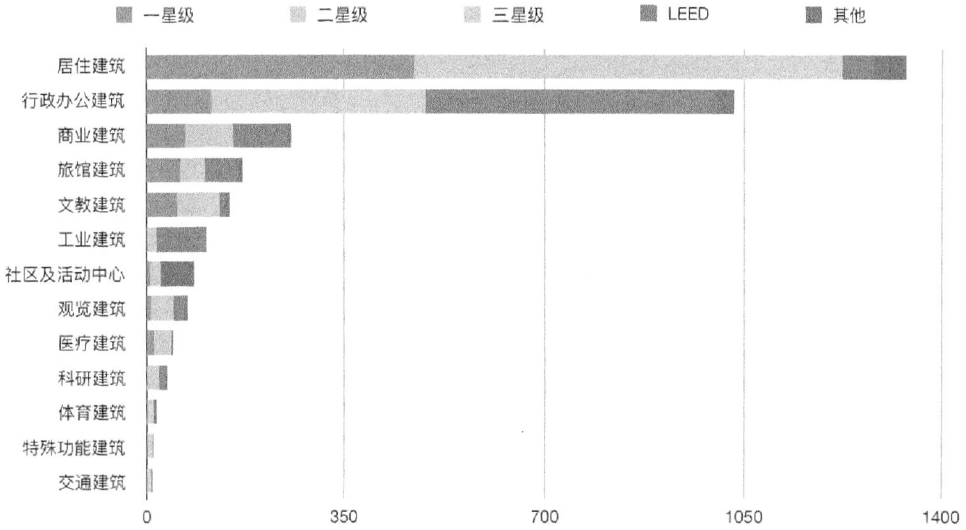

图 4-4-5 中国绿色建筑项目的种类分布

在绿色建筑项目的种类分布中(图 4-4-5),共计居住建筑 1339 个、公共建筑 1886 个、工业建筑 106 个。在 1886 个公共建筑中又细分为以下几类建筑:行政办公建筑(机关及各个企业单位的办公楼、写字楼等)1033 个,商业建筑(商店、商场、购物中心等)257 个,旅馆建筑(旅馆、宾馆、度假村等)170 个,文教建筑(学校、图书馆、文化宫等)147 个,城区及社区活动中心 84 个,观览建筑(剧院、音乐厅、展览馆、博物馆等)72 个,医疗建筑(医院、诊所、疗养院等)47 个,科研建筑(研究所、科学实验楼等)37 个,体育建筑(体育馆、体育场等)17 个,特殊功能建筑(监狱、消防站、垃圾处理站等)12 个,交通建筑(航空港、火车站、汽车站等)10 个。

在绿色建筑项目种类分布的图 4-4-5 中还可以发现,居住建筑大多数为绿色建筑标识的项目,且一星级和二星级的项目居多,这与地方政府对于新建居住建筑的一些政策要求有着密不可分的联系，如上海市在2014年6月发布的《上海市绿色建筑发展三年行动计划2014—2016》中，要求2014年下半年起新建民用建筑原则上全部按照绿色建筑一星级及以上标准建设；江苏省在2013年6月发布的《江苏省绿色建筑行动方案》中，要求到2015年，城镇新建建筑均按一星及以上绿色建筑标准进行设计建造。

在公共建筑中，行政办公建筑、商业建筑和旅馆建筑使用绿色建筑评价标识和LEED评级的项目数量基本持平，而文教建筑、观览建筑、医疗建筑等其他建筑类型中的项目则更多参与了绿色建筑评价标识的认证。LEED在中国的行政办公建筑和商业建筑方面数量众多与LEED认证在国际绿色建筑市场上的权威性有非常密切的关系：众多来华的外企企业为了营造舒适的办公环境，同时提升公司形象，因而选择LEED标准来打造其在中国的办公室，如获得LEED—CI（商业内部）金级认证的AECOM上海事务所、汇丰银行广州办公室，获得LEED—NC（新建建筑）金级认证的百事集团亚洲研发中心、上海欧莱雅研发中心等。在公共建筑中，城区及社区活动中心这一类别中的绿色建筑大部分属于其他类型的绿色建筑项目，这是因为其中大部分为通过《绿色生态城区评价标准》（GB/T51255—2017）的城区项目，如位于天津市滨海新区的中新天津生态城、位于北京市海淀区的中关村软件园等。

在工业建筑类别中，大多数为LEED评级项目，这些获得LEED评级的工业建筑多为各大知名品牌企业的制造厂家，如可口可乐公司、宝洁集团、西门子公司在全国各地的厂房园区。这些知名企业的厂区倾向于寻求LEED项目的评级认证不光与关乎企业的公众形象有关，还与LEED在考核项目运营的实际效果方面有更高的标准有关，因为相比于其他类型的建筑，LEED能十分显著地降低工厂的成本。如获得LEED最高等级铂金级的湖南中粮可口可乐饮料有限公司厂区项目，在节水方面，厂区集中废水用于绿化灌溉、清洁用水等二次利用，每年可为工厂节水约5400吨；在节能方面，通过安装太阳能热水系统、产品冷能回收、使用水泵进行变频控制等措施，每年可为公司节约资金约240万元。

在本篇收集的境内548个绿色建筑项目参建单位的数据中，包括410个建筑设计单位和138个建筑咨询单位，这些单位参与了本篇收集的3367项绿色建筑项目的设计和咨询工作（由于部分信息的缺失，在此收集到大部分而并非所有参与这些绿色建筑项目的参建单位）。在绿色建筑项目的参建设计单位中，同济大学建筑设计研究院（集团）有限公司和华东建筑设计研究院有限公司参建的绿色建筑项目数量最多，高达30个，其他参建绿色建筑项目数量前十的设计单位信息可见表4-4-1。在参建咨询单位中，中国建筑科学研究院上海分院参建项目数量最多，高达263个，是排名第二的深圳市建筑科学研究院股份有限公司（69个）的参建项目的四倍之多。原因是，中国建筑科学研究院上海分院参建的绿色建筑项目覆盖全国各个省市，而不只参与咨询在本地区及周边的绿色建筑项目。其他参建绿色建筑项目数量前十的咨询单位可见表 4-4-2。

表 4-4-1　　参建绿色建筑项目数量前十的设计单位

单位名称	参建项目数量	总部位置
同济大学建筑设计研究院(集团)有限公司	30	上海市
华东建筑设计研究院有限公司	30	上海市
北京市建筑设计研究院有限公司	25	北京市
中南建筑设计院股份有限公司	24	武汉市
深圳华森建筑与工程设计顾问有限公司	20	深圳市
天津市建筑设计院	18	天津市
穆氏建筑设计	18	上海市
深圳市建筑设计研究总院有限公司	17	深圳市
山东同圆设计集团有限公司	17	青岛市
筑博设计(集团)股份有限公司	16	深圳市

表 4-4-2　　参建绿色建筑项目数量前十的咨询单位

咨询单位	参建项目数量	总部位置
中国建筑科学研究院上海分院	263	上海市
深圳市建筑科学研究院股份有限公司	69	深圳市
EMSI 环境管理咨询公司	69	上海市
深圳万都时代绿色建筑技术有限公司	59	深圳市
北京清华同衡规划设计研究院有限公司	58	北京市
上海市建筑科学研究院(集团)有限公司	48	上海市
北京达实德润能源科技有限公司	45	北京市
依柯尔绿色建筑研究中心	36	北京市
F+G(ATKINS)	36	上海市
中国建筑科学研究院天津分院	35	天津市

第五章 绿色建筑市场企业战略分析

本篇对绿色建筑市场中绿色建筑企业的战略分析并不是直接使用案例分析的方法来进行研究的,而是通过聚类分析的方法将绿色建筑企业进行分类后,对每一类的企业的参数进行量化的特征描述以及典型企业的案例研究,以此对我国不同类型的建筑企业制订可持续转型战略提供参考的借鉴和经验。

一、聚类参数选取与处理

在对绿色建筑企业进行分类之前,首先需要对聚类的参数进行分析和选取,如前文所述,经过原始数据的处理和整合,生成了以下绿色建筑企业信息中的七个参数:

(1) 平均排名,取值范围为 1～100。对原始数据中绿色建筑企业在历次百强名单中的排名求取平均值得到的此参数。原始数据中的绿色建筑公司排名是依据当年建筑公司在绿色建筑项目得到的年收益来进行排名的。此参数可以较为直观地表现出绿色建筑企业在绿色建筑市场的市场表现,平均排名越高(数值越小)则此公司在绿色建筑市场中的表现越好。

(2) 上榜次数,取值范围为 1～10。统计十年的榜单中各个绿色建筑公司的总上榜次数得到的此参数。这一参数的作用与平均排名一样,表现出绿色建筑企业的市场表现,上榜次数越多则市场表现越佳。但是这个参数并不能完全代表绿色建筑企业的市场表现,因为会受到此企业是否有参加排名调查的影响。如 AECOM从 2015 年才开始参与百强绿色建筑承包商的调查,所以其总上榜次数仅为 3,但这并不代表其市场表现不佳,因为其三年间的平均排名为 10,是非常高的平均排名。因此此参数需要与其他参数结合,依据企业的实际情况进行参考分析。

(3) 平均绿色建筑收益百分比,取值范围为 0%～100%。对原始数据中绿色建筑企业在历次百强名单中的绿色建筑收益百分比求取平均值得到的此参数。原始数据中绿色建筑企业的绿色建筑收益百分比为此建筑上报的绿色建筑项目年收益与其在那一年的企业总收益的比值。此参数表现的是建筑公司在绿色建筑市场中的参与度,平均绿色建筑收益百分比越高则此建筑公司在绿色建筑市场参与程度越高。

(4) 平均参加项目种类数,取值范围为 1～9。对原始数据中绿色建筑企业在历次百强名单中参加绿色建筑项目的种类数求取平均值得到的此参数。原始数据绿色建筑企业的绿色建筑项目收益中的建筑项目种类分为零售/办公、政府办公、教育、医疗、酒店、住宅、娱乐/市政、其他建筑、其他市场共计九种类别。此参数代表绿色建筑公司在绿色建筑市场中涉及的行业的多少，平均参加项目种类数越高则说明其在绿色建筑市场中涉及的行业越多。

(5) 平均绿色建筑资质认证员工数量，无取值范围，根据不同公司而改变。对原始数据中建筑企业在百强榜单上的绿色建筑资质认证员工数求取平均值得到的此参数。绿色建筑资质认证员工即为企业中获得了绿色建筑第三方机构（如USGBC或 Green Advantage）认证资质的从业人员。此参数可以代表绿色建筑企业的绿色建筑专业性的程度，平均绿色建筑资质认证员工数量越高则此企业的绿色建筑专业性越强。但同时需要注意，此参数受企业的公司规模影响较大，需要结合其他参数共同分析。

(6) 平均绿色建筑收益，无取值范围，根据不同公司而改变。对原始数据中建筑企业在百强榜单上的绿色建筑年收益求取平均值得到的此参数。此参数是对绿色建筑企业在市场中的表现的直观反映。

(7) 人均绿色建筑收益，无取值范围，根据不同公司而改变。用绿色建筑企业中的平均绿色建筑收益（参数 6）除以平均绿色建筑资质认证员工数量（参数 5）得到，可作为比较分析的辅助性参数。

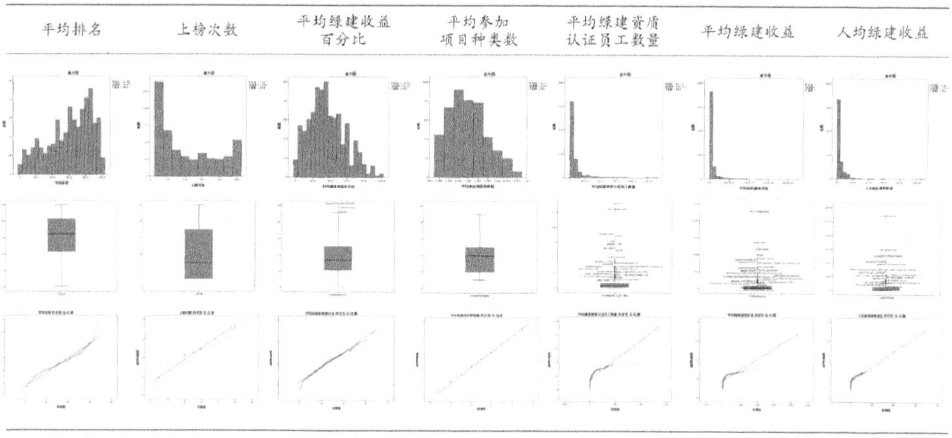

图 4-5-1　绿色建筑企业各信息参数直方图（第一行）、箱形图（第二行）和 Q-Q 图（第三行）

对聚类参数的分析与选取可以参考绿色建筑企业信息参数直方图、箱形图和 Q-Q 图（图 4-5-1）。从图中可以观察到，平均排名、上榜次数、平均绿色建筑收益百分比、平均参加项目种类数这四个参数的分布是较为均匀的（箱形图），而平均绿色建筑资质认证员工数量、平均绿色建筑收益、人均绿色建筑收益这三个参数则存在着较多的极值。针对 Q-Q 图，其原理在于如果数据为正态，那么其假定的正态分位数会与实际数据基本一致。Q-Q 图中的 X 轴为数据的实际值，而假定正态时的数据分位数则为 Y 轴，构成参数的散点图。如果数据呈现出正态性，那么散点图应近似呈现为一条对角直线。如果散点图明显不是一条直线，那么说明数据很可能不具有正态特质。从图 4-5-1 中的 Q-Q 图中可见，平均排名、上榜次数、平均绿色建筑收益百分比、平均参加项目种类数这四个参数的数据基本上呈现出一条对角直线，因而说明数据基本上满足正态性特质，在可以接受的范围内；平均绿色建筑资质认证员工数量、平均绿色建筑收益、人均绿色建筑收益这三个参数中较多的点并不在直线上，因而说明数据不满足正态性特质，不满足进行聚类分析的条件。综合对 7 个参数的综合比较分析，最终选择平均排名、上榜次数、平均绿色建筑收益百分比、平均参加项目种类数作为绿色建筑企业聚类分析的聚类参数。在使用参数进行聚类前，由于各个参数的取值范围不同，为了消除这种范围不同带来的聚类过程中参数权重的不均衡情况，在聚类前先对这四个参数进行标准化处理。在本次研究中使用了 0 均值标准化（Zero-score Standardization）求得四个聚类参数的标准化值，得到 Z 平均排名、Z 上榜次数、Z 平均绿色建筑收益百分比、Z 平均参加项目种类数四个参数。

二、聚类分析结果比较

1. 层次聚类法

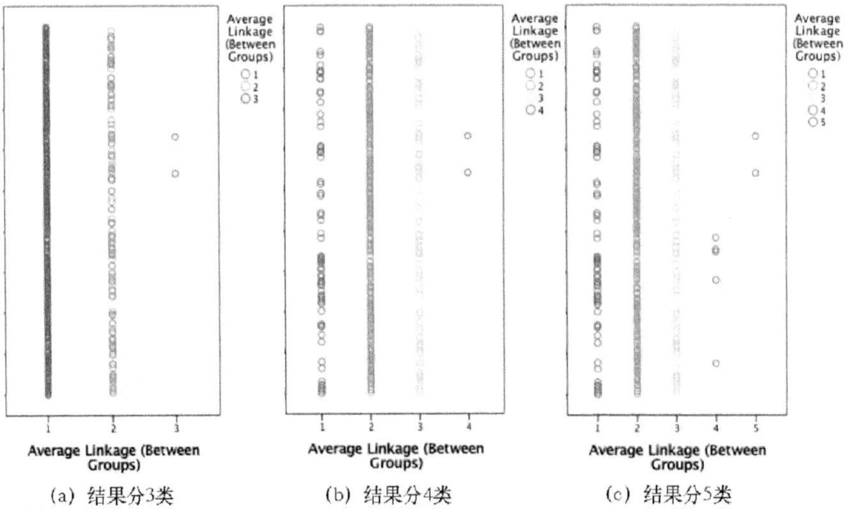

(a) 结果分3类　(b) 结果分4类　(c) 结果分5类

图 4-5-2　层次聚类结果散点图

通过 SPSS 进行层次聚类后，系统自动生成结果谱系图，由于聚类的数据有 464 家企业之多，谱系图的枝干过密以至难以直观地发现聚类的结果分布情况，这也是层次分析只适用于数据量较小的聚类分析的原因之一。对此，将谱系图中由最上面的主干到下面的枝干的顺序保存，最终聚类为 3～5 范围的点的分布，得到如图 4-5-2 所示的层次聚类结果散点图。通过散点图和数据结果发现，在分为 3 类、4 类、5 类的过程中总有两家企业被单独聚集为一类列出，这两家企业分别是

ARUP 和 WEBCOR BUILDERS。这两家企业的各个参数情况数据如表 4-5-1 所示，从中可见这两家企业的各个参数指标都非常高，说明在绿色建筑市场中这两家企业有着非常优秀的表现，远超其他绿色建筑企业，以至于将其划分为单独一类。但是同时，由于在聚类的结果中这一类的数据量只有两个，使得归属于这一类的企业失去了普遍意义的代表性，则无法对其进行更加深入的研究和探讨。所以本篇中层次聚类分析得到的部分聚类结果并不足以支持后续的继续分析，从这点可以判定层次聚类分析并不适用于本篇的数据集合。

表 4-5-1　　层次聚类中单独聚集为一类的两家绿色建筑企业

企业	平均排名	上榜次数（次）	平均绿色建筑收益百分比	平均参加项目种类数（项）
ARUP	12	8	90%	7
WEBCOR BUILDERS	6	6	77%	9

2. 二阶聚类法

在验证了层次聚类方法并不适用本篇中对 464 个绿色建筑企业的分类后，再对二阶聚类方法进行试验。在进行二阶聚类后系统输出的结果为将 464 家绿色建筑企业分为 2 类，一类中有 265 个绿色建筑企业，占总数的 57%；另一类中有 199 个绿色建筑企业，占总数的 43%（图 4-5-3）。根据聚类中各个参数的特点，将这两类企业分别标签为发展型绿色建筑企业和成熟型绿色建筑企业。发展型绿色建筑企业的上榜次数较少，平均排名较低，平均参加项目种类数较少，平均绿色建筑收益百分比约为 36%，这一类的企业在绿色建筑市场中还有非常大的发展空间。成熟型绿色建筑企业的上榜次数较多，平均排名中等偏高，平均参加项目种类数较多，平均绿色建筑收益百分比约为 37%，这一类企业在绿色建筑市场中已经

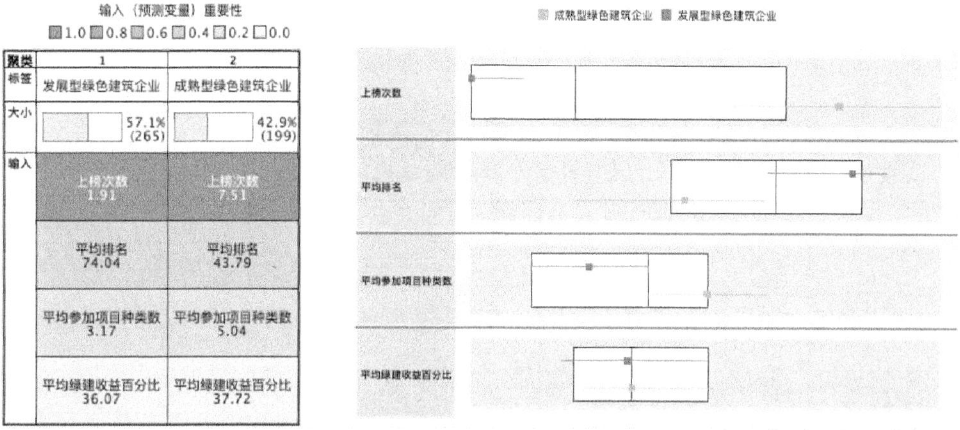

图 4-5-3　二阶聚类分析结果

有了一定的经验，涉及多个项目种类的绿色建筑项目，属于在市场中较为成熟的绿色建筑企业。

在使用二阶聚类分析方法输出的结果中可以发现，分出的两个类型企业在上榜次数、平均排名、平均参加项目种类数这三个参数有所区分，但是在平均绿色建筑收益百分比这一重要参数上并没有区分度。聚类参数重要性(图 4-5-4)和对参数的 ANOVA 单因素分析表(表 4-5-2)中也佐证了这一情况，表 4-5-2 中平均绿色建筑收益百分比显著性 p 值远大于 0.05，即通过二阶聚类分析自动分出的两个聚类在平均绿色建筑收益百分比这一参数上不能体现出区分特点。同时，二阶聚类自动生成的最终聚类数较小，两个分类中的企业数较多，较难以展开更细致的分析。综上所述，二阶聚类分析并不是最适用于此次研究的聚类方法。但是二阶聚类中形成的赤池信息准则中的 AIC 值随着聚类数目变化的图是有助于后续的 *K*-均值聚类分析的，AIC 随聚类数变化曲线(图 4-5-5)中的“肘部”的聚类数区间是比较适宜作为 *K*-均值聚类的 K 值取值的，从图 4-5-5 中可知比较适宜的聚类数的区间为 2 类到 5 类之间。

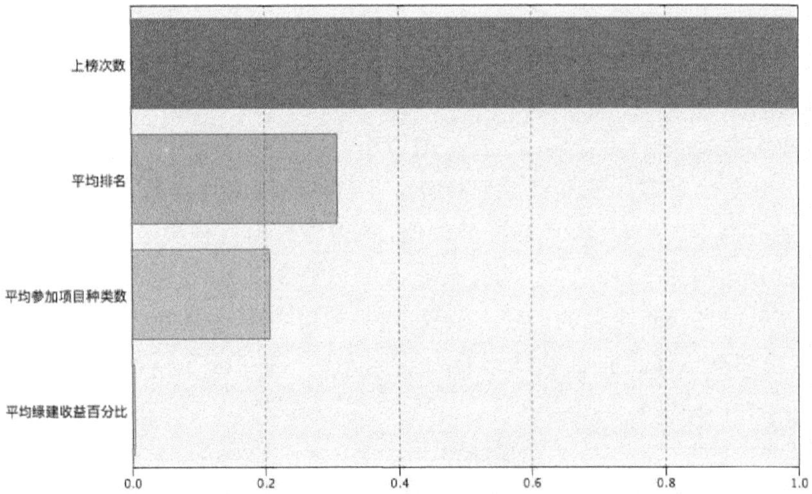

图 4-5-4 二阶聚类参数重要性

表 4-5-2 **二阶聚类参数 ANOVA 单因素分析**

		平方和	自由度	均方	F	显著性
平均排名	组间	103991.302	1	103991.302	218.811	0.000
	组内	219568.758	462	475.257		
	总计	323560.060	463			
上榜次数	组间	3572.950	1	3572.950	1208.102	0.000
	组内	1366.360	462	2.957		
	总计	4939.310	463			

续表

		平方和	自由度	均方	F	显著性
平均绿色建筑收益百分比	组间	311.559	1	311.559	0.691	0.406
	组内	208310.576	462	450.889		
	总计	208622.136	463			
平均参加项目种类数	组间	399.205	1	399.205	136.782	0.000
	组内	1348.373	462	2.919		
	总计	1747.578	463			

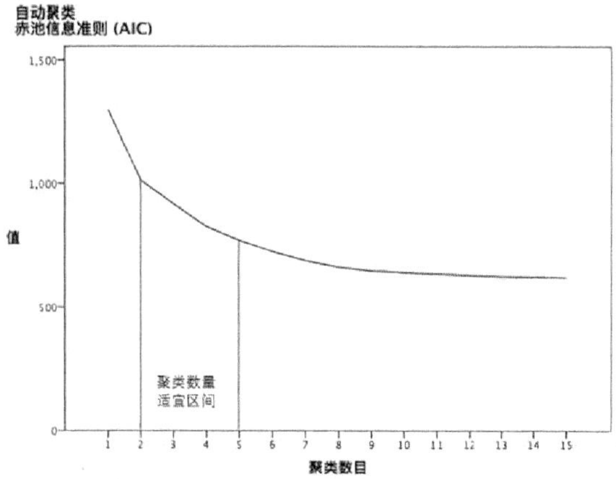

图 4-5-5　AIC 值随聚类数变化曲线

（3）K-均值聚类法

在发现层次聚类分析和二阶聚类分析的聚类结果均不适用于本篇中对绿色建筑企业分类研究后，我们开始对 K-均值聚类算法进行试验。经过层次聚类和二阶聚类的前期铺垫，在 K-均值聚类分析中可以直接选取 $K=3,4,5$ 进行试验计算。经过 SPSS 的计算分析，分别输出以下三种聚类结果。

$K=3$[图 4-5-6(a)]中根据各个聚类的参数特点将其标注为以下三类绿色建筑企业：成熟大型绿色建筑企业（聚类 3，140 个）、专项发展型绿色建筑企业（聚类 1，118 个）、初级中小型绿色建筑企业（聚类 2，206 个）。成熟大型绿色建筑企业这一类中的平均排名极高，且十年间在 ENR 绿色建筑企业百强名单上多次上榜，参加的绿色建筑项目种类数也是三类中最多的，而此类企业的绿色建筑收益百分比则相对较低，略低于总平均值。这些特征表示此类企业属于本身在产业内就属于规模较大、发展较为成熟的建筑企业，在向绿色建筑市场发展的过程中自然而然将绿色建筑推行到其覆盖的各个类型建筑产业中；专项发展型绿色建筑企业的平均排名较低，而上榜次数也相对较少，但这类企业的特点为绿色建筑收益百分比在三类中最高（远高于其他两类），且参与绿色建筑项目的种类数最低。这些特征表明这一类的企业属于在绿色建筑市场中专门做特定某类建筑类型的绿色建筑，如学校

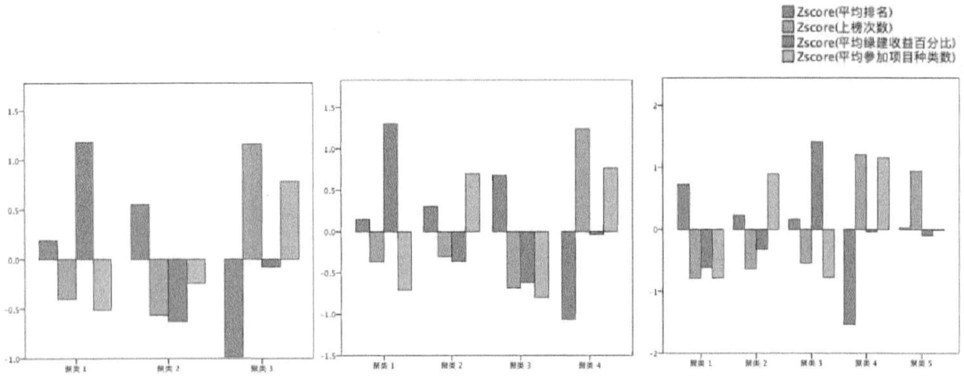

(a) K=3　　(b) K=4　　(c) K=5

图 4-5-6　K-均值聚类分析结果

绿色建筑或政府机构绿色建筑，因此这一类的绿色建筑企业也是受其主营项目类型建筑的市场影响最大的企业；初级中小型绿色建筑企业在平均排名、上榜次数、平均绿色建筑百分比这些参数上都是三类中最低的，只有平均参与项目种类数略高于专项发展型绿色建筑企业。这些特征表明此类建筑在绿色建筑市场中处在初级发展的阶段，仍有很大的发展空间。

$K=4$[图 4-5-6(b)]的聚类结果和 $K=3$ 的聚类结果有相似之处，根据参数特定可以分为：成熟大型绿色建筑企业（聚类 4，128 个）、专项发展型绿色建筑企业（聚类 1，96 个）、多项发展型绿色建筑企业（聚类 2，108 个）、初级中小型绿色建筑企业（聚类 3，132 个）。其中成熟大型绿色建筑企业、专项发展型绿色建筑企业和初级中小型绿色建筑企业的特点与 $K=3$ 的相同，在此不再赘述；多项发展型绿色建筑企业的平均排名高于初级中小型绿色建筑企业，上榜次数高于专项发展型绿色建筑企业，绿色建筑收益占比较低，此类企业的最大特点为参与绿色建筑项目的种类数非常高，与成熟大型绿色建筑企业基本持平。这些特征表明，此类企业本身在产业内有一定基础，但是步入绿色建筑市场的时间还较短，所以在绿色建筑市场暂时还没有表现出优势，然而这类企业的未来趋势是向着成熟大型绿色建筑企业发展的。

$K=5$[图 4-5-6(c)]的聚类结果相比于 $K=4$ 又增加了新一类的企业类型，根据参数特点分为：成熟大型绿色建筑企业（聚类 4，81 个）、专项发展型绿色建筑企业（聚类 3，81 个）、多项发展型绿色建筑企业（聚类 2，76 个）、初级中小型绿色建筑企业（聚类 1，125 个）、稳定发展型绿色建筑企业（聚类 5，101 个）。新增的稳定发展型绿色建筑企业上榜次数非常高，仅次于成熟大型绿色建筑企业，其他参数在平均值附近分布。多次上榜表明，这一类绿色建筑企业本身在绿色建筑市场是有一定实力的，而各项参数接近平均值则表明此类企业的发展较为平稳。

通过整合 $K=3,4,5$ 的聚类结果（图 4-5-7）可以发现，在 $K=4$ 的聚类结果中的多项发展型绿色建筑企业（聚类 2）源自 $K=3$ 的聚类结果中的成熟大型绿色建

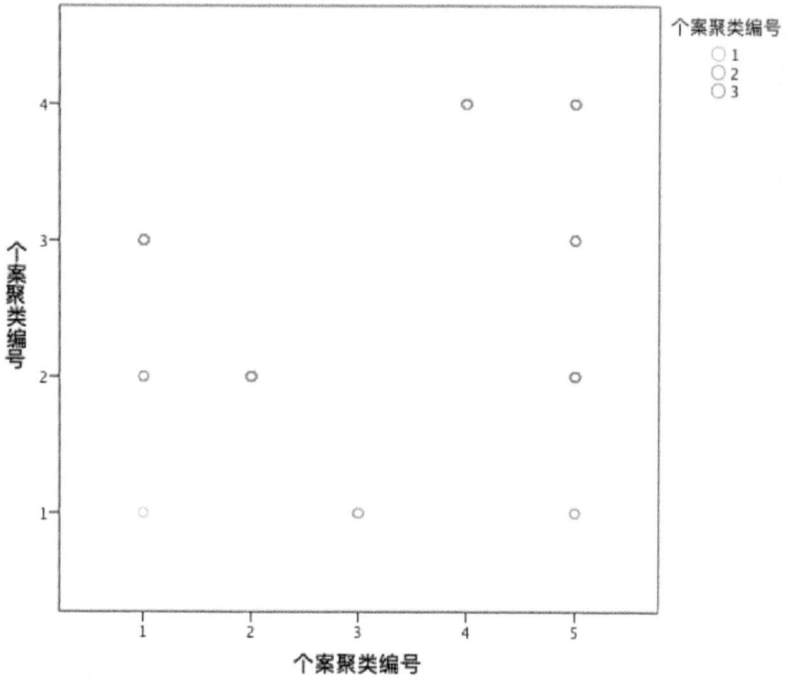

图 4-5-7　K-均值聚类结果比较图

筑企业(聚类 3)和初级中小型绿色建筑企业(聚类 2);$K=5$ 的聚类结果中的稳定发展型绿色建筑企业则来自 $K=4$ 聚类结果中的各个类别。在分别对 $K=3$,$K=4$,$K=5$ 的聚类进行 ANOVA 单因素检验,在 ANOVA 单因素分析(表 4-5-3、表 4-5-4、表 4-5-5)中的 F 检验值可以表示参数在聚类过程中起到的影响程度。$K=3$ 中上榜次数($F=330$)对聚类的影响程度远大于平均参加项目种类数($F=90$),$K=5$ 中上榜次数($F=316$)的影响程度还是远大于其他参数,$K=4$ 的各个参数在聚类过程中的影响程度相对于 $K=3$ 和 $K=5$ 来说较为均衡。综合以上的分析,最终采用 $K=4$ 的聚类结果作为对美国绿色建筑企业的分类,并以此为基础展开对各个类型的绿色建筑企业的发展模式进行分析。

表 4-5-3　　K-均值聚类参数 ANOVA 单因素分析($K=3$)

	聚类		误差		F	显著性
	均方	自由度	均方	自由度		
Zscore(平均排名)	101.310	2	0.565	461	179.367	0.000
Zscore(上榜次数)	136.461	2	0.412	461	330.962	0.000
Zscore(平均绿色建筑收益百分比)	122.833	2	0.471	461	260.550	0.000
Zscore(平均参加项目种类数)	64.930	2	0.723	461	89.851	0.000

表 4-5-4　　K-均值聚类参数 ANOVA 单因素分析($K=4$)

	聚类		误差		F	显著性
	均方	自由度	均方	自由度		
Zscore(平均排名)	72.859	3	0.531	460	137.119	0.000
Zscore(上榜次数)	93.861	3	0.394	460	237.993	0.000
Zscore(平均绿色建筑收益百分比)	75.896	3	0.512	460	148.365	0.000
Zscore(平均参加项目种类数)	86.800	3	0.440	460	197.080	0.000

表 4-5-5　　K-均值聚类参数 ANOVA 单因素分析($K=5$)

	聚类		误差		F	显著性
	均方	自由度	均方	自由度		
Zscore(平均排名)	65.452	4	0.438	459	149.321	0.000
Zscore(上榜次数)	84.961	4	0.268	459	316.642	0.000
Zscore(平均绿色建筑收益百分比)	54.448	4	0.534	459	101.920	0.000
Zscore(平均参加项目种类数)	73.433	4	0.369	459	199.124	0.000

三、绿色建筑企业分类及特点

根据 K-均值聚类分析($K=4$)的分类结果，将 464 个美国绿色建筑企业分为四类，分别是成熟大型绿色建筑企业(128 个)、专项发展型绿色建筑企业(96 个)、多项发展型绿色建筑企业(108 个)、初级中小型绿色建筑企业(132 个)，各个类型的绿色建筑企业有各自发展的特点(图 4-5-8)，可为我国不同类型建筑企业向绿色建筑市场发展，企业发展模式向绿色可持续化转型提供参考。

(1) 成熟大型绿色建筑企业在本篇的美国绿色建筑企业数据库中占 27.6%，共有 128 个，其中承包商 60 个，设计公司 68 个。成熟大型绿色建筑企业的特点在于这类企业本身就在业界具有一定的实力，而它们在绿色建筑市场发展的初期就捕捉到了这一市场的未来发展趋势，从而迅速投入其中，向客户推荐绿色建筑的概念，推进参建项目的绿色建筑认证。随着绿色建筑相关经验的不断丰富，这些大型企业逐渐建立起自己的绿色建筑标准和管理流程，建立起专为绿色建筑服务的数据库，包括绿色建筑材料及价格、绿色建筑供应商、绿色建筑分包商等信息。成熟大型绿色建筑企业充分利用其原来在建筑市场中的基础，在绿色建筑市场继续保持他们的市场占有度优势，远远领先于其他类型的绿色建筑企业。

在成熟大型绿色建筑企业中最为典型的是美国大型建筑承包商 The Turner Corp.(下文简称 Turner 公司)，从 2008 年至 2017 年，每年都位列 ENR 百强绿色建筑承包商的榜首。观察 Turner 公司十年间在绿色建筑市场的发展趋势(图

	成熟大型绿建企业	专项发展型绿建企业	多项发展型绿建企业	初级中小型绿建企业
	128 (27.6%)	96 (20.7%)	108 (23.3%)	132 (28.4%)
平均排名	32.84 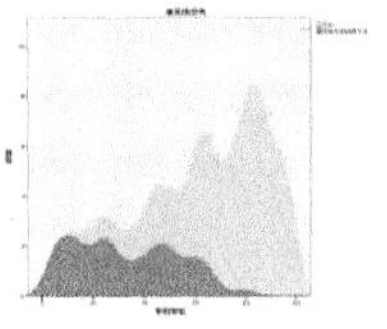	64.98 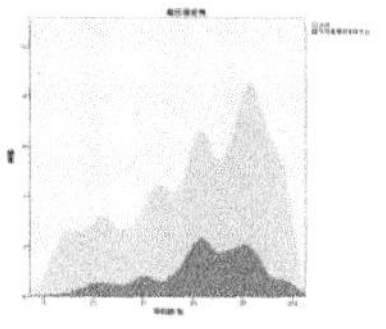	69.17 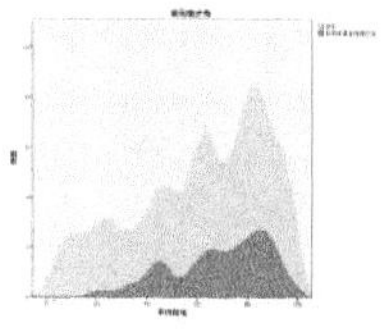	78.95 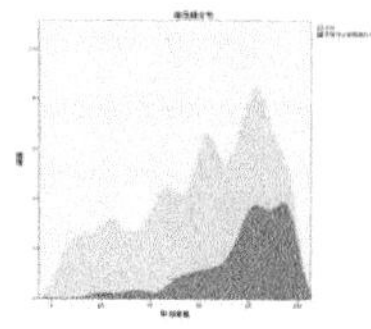
上榜次数	8.36 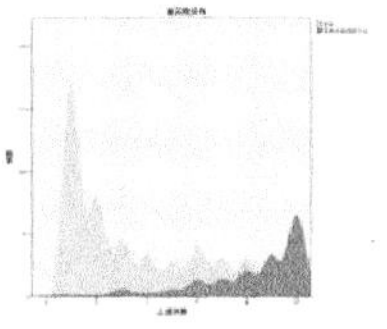	3.11 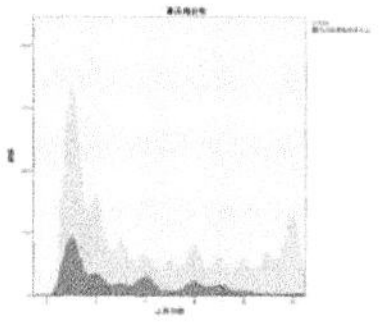	3.31 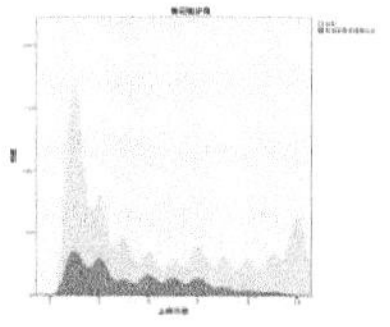	2.08 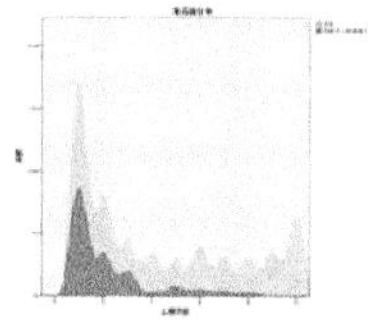
平均绿建收益百分比(%)	36.03 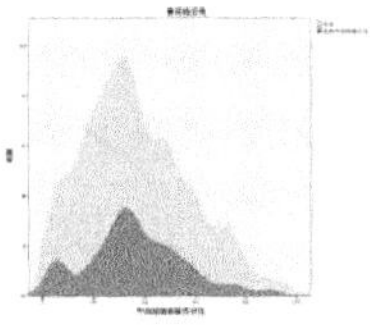	64.44 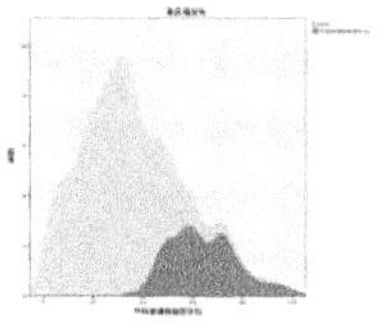	29.12 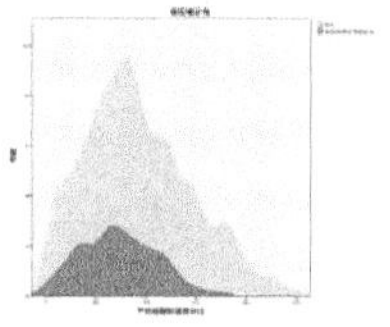	23.65 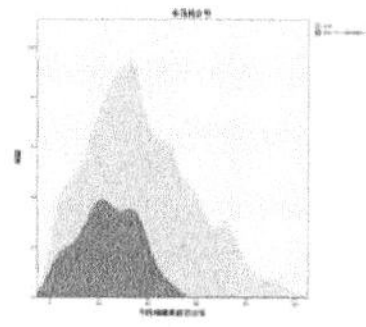
平均参加项目种类数	5.46 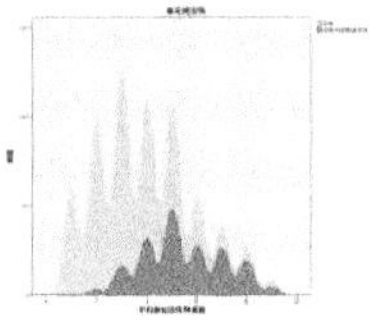	2.59 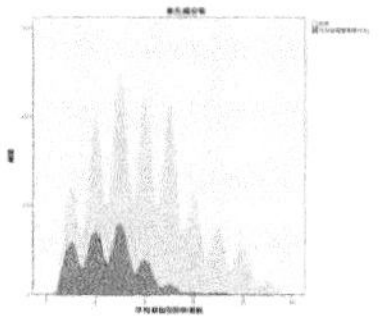	5.32 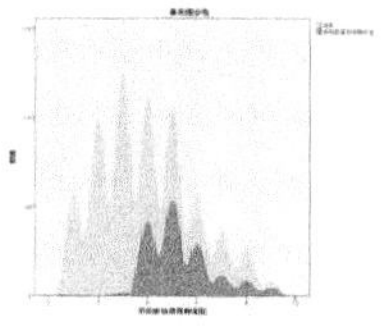	2.42 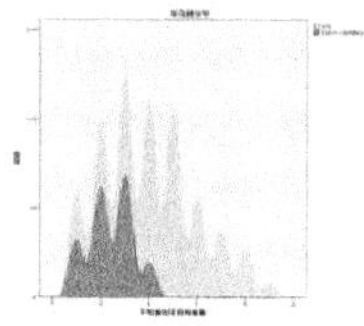
平均绿建资质认证员工数	190.23 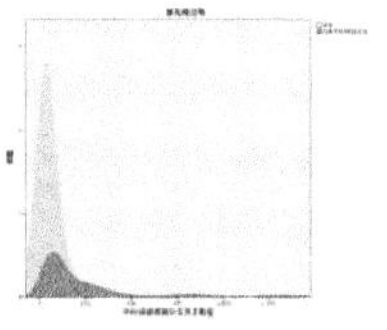	28.10 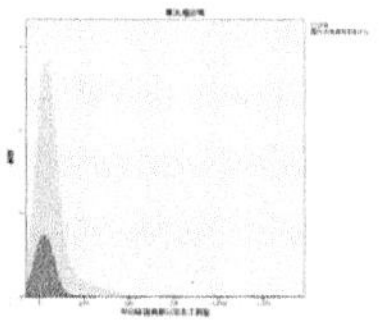	60.94 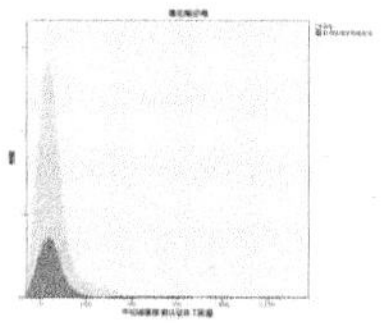	33.62 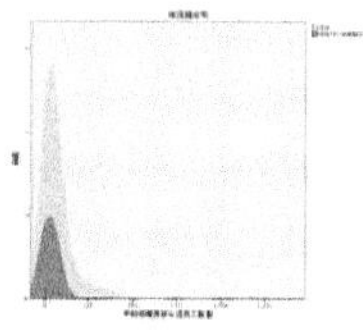
平均绿色建筑收益(百万美元)	381.70 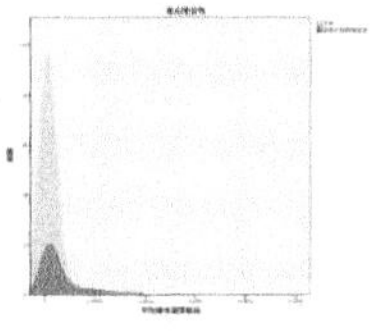	103.88 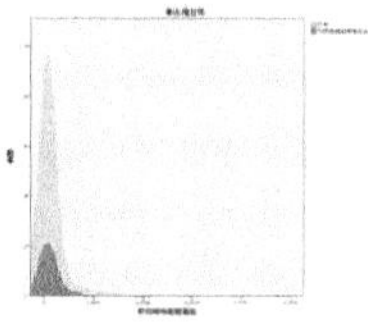	65.09 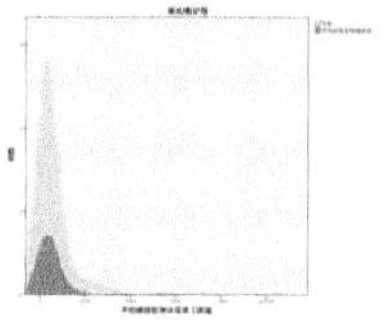	53.89 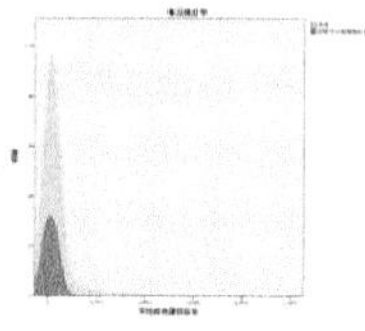

参数分布图上的数值为此类参数平均值

图 4-5-8 绿色建筑企业分类参数分布图

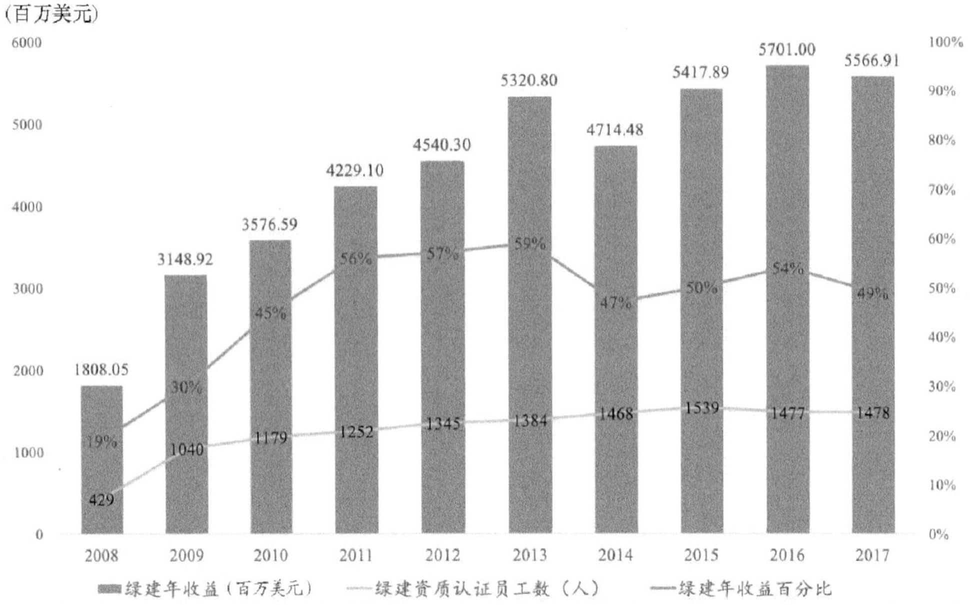

图 4-5-9　承包商 THE TURNER CORP. 发展趋势

4-5-9)可以发现，Turner 公司的绿色建筑年收益总体上是以一个增长的态势在发展的，与前文中绿色建筑市场的发展阶段相契合，在 2013 年至今 LEED v4.0 转型时期 Turner 公司的绿色建筑年收益和年收益百分比也存在着波动。而绿色建筑资质认证的员工数量则是早期 Turner 公司在绿色建筑市场快速推进期间迅速增多，到后面的成熟稳定发展期则不再增长，维持在 1500 人左右。Turner 公司在日常运营中将可持续发展的概念融入其企业活动中，如通过培训鼓励员工寻求 LEED 专业认证资质、在公司承建的项目中推进 LEED 项目认证，以及在建造施工过程中减少建筑废物和温室气体排放等。Turner 公司会定期对公司承建的项目进行评分调查，根据人居环境质量、废弃资源利用、能源利用和环境排放、创新设计等标准对自己的项目进行评比。这种企业内部的绿色建筑项目评分调查有助于企业自身不断提高其绿色建筑项目的水准，使得其在内部的良性评比测量中不断进步。除此之外，Turner 公司还非常关注绿色建筑市场的发展情况，每隔两年会发布《绿色建筑市场报告》(*Green Market Barometer*)报道绿色建筑市场的发展动态，以此紧紧把握住绿色建筑市场的发展脉络。

在此类建筑企业的设计公司中较为典型的是国际著名建筑设计规划公司 Gensler 公司。Gensler 公司连续十年均在绿色建筑设计公司百强名单上位居高位，平均排名为第二名，平均绿色建筑收益百分比为 56%，公司内部的绿色建筑资质的员工数量从 2008 年的 708 人逐年增长到 2017 年的 1646 人，公司的年绿色建筑收益也由 2008 年的 1.26 亿美元增长到 2017 年的 8.94 亿美元。Gensler 公司将可持续设计的理念推行到其参与设计的各个项目当中，其公司官网发布数据表明，Gensler 公司已经参与设计了 700 个以上由美国绿色建筑委员会认证的绿色建筑项目。与 Turner 公司相同，Gensler 公司也会每年发布报告《设计影响》(*Impact by Design*)以评估其企业可持续发展战略和影响。在最新的报告《2018 设计影响》(2018 *Impact by Design*)中，Gensler 公司围绕形式、材料、适应、能源、水资源和智能六个主题提出了未来可持续建筑发展的战略，在报告中可以看到 Gensler 公司在绿色建筑项目的设计中做出的多方面探索和实践。

(2) 专项发展型绿色建筑企业在本篇的美国绿色建筑企业数据库中占 20.7%，共有 96 个，其中承包商 48 个，设计公司 48 个。专项发展型绿色建筑企业的特点在于这类建筑企业往往是通过某一类建筑项目进入绿色建筑市场的，在某一时间段在特定的项目种类上接到了绿色建筑的大单合同，从而开始积累其在这类建筑项目的绿色建筑施工/设计经验，并在之后发展过程中发挥其长处，继续开拓特定建筑项目的绿色建筑市场。位于加利福尼亚州的 FTR International 公司(下文简称 FTR)就是一个典型的例子，FTR 在 2009 年至 2011 年间三次登上 ENR 绿色建筑百强名单，上榜期间 FTR 的平均绿色建筑收益百分比高达约 80%。资料显示，在这段时间 FTR 承接的三个主要项目是：洛杉矶山谷学院健康和科学中心、长滩港的安全指挥和控制中心以及洛杉矶最大的警察局霍伦贝克警察局(建造成本 4000 万美元)，都是按照 LEED 标准进行建造的，同时这三个项目都是政府机构类的公共建筑。另一个典型例子是同样位于加州的 Harper Construction 公司(下文简称 Harper)，多年在 ENR 绿色建筑百强名单中下游徘徊的 Harper 的平均绿色建筑年收益占比高达 83%，而这家公司的平均绿色建筑项目参与种类仅为 3 类，分别是政府机构类建筑(35%)、教育建筑(48%)和居住建筑(17%)(2015 年数据)。通过对企业的官网调查发现，其绿色建筑多为学校项目和政府项目，如加州大学圣巴巴拉分校的圣华金公寓项目、弗吉尼亚州的海军陆战队基地宿舍项目等。比较 Harper 的发展趋势(图 5-10)和绿色建筑承包商市场份额图可以发现二者之间的趋势相近之处：Harper 的绿色建筑收益变化趋势与教育建筑和政府建筑市场份额变化趋势相近，在绿色建筑市场发展转型期期间政府对于政府机构类建筑的绿色建筑的财政补贴开始下调，这也导致了这一类建筑的绿色建筑市场发展出现波动，而 Harper 的绿色建筑收益变化显示出公司收益受到了这种市场波动非常大的影响。这表明 Harper 公司在绿色建筑市场方面非常依赖于政府建筑和教育建筑这两个类型建筑的收益，受特定市场影响程度较高。结合这两个典型企业的例子可以发现，专项发展型绿色建筑虽然在某类建筑的绿色建筑市场中有着经验的优势，但是受特定类型建筑的市场和政策影响波动较大，在未来的发展过程中需要增加参加不同种类的绿色建筑的项目经验，以降低这种不利的影响。

(3) 多项发展型绿色建筑企业在本篇的美国绿色建筑企业数据库中占 23.3%，共有 108 个，其中承包商 48 个，设计公司 60 个。多项发展型绿色建筑企业的特点是，此类企业虽然绿色建筑年收益占比并不高，但是涉及的产业多，绿色

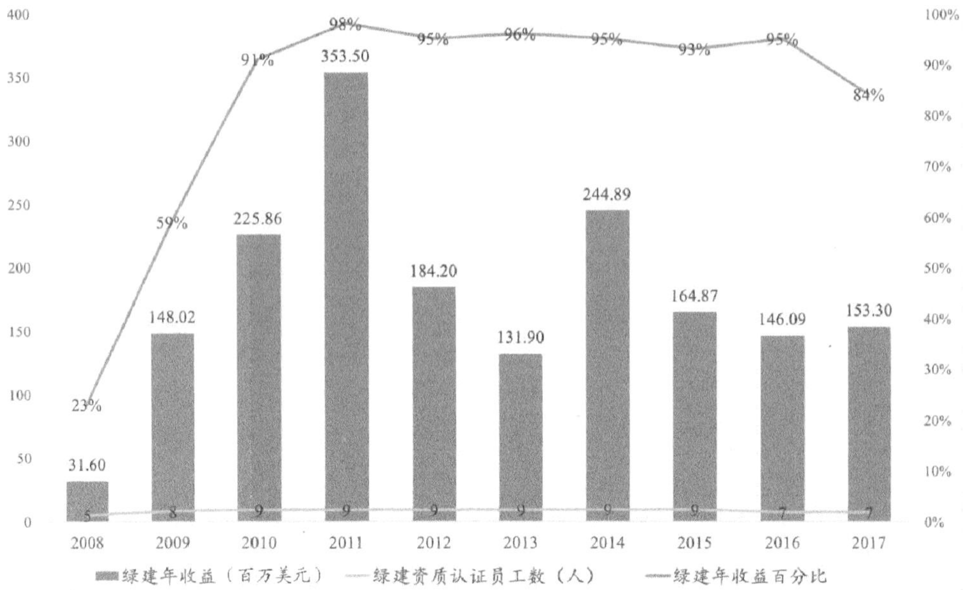

图 4-5-10　Harper Construction 发展趋势

建筑的经验更为丰富。通过对原始数据的查看，发现此类企业中参建项目种类在 6 种及以上的 36 家企业中有 31 家是设计公司，而承包商的平均参加绿色建筑项目种类数则多在 3～5 之间。这些数据表明，多项发展型绿色建筑企业的代表性企业多为建筑设计企业。典型企业有设计公司 Interface Engineering（下文简称 Interface公司），在 2013 到 2017 年期间 Interface 公司的平均绿色建筑收益占比仅为 25%，但是其参与的绿色建筑项目涵盖了零售/办公、政府办公、教育、医疗、酒店、住宅、娱乐/市政等多个产业，如获得 LEED 铂金认证的 DeAnza 教育中心、获得 LEED 金级的 Santana Row 办公/零售中心等。多项发展型绿色建筑企业中较为典型的承包商为位于俄克拉荷马州的 Flintco 公司，其平均绿色建筑收益占比为 27%，但是其在绿色建筑市场中参与了 6 种不同类型的项目，包括有教育类项目，如获得奥斯汀绿色建筑项目四星评级的 JAIME D. PADRON 小学，以及研究类项目，如获得 LEED 认证的 Tulsa 癌症研究所。Flintco 公司还是被首批指定为美国建筑承包商协会（American Builders and Contractors，ABC）认证的绿色建筑承包商之一。Flintco 公司原本在建筑市场中就有一定基础，具有参建多种类型的建筑项目的经验，因此其绿色建筑发展的模式也正是在其原有市场基础上推行绿色建筑，因而其发展模式被归类为多项发展型。多项发展型绿色建筑企业由于其本身参与的项目产业范围比较广泛，所以在未来的发展阶段中会逐步增高在各个种类项目中的绿色建筑比例，提高在各个产业的绿色建筑市场参与度，向成熟大型绿色建筑企业发展。

（4）初级中小型绿色建筑企业在本篇的美国绿色建筑企业数据库中占 28.4%，共有 132 个，其中承包商 67 个，设计公司 65 个。在本篇数据库中的初级中小型绿色建筑企业的特点是在四个聚类中各个参数的表现都是最低的，平均排名最低、上榜次数最少、平均绿色建筑收益百分比最低、平均参加项目种类数最少。在 132 个企业中，有 68 个企业仅一次登上过 ENR 百强绿色建筑企业榜单，登榜次数在 3 次及以下的企业数占此类企业总数的 84%。因此推测这在初级中小型绿色建筑企业中，有部分企业仅在某个时间段内参建了比较大型的绿色建筑项目，因此其绿色建筑年收益随之增加，但这种情况并未能持续下去，在项目结束后这类建筑企业参建的绿色建筑项目就较少了。虽然在这一类企业中有部分小型建筑企业并没有在绿色建筑市场继续寻求发展，但是也有部分中型建筑企业刚刚踏入绿色建筑市场，在未来有非常大的市场提升空间。如在加利福尼亚州的 XL Construction Corp.（下文简称 XL 公司），XL 公司在 2016—2017 年均出现在 ENR 百强绿色建筑企业榜单上，平均排名 77，平均参与项目种类为 3 类。XL 公司在其官网上表示，公司在管理 LEED 项目认证流程方面有丰富的经验，而且迄今为止公司已经拥有 60 多个 LEED 项目的参建经验，在未来会参与建设更多的绿色建筑项目。初级绿色建筑企业中较为典型的设计公司为位于威斯康星州的 Eppstein Uhen Architects（下文简称 EUA 公司）。EUA 公司绿色建筑收益占比仅为 12%，参与设计的绿色建筑项目多为体量较小的办公类项目，如获得 LEED 金级认证的西北互助公司——范布伦办事处项目（已有建筑翻新改造项目）、白水（White Water）创新中心项目（两层建筑项目）、绿色技术培训与企业中心（社区培训中心项目）。虽然仍然在积累绿色建筑项目经验的阶段，但是 EUA 公司已经开始通过组织架构调整来进行可持续转型，其公司内部专门成立了绿色建筑委员会，指导公司在建筑市场中的可持续发展。这些刚刚加入绿色建筑市场的中型绿色建筑企业仍处在初级快速发展阶段，可以预见在未来短期时间（3～5 年）内，这类企业将会成为绿色建筑市场转型后市场新阶段的中坚力量。

四、绿色建筑企业发展启示

美国的绿色建筑企业发展历程和发展历程中的成功经验，对我国的建筑企业的绿色可持续化转型发展具有很高的借鉴和参考价值。对于已经在建筑行业占据一定市场地位的大型建筑企业（承包商/设计公司），现阶段它们已经承接了一些绿色建筑项目，积累了一定的绿色建筑设计、施工和管理的经验。如何在未来的绿色建筑市场发展中继续占据市场主动地位，引领绿色建筑市场的发展，需要从美国的成熟大型绿色建筑企业的经验中寻找战略方法：在参与绿色建筑的项目过程中，搭建并维护起属于公司的绿色建筑数据信息系统，便于内部员工和其他利益相关方进行访问查询。使用这种系统确保企业内部各个单位能够共享绿色建筑相关的知识和资源，促进企业绿色建筑技术和理念的传播发展；设置绿色建筑领域的人才培养机制，鼓励员工参与绿色建筑培训、参与绿色建筑专业资质认证，提升企业绿色建筑人才素质,为企业长久的绿色可持续化发展提供持续动力;在企业组织架构和管理机制上推进绿色可持续化转型,通过增设绿色建筑相关的管理或研发机构,以专项资金支持企业的绿色建筑管理方法和技术发展。对于我国中小型建筑企业,如何在绿色建筑市场中抢占份额,抓住机遇迅速发展,也可以从美国专项和多项发展型绿色建筑企业的经验中寻求方法:在绿色建筑市场中以某类建筑项目或某个公共市政项目为突破口,发现政策红利机会,在政府补贴和扶持的帮助下积累绿色建筑项目的经验;在企业网站和宣传册上公布推广绿色建筑的成果和经验,向客户提供可靠的绿色建筑选择,说服业主寻求绿色建筑认证,通过推动对绿色建筑的追求来拓宽企业在绿色建筑市场的规模,并形成良性循环。总而言之,我国不同规模的建筑企业可以从不同类型的绿色建筑企业发展战略中汲取其特点,并在企业绿色可持续化转型的过程中加以运用,从而在未来的绿色建筑市场竞争中保持优势。

第六章 绿色建筑市场空间分布分析

一、美国绿色建筑市场空间分布

1. 描述性统计结果分析

在对美国的绿色建筑市场的空间信息统计中，以县为单位统计了每个县中绿色建筑项目的数量以及绿色建筑企业数、绿色建筑企业上榜数，以此对美国绿色建筑市场中项目与企业的空间分布有一个初步的了解，发现热点区域，同时为后面更进一步的定量分析奠定数据基础。统计发现，在单个县中的绿色建筑企业数量较少。从绿色建筑企业数前十的县（表 4-6-1）中可以发现，各县中拥有最多绿色建筑企业的是有 26 个绿色建筑企业的纽约，而前十排名中第十名的费尔顿县只有 11 个绿色建筑企业。因此，如果单纯以绿色建筑企业的数量来进行绿色建筑企业的空间分析的话，数据量较小且各个县之间的区分度不大。所以，在此引入绿色建筑企业上榜数作为研究绿色建筑企业空间分布的参数。绿色建筑企业上榜数即为当地县中绿色建筑企业在 2008—2017 年的十年间在 ENR 上榜的企业的上榜总频次，如某县有两个绿色建筑企业，一个在十年间仅有 1 次上榜，另一个企业在十年间上榜了 8 次，则此县的绿色建筑企业上榜数为 9。通过这种方法将绿色建筑企业的空间分布分析中的数据量由 464 增大到了 2000，且增大了各县之间的区分度，有助于后续的分析。

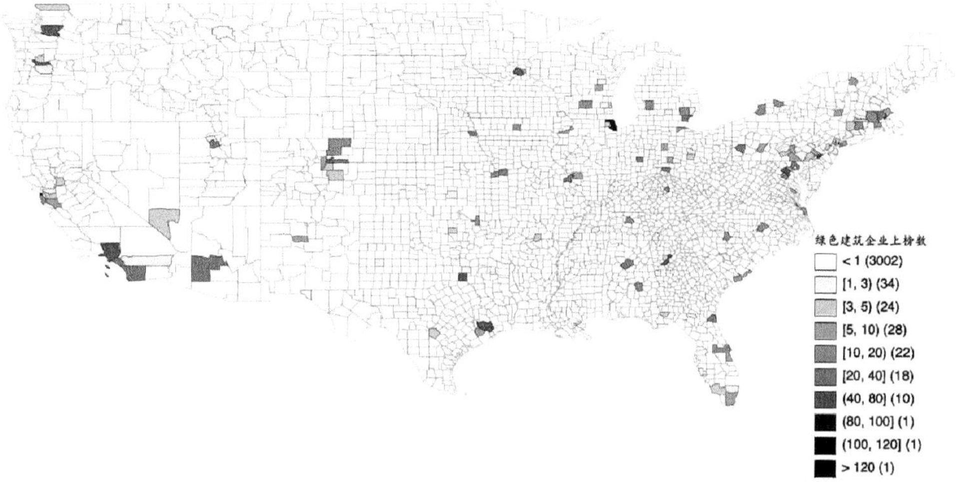

图 4-6-1 绿色建筑企业上榜数空间分布

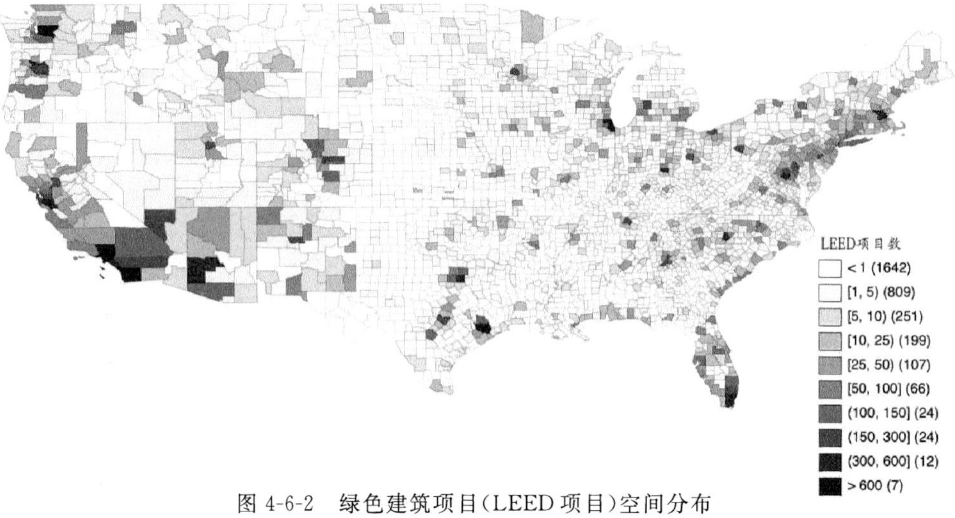

图 4-6-2　绿色建筑项目(LEED 项目)空间分布

表 4-6-1　　绿色建筑企业数前十的县

县(County)	州(State)	LEED 项目数	绿色建筑企业数
New York	New York	701	26
Cook	Illinois	990	19
Harris	Texas	610	16
San Francisco	California	564	15
King	Washington	658	14
Dallas	Texas	447	14
Hennepin	Minnesota	188	14
Los Angeles	California	1297	13
Middlesex	Massachusetts	343	12
Fulton	Georgia	310	11

表 4-6-2　　绿色建筑项目数前十的县

县(County)	州(State)	LEED 项目数	绿色建筑企业数
Los Angeles	California	1297	13
Cook	Illinois	990	19
District of Columbia	District of Columbia	893	4
New York	New York	701	26
King	Washington	658	14
San Diego	California	636	9
Harris	Texas	610	16
Hamilton	Ohio	580	5
San Francisco	California	564	15
Dallas	Texas	447	14

观察绿色建筑企业上榜数的空间分布(图 4-6-1),发现企业上榜数会在特定的区域出现集聚的现象,即围绕着某一绿色建筑企业上榜数较高的县的周边的县也有相对较高的绿色建筑企业上榜数,如在加利福尼亚州的旧金山及周边区域,以及东部沿海的部分区域。对此提出假设:绿色建筑企业在空间上存在集聚的现象,且绿色建筑企业的空间分布对绿色建筑项目的空间分布会产生影响。为了验证这些假设,本篇引入了空间自相关的计算方法来定量地计算绿色建筑企业空间分布的集聚性。

在对美国绿色建筑项目的位置信息统计中,以县为单位将 LEED 项目的位置信息统计后可视化为 LEED 项目空间分布图(图 4-6-2),对比绿色建筑企业上榜数的空间分布图 4-6-1 和绿色建筑项目的空间分布图 4-6-2 可以发现二者在空间中的热点(高值区域)有相似之处。整理出 LEED 项目数前十的县(表 4-6-2)和绿色建筑企业数前十的县(表 4-6-1)可以从中发现,虽然存在着特殊值(如华盛顿特区 District of Columbia)个别县的绿色建筑企业数少而绿色建筑项目数多,但总体上来看,绿色建筑企业数量较多的县其绿色建筑项目的数量也是较多的。推测绿色建筑企业和绿色建筑项目在空间上都存在着集聚现象,且绿色建筑企业的分布会对绿色建筑项目的分布产生影响。下面将通过空间自相关和空间回归的分析定量地验证这一推测。

2. 空间自相关分析

(1) 全局与局部空间自相关分析

为了验证绿色建筑企业和绿色建筑项目在空间上都存在着集聚现象的假设,在此对绿色建筑企业数、绿色建筑企业上榜数、绿色建筑(LEED)项目数这三个参数进行了全局空间自相关的莫兰指数计算,得到如表 4-6-3 所示的计算结果。在解读空间自相关结果莫兰指数的时候,需要同时通过 p 值和 z 值的辅助来进行判定:当 p 值 <0.05 时,意味着通过了 95%的置信度检验,此莫兰指数结果可以拒绝随机假设,是可以作为参考标准的。当 p 值 >0.05 时,则未能通过置信度检验,是不能用来参考空间自相关性的。当 z 值 >1.65 时,表明空间自相关分析结果拒绝随机假设且呈现正相关;而当 z 值 <-1.65 时,则表明结果拒绝随机假设呈现负相关。从表 4-6-3 中可以看到,所有参数的空间自相关结果都通过了 p 值检验和 z 值检验,绿色建筑企业相关两个参数的莫兰指数虽然都是正数,但是数值较小(0.0922和 0.0641),表明绿色建筑企业在全局上呈现显著性较小的集聚分布。而绿色建筑项目 LEED 项目数则有较高的莫兰指数(0.2244),表示绿色建筑项目呈现显著性较强的集聚分布。

在计算求得全局空间自相关系数(莫兰指数)结果,定量证明了绿色建筑企业和绿色建筑项目在空间中存在集聚分布后,进行局部空间自相关(Local Moran's I)的计算,更进一步确定绿色建筑市场分布的热点区域。全局空间自相关系数表示的是在空间范围内参数的空间集聚情况,却并没有表现出参数的热点分布情况，而通过局部空间自相关的计算，可以知道在哪些特定区域是存在着高值的集聚，哪些存在着低值的集聚。对绿色建筑企业上榜数和 LEED 项目数进行局部空间自相关分析后，得到绿色建筑企业上榜数局部空间自相关散点图和分布图（图 4-6-3）及 LEED 项目局部空间自相关散点图和分布图（图 4-6-4）。

表 4-6-3　　绿色建筑市场参数全局空间自相关计算结果

绿色建筑市场参数	数量	莫兰指数	p 值	z 值
绿色建筑企业数	464	0.0922	0.001	7.9530
绿色建筑企业上榜数	2000	0.0641	0.004	5.6156
LEED 项目数	33146	0.2244	0.001	21.2124

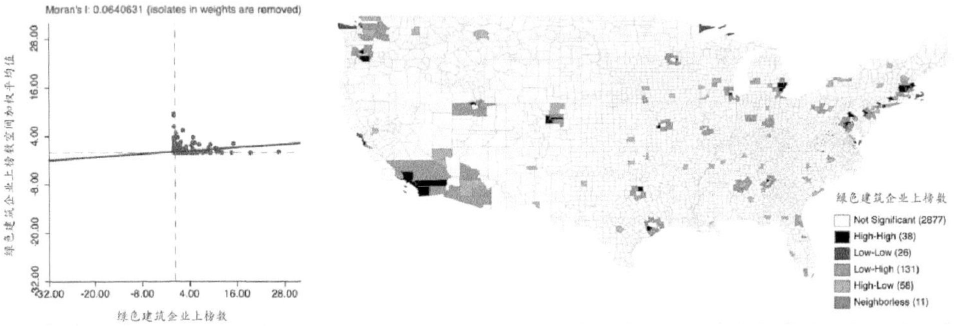

图 4-6-3　绿色建筑企业上榜数局部空间自相关散点图和热点分布

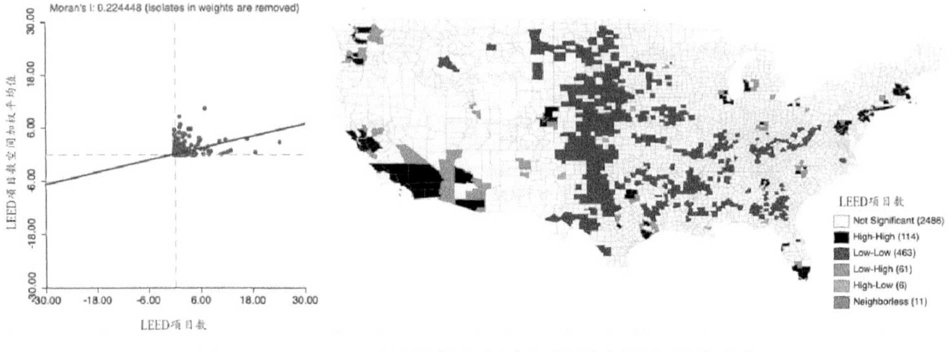

图 4-6-4　LEED 项目局部空间自相关散点图和热点分布

散点图中纵轴为标准化后的空间滞后值（Spatial Lag），即为此观测值周围各县的参数值的加权（空间权重）平均值，横轴为标准化后的观测值。在散点图的右上方象限中则表示此观测值本身为高值且空间滞后值也为高值，即此观测值所在区域为高值集聚区（High-High）；若在左下方象限则表示此观测值和其空间滞后值都是低值，即此观测值所在区域为低值集聚区（Low-Low）。在这里特别关注在局部空间自相关分布图中高值集聚区（High-High）的黑色区域和低值集聚区（Low-Low）的灰色区域。从绿色建筑企业的热点分布图 4-6-3 中可以观察到，绿色建筑企业并没有表现出明显的大片区域的高值集聚或低值集聚，而只在东北部沿海地区和西部沿海地区存在部分热点的集聚，如东部沿海地区的马里兰州、新泽西州、纽约州、马萨诸塞州区域，西部沿海地区的洛杉矶、旧金山区域。而从绿色建筑项目热点分布图 4-6-4 中则可以看到，绿色建筑项目存在着明显的高值集聚和低值集聚，高值集聚除了和绿色建筑企业高值集聚重合的地区外，还有华盛顿州、得克萨斯州、伊利诺伊斯州、佛罗里达州的部分县；低值集聚则多位于美国的中部地区和南部地区。

综上所述，绿色建筑企业上榜数和 LEED 项目数的全局范围内的空间自相关分析结果证明了绿色建筑市场在美国的空间分布中存在着集聚的情况，且分析结果揭示了绿色建筑市场空间集聚的具体区域。接下来将对不同类型的绿色建筑企业和不同级别的 LEED 项目继续进行空间自相关的分析，以研究空间集聚情况随着分类的改变而变化的规律。

(2) 企业分类的空间自相关分析

在前文的聚类分析中，美国的绿色建筑企业被分成了四类，分别是成熟大型绿色建筑企业、专项发展型绿色建筑企业、多项发展型绿色建筑企业和初级中小型绿色建筑企业。在分别对四种类型的企业进行空间自相关分析后，得到不同类型的绿色建筑企业空间自相关计算结果（表 4-6-4），发现初级中小型绿色建筑企业的分布更倾向于集聚（莫兰指数＝0.0941），成熟大型绿色建筑企业则更倾向于随机分布（莫兰指数＝0.0556），而两类绿色建筑企业所在的县的数量则基本相同。造成这种空间集聚的差异的原因是初级中小型绿色建筑企业的上榜数较低，其低值的集聚程度相对更高；成熟大型绿色建筑企业的总部多位于大型城市，则这些大型城市的上榜数会出现高值，而大型城市的空间分布又较为分散，所以此类企业的莫兰指数相对较低。专项发展型和多项发展型绿色建筑企业的莫兰指数均高于所有企业总上榜数的莫兰指数，表明这两类企业的空间集聚程度也是相对较高的。

表 4-6-4　　不同类型的绿色建筑企业空间自相关计算结果

绿色建筑企业	绿色建筑企业上榜数	绿色建筑企业所在县数量	莫兰指数	p 值	z 值
专项发展型	293	53	0.0823	0.002	7.2091
多项发展型	380	60	0.0776	0.002	7.0571
初级中小型	304	84	0.0941	0.001	8.7742
成熟大型	1023	81	0.0556	0.009	5.0126
总上榜数	2000	139	0.0641	0.004	5.6156

(3) 项目分级的空间自相关分析

LEED 认证评级共分为认证级、银级、金级和铂金级。从不同等级绿色建筑项目的空间自相关分析结果（表 4-6-5）中可以发现，LEED 认证级的绿色建筑项目数量并不是最多的，但是集聚程度是最高的，这是因为LEED认证级项目多受政府政策法规的影响，在某一区域作为最低标准被统一要求，所以就使得其集聚程度升高。而在四类LEED项目中可以发现，随着LEED认证等级的提高，绿色建筑项目所在县的数量却在降低，莫兰指数也在降低，这说明低等级的绿色建筑项目在空间中存在着集聚的现象，而高等级的绿色建筑项目在空间分布中则趋向分散。

表 4-6-5　　不同等级绿色建筑项目的空间自相关计算结果

LEED认证评级	绿色建筑项目数	绿色建筑项目所在县数量	莫兰指数	p 值	z 值
认证级	7358	1022	0.2543	0.001	23.7231
银级	11181	1077	0.2070	0.001	19.7043
金级	11564	975	0.2165	0.001	20.1838
铂金级	3043	470	0.1812	0.001	17.5846
全部评级	33146	1499	0.2244	0.001	21.2124

另一方面，从对不同等级的LEED项目的局部空间自相关分布图（图4-6-5）的观察中可以发现，在不同的地区范围中，绿色建筑项目等级的变化和绿色建筑项目集聚情况变化的关系也有所不同。一种关系是不管绿色建筑项目的等级是哪一级，此地区的绿色建筑项目都保持着较高程度的集聚，如华盛顿州、加利福尼亚州、亚利桑那州的部分地区；另一种是随着绿色建筑认证等级的升高，同一地区的内绿色建筑项目的数量会逐渐减少，集聚范围会逐渐缩小，代表的地区有得克萨斯州、佛罗里达州、东北部沿海地区（马里兰州、新泽西州、纽约州、马萨诸塞州）。

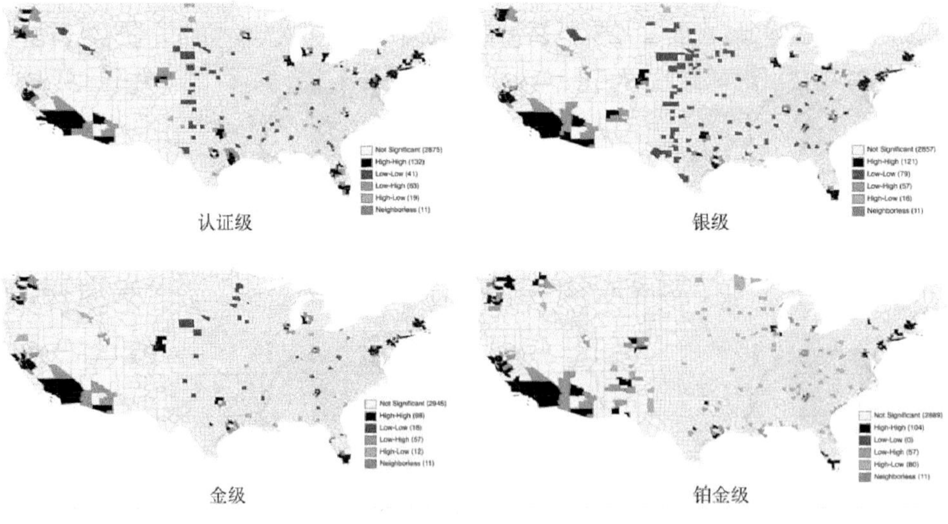

图 4-6-5　不同等级的绿色建筑项目局部空间自相关热点分布

（4）项目分时段的空间自相关分析

在前文对于美国绿色建筑市场的总体概述中，将美国绿色建筑市场的近二十年的发展分为了三个阶段，分别是发展初级阶段（2003—2008年）、发展成熟阶段

(2009—2013年)、发展转型阶段(2013年至今)。在此结合LEED项目的认证时间与地理信息来定量地分析美国绿色建筑市场的时空演变情况。从对不同时间段的LEED项目的空间自相关分析结果(表4-6-6)中可以发现,LEED项目的空间分布情况与美国绿色建筑市场的发展阶段是密切相关的:在绿色建筑市场的发展初级阶段(2003—2008年),由于LEED认证评级尚未受到广泛的认可和肯定,而对于建筑业来说绿色建筑仍属于一个新兴的概念,所以认证的项目数相对较少(1882个),覆盖的范围也较小,在空间分布上虽然有集聚但程度较低(莫兰指数=0.1586),总体上较为分散;在绿色建筑市场发展成熟阶段(2009—2013年),随着LEED v3.0受到业界的广泛认可,绿色建筑认证迅速在市场中形成风潮,2000—2010年LEED认证项目数增幅高达245.7%,而2000—2012年认证项目增幅虽然有所下降,但仍高达103.4%。LEED项目覆盖范围也大幅度扩大,从2008年覆盖465个县到2012年覆盖1176个县(图4-6-6)。随着覆盖面积的扩大,项目的空间集聚程度也有所提高,莫兰指数提高到了0.2140,这是因为大型城市周边的中小城市的绿色建筑市场受到中心城市的辐射影响也开始发展,使得空间集聚性特征更为显著。在发展转型阶段(2013年至今),由于市场已经发展成熟,绿色建筑的行业供应链及流程趋于完善、相关政策法规也趋于稳定,所以市场对于LEED认证的看法开始变得更为理性。而与此同时,由于LEED v4.0提高的标准带来的市场反对声音,以及其他评级标准如WELL的出现使得部分业主开始转向其他绿色建筑认证。这些因素使得LEED项目认证的数量在这一阶段放缓了增速,从2014年到2018年LEED项目的增幅一直在降低,覆盖的县的数量以及集聚程度都没有明显的增长。

表4-6-6　　不同时间段绿色建筑项目的空间自相关计算结果

年份	LEED项目数	LEED项目增幅	LEED项目所在县数量	莫兰指数	p值	z值
00—08	1882	0%	465	0.1586	0.001	14.8360
00—10	6507	245.7%	857	0.1830	0.001	16.7760
00—12	13235	103.4%	1176	0.2140	0.001	19.7685
00—14	20498	54.9%	1338	0.2226	0.001	20.7657
00—16	27498	34.1%	1443	0.2282	0.001	21.4528
00—18	33146	20.5%	1499	0.2244	0.001	21.2124

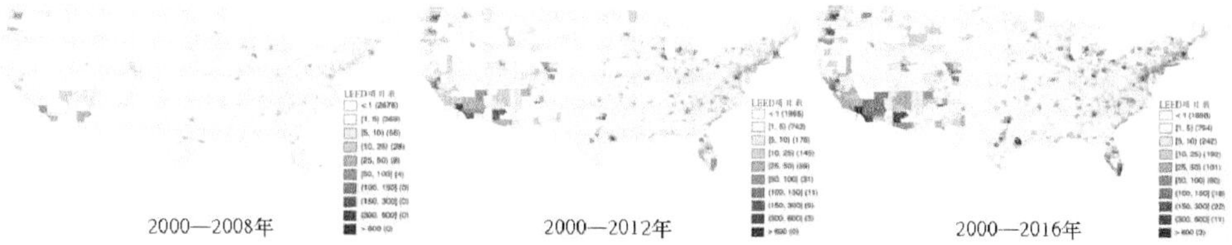

图4-6-6　不同时间段的绿色建筑项目空间分布

综合以上对于空间自相关的各类分析，可以得到结论：通过空间自相关的定量分析，可以发现美国绿色建筑市场存在着空间集聚的情况。空间集聚的程度随着绿色建筑市场的发展阶段不同有不同的改变，在绿色建筑市场发展的初级阶段集聚的程度有明显的提高，而在成熟转型阶段则保持稳定的集聚状态。绿色建筑企业的空间集聚程度较低，而绿色建筑项目的空间集聚程度则较高。美国绿色建筑市场较为发达，集聚程度较高的地区有西部沿海地区华盛顿州、加利福尼亚州的部分县，南部地区得克萨斯州、佛罗里达州的部分县，中部地区伊利诺斯州部分县，以及东北部沿海地区马里兰州、新泽西州、纽约州、马萨诸塞州的部分县。

3. 空间回归分析

(1) 全局空间回归分析

依照图 4-3-1 示意的回归分析步骤，首先从全局层面对绿色建筑企业上榜数和 LEED 项目数进行回归分析。在对绿色建筑企业上榜数和 LEED 项目数进行了传统经典线性回归后，得出了 $R^2=0.5887$ 的线性回归方程(表 4-6-7)，代表着用传统经典线性回归有 58.87%的解释率，变量中度相关。而在用经典回归模型运算出的预测值和实际值的残差值存在着空间的集聚情况，因为对残差值进行空间自相关计算后得出莫兰指数为 0.165，表现集聚。这说明在进行回归分析的过程中因变量和解释变量的空间位置是会对回归拟合产生影响的，需要使用空间回归模型来进行分析。

表 4-6-7　　三种回归模型的回归方程

	回归方程[a]	R^2	LM-Error	LM-Lag	Robust LM-Error	Robust LM-Lag
经典线性回归模型	$Y=7.67X+5.67$	0.5887	—	—	—	—
空间滞后模型	$Y=7.27X+0.315Wy+2.53$	0.6357	—	412.74 (0.0000)[b]	—	180.94 (0.0000)
空间误差模型	$Y=7.17X+0.348W\zeta+5.98$	0.6219	233.00 (0.0000)	—	1.20 (0.2725)	—

[a] Y=LEED 项目数，X=绿色建筑企业上榜数，W=空间权重矩阵，y=空间权重矩阵中的 Y 要素值，ζ=空间权重矩阵中的误差要素值。

[b] 括号内为 95% 置信水平下的 p 值。

在选用空间回归模型过程中有两个选择方案，一个是空间滞后模型，另一个是空间误差模型。在选择这两个模型哪一个更适合作为本篇的空间回归模型的过程中需要用到拉格朗日乘数诊断的方法，在进行运算后得出如表 4-6-7 所示的结果。统计值 LM-Lag 和 Robust LM-Lag 分别是在不存在空间残差相关的假设下检验是否存在空间自回归效应和在存在空间残差相关的假设下检验是否存在空间自回归效应；而统计值 LM-Error 是在不存在空间自回归的假设下检验是否存在残差相关，Robust LM-Error 是存在空间自回归的假设下检验是否存在空间残差相关[65]。根据运算结果显示，LM-Lag 比 LM-Error 在统计意义上都表现显著，但是 Robust LM-Lag 显著而 Robust LM-Error 不显著，所以在此选用 Robust LM-Lag 显著的空间滞后回归模型。在运用空间滞后回归模型后，绿色建筑企业上榜数和 LEED 项目数的回归方程如表 4-6-7 所示，方程的 R^2 为 0.6357，高于经典回归模型的 R^2，说明使用空间模型是可以提高回归的拟合度的。

在确定了使用空间滞后模型来进行空间回归后，再对绿色建筑企业和不同等级的 LEED 项目进行了回归分析（表 4-6-8），结果显示绿色建筑企业在与金级的 LEED 项目进行回归拟合的回归方程解释度最高，在与铂金级 LEED 项目进行回归拟合的方程的解释度最低，表明在绿色建筑企业的分布情况可以较好地预测金级 LEED 项目的分布，对于铂金级项目的分布则预测精度较低。

表 4-6-8　绿色建筑企业上榜数与不同等级的绿色建筑项目数的回归模型

LEED 认证评级	回归方程[a]	R^2
认证级	$Y=1.3X+0.350Wy+0.65$	0.5819
银级	$Y=2.23X+0.290Wy+1.06$	0.5781
金级	$Y=3X+0.307Wy+0.63$	0.6592
铂金级	$Y=0.72X+0.3Wy+0.24$	0.4539
全部评级	$Y=7.27X+0.315Wy+2.53$	0.6357

[a] Y＝LEED 项目数，X＝绿色建筑企业上榜数，W＝空间权重矩阵，y＝空间权重矩阵中的 LEED 项目数要素值

在对美国绿色建筑企业和项目进行全局的空间回归分析后，空间滞后模型的 R^2 值（0.6357）证明，从全局角度看绿色建筑企业的空间分布会对绿色建筑项目的空间分布产生较大影响，绿色建筑市场之中的二者存在着中度正向相关的关系。对于不同的评级项目，绿色建筑企业与项目的回归相关性也有所不同，企业与金级绿色建筑项目的相关性较高，与铂金级绿色建筑项目的相关性较低。

（2）局部空间回归分析

在全局层面对绿色建筑企业上榜数和 LEED 项目数的回归分析得出的回归方程解释率（0.6357）表明二者之间的空间分布呈现中度相关。在前文局部空间自相关的分析中发现绿色建筑企业和绿色建筑项目在部分地区有高值集聚（High-High）和低值集聚（Low-Low）的现象。因此推测在对全局进行分区后，不同区域的局部空间回归将会得到不同的回归方程以及解释率，推测绿色建筑企业和项目高值和低值集聚的地区（西海岸地区、东海岸地区、中西部地区等）的局部空间回归方程解释率（决定系数）相比于全局空间回归会有所提高。为了验证这一推测，对绿色建筑企业上榜数和 LEED 项目数进行了局部的空间回归分析。局部空间回归分析中分区标准采用的是美国人口普查局（United States Census Bureau）发布的美国人口普查分区（Census Regions and Divisions of the United States），此划分标准由美国政府机关提出，具有普遍适用性，且多次被应用于区域经济分析的学术研

究中[66]，因此在本篇中采用这一标准作为局部空间自相关的分区依据。美国人口普查分区将美国划分为西部（West）、中西部（Midwest）、南部（South）、东北部（Northeast）四个大区（Region），并进一步细分成了太平洋区（Pacific）、山区（Mountain）、中部西北区（West North Central）、中部东北区（East North Central）、中部西南区（West South Central）、中部东南区（East South Central）、南大西洋区（South Atlantic）、中大西洋区（Middle Atlantic）、新英格兰区（New England）九个不同的分区（Division）（图 4-6-7）。

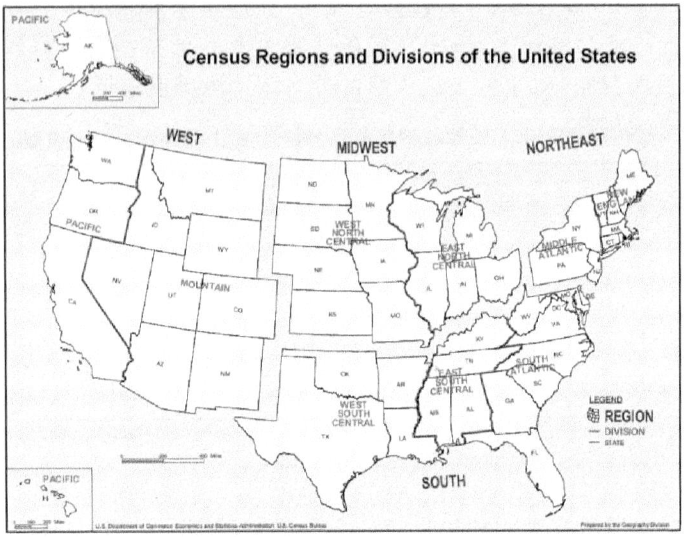

图 4-6-7 美国人口普查分区[67]

表 4-6-9 局部空间回归分析结果

分区	LEED 项目数	LEED 项目莫兰系数	绿色建筑企业上榜数	绿色建筑企业上榜数莫兰系数	R^2	回归方程
太平洋区（Pacific）	7527	0.2251	348	0.1181	0.7377	$Y=11.3X+0.229Wy+12.11^a$
山区（Mountain）	3269	0.1236	161	0.1358	0.4853	$Y=7.3X+7.45^b$
中部西北区（West North Central）	1452	0.2372	183	0.0424	0.7825	$Y=2.7X+0.386Wy+0.61$
中部东北区（East North Central）	4542	0.0751	294	0.0089	0.7973	$Y=9.15X+0.157Wy+2.53^a$
中部西南区（West South Central）	2745	0.1167	175	0.0094	0.7634	$Y=7.07X+0.168Wy+2.13$

续表

分区	LEED项目数	LEED项目莫兰系数	绿色建筑企业上榜数	绿色建筑企业上榜数莫兰系数	R^2	回归方程
中部东南区(East South Central)	896	0.0525	72	−0.0097	0.2293	$Y=3.1X+1.86^b$
南大西洋区(South Atlantic)	7183	0.3308	309	0.1226	0.4713	$Y=7.55X+0.351Wy+3.39$
中大西洋区(Middle Atlantic)	3659	0.1292	317	−0.0073	0.8885	$Y=4.9X+0.247Wy+8.33$
新英格兰区(New England)	1873	0.3593	141	0.2368	0.7172	$Y=7.3X+12.5^b$

[a]此参数的 p 值大于 0.05，表明此参数不能显著拒绝零假设。

[b]此方程在拉格朗日乘数诊断中得到的 LM-Error 与 LM-Lag 均表现为不显著，回归方程仍使用经典回归模型。

通过对九个分区的空间回归分析，得到如图 4-6-8 所示的 LEED 项目数分布图，图 4-6-9 所示的绿色建筑企业上榜数分区分布图，以及如表 4-6-9 所示的局部空间回归分析结果。在对局部的空间回归分析中，得到具有三种不同回归特点的分区，分别是①不需要使用空间回归模型，使用经典回归模型的区域（山区、中部东南区、新英格兰区）；②使用了空间滞后模型，但回归方程中的常数项不能显著拒绝零假设的区域（太平洋区、中部东北区）；③使用了空间滞后模型，且回归方程各项参数可以显著拒绝零假设的区域（中部西北区、中部西南区、南大西洋区、中大西洋区）（图 4-6-8）。

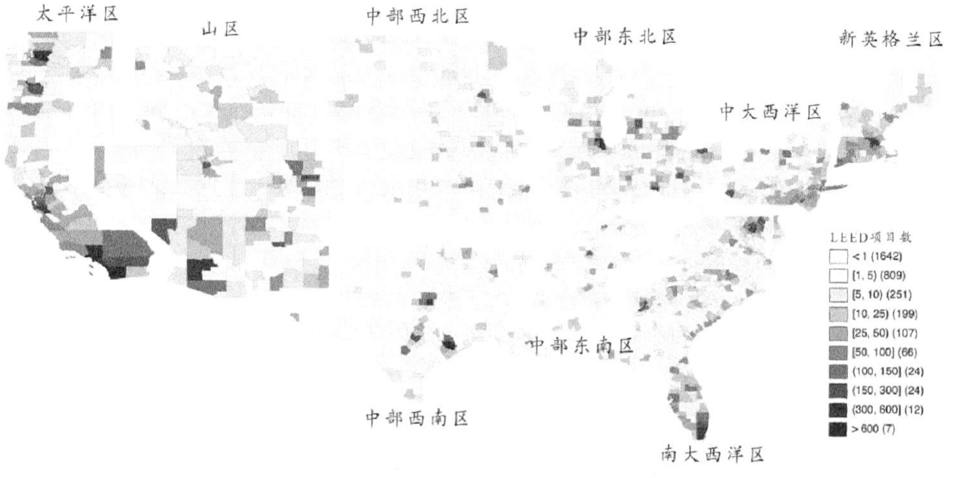

图 4-6-8　LEED 项目数分区分布

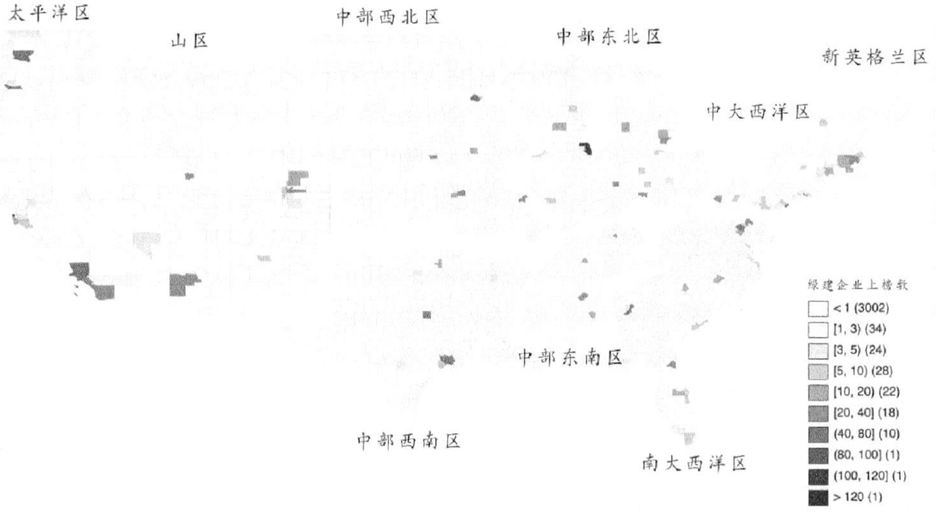

图 4-6-9　绿色建筑企业上榜数分区分布

a. 不需要使用空间回归模型，使用经典回归模型的区域（山区、中部东南区、新英格兰区）

前文提到，在进行空间回归分析前，需要先通过拉格朗日乘数诊断判断选择哪一种空间回归模型来进行分析，若在拉格朗日乘数诊断中得到的 LM-Error 与 LM-Lag 均表现为不显著，则方程仍使用经典回归模型。山区、中部东南区和新英格兰区，就是在进行回归分析的过程中发现 LM-Error 与 LM-Lag 均表现为不显著，并不需要使用空间回归模型的区域。山区和中部东南区回归方程的 R^2 值均较低，表明在这两个区域内绿色建筑企业的空间分布和绿色建筑项目的空间分布的关联性较低，这是因为在这两个区域的企业分布较为稀少和分散，只零星地在个别县有非零值，解释变量过少造成了较低的回归解释率。新英格兰区的 R^2 值较高(0.7172)，表明在这一区域内的绿色建筑企业上榜数与绿色建筑项目数量有相对较高的相关性。这是因为在这一区域内的绿色建筑企业和绿色建筑项目大多都集中在相同的大型城市中，如位于纽约的萨福克县(Suffolk County)，这种集聚情况在绿色建筑企业上榜数和绿色建筑项目数的高莫兰系数中也得到了体现。

b. 使用了空间滞后模型，但回归方程中的常数项不能显著拒绝零假设的区域（太平洋区、中部东北区）

在太平洋区和中部东北区的回归分析中，在拉格朗日乘数诊断中得到的 LM-Lag 相对显著，所以选择了空间滞后模型进行回归拟合。在拟合得到的回归方程中，两个分区回归方程的常数项都不能显著拒绝零假设，即常数项对于回归方程来说属于可为零的参数。造成这种情况的原因是在太平洋区和中部东北区中的极值差距过大，造成了回归方程常数项的可靠性降低。在太平洋区中，加利福尼亚州洛杉矶县绿色建筑项目数为 1297，远远高于其他各县，而在这一区域中有 91 个县的绿色建筑项目数低于 10，这种极值的差距过大导致了回归方程中常数项的失效。

在中部东北区也是如此，高低极值的巨大差距导致了常数项失去效用。虽然如此，但在这两个区域的回归方程拟合的 R^2 值都较高，接近 0.8，表明在这两个区域的绿色建筑企业空间分布和绿色建筑项目空间分布有较高的相关性。

c. 使用了空间滞后模型，且回归方程各项参数可以显著拒绝零假设的区域（中部西北区、中部西南区、南大西洋区、中大西洋区）

在三类回归方程中，这一类区域的回归方程使用了空间滞后模型且没有参数不能显著拒绝零假设。中部西北区的空间回归方程的 R^2 值较高，这是因为在这一区域的绿色建筑企业上榜数和绿色建筑项目数普遍较低，属于低值集聚区（Low-Low），区域内低值的广泛分布使得回归方程中的解释变量参数（2.7）和常数项值（0.61）都相对较小，即在这一区域的绿色建筑企业和绿色建筑项目都数量较少且分布稀疏，因而形成了二者在这一区域存在高关联性的结果。中部西南区 R^2 值也相对较高，其大部分地区与中部西北区相同，绿色建筑企业和绿色建筑项目都数量较少且分布稀疏，但在得克萨斯州的部分县（达拉斯县、奥斯汀县等）存在着建筑企业和绿色建筑项目集聚的情况。南大西洋区的回归方程 R^2 值则较低（小于 0.5），表明在这一区域内绿色建筑企业和绿色建筑项目的分布相关性较低。造成此区域内二者相关性低的原因与山区和中部东南区回归方程的相关性低的原因相同，即解释变量过少，绿色建筑企业的数据量不足以支持回归方程的拟合。中大西洋区的回归方程的 R^2 值大于 0.8，在九个分区中最高，表明在这一区域内绿色建筑企业的空间分布与绿色建筑项目的空间分布有极强的正相关性，绿色建筑企业上榜频次高的县则绿色建筑项目数量也相应地高。

综合对于以上九个分区的局部空间回归分析结果，验证了绿色建筑企业和绿色建筑项目高值及低值集聚区域的空间回归方程解释率会有所提高的推测。在绿色建筑企业和绿色建筑项目高值集聚的分区（太平洋区、中大西洋区、英格兰区）和低值集聚的分区（中部西北区、中部东北区、中部西南区）的回归方程的 R^2 值都比全局回归方程的 R^2 值高，在这些区域的绿色建筑企业空间分布和绿色建筑项目空间分布有较强正相关的关系。而在山区、中部东南区、南大西洋区这三个区回归方程的 R^2 值比全局回归方程的 R^2 值低，在这些区域中企业和项目的分布相关性较低，这主要是因为这些区域内的绿色建筑企业分布较为稀疏，难以为回归方程的解释因素提供足够的数据量。局部空间回归分析同时也测试了空间回归模型在局部区域内的适用性，结果表明在全局的回归拟合中空间回归模型适用并不代表着在局部分区的回归拟合中空间回归模型同样适用，仍需要通过拉格朗日乘数诊断在局部分区逐个分析，依具体情况决定最终适用的回归模型。

二、中国绿色建筑市场空间分布

1. 描述性统计结果分析

从本次研究统计的 3367 个绿色建筑项目按空间分布来看，由于经济发展水平、气候条件、政策法规等因素的影响，绿色建筑项目在境内的空间分布上有着明显的集聚现象，这种集聚主要体现在京津冀、长三角、珠三角这三个经济发展水平较高的地区。相比之下，在中西部地区的绿色建筑项目就明显较少。在境内各省的绿色建筑项目数量排名上（图 4-6-10），江苏省（506 个）、上海市（411 个）和广东省（408 个）的绿色建筑项目数量远超其他各省，其中江苏省的绿色建筑项目主要分布在苏州市（185 个）、南京市（91 个）等城市，而广东省绿色建筑项目则主要位于深圳市（224 个）、广州市（93 个）、佛山市（33 个）等城市。在市级单位的绿色建筑项目分布上，可以发现，大部分城市是东部沿海城市，只有个别城市如武汉市（90 个）、重庆市（71 个）地处华中，由此可见我国的绿色建筑市场的空间区域差异性比较明显。

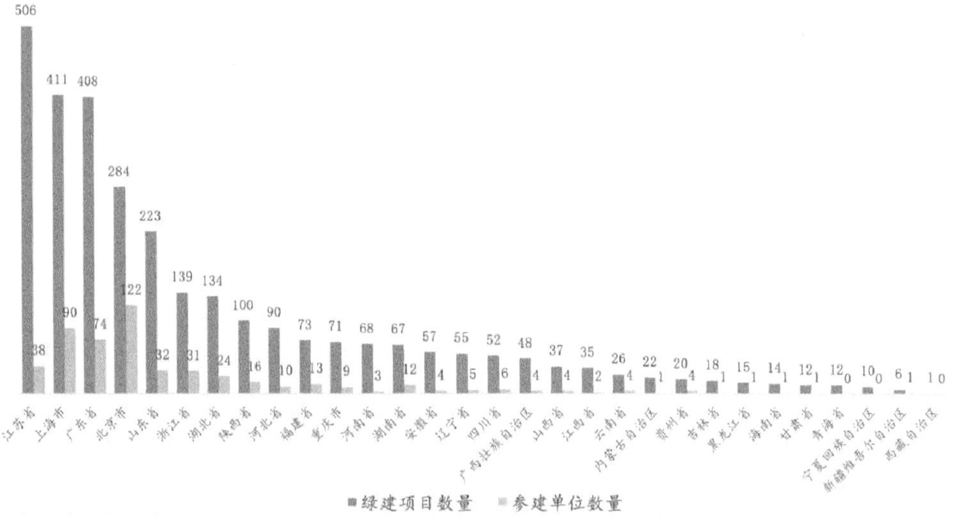

图 4-6-10 国内各省的绿色建筑项目数量排名

从本次研究统计的 548 个绿色建筑项目参建单位按空间分布来看，大部分集中在京津冀、长三角、珠三角三个地区，与绿色建筑项目的空间分布情况有相似之处（图 4-6-11）。在这三个地区中，京津冀地区的主要城市是北京市（122 个）、天津市（28 个），长三角地区是上海市（90 个）、杭州市（23 个）、苏州市（13 个），珠三角地区则是深圳市（53 个）和广州市（19 个）。与绿色建筑项目的分布一样，在东部沿海城市中绿色建筑项目的参建单位有较为明显的集聚，而中西部和东北部地区则参建单位较稀少且较为分散。

2. 空间自相关分析

(1) 全局与局部空间自相关分析

在观察分布图推测绿色建筑项目和项目参建企业在空间上存在集聚的情况后，将绿色建筑项目和项目参建单位的数据套入空间自相关的计算模型中，从定量的角度证明在这种集聚现象。通过计算结果可以发现，绿色建筑项目的全局莫兰指数为0.2737，表明绿色建筑项目的集聚现象是存在的，且 p 值(0.003)和 z 值(6.8326)都表明此计算结果是显著拒绝随机分布假设的；绿色建筑项目参建单位的全局莫兰指数相比要更高一些，是0.3379，表明其集聚程度要比绿色建筑项目更高，此计算结果也显著拒绝随机假设(表4-6-10)。

表 4-6-10　境内绿色建筑项目和项目参建单位的空间自相关计算结果

绿色建筑市场参数	数量	莫兰指数	p 值	z 值
绿色建筑项目数	3367	0.2736	0.003	6.8326
绿箭项目参建单位数	548	0.3379	0.002	8.4579

在计算完全局空间自相关的莫兰指数后，进一步进行局部空间自相关的计算，以此进一步分析高值和低值集聚的情况。从局部空间自相关分布可以得出，绿色建筑项目的High-High高值集聚区为北京市、上海市、天津市、苏州市，即这四个城市的绿色建筑项目数量较多，且其周边城市的绿色建筑项目也多；Low-Low区低值集聚区为中西部地区、东北地区(黑龙江省、吉林省)、部分南部地区(贵州省、江西省)的城市，这些地区的中心及周边的绿色建筑市场发展都还尚未形成；High-Low高中心低周边区的城市则有武汉、南京、西安、重庆、成都、福州、厦门、南宁、贵阳、合肥、昆明、郑州、大连、沈阳、温州、南昌，这些城市周边的区域的绿色建筑市场并没有得到发展。通过局部空间自相关的分析，更进一步明确了我国绿色建筑市场的不均衡分布现象的存在以及造成这种空间分布不均的主要热点区域。

(2) 项目分级的空间自相关分析

绿色建筑项目的评级在绿色建筑评价标识中由低级到高级分为三个星级：一星级、二星级和三星级，在此分别对每个等级的绿色建筑在空间的分布情况进行了空间自相关的计算，得出的结果符合对于各个认证等级项目分布的预测。在进行计算前，假设随着等级的升高，在那一等级的绿色建筑项目将会变得更加趋向于集聚在大型城市及周边。在对国标三个星级的绿色建筑项目进行空间自相关计算后，得出各个星级的全局莫兰指数可见表4-6-11，从中可见莫兰指数是随着星级的增高而升高的，从一星级的较为略微集聚(0.1385)升高到三星级的高程度集聚(0.3730)。从获得国标评级的绿色建筑项目的局部空间自相关分布可以得到，各个星级的高值集聚区域虽然都是在京津冀、长三角、珠三角地区，但是随着等级的升高，High-High区域涵盖的城市数就会减少，这说明高认证等级的绿色建筑项目更倾向于集聚在大型城市及周边，证实了此前的假设。

表 4-6-11　　不同等级的绿色建筑项目的空间自相关计算结果

评级	绿色建筑项目数量	莫兰指数	p 值	z 值
一星级	839	0.1385	0.006	3.9779
二星级	1037	0.2775	0.001	7.0473
三星级	467	0.3881	0.003	9.5534
LEED 注册级	504	0.1954	0.005	5.1600
LEED 认证级	34	0.3689	0.002	9.4075
LEED 银级	86	0.1998	0.005	5.7551
LEED 金级	232	0.2075	0.005	5.7825
LEED 铂金级	34	0.5332	0.001	14.0643

同理，在 LEED 评级中也分为五个等级，分别是：注册级、认证级、银级、金级、铂金级。对这五个等级的绿色建筑项目进行空间自相关计算后得到的全局莫兰指数结果见表 4-6-11。从表 4-6-11 中结果可以看出，LEED 认证的绿色建筑项目也是随着 LEED 等级的升高集聚程度逐渐增加的，在铂金级的莫兰指数甚至达到了 0.5332。LEED 认证级的建筑的莫兰指数突然升高主要是因为在这一级别的项目数量较少（34 个），且大部分集中在北京、天津、上海这三所城市当中，造成了数据计算结果的升高。另外，LEED 认证级的建筑项目数量少主要是因为这个层级的标准相对较低，且这种入门级的绿色建筑认证对于企业形象的营造达不到很好的效果，所以较少业主会为项目申请 LEED 认证级评价。

（3）项目分时段的空间自相关分析

从时间的角度来看绿色建筑市场的发展情况，绿色建筑项目是从局部的集中到逐步扩散的，绿色建筑市场从 2005—2008 年间的只有 60 个绿色建筑项目发展到 2018 年为止共计 3367 个绿色建筑项目，逐步从东部沿海城市向着中部进行着扩展。在进行空间自相关计算后的结果也定量地证明了这一趋势：2005—2008 年绿色建筑项目的全局莫兰指数高达 0.4082，表示这些绿色建筑高度集聚在特定的城市或地区；而在 2005—2012 年的绿色建筑项目全局莫兰指数就降低到了 0.2915，相比 2005—2008 年的系数显著降低了 28.5%，这意味着在 2008—2012 年这个时间段是境内绿色建筑市场迅速拓展的阶段；2005—2018 年的绿色建筑项目全局莫兰指数为 0.2736，虽然仍然在下降的莫兰指数表明绿色建筑市场仍然是向着分散的趋势发展的，但是莫兰指数降低并不明显，表明在 2012—2018 年的这段时间绿色建筑市场的空间分布并没有明显地扩张新区域。与前文美国绿色建筑市场的发展中莫兰指数随着时间变化而升高不同，中国的绿色建筑市场发展的特征是莫兰指数随着时间的变化而降低。这是因为美国绿色建筑受行业市场影响较大，绿色建筑的建设和认证先在大型城市得到了成功的运营经验，以大型城市中心为基础向周边城市进行拓展，所以绿色建筑市场随着时间的变化由中心城市向周边扩散，其莫兰指数也随之升高；而在我国绿色建筑市场主要受到政府政策的影响，因此政府率先在几个特大发达城市进行绿色建筑的推广试点(2005—2008年的主要热点区域是北京市、上海市、广州市)，随后在其他的各个省会城市推广绿色建筑(如武汉、重庆、成都、昆明、沈阳等)，形成了绿色建筑市场在分散的地区多极发展的局面，所以莫兰指数逐年降低。预测在未来的发展阶段中随着绿色建筑市场的发展和政府政策的调整，绿色建筑的政策要求将会逐渐从中心一线城市扩展到其他二、三线城市，而莫兰指数也会在下降到2.0左右后趋于稳定或缓慢回升。鉴于目前中国绿色建筑市场仍然处于初期发展的阶段，预测这种现象应该在5～10年后才会出现。

综上所述，通过空间自相关的运算，定量地证明了境内绿色建筑市场的空间集聚现象：绿色建筑项目和项目参建单位都存在着空间集聚的情况，项目参建单位的集聚程度要显著于绿色建筑项目的集聚情况；同时，在研究中证明了境内绿色建筑市场与美国绿色建筑市场随时间的空间分布变化的不同之处：与美国绿色建筑市场随着时间的变化集聚现象变得更为显著的发展趋势不同，境内的绿色建筑市场随着时间发展变得更加分散，这是两个国家绿色建筑市场的主要影响因素不同导致的。美国绿色建筑市场受市场的影响程度较大，而境内的绿色建筑市场受政策调控的影响较大。最后，通过空间自相关的计算，论证了境内绿色建筑项目会随着评级的升高而变得更加集聚于一线城市的假设。我国的绿色建筑市场在空间分布上目前主要呈现为分散在各个一线城市的情况，除在京津冀、长三角、珠三角地区存在集聚现象外，其他地区并没有出现明显的绿色建筑市场区域性集聚的情况。

3. 空间回归分析

通过比对绿色建筑项目和项目参建单位的局部空间自相关热点可以发现，绿色建筑项目和项目参建单位在空间分布上是热点相重合的，因此在此用空间回归模型的分析来定量地分析绿色建筑项目参建单位的分布对于绿色建筑项目的空间分布的影响。在空间回归分析中，以不同城市绿色建筑项目的数量为因变量(Y值)，以不同城市绿色建筑项目参建单位的数量为解释变量(X值)，通过经典回归模型的拉格朗日诊断来选择适合的空间回归模型的方法在前文对美国绿色建筑市场的空间回归分析中已经详细描述过，在此不再赘述。

通过运算得到的计算结果(表4-6-12)显示，LM-Error在统计意义上要显著于LM-Lag，使用空间误差模型进行拟合的R^2值(0.8029)要高于空间滞后模型拟合的R^2值(0.7863)。另外，分别对使用三种回归模型拟合得到的残差值(拟合方程计算出的预测值与实际值的差)进行空间自相关的分析后，经典回归模型和空间滞后模型拟合得到的残差值都存在着空间集聚的情况(经典回归模型残差值莫兰指数=0.2424，空间滞后模型残差值莫兰指数=0.2071)，而空间误差模型拟合得到的残差值则在空间中偏向分散随机分布(莫兰指数=-0.0881)。以上两点验证了在对境内绿色建筑市场进行空间回归分析的时候，使用空间误差模型是可以达到最优拟合效果的。使用空间误差模型拟合的空间回归方程的 R^2 值高达 0.8029，说明此回归方程有 80.29％的高解释率。出现这样高的解释率的主要原因是在本篇中选用的建筑企业都是绿色建筑项目的参建单位(设计单位和咨询单位)。建筑企业更倾向于参建在其总部所在城市及周边城市的建筑项目是一种行业常态，在绿色建筑市场这种常态的出现是符合市场规律的。

表 4-6-12　　绿色建筑项目和项目参建单位的三种空间回归模型

	回归方程[a]	R^2	LM-Error	LM-Lag	Robust LM-Error	Robust LM-Lag
经典线性回归模型	$Y=3.12X+4.19$	0.7860	—	—	—	—
空间滞后模型	$Y=3.1X+0.337Wy+4.18$	0.7863	—	9.07 (0.0026)[b]	—	33.22 (0.0000)
空间误差模型	$Y=3.23X+0.541W\zeta+4.02$	0.8029	626.38 (0.0000)	—	650.52 (0.0000)	—

[a] Y＝绿色建筑项目数，X＝绿色建筑项目参建单位数，W＝空间权重矩阵，y＝空间权重矩阵中的绿色建筑项目数要素值，ζ＝空间权重矩阵中的误差要素值。

[b] 括号内为 95％置信水平下的 p 值。

在对绿色建筑项目和项目参建单位进行了空间回归分析研究了二者之间的相关性后，将绿色建筑项目按照不同评级认证体系划分成了国标项目和 LEED 项目，分别研究国标项目和参建单位的空间相关性以及 LEED 项目与参建单位的空间相关性，以此来观察采用标准的不同是否会对相关性造成影响。计算结果(表4-6-13)显示，在我国评级标准体系的不同是会对二者相关性造成影响的：国标项目进行空间相关性计算后得出的 R^2 值仍然较高(0.755)，而 LEED 项目得到的 R^2 则降到了 0.573。LEED 项目的空间相关性低，R^2 值低的原因是参建 LEED 项目的设计和咨询公司多为规模较大、绿色建筑项目工程经验较为丰富的企业，这些企业有能力参与设计咨询其他不在总部本地区及周边地区的绿色建筑项目，造成了 LEED 项目与参建企业的地理分布上的空间相关性的降低。如在参建绿色建筑项目数量最高的华东建筑设计研究院有限公司(上海)参与的 11 个 LEED 评级绿色建筑项目中，就有半数(5 个)是非本地的项目，包括获得了 LEED 金级的武汉新世界中心办公楼以及正在注册认证的昆明昆钢科技大厦、天津高银金融 117 大厦等项目。

表 4-6-13　　不同评级体系的项目与项目参建单位的空间回归模型

	项目数	莫兰指数	R^2	空间回归公式*
全部项目	3367	0.2737	0.8029	$Y=3.23X+0.541W\zeta+4.02$
国标项目	2387	0.2892	0.7550	$Y=2.21X+0.604W\zeta+3.74$
LEED 项目	890	0.2189	0.5732	$Y=1.02X+0.303W\zeta+0.3$

* Y＝绿色建筑项目数，X＝绿色建筑企业数(此处为绿色建筑项目参建单位总数)，W＝空间权重矩阵，ζ＝空间权重矩阵中的误差要素值。

在对我国的绿色建筑项目和项目参建单位进行空间回归分析后，发现绿色建筑项目参建单位的空间分布和绿色建筑项目的空间分布有极大的关联性。对我国的企业和建筑项目进行回归分析拟合得到的 R^2 值要高于对美国的企业和建筑项目进行回归分析得到的 R^2 值，一方面是因为数据选取的不同：对我国的绿色建筑市场研究中并未收录到所有绿色建筑承包商和绿色建筑设计公司的位置信息，只收集到了绿色建筑项目参建单位的信息，对回归产生了较大的影响；另一方面是因为不同于美国的部分成熟大型绿色建筑企业在绿色建筑领域积累了足够多的经验，支持其参建远距离的绿色建筑项目，目前我国的绿色建筑相关的企业仍缺少相关的工程经验，大部分在地区内参建国标级别的绿色建筑项目。这两点因素导致本篇中的空间回归计算结果显示：我国的绿色建筑企业和绿色建筑项目的空间关联性要高于美国二者之间的空间关联性。

第七章　结论与展望

一、结论

本篇通过以上的研究对中美绿色建筑市场从企业战略、市场分布两个方面进行了分析，填补了在绿色建筑市场研究中从企业层面进行量化分析的空白，结合绿色建筑项目对绿色建筑市场的空间分布情况进行了分析，本篇的具体结论如下：

在企业战略方面，本篇通过聚类分析的方法将美国464家较为典型的绿色建筑企业分为各具统计性特点的四类（成熟大型绿色建筑企业、专项发展型绿色建筑企业、多项发展型绿色建筑企业、初级中小型绿色建筑企业），在通过典型企业进行分析后，依据不同类型的企业对我国不同发展规模的建筑企业的可持续化转型战略提出建议；在市场分布方面，本篇通过空间自相关和空间回归的方法对中美绿色建筑企业和项目的空间分布进行了分析。在美国绿色建筑市场发展的过程中，绿色建筑企业和绿色建筑项目在空间上都存在着集聚的现象，主要集聚在东海岸和西海岸的部分地区，且这种集聚随着时间的变化而变得更加显著，企业和项目之间的空间分布有着较高的关联性。在我国绿色建筑企业发展的过程中，也存在着绿色建筑项目和项目参建单位的空间集聚现象，主要集聚在京津冀、长三角、珠三角这三个地区。我国的绿色建筑市场空间分布趋势随着时间变化而逐渐变得分散，绿色建筑项目与参建单位的空间分布也有较高的相关性。

本篇在理论和实践方面都有所创新：在理论方面，本篇通过聚类的方法对绿色建筑企业进行了定量分析，并引入了空间自相关分析和空间回归模型对绿色建筑企业和项目进行了分析，弥补了此前局限于项目或政策单一角度对绿色建筑市场进行研究的不足。在实践方面，本篇有助于提升对中美绿色建筑市场中企业战略、空间分布的认识，并为我国建筑企业制定可持续转型战略、各利益相关方了解绿色建筑市场的空间分布特征提供参考。

二、不足与展望

综合前文对于中美绿色建筑市场的分析与研究，对本篇发现的现象及趋势从绿色建筑市场的企业战略、空间分布两个方面来进行讨论。除此之外，在本篇的研究过程中，囿于数据信息的不足（如对中国绿色建筑企业信息数据的收集）以及时间的限制，在关于绿色建筑市场发展主题下仍有更深一步进行探索和分析的空间。在上经通过绿色建筑企业战略和空间分布的两个角度，对本篇的不足及未来展望进行陈述，有待后续研究人员在未来研究中进一步完善。

1. 企业战略

在绿色建筑企业战略方面，本篇通过 K-均值聚类分析的方法，以平均排名、上榜次数、平均参与绿色建筑项目种类数、平均绿色建筑年收益占比四个聚类参数为基准，将美国 464 家典型的绿色建筑企业分为了以下四类：成熟大型绿色建筑企业、专项发展型绿色建筑企业、多项发展型绿色建筑企业和初级中小型绿色建筑企业。成熟大型绿色建筑企业的平均排名和上榜次数都相对较高，此类企业本身在建筑产业内就属于规模较大、发展较为成熟的建筑企业，在步入绿色建筑市场的过程中积累了较多经验并占据了大部分市场；专项发展型绿色建筑企业的绿色建筑年收益占比较高且参建项目的种类数较少，此类企业专做某一类型的绿色建筑项目并在这一类型绿色建筑项目中拥有丰富的经验；多项发展型绿色建筑企业参与绿色建筑项目的种类数非常高，与成熟大型绿色建筑企业基本持平，但其他参数相对较低。这类企业本身在产业内有一定基础，但是步入绿色建筑市场的时间还较短，没有表现出明显优势，未来将向成熟大型绿色建筑企业发展；初级中小型绿色建筑企业各项参数在四类企业中都是最低的，在未来有很大的发展空间。

在分析了各类企业的发展特点后，结合典型企业的案例进行分析，对我国不同规模和类型的建筑企业的绿色可持续化转型提出了建议。对于我国的大型建筑企业（承包商/设计公司）来说，可以从美国成熟大型绿色建筑企业的发展战略中学习其企业内部绿色建筑信息系统的搭建、绿色建筑相关人才培养机制、组织架构及管理方法调整等成功经验；对于我国的中小型建筑企业来说，也可以从美国专项发展型绿色建筑企业的历程中借鉴其通过专项绿色建筑类型寻找突破口，积累项目经验、拓宽市场的发展策略。

然而，虽然本篇收集了美国的典型绿色建筑企业信息并进行了分类分析，但由于缺乏境内绿色建筑企业的相关数据，未能对我国的绿色建筑企业进行聚类与特点研究。实际上，目前境内已经有许多建筑企业和房地产开发商开始向绿色可持续化发展转型，步入绿色建筑市场，如绿地集团提出了绿色低碳精品住宅的企业绿色战略核心、招商地产组建了绿色地产研究中心等[39]。在本篇中由于未能整合统计境内绿色建筑企业在绿色建筑市场的相关数据，所以尚未对境内已经步入绿色建筑市场的企业进行量化的分析，在后续的研究中可以搜集整合相关的数据，剖析我国绿色建筑企业分类及特点，并与本篇中美国绿色建筑企业的分类进行比较研究。

2. 空间分布

在绿色建筑市场的空间分布方面，本篇首先通过描述性统计发现并指出了中美绿色建筑市场中绿色建筑项目与绿色建筑企业的热点分布区域，在美国热点主要集中在东海岸部分地区以及西海岸部分地区，同时中部的得克萨斯州部分地区以及伊利诺伊斯州部分地区也存在着热点，而在我国热点则主要集中在京津冀、长三角、珠三角地区，同时在成都市、武汉市等一线省会城市也存在着绿色建筑市场热点。

本篇通过对绿色建筑项目和建筑企业的空间自相关分析，定量证明了中美两国的绿色建筑市场都存在着空间集聚的现象。美国绿色建筑市场中绿色建筑企业的空间集聚程度较低，而绿色建筑项目的空间集聚程度则较高；在我国的绿色建筑市场中则是绿色建筑项目的空间集聚程度低于项目参建单位的空间集聚程度。产生这种差异的原因是对于我国绿色建筑企业空间分布选取的数据是参与绿色建筑项目的设计单位和咨询单位位置信息，而这些单位大部分都集中在上述的京津冀、长三角、珠三角地区，所以空间自相关计算得到的莫兰指数较高，而美国绿色建筑企业选取的是承包商和设计单位的总部位置信息，较为分散地分布在各个州中经济最发达的城市中，因而求得的莫兰指数较低。在不同等级绿色建筑项目的集聚程度方面，美国绿色建筑项目中高等级绿色建筑项目的集聚程度较低，而我国的高等级绿色建筑项目集聚程度则较高，造成这种差别的原因与企业集聚程度不同的原因相同，即美国经济发达的地区相对较为分散，而我国经济发达地区则相对集中（三个三角区域）。在绿色建筑市场空间分布随时间发展的变化方面，美国绿色建筑项目随时间发展集聚特征变得更加显著，而我国的绿色建筑项目则是随着时间发展趋向于分散分布。这是因为美国绿色建筑受行业市场影响较大，绿色建筑项目以大型城市中心为基础向周边城市进行拓展，所以绿色建筑市场随着时间的变化由中心城市向周边扩散，其莫兰指数也随之升高。而我国绿色建筑受政府政策指导的影响较大，政府首先在特大发达城市进行试点后在各个省会城市也进行了推进，形成了绿色建筑市场在分散的地区呈多极发展的局面，所以莫兰指数逐年降低。

在论证了绿色建筑企业和项目都存在空间集聚的特征后，通过对绿色建筑项目和建筑企业的全局和局部空间回归分析，验证了二者之间在空间回归分布上的关联性，其中对美国的绿色建筑市场使用了空间滞后模型来进行回归拟合，而对我国的绿色建筑市场则使用了空间误差模型。使用不同的空间回归模型是基于拉格朗日乘数检验的显著性比较后决定的。空间回归分析证明了在中美两地的绿色建筑市场中，绿色建筑企业的空间分布会对绿色建筑项目的空间分布产生显著影响。在中国绿色建筑市场中回归拟合的 R^2（决定系数）比美国绿色建筑市场的更高，表明在我国绿色建筑市场中二者之间的空间分布关联性更高。这一方面是因为数据选取和模型选取的不同造成的差异，另一方面是我国的绿色建筑企业相比于美国绿色建筑企业在现阶段由于经营不足等原因更倾向于参与本地及周边地区的绿色建筑项目的建设。

虽然本篇验证了空间回归模型在对绿色建筑市场的分析中使用的适用性，但仅利用空间回归模型进行了绿色建筑企业和绿色建筑项目的单自变量回归分析，回归模型的解释变量较为单一。在未来的研究中，可以收集加入更多的解释变量，如城市人口密度、城市建设用地面积、城市人均用水量和城市人均电力消费量等，对绿色建筑市场的空间分布进行回归分析。相信在引入更多的变量后，可以得到更为完整的绿色建筑市场空间回归模型，为绿色建筑市场空间分布以及绿色建筑市场需求预测的相关研究提供更加有力的支持。

参考文献

[1] Global Alliance for Buildings and Construction (GABC). Towards zero-emission efficient and resilient buildings. : Global Status Report[R]. Paris: GABC,2016.

[2] Canada Green Building Council (CGBC). The Delphi Group. Green Building in Canada: Assessing the Market Impacts & Opportunities[R]. Ottawa: CGBC,The Delphi Group,2016.

[3] 前瞻产业研究院. 2019—2024年中国绿色建筑行业发展模式与投资预测分析报告[R]. 北京:前瞻产业研究院,2019.

[4] Zuo J,Zhao Z Y. Green building research current status and future agenda: A review [J]. Renewable and Sustainable Energy Reviews, 2014, 30: 271-281.

[5] Darko A,Chan A P. Critical analysis of green building research trend in construction journals[J]. Habitat International,2016,57: 53-63.

[6] Kibert C J. The next generation of sustainable construction[J]. Building Research & Information,2007,35: 6,595-601.

[7] Kibert C J. Sustainable construction: green building design and delivery [M]. New Jersey: John Wiley & Sons,2008.

[8] Kriss J. What is green building [EB/OL]. (2014-08-06) [2019-04-20]. .

[9] US Green Building Council (USGBC). Building Momentum: national trends and prospects for high-performance green buildings: based on the April 2002 green building roundtable and prepared for the US Senate Committee on Environment and Public Works [R]. Washington, DC: USGBC,2003.

[10] Hong Kong Green Building Council (HKGBC). What is Green Building [EB/OL]. (2011-04-01) [2019-04-20]. .

[11] Robichaud L B,Anantatmula V S. Greening project management practices for sustainable construction[J]. Journal of Management in Engineering, 2010,27(1): 48-57.

[12] Darko A,Chan A,Owusu E K,et al. Benefits of Green Building: A Literature Review [C]. London: RICS HQ,2018.

[13] Ries R,Bilec M M,Gokham N M,et al. The economic benefits of green

buildings: a comprehensive case study[J]. The Engineering Economist, 2006,51(3): 259-295.

[14] Frontczak M, Schiavon S, Goins J, et al. Quantitative relationships between occupant satisfaction and satisfaction aspects of indoor environmental quality and building design[J]. Indoor Air, 2012, 22(2): 119-131.

[15] Jo Jh, Golden J S, Shin S W. Incorporating built environment factors into climate change mitigation strategies for Seoul, South Korea: A sustainable urban systems framework[J]. Habitat International, 2009, 33(3): 267 75.

[16] Turner C, Frankel M. Energy performance of LEED for new construction buildings[J]. New Buildings Institute, 2008, 4: 1-42.

[17] Kats G, Alevantis L, Mills E. The Costs and Financial Benefits of Green Buildings: A Report to California's Sustainable Building Task Force[R]. California: Capital E, 2003.

[18] EDwards B. Benefits of green offices in the UK: analysis from examples built in the 1990s[J]. Sustainable Development, 2006, 14(3): 190-204.

[19] Li X, Strezov V, Amati M. A qualitative study of motivation and influences for academic green building developments in Australian universities[J]. Journal of Green Building, 2013, 8(3): 166-183.

[20] 马素贞,孙大明,邵文晞. 绿色建筑技术增量成本分析[J]. 建筑科学,2010,6(6): 91-94.

[21] Ross B, Lopez-Alcala M, Small Ⅲ AA. Modeling the private financial returns from green building investments[J]. Journal of Green Building, 2017, 2(1): 97 105.

[22] Davis Langdon. Cost and benefit of achieving Green Building[R]. London: Davis Langdon, 2007.

[23] Fowler K M, Rauch E M, Henderson J W, et al. Re-Assessing Green Building Performance: A Post Occupancy Evaluation of 22 GSA Buildings [R]. Richland: Pacific Northwest National Lab (PNNL), 2010.

[24] Lau L C, Tan K T, Lee K T, et al. A comparative study on the energy policies in Japan and Malaysia in fulfilling their nations' obligations towards the Kyoto Protocol[J]. Energy Policy, 2009, 37(11): 4771-4778.

[25] Davis Langdon. Costing Green: A Comprehensive Cost Database and Budgeting Methodology[R]. London: Davis Langdon, 2004.

[26] 鲁荣利. 建筑工程项目绿色施工管理研究[J]. 建筑经济,2010,3(329): 104-107.

[27] 孙佩刚. 基于绿色施工管理理念下如何创新建筑施工管理[J]. 中国新技术

新产品,? 2013,2: 178-178.

[28] Ofori-Boadu A,Owusu-ManU D G,Edwards D,et al. Exploration of management practices for LEED projects: Lessons from successful green building contractors[J]. Structural Survey,2012,30(2):145-162.

[29] 刘光洲,唐胜策. 浅谈关于绿色建筑节能新材料的发展趋势[J]. 科学之友,2013,10: 6-7.

[30] Bianchini F,Hewage K. How'green'are the green roofs? Lifecycle analysis of green roof materials[J]. Building and Environment,2012,48: 57-65.

[31] McGraw-Hill Construction. Green BIM: How building information modeling is contributing to green design and construction [R]. Bedford: McGraw-Hill Construction,2010.

[32] Bynum P,Issa R R,Olbina S. Building information modeling in support of sustainable design and construction[J]. Journal of Construction Engineering and Management,2012,139(1): 24-34.

[33] 郭奎真. 基于BIM的绿色建筑工程信息集成机理研究[D]. 吉林: 吉林建筑大学,2017.

[34] 章帅. 基于BIM技术绿色建筑环境性能评价[D]. 南京: 南京林业大学,2014.

[35] 王钐杉. BIM在绿色建筑中的应用探讨[D]. 天津: 天津大学,2015.

[36] Lu Y,Zhang X. Corporate sustainability for architecture engineering and construction (AEC) organizations: Framework,transition and implication strategies[J]. Ecological indicators,2016,61: 911-922.

[37] Ahn Y H,Pearce A R. Green construction: Contractor experiences,expectations, and perceptions [J]. Journal of Green Building, 2007, 2 (3): 106-122.

[38] 张光灿. 绿色建筑与我国建筑企业发展战略[J]. 建筑经济,2007,9: 14-17.

[39] 黄献明,黄俊鹏,李涛. 中国地产企业绿色转型战略框架研究. 城市发展研究——第7届国际绿色建筑与建筑节能大会论文集[C]//北京:国际绿色建筑与建筑节能大会组委会,2011.

[40] 田慧峰,张欢,孙大明,等. 中国大陆绿色建筑发展现状及前景[J]. 建筑科学,2012,28(4): 61-68.

[41] Li Y,Yang L,He B,et al. Green building in China: Needs great promotion [J]. Sustainable Cities and Society,2014,11: 1-6.

[42] Chan E H W,Qian Q K,Lam P T I. The market for green building in developed Asian cities—the perspectives of building designers[J]. Energy Policy,2009,37(8): 3061 3070.

[43] Ma J,Cheng J C P. Identification of the numerical patterns behind the leading counties in the U. S. local green building markets using data mining[J]. Journal of Cleaner Production,2017,151: 406-418.

[44] Kim S B,Cho J H. A study on forecasting green infrastructure construction market[J]. KSCE Journal of Civil Engineering,2014,18(2): 430-443.

[45] Dodge Data & Analytics. World Green Building Trends 2018[R]. New Jersey: Dodge Data & Analytics,2018.

[46] Lockwood C. Building the green way[J]. Harvard Business Review,2006,84(6): 129-137.

[47] Lee W L,Burnett J. Customization of GBTool in Hong Kong[J]. Building and Environment,2006,41(12): 1831-1846.

[48] 支家强,赵靖,辛亚娟. 国内外绿色建筑评价体系及其理论分析[J]. 城市环境与城市生态,2010,23(02):43-47.

[49] 徐树刚. 基于修正主义的绿色建筑评价体系[J]. 城市建筑,2016,14: 232-232.

[50] Engineering News-Record. TOP 100 Green Contractors and Green Buildings Design Firms Report[R]. Troy: Engineering News Record,2016.

[51] Olubunmi O A,Xia P B,Skitmore M. Green building incentives: A review [J]. Renewable and Sustainable Energy Reviews,2016 (59): 1611-1621.

[52] Choi E. Green on buildings: the effects of municipal policy on green building designations in America's central cities[J]. Journal of Sustainable Real Estate,2010,2(1): 1-21.

[53] Khanna N. Comparative Policy Study for Green Buildings in U. S. and China[J]. Berkeley: Lawrence Berkeley National Laboratory,2014.

[54] 张建国,谷立静. 我国绿色建筑发展现状、挑战及政策建议[J]. 中国能源,2013,34(12): 19-24.

[55] Sneath P H A. The principles and practice of numerical classification[J]. Numerical Taxonomy,1973,573.

[56] Wilmink F W,Uytterschaut H T. Cluster analysis,history,theory and applications[M]//HOWELLS W W. Multivariate statistical methods in physical anthropology. Dordrecht: Springer,1984: 135-175.

[57] Jain A K. Data clustering: 50 years beyond K-means[J]. Pattern Recognition Letters,2010,31(8): 651-666.

[58] Tobler W R. A computer movie simulating urban growth in the Detroit region[J]. Economic Geography,1970,46(sup1),234-240.

[59] Long J. GeoDa, An Introduction to Spatial Data Analysis[EB/OL].

(2017-06-01) [2018-08-01]. https://geodacenter.github.io/.
[60] Hubert L J, Colledge R G, Costanzo C M. Generalized procedures for evaluating spatial autocorrelation[J]. Geographical Analysis, 1981, 13(3): 224-233.
[61] Getis A. A history of the concept of spatial autocorrelation: a geographer's perspective[J]. Geographical Analysis, 2008, 40(3): 297-309.
[62] Sronivasan S. Spatial Regression Models [EB/OL]. (2015-10-02) [2019-04-20].
[63] Beale C M, Lennon J J, Yearsley J M, et al. Regression analysis of spatial data[J]. Ecology Letters, 2010, 13(2): 246-264.
[64] 柴根象,钱伟民. 统计学教程[M]. 上海: 同济大学出版社, 2004.
[65] 纪益成,马铮,张然,等. 基于空间误差模型的房地产批量评估研究[J]. 建筑经济, 2015, 36(2): 62-67.
[66] 周毅. 经济区划与区域政策转型比较研究[M]. 北京:新华出版社, 2015: 68-69.
[67] U.S. Department of Commerce Economics and Statistics Administration, U.S. Census Bureau. Census Regions and Divisions of the United States [M]. Washington D.C.: 1980.

第五篇

城市中央商务区空间结构演化过程研究

——以上海陆家嘴 CBD 为例

第一章　绪　论

一、研究背景

城市中央商务区是城市形象的集中体现，它既是城市土地利用集约度最高的区域，也是城市功能区的重要组成部分，集中了以金融、贸易等为代表的高级第三产业经济活动。

由于国情的特殊性，我国如今关于CBD的研究成果主要以相关的国外研究为基础，知识理论还未形成一个完整的体系。我国城市中央商务区的发展基本都遵循着先由政府主导进行规划设计，而后开发建设的过程，但这种模式下容易产生商务区空间结构功能难以与时俱进、及时调整的问题，如何塑造合理且高质的中央商务区空间结构，是许多城市当前关注的问题。

城市中央商务区的演进本质上是城市发展的空间反映的重要内容。城市商务区空间结构的发展会间接地影响到城市的发展，而对于历史的正确理解有助于对当前和未来发展问题的认识和分析。因此，通过对国内外商业区成功案例空间演化过程的总结分析，吸收西方先进经验，可为今后我国中央商务区规划建设提供参考。

二、国内外研究进展

1. 国外相关研究

自美国著名的城市社会学家伯吉斯(E. W. Burgess)和派克(R. E. Park)于20世纪初提出中央商务区(CBD)的概念以来，国外对CBD的理论研究经过近百年的发展，已取得丰硕的成果。

霍伊特、厄尔曼等著名学者的一系列城市地域结构理论，如扇形理论、多核理论等，为之后的CBD研究打下了坚实基础。20世纪五六十年代，墨菲、范斯提出峰值地价交叉点(PLVI)的概念，创建CBD指数定界法，为中央商务用地范围的确定提供了思路和方法。这项研究是学术界关于CBD的研究由理论转向定量的标志。1959年，霍乌德等人在 *Studies of the central Business District and Urban Freeway Development* 一书中提出了CBD核—框理论，将CBD分为核和框两大部分。虽然这些理论模型各不相同，但都主张CBD是城市经济功能的重要组成，且位于城市空间结构的中心位置。

20世纪70年代前后，由于西方城市出现去中心化和产业转型导致中心区模糊等现象，这一时期 CBD 的论著明显减少。90 年代之后，随着城市经济活动的增多及规模的扩大，CBD 的职能越来越成熟，国外学者纷纷转而研究城市 CBD 的交通体系、人口密度、土地价格等内部问题[1]。

2. 国内相关研究

我国对于中央商务区的理论研究始于 20 世纪 80 年代末，起步较晚。学者们在学习西方经验的同时，还结合我国商务区建设现状进行有针对性的研究。研究内容大多涵盖国外研究介绍、CBD 理论的探讨和国内 CBD 建设实证分析。

1992 年，楚义芳在《CBD 与城市发展》一文中较全面地阐述了 CBD 的功能特征及其定界方法等基础问题[2]；王朝晖、李秋实等人在《现代国外城市中央商务区研究与规划》(2002)一书中探讨了国外研究概况，从城市结构理论入手，详细介绍了 CBD 定界方法、CBD 规模、用地功能及内部结构等内容，并以悉尼 CBD、巴尔的摩和汉堡 CBD 等多个国外商务区为例，对其形成和发展过程进行了研究[3]。

在 CBD 空间结构的研究上，孙一飞分析讨论了功能、地价、环境、技术和行为等五个因素对 CBD 空间结构的影响，提出 CBD 的空间结构演化方向是由功能需求决定的[4]；秦波等人通过综合考虑基准地价、现有功能单元分布、墨菲指数法、交通网络和土地利用存量五个因素，明确了重庆市 CBD 的合理边界范围，同时系统地介绍了 CBD 定界的技术路线和研究思路[5]；原欢祥、王兴中在《当代西方国家中央商务区的演变规律》中探讨了了 CBD 区域内人口居住、商业服务业与中心区就业趋势演变规律，以及零售、办公功能的空间分布变化等问题[6]。

国内关于 CBD 的案例研究比较丰富，上海是其中最具代表性的城市之一。例如，李东君结合陆家嘴 CBD 的相关文件图纸，对其规划背景、建设目标、布局形态等内容进行了阐述[7]，这是国内学者首次针对成型的 CBD 规划方案加以较完整的评价总结；刘晓星、陈易对陆家嘴中心区城市空间演变过程进行了回顾，并提出了对陆家嘴 CBD 空间发展趋势的一些思考[8]。

3. 研究评述

以现有的 CBD 研究成果来看，相关研究方法较为多样，空间量化研究技术愈发成熟。我国学者过去更侧重于描述性和规律性的理论研究，这些为本篇提供了研究基础。尽管从空间结构角度对陆家嘴 CBD 进行的研究并不少，但采用量化方法分析其空间形状及用地功能的文献著作却不多。因此，本篇的重点将放在对陆家嘴商务区空间结构的量化研究上，利用数据对其发展现状展开分析。

三、研究方案

1. 研究目的及方法

(1) 通过搜集大量文献和资料，借鉴国内外已有的理论研究，阐述中央商务区的相关概念，从 CBD 的规划理念、功能布局等方面对其发展历程进行归纳。

(2) 利用比较分析法，力图通过对纽约曼哈顿、巴黎拉德芳斯等国外典型中央商务区实例空间结构的剖析，总结规划建设的经验教训，为我国中央商务区的发展提供借鉴。

(3) 以上海浦东新区陆家嘴商务区为例进行国内案例研究，为未来中央商务区的开发建设及空间结构的规划提供参考。

2. 研究内容与框架

第二章是对已有研究成果的总结。首先明确 CBD 的概念，介绍其基本特征和空间演化规律，以及对本篇第四章中对 CBD 定界所用到的标准和方法进行简要阐述，这是本篇研究的基础。

第三章为实例分析，对纽约曼哈顿及巴黎德芳斯这两个国外成功案例的功能及空间发展过程进行回顾，并对其建设经验进行总结。

第四章是通过综合运用墨菲-范斯指数法对上海市陆家嘴 CBD 的范围进行重新界定，这是本篇的重点和难点。对上海陆家嘴 CBD 的空间形状和结构的研究将从规划定位、发展历程、空间扩展模式和用地功能配比等几个方面展开。

第五章为结论与展望。对前文国内外中央商务区案例分析所得经验进行总结，同时瞻望我国中央商务区未来的空间发展趋势。

第二章　中央商务区基础理论

一、中央商务区的定义及特征

1. 中央商务区的定义

研究中央商务区的空间结构，首先要明确其内涵。1929 年，中央商务区的概念提出者、美国社会学家伯吉斯对 CBD 的描述为：CBD——位于城市中心，交通发达便捷，土地与城市其他区域相比价值最高，包括大型商店、办公楼、银行、剧院和旅馆等设施，是城市社交、文化活动的中心。

自从伯吉斯提出 CBD 概念以来，许多学者在对 CBD 进行了深入研究后，就 CBD 的定义提出了自己的见解。

(1)1954 年，墨菲(Raymond Murphy)和范斯(James E. Vance)提出：CBD 是城市的心脏，是城市中地价最贵、写字楼最高和零售商店高度集中的区域[9]。

(2)首都经济贸易大学的蒋三庚教授在《北京中央商务区(CBD)产业与发展研究》一书中将 CBD 定义为：集金融、贸易、展销、购物、文化和服务等功能及商务楼宇、公寓为一体的区域[10]。

(3)华东师范大学的严重敏教授等人在《略论上海市中央商务区的改造与发展》(1992)中给 CBD 下的定义为：城市精华所在，其区位条件、交通状况、建筑层高等往往优于其他地区，是全市金融、商业、贸易最为集中的地区，也是专业服务性写字楼、各种企业总部等的聚集地[11]。

综合以上学者对 CBD 内涵的阐述，我对中央商务区(CBD)定义的理解是，CBD 是城市功能区的重要组成部分，是集商业、办公和服务等主要功能于一体，具有高度的产业、企业和建筑集聚性，且常常占据城市最有利区位的特定区域。

2. 中央商务区的基本特征

(1) 区位特征：CBD 一般位于城市经济中心，交通系统发达，且是城市多条公共交通线路的交汇处。从城市外围到该地区的时间距离是经济的，与其他城市的交通联系也非常便捷。

(2) 地价特征：CBD 内的峰值地价交叉点(PLVI：the peak land value intersection)是整个城市地价的最高点，土地呈现出稀缺、高价状态。

(3) 建筑特征：由于地价高昂及空间平面扩展受限，CBD 区域内以高层居多，建筑垂直发展，是整个城市建筑最为密集的区域。同时，中央商务区是城市人文景观的集中体现地，代表了城市的形象。

(4) 人口特征：CBD 人口密度高，人流量大。出入该区域的人口根据目的性可分为如下三个类别:工作人口、居住人口、其他人口(包括因换乘公交、旅游、购物等活动而形成的人流)。

(5) 产业特征:CBD是大批金融、服务、贸易等第三产业机构及企业总部的集聚地,其核心特征就是产业特征。

(6) 功能特征:商业零售功能和商务办公功能占据主导地位,这两大功能使CBD成为区域经济的控制、管理和指挥中心。

二、中央商务区相关基础理论

在美国著名学者伯吉斯和派克于其同心圆理论中首次提出CBD的概念后,霍伊特、哈里斯和厄尔曼在这一基础上发展出了扇形地带理论和多核理论。此外,许多学者都为CBD研究的理论基础构建作出了贡献,例如克里斯泰勒的"中心地"城市区位理论、阿朗索的竞标地租理论、墨菲和范斯的CBD指数理论,以及霍乌德和博依斯的CBD核—框理论。

其中,墨菲和范斯的CBD指数理论将被应用于后文中对上海陆家嘴CBD的重新定界。

1. 城市地域结构基本理论

(1) 同心圆理论

伯吉斯和派克认为,城市空间的扩展是竞争的结果,城市的发展呈放射状,城市内部土地利用的功能分区围绕单一核心有规则地由内向外扩展,形成圈层式结构。其结构模式是:①中心商业区,②过渡带,③工人居住区,④高级住宅区,⑤通勤居民区(图5-2-1)。

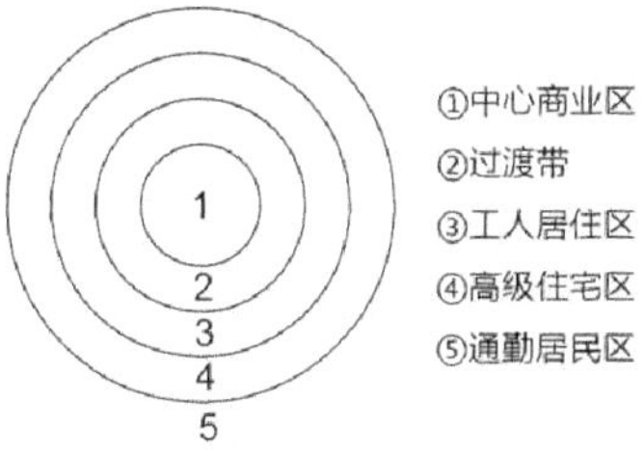

图 5-2-1 同心圆理论

这个简单模型说明了城市发展的几个趋势:城市发展存在着一种从城市中心向外扩散的趋势;从中心到边缘,各区域的租金和土地利用集约度依次递减,而交通费用依次递增;竞争是调节城市布局的主要因素。

(2) 扇形理论

在同心圆理论的基础上,霍伊特对其加以发展提出了扇形地带理论。扇形理论又称楔形理论,指城市不同功能用地带从中心商业区呈放射状向外发散,形成楔形地带,而非均匀向外扩张。如图5-2-2所示。

(3) 多核心理论

1945年,哈里斯与厄尔曼提出多核心理论,这一理论主张大城市是由围绕多个核心发展而成的中心商业区、批发和轻工业区、住宅区、重工业区、近郊区,以及若干相对独立的卫星城镇等各种功能中心共同构成的。如图5-2-3所示。

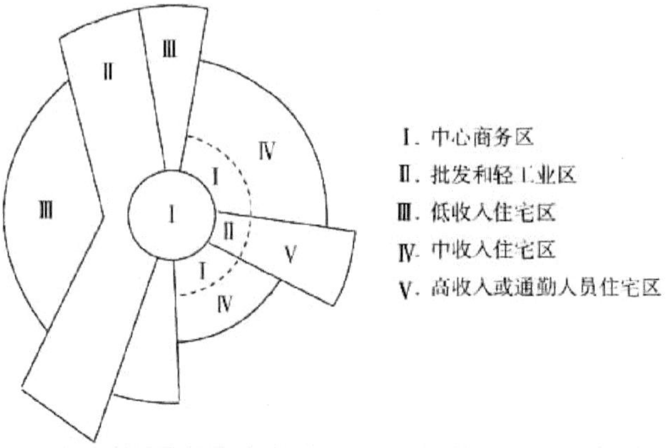

图 5-2-2　扇形理论模型

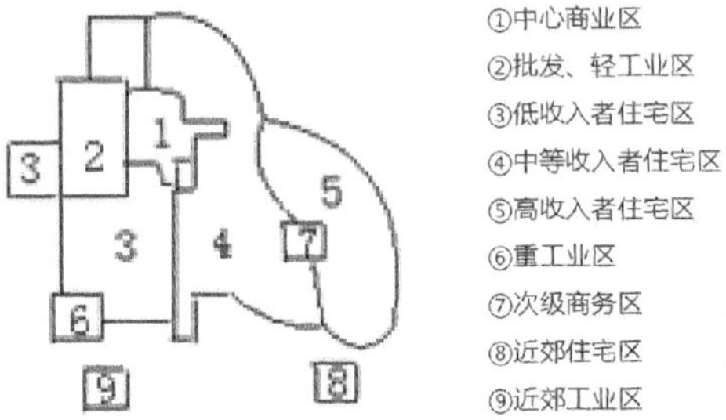

图 5-2-3　多核心理论模型

2. 中心地理论

德国经济地理学家克里斯塔勒于 1933 年创建了中心地理论。他的理论建立在“理想地表”之上，指出城市与周边地区是一种共生系统，一定规模的生产区肯定会形成一个可作为周边地区中心的城镇，周边地区则成为这一中心的腹地；腹地不仅为城市提供必需的农产品，还为城市的商品和服务创造了庞大的消费市场。与此同时，克里斯认为，中心地可划分为不同的层级，每一层级商业服务内容和辐射范围都存在差别。中心地体系由这些不同层级的商业点构成，这一体系的形成受市场原则、运输原则和行政原则支配。在不同的原则下，中心地体系所呈现的结构也不同，且中心地和市场区大小的等级顺序按照 K 值进行有规则的严密排列。如图 5-2-4 所示。

3. 竞租理论

阿朗索的竞标地租理论揭示了地租与土地利用空间结构以及集约度间的关系。在土地竞标过程中，经济地租和土地利用集约度呈正相关，即当经济地租达到最高点时，土地利用集约度也最大。在完全竞争且其他要素不变的情况下，由于不同功能用地对交通的需求不同，每个功能区在地租曲线上的表现也存在差异，从城市中心的零售业到郊区农业，竞租曲线逐渐趋于水平。如图 5-2-5 所示。竞标地租理论对 CBD 的形成具有指导意义，将不同职能的地租曲线重合后便可看出，零售

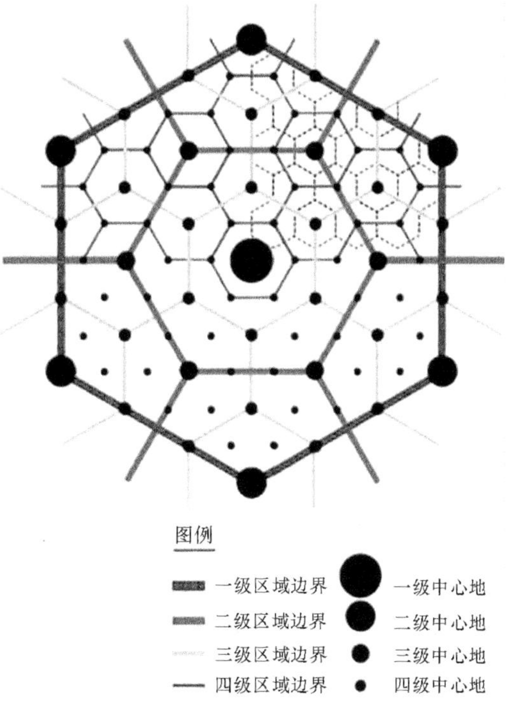

图 5-2-4 中心地理论模型

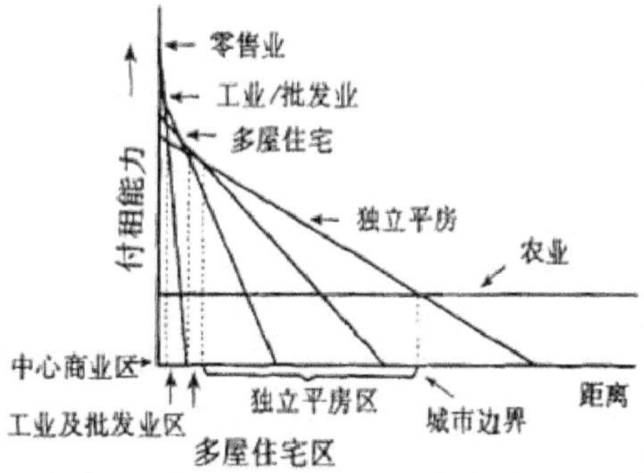

图 5-2-5 阿朗索竞标地租曲线

业承租能力最强，对距离也最敏感。

4. CBD 指数理论

该理论认为，那些白天人口最为密集、工作人员最多、地价最高、车流量最大的区域即为中央商务区[12]。墨菲和范斯认为，CBD 基本是以峰值地价交叉点（PLVI）为中心向外发展，这是其最显著的特点。CBD 指数理论涉及两个主要指标，一是中央商务高度指标（CBHI：Central Business Height Index，即把中央商务功能的建筑面积均匀分配到整个街区所得），二是中央商务强度指标（CBII：Central Business Intensity Index，即中央商务功能面积在整个街区全部建筑面积中所占的比例)。

$$CBHI=\frac{中心商务楼面面积}{底层面积}$$

$$CBII=\frac{中心商务楼面面积}{总楼面面积}\times 100\%$$

墨菲等人认为,这两个指数缺一不可,只有当中央商务高度指数(CBHI)大于1,且中央商务强度指数(CBII)大于50%时,才能被指定为中央商务功能核心区域。根据CBHI和CBII,还可对CBD的硬核与核缘进行划分,具体标准见表5-2-1。

表 5-2-1　　CBD 硬核与核缘的划分标准

CBD 内部结构	指数标准
硬核	CBHI≥1.5,CBII≥60%或 CBHI≥2,CBII≥50%
核缘	CBHI≥1,CBII≥50%或 CBHI≥1.5,CBII≥40%

5. CBD 核—框理论

CBD核—框理论是美国城市学者霍乌德和博依斯在墨菲和范斯研究成果的基础上提出的。霍乌德等人将CBD核定义为CBD的中心部分,该区域由以下及部分组成:密集的用地功能、广泛开发的垂直尺度、有限的水平规模、密集的日间人口、城市公共交通的枢纽、专门化功能的中心,以及内部结构决定的边界[3,12]。

与CBD核的组成截然不同,CBD框被定义为CBD外围最密集的非零售用地功能区,其间广泛分布着零散的诸如轻工业、批发、交通等设施构成的结点,并不只是作为CBD结构的一个组成部分。

CBD核与框的主要区别见表5-2-2。

表 5-2-2　　CBD 核与框的主要区别

比较因子	CBD 核	CBD 框
土地利用	密集	半密集
场地利用	全部建满	部分建满
建筑种类	相似	不相似
发展方向	向上	水平向外
商务连接	内部	外部
停车空间	较缺乏	大至合适
交通模式	步行	机动车
交通中心服务范围	城市内	城市间
边界决定因素	内部因子	外部因子

资料来源:Edgar M. Horwood and Ronald R. Boyce,Studies of the Central Business District and Urban Freeway Development,University of Washington Press(1959)

三、中央商务区空间动态发展规律

1. CBD 的功能演化

对于 CBD 的主要功能，墨菲和范斯将其分为：中央商务功能（零售、服务、金融和办公功能）、非中央商务功能（如工业、批发和永久性居住）（表 5-2-3）。

表 5-2-3　CBD 内部功能结构

中心商务功能	商业功能	食品、服装、日用品、汽车用品、杂货、其他
	商务功能	金融、总部办公、普通办公、服务贸易、交通、临时居住、停车
非不心商务功能	公共和组织机构、居住、批发、工业、空地（房）	

从国外 CBD 的历史发展来看，大多城市 CBD 的演进经历了从萌芽到成熟的阶段。

(1) 萌芽阶段：在 20 世纪 20 年代之前，CBD 的功能结构比较简单，表现为传统的商业中心，是以零售功能为主导的混合功能阶段。城市中心区的交通可达性和其他区域无法比拟的区位优势使其吸引了大量的人口和资本。在集聚效应的影响下，城市中心区逐渐演变为以商业为主、办公为辅的城市功能中心，美国早期的纽约曼哈顿地区便是代表之一。

(2) 发展阶段：由于城市规模扩张及城市化的推进，城市中心区的商业、办公等用地功能过度集中，产生了用地紧张、交通拥挤、环境污染及人口密度过高等不少问题。20 世纪 70 年代科技的发展也为人口和产业向城市外围转移创造了条件。至此，城市中心区的功能逐渐分化，CBD 的商务办公功能不断强化，金融、贸易、服务等知识技术密集型产业慢慢聚集，逐步成为 CBD 的主导功能，达到了与商业功能相当的地位。

(3) 成熟阶段：20 世纪 70 年代后，CBD 进入了成熟阶段——以商务办公功能为主的阶段。到了 20 世纪 90 年代初，美国纽约曼哈顿、法国巴黎台方斯等一些发达国家主要城市的 CBD 已经发展成熟。在这一阶段，中央商务区的建筑高度指数呈逐年上升的趋势，办公建筑数量突增，金融业等高级第三产业在 CBD 总建筑面积中的比重也不断提高。在"竞标地租"的筛选下，城市 CBD 内的用地功能结构得以升级，一些低级企业机构和零售商不得不退出中央商务区。

2. CBD 的空间演化

在 CBD 职能演化的驱动下，其空间结构也在不断地发展演变。在 CBD 形成和发展之初，其规模较小，空间结构单一。随着 CBD 的功能升级，受周边客观条件的限制，其空间无法在平面上一直延展，面积的有限性使得 CBD 地价飙升，商务区内的建筑转为垂直发展。逐渐地，由于原有中央商务区所在地容量趋于饱和，无地可用，抑或是交通紧张、人口过于集中，单一的 CBD 已经不足以满足一些特大城市的发展和商务需求，一些商务副中心开始在距离原地址一定距离的地方出现并发展。现如今，大城市基本都形成了由一个核心 CBD 和多个具有特色的次级 CBD 组成的空间格局(图 5-2-6)。

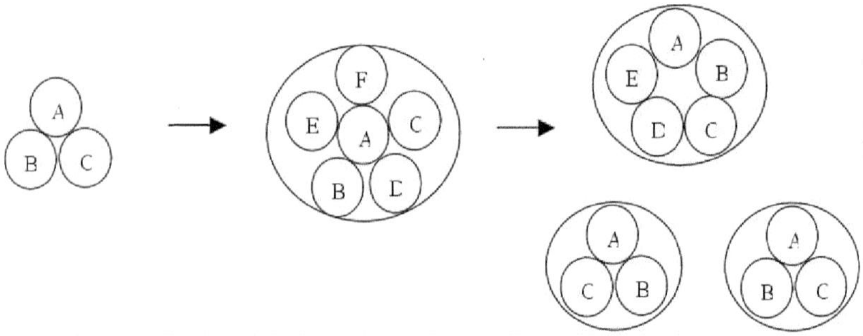

图 5-2-6　CBD 空间演化过程示意

虽然中央商务区在发展过程中遵循一定的演化机制，但由于国情特殊，我国 CBD 的开发建设是由政府起决定作用，市场为辅进行调适。因此，我国 CBD 的演化机制多为强制改造机制。顾名思义，强制改造机制是指在强大的外部动态压力下，CBD 可能被迫进行区域的跃迁或内部结构调整。例如，在我国开发浦东新区的决策影响下建成的上海浦东陆家嘴金融贸易中心，就使上海 CBD 的空间格局产生了的变迁。根据强制改造机制，城市中央商务区的发展受被动影响极大。虽然一些强制性的外部力量有利于 CBD 的发展，但总的来说，这种强制性的改造机制是不合理的，城市发展可能无法快速适应这种突如其来的变化，一次性规划建成的 CBD 也难免会在用地功能、交通体系等规划方面存在问题，需要根据市场情况不断进行调整。

第三章　国外中央商务区实例研究

西方国家的商务区建设起步较早，至今已经形成了较为成熟的国际化中央商务区。总结国外著名中央商务区建设发展的经验教训，有利于为我国中央商务区的未来规划提供借鉴。商务区的建设主要分为两种机制——市场主导型和政府主导型，本篇选取市场主导形成的纽约曼哈顿以及政府主导建设的巴黎德方斯新区这两个世界级 CBD 作为典型案例来对其进行空间结构研究。

一、纽约曼哈顿

曼哈顿 CBD 主要由曼哈顿岛中城和老城两部分构成，占地约为 $26km^2$，人口超 150 万人，是世界最早的中央商务区。曼哈顿 CBD 具有以下特点：

首先，曼哈顿 CBD 是以市场经济为主导自然发展而成的中央商务区，并未经过政府统一的规划设计。由于地处哈得逊河和东河之间，装船和卸货方便，在早期的曼哈顿三角洲，仓储和批发业是最主要的产业，随之得到发展的是服务性质的金融保险业。19 世纪 80 年代，一些金融企业开始在曼哈顿区域开设分机构和其他非营利机构，如工会和政府机构也逐渐集中在这里。受集聚效应的影响，越来越多的企业被吸引过来，商业也一同崛起。如图 5-3-1 所示。

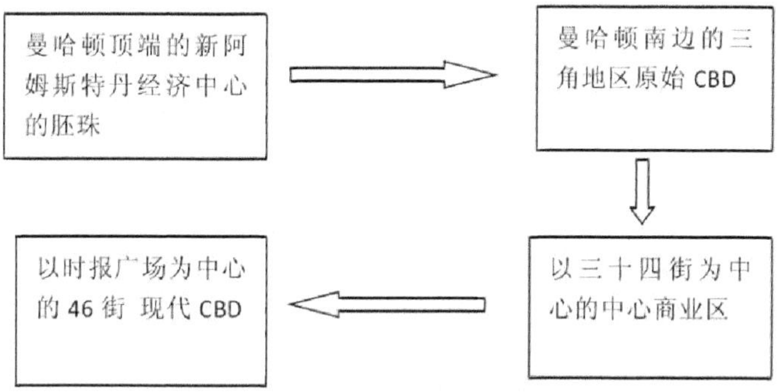

图 5-3-1　曼哈顿 CBD 的空间跃迁

其次，曼哈顿 CBD 表现为高度聚集、高建筑密度、高土地开发比例。曼哈顿中城区的平均容积率为 14.21，即使是靠近 CBD 的居住区容积率都高达 5～10。高建筑密度与高土地开发比例密切相关。纽约中城 CBD 的 36 个开发单元平均土地开发比例（用于建筑建设的土地面积在整个地块面积中的占比）约是 86%，其中，街区最小开发比例为 63%，最大可达到 100%[12]（图 5-3-2）。在曼哈顿 CBD 的一个街区内，许多摩天大楼之间甚至没有任何空间分隔，排布十分紧凑，大楼与街道

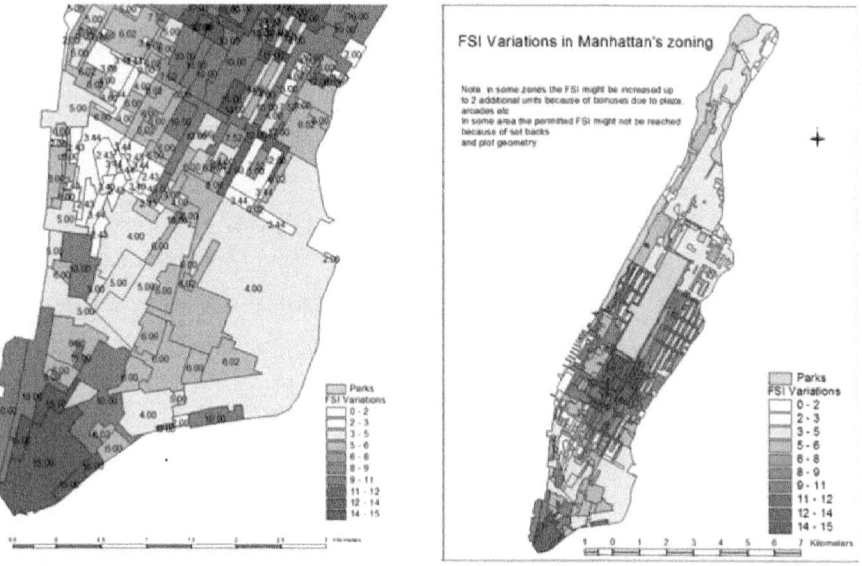

资料来源：http://alain-bertaud.com/AB_Files/AB_FSI_Presentation_4_compr_200dpi

图 5-3-2 曼哈顿容积率的空间分布

之间是几乎没有任何绿化面积的人行道。

最后，曼哈顿区包括两个 CBD——以下城华尔街地区为中心的 CBD 和以中城洛克菲勒为中心的 CBD。因用地功能面积的配比失调，一些地区昼夜人口相差巨大。国际著名金融贸易区——华尔街，白天车水马龙，人流如潮，十分繁忙，但夜晚却如同一座空城；而以洛克菲勒为中心的中城 CBD 与华尔街的情况截然不同，无论白天还是晚上都游人如织。究其原因，前者仅仅发挥了城市的单项功能，即商务功能；而后者不仅发挥了商务功能，还充分发挥了娱乐、休闲等功能，从而使 CBD 的商业发展与城市生活完美结合。

二、巴黎拉德芳斯

位于巴黎西北部的拉德芳斯，是这座城市向西延伸的主轴的终点，这一曾经默默无闻的小镇如今是法国巴黎的首要商务中心。与纽约曼哈顿不同，拉德芳斯新区是由政府主导进行开发建设的。为满足城市商务功能需求，以及缓解旧城区人口过剩和交通拥堵的问题，法国政府自 1958 年开始致力于开发和建设拉德芳斯新区。全区总规划用地 750 万平方米，在最早开发的 250 万平方米中，商贸用地占 160 万平方米，以住宅为主的公园区 90 万平方米[13]。

经过几十年的发展，拉德芳斯 CBD 的范围已经不限于巴黎市，上塞纳省部分地区也被划入了规划范围(表 5-3-1)。拉德芳斯现已经成为法国最大的商务中心及公共交通枢纽，数条高速公路及轨道交通线路在此汇集，被誉为“巴黎曼哈顿”。

表 5-3-1　　拉德芳斯新区开发情况

	商务区	公园区	合计
先期建设面积(hm^2)	160	90	250
写字楼面积(万平方米)	215	32	247
住宅套数(万套)	1.01	0.56	1.57
住宅容纳人口(万人)	2.1	1.83	3.93

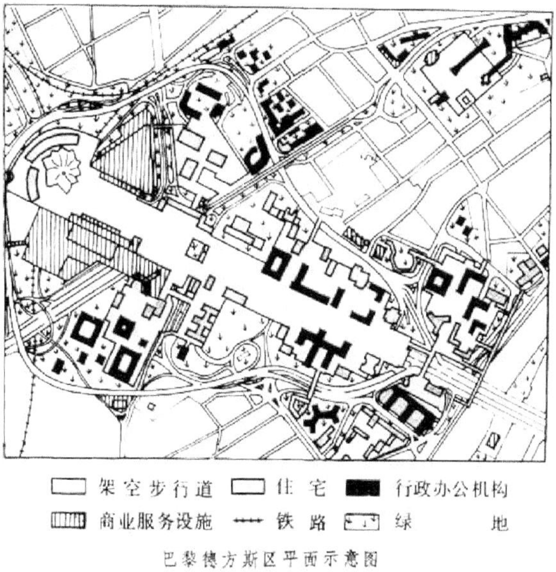

图 5-3-3　巴黎拉德芳斯新区平面示意图

在用地功能方面，为防止拉德芳斯新区像美国一些城市的 CBD 一样出现“大城市空心化”问题，在夜晚变成空城，法国政府十分重视居住区的开发，规定办公区与居住区面积配比要适当，限制建筑办公区域的比重(图 5-3-3)。在巴黎，将办公用途转化为居住用途并不难申请，但若想把居住转为商办用途的话，不仅要向当地政府缴纳高昂的税费，还几乎无法获得批准。

人文景观的营造也是拉德芳斯建设中的重点之一。1989 年建成的集办公、观光、餐饮等多种功能于一身的标志性的建筑。拉德芳斯新区内建有 Diderot 公园、Arche 花园等多个城市公园，绿化面积超 $67hm^2$。IMAX 剧院、CNIT 会展中心等文化建筑内时常举办展览、音乐会等艺术活动，不仅提高了拉德芳斯区的城市品位，也吸引了更多人气。

在拉德芳斯 CBD 的开发过程中，交通设计规划和管理也至关重要。其交通系统创新性地采用了人车分流、互不干扰的方式，将高架交通、地面交通和地下交通结合为一个整体，四通八达，极为便利。上万个车位使商务区道路两边看不到停放的车辆，与老城区车满为患的现象形成了鲜明对比。

三、国外中央商务区建设实践总结

国外世界级CBD的发展对我国商务区建设有一定的指导意义。通过对纽约曼哈顿CBD和巴黎拉德芳斯新区的实例研究，总结其发展经验和教训，得到以下几点启发。

(1) 科学设置功能配比。简·雅各布斯在其《美国大城市的死与生》一书中提出，在兴建商业区时，除了要考虑商务区的主要职能外，还应考虑附属职能，即为那些受主要职能所吸引的人提供各种服务的功能。毫无疑问，商务功能在CBD中处于主导地位，但商业、娱乐、住宅以及文化教育等功能也是不可或缺的一部分，在规划建设中应注意中央商务区功能的多样性，合理配比。

(2) 重视居住区的配套开发。曼哈顿CBD四周汇集着若干住宅区，这些住宅区在一定程度上支撑了曼哈顿区的商业繁荣，是商务区重要的功能组成部分。巴黎拉德芳斯建设中对居住区的重视也是其成功的重要因素之一。事实说明，CBD的持续发展不单单需要大批商务商业功能类企业的支撑，还需通过高端住宅区的建设，来打造一种“产城融合”的良好环境。

(3) 营造浓厚的人文氛围。CBD建设应以人为本，文化建设对于良好的景观文化环境的营造尤为重要。修建美术馆、科技馆、剧院、音乐厅和博物馆等公益性文化设施，有助于丰富城市内涵，打造良好的城市文化氛围。

(4) 注重基础设施的建设。不论是纽约曼哈顿CBD还是巴黎拉德芳斯新区，交通体系的搭建总是商务区规划中的重中之重。所以，只有建立高标准的立体化便捷式交通系统，做到人车分流，才能确保商务区内交通顺畅，提高CBD的运行效率和服务功能。

第四章　上海陆家嘴商务区空间结构研究

我国自改革开放以来，社会经济发展迅速，城市更新速度大大加快。上海不仅在经济发展方面领跑全国，在中央商务区的开发上也位居前列，其中上海陆家嘴CBD就是最具代表性的一个。经过30年的开发建设，陆家嘴CBD日趋成熟，正逐步成为亚太地区重要的金融贸易中心，成绩斐然。本章主要对陆家嘴CBD的空间扩展及功能分布进行了研究，并将从这两方面总结经验、提出建议。

一、上海陆家嘴CBD概况

1. 地理位置

陆家嘴地处上海市浦东新区的黄浦江沿岸，距市中心（人民广场）5km以内，区位条件优越（图5-4-1）。

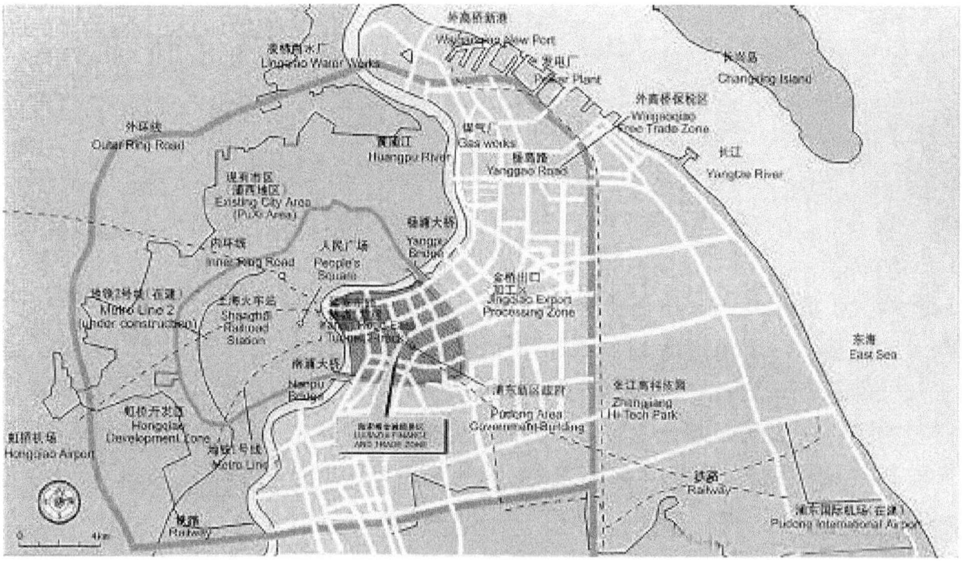

图5-4-1　上海陆家嘴区位示意图

陆家嘴区域的交通系统非常发达。在四条穿过陆家嘴区域的轨道交通线路中，2号线、4号线和6号线三条于世纪大道站交汇；大连路隧道、延安路隧道、外滩观光隧道及复兴东路隧道四条隧道连通陆家嘴和浦西；浦东大道、世纪大道、张扬路和浦东南路为陆家嘴能够快速通往浦东各处提供了便利，是陆家嘴的主要道路。

2. 规划定位

“陆家嘴”从空间范围来看，有三层含义：①有“小陆家嘴”之称的陆家嘴中心区，占地约 1.7km^2，由围绕“中心绿地”而建的商办楼宇组成，是高层建筑密度最高的区域；②陆家嘴金融贸易区，范围为浦东位于上海城市内环线内的部分，占地面积约 31.78km^2，于 1990 年由国务院批准建立；③陆家嘴功能区，包含陆家嘴金融贸易区和部分位于内环线外的区域，总面积 42.77[14]。从功能结构和空间位置来看，陆家嘴高端住宅区和各类会展中心所在，处于陆家嘴功能区内、金融贸易区以外的这部分区域，也可视为陆家嘴 CBD 的重要组成。其中，“小陆家嘴”是上海陆家嘴商务区的主体部分，位于以金融贸易和商业为重心的陆家嘴金融贸易区的中心。本篇针对陆家嘴中心区展开对陆家嘴 CBD 的研究。

图 5-4-2 陆家嘴中心区范围示意图

陆家嘴中心区东至浦东南路，南抵东昌路，西北两侧由滨江大道环绕而成(图 5-4-2)。在规划设计方案中，“小陆家嘴”1.74km^2 的土地上确定开发的总建筑面积约为 418 万 m^2，其中四分之三的面积用于商务办公，共 308 万 m^2，金融服务业是其发展重点；商业零售建筑(包括裙房商业部分)约占 15%；而住宅建筑约 25 万 m^2、文娱建筑约 10 万 m^2，各占 6%和 2.4%(图 5-4-3)。

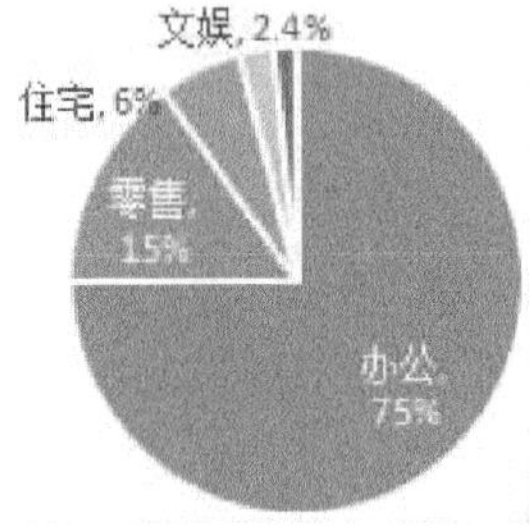

图 5-4-3 陆家嘴 CBD 建筑面积功能结构规划图

陆家嘴 CBD 的规划设计历经了创议、发展、咨询、深化和改进 5 个阶段，来自英、法、日等国的设计团队参与了方案设计的各个环节。这是新中国成立后，国际力量首次被引入我国城市规划设计[15]。

3. 发展历程

陆家嘴 CBD 的形成与发展和上海经济社会的变迁息息相关。自 1990 年政府作出开发浦东的决议至今，陆家嘴中心区的空间结构在这近 30 年的时间里发生了翻天覆地的变化。最初规划暴露出来的诸如功能结构单一、公共空间缺失等问题深受诟病，这使得陆家嘴 CBD 在后续的开发建设中关注点有所转移，对其空间演化产生了影响。整体来看，陆家嘴的发展历程可分为以下 5 个阶段。

(1) 雏形发展阶段(1984 年以前)

上海于 19 世纪 40 年代被指定为通商口岸之一，凭借着自身的区位优势以及较好的工商业发展基础，社会经济快速发展。到 19 世纪末，上海已初步形成了以南京路为轴的中心商业区。与此同时，外资银行纷纷在上海设立分行。此外，超过 80%的国有银行也选择上海作为总部所在地。上海逐渐成为中国的金融贸易中心，为之后陆家嘴 CBD 的建设打下了坚实的经济基础。

但与浦西的繁荣不同，受制于交通条件等因素，浦东则是一副贫瘠萧条的农村面貌。发展迟缓，加之没有整体的发展计划，其空间结构长期以来没有明显变化。基于"码头经济"应运而生的仓库、厂房等在滨江沿线一字排开，远离岸线的地区则分布着上百年来自然发展形成的商业与住宅建筑。两地间的发展差距之大，以至于在当时有"宁要浦西一张床，不要浦东一间房"这样的戏言。

(2) 规划论证阶段(1985—1993 年)

1985 年，国务院首次肯定了上海市发展战略中关于开发浦东的设想，并于 1986 年在对《上海城市总体规划》的批复中给出了更为正式、明确的提议。1990 年，国务院正式批准开发浦东新区和陆家嘴金融贸易区。1992 年对于陆家嘴商务区的发展具有标志性意义。这一年，党的十四大报告提出，要尽快把上海建成国际金融贸易中心，并以浦东新区开发为龙头，带动整个长江流域地区经济的新飞跃。次年，上海便完成了规划建设蓝图并启动开发建设。国家对上海浦东开发的支持与政策上的倾斜，为陆家嘴这一浦东发展的重点地区的崛起拉开了篇章。

(3) 空间发展阶段(1994—1999 年)

根据 1993 年制订的规划设计方案，陆家嘴 CBD 的土地拆迁、交通路网以及空间管制等方面的工作快速展开，整体空间结构迅速建立起来。从 1996 年开始，土地拆迁与整理工作的进程明显加快。到 1999 年，除中心区南侧的 X5 和 N 地块外，绝大部分拆迁和土地整理工作已经完成。由于陆家嘴区域是完全基于 21 世纪城市形态进行规划设计，将原有建筑推倒重建，所以新形成的陆家嘴 CBD 的空间结构与原有结构毫无关联，呈现典型的"外部赋予"特征。

(4) 功能发展阶段(2000—2008 年)

随着浦东新区的开发升级为国家战略，上海将一部分要素市场(如证券、外汇、人才和技术等领域)迁入陆家嘴 CBD，以加速浦东从空间结构搭建向功能建设的转变[14]。伴随着经济形势的恢复和商办楼宇的落成，要素迁入进程加快，陆家嘴的大规模开发进入收尾阶段。美国花旗、罗氏集团等外资银行以及跨国公司区域总部，陆续入驻陆家嘴中心区。证券、期货、房地产等国家级要素市场的聚集，确立了陆家嘴 CBD 作为我国金融贸易中心的地位。

至2008年年底，陆家嘴中心区已逐步形成了五大功能组团：一是以金茂大厦为主体的中外贸易机构要素市场组团，二是由中国人民银行、中银大厦等围绕中心绿地的商务建筑群构成的国际银行楼群组团，三是以东方明珠、正大广场为核心的休闲旅游景点组团，四是以世茂滨江、汤臣一品等为代表的高端江景住宅组团，五是位于陆家嘴中心区西区地块的跨国公司区域总部大厦组团[16]。

(5) 完善发展阶段(2009年至今)

经过了十几年的开发建设，陆家嘴CBD取得了显著的成果。但建设的成果并未完全达到预期理想状态，一些规划上的问题逐渐出现，例如公共空间的缺失、巨大的空间尺度、消极的外部环境、高端的单一产品定位导致的日常生活空间的丧失、机动车主导以及空间感的缺乏。伴随着人口的入驻，城市活动与市场需求开始对陆家嘴的空间进行调适，最初规划设计而成的空间不得不接受日常生活的检阅。因此，在这一阶段，陆家嘴的空间结构在不断地补充调整中演进，提升区域环境品质成为主要任务。

首先是对商业设施的增补完善。在最初规划中，商业零售建筑面积仅占总体面积的15%左右，商业配套明显不足。因此，浦东"十二五"商业规划提出，将在滨江金融城(原上海船厂项目)中规划20万m^2的商业设施。除此之外，陆家嘴的商业定位和类型的多样化也得到了改善，对滨江大道沿线的绿地空间进行再开发，利用边缘土地、地下空间建设酒吧、餐饮广场等，以此来弥补陆家嘴商务区商业类型单一、商业面积不足等问题。

其次，成片综合开发开始出现。例如国金中心项目就整合了6幅地块，集多种功能于一体，并通过地下空间与地铁站相通，实现了建筑与城市公共交通无缝连接。这种开发模式有效改善了在单一地块上建设孤立的单体建筑所带来的"城市整体性"缺失的问题。

二、陆家嘴CBD的空间演变

1. 陆家嘴CBD核心区的定界

要对上海陆家嘴CBD进行研究，首先要明确当前陆家嘴CBD的具体范围。我国中央商务区的建设多为政府主导，在最初规划建设时即划定区域范围，但经过多年的发展，市场势必会对商务区的空间结构演变产生影响，政府规划方案中的边界并不足以反映CBD空间范围的真实发展状况。本篇利用国际通用的墨菲CBD指数定界法，对陆家嘴中央商务功能核心区进行重新定界，这有利于帮助我们找到陆家嘴CBD空间扩展方向，为后续的规划建设提供参考。

笔者将调查范围在政府规划方案中划定的陆家嘴中心区范围的基础适度外扩，具体范围为：东至洋泾路、芳甸路，南至浦电路、灵山路，西北两侧至滨江大道，总面积约为12km^2。墨菲等人指出，最好使用1：200比例尺的地图着手CBD定界绘图。因此，笔者将比例为 1∶200 的地图上所能显示的道路网线作为参考，结合陆家嘴“十三五”规划图中的地块分割情况，将调查区域划分为 130 个街区（图 5-4-4）。

图 5-4-4　墨菲指数法：上海陆家嘴街区划分

根据现状调研得到的 130 个街区内各栋建筑的层数和面积数据，将其功能用途分为中央商务功能和非中央商务功能两类（分类标准见本篇第二章），计算得出不同街区的中央商务高度指数（CBHI）和中央商务密度指数（CBII），其中满足 CBHI≥1且 CBII≥50％的街区则可判定为属于中央商务功能核心区，以上两个指数条件缺一不可。但如果一个街区本身不满足指数要求，却被满足指数要求的街区所包围，则这一街区也可作为 CBD 的一部分。例如陆家嘴中心绿地，绿地本身属于配建设施，其周边环绕着密集的商办楼宇群，因此也应包括在陆家嘴 CBD 范围内。如表 5-4-1 所示。最终根据计算结果，将所有满足条件的连续街区连线，即可得到陆家嘴中央商务区的实际边界。

参照墨菲指数法中 CBD 范围划定的要求，同时考虑街区划分的完整性，可以大致划定上海浦东陆家嘴 CBD 的范围为：东达东方路、福山路，南抵浦电路，西临浦东南路、浦城路，北至滨江大道（图 5-4-5），总面积约为 3.2km^2。

表 5-4-1　墨菲指数法——陆家嘴各街区中央商务高度指数和密度指数

街区	1	2	3	4	5	6	7
中央商务高度指数(CBHI)	1.16	1.39	4.57	1.88	1.36	0.79	0.14
中央商务密度指数(CBII)	86.5％	87.7％	97.5％	96.8％	71.3％	36.6％	84.4％

注：阴影标注部分表示不符合指数要求。

从图 5-4-5 中可以看出，陆家嘴 CBD 的范围已经发生明显变化，与预想不同的

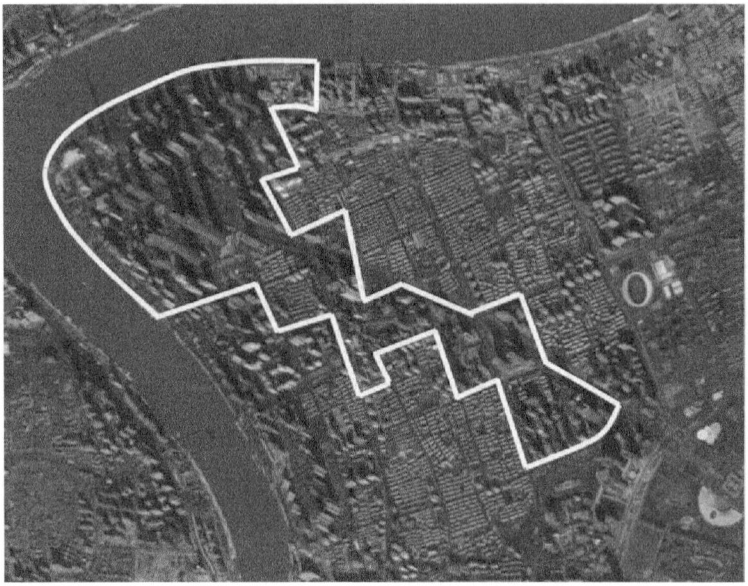

图 5-4-5　陆家嘴 CBD 范围划定

是，陆家嘴 CBD 并未依滨江沿线拓展，而是形成了沿世纪大道呈轴线展开的发展带，商办建筑集中在世纪大道两侧，西侧较东侧建筑密度更高。从现状来看，虽然根据墨菲的 CBD 指数定界法，陆家嘴中心区的范围有所扩大，但也仅占陆家嘴金融贸易区规划面积的十分之一左右，区域内仍分布着大量老旧住宅小区，土地开发利用率并不高。在接下来的发展中，应着重于滨江地带的开发利用以及对现有居住区的升级改造。

2. 陆家嘴 CBD 用地功能分析

在最初规划方案中，商办功能面积高达 75%。尽管中央商务区是以商务功能为主导，但过高的比例会导致商务区功能单一，不利于持续发展。要判断陆家嘴 CBD 目前的用地功能分布是否合理，可以从与国外较成熟 CBD 用地功能分布进行对比及市场供需关系两个角度来分析。

(1) 用地功能分布比较分析

至今已经有许多对 CBD 用地功能的研究，但对于 CBD 用地功能分配的合理比例，国际上并没有形成统一标准。不过，在众多研究中，墨菲和范斯于 20 世纪 70 年代的研究被许多学者评价为能真正总结出 CBD 用地功能模式的比较性，具有一定权威性。因此，本篇将这一研究的成果用于比较分析。虽然由此得出的功能占比不能作为明确标准来衡量一个 CBD 的用地功能是否合理，但仍具有一定参考价值。

墨菲等人在对美国 9 个较成熟的城市 CBD 的用地功能进行研究后，概括出了用地功能的一些规律(表 5-4-2)。

表 5-4-2　　美国 9 个城市 CBD 功能用地比例

用地功能		Grand Rapids	Mobile	Phoenix	Roanoke	Sacramento	Salt Lake City	Tacoma	Tulsa	Worcester	平均
商业零售功能	食品	1.6%	2.6%	3.7%	4.6%	7.2%	3.5%	5.6%	2.4%	3.1%	3.9%
	服装	3.5%	4.7%	4.5%	5.6%	4.2%	3.9%	4.7%	3.0%	4.2%	4.2%
	日用品	4.0%	6.1%	2.6%	9.5%	6.0%	5.6%	6.6%	3.6%	3.7%	5.3%
	汽车及其用品	2.6%	1.2%	7.1%	2.5%	6.1%	4.6%	5.8%	4.3%	1.2%	3.9%
	杂货	9.2%	13.5%	11.3%	10.0%	4.3%	7.1%	9.9%	6.5%	12.6%	9.5%
	其他	4.6%	5.8%	5.2%	5.3%	6.1%	5.4%	6.9%	3.4%	5.3%	5.3%
商务办公功能	金融	2.4%	2.9%	4.6%	1.8%	3.5%	3.0%	2.9%	2.3%	3.6%	3.0%
	服务类	3.7%	2.1%	4.9%	8.3%	3.7%	4.2%	2.9%	2.1%	5.1%	4.1%
	总部办公	7.1%	4.1%	2.0%	2.9%	2.0%	5.0%	0.2%	17.5%	4.4%	5.0%
	普通办公	14.9%	9.6%	13.2%	8.1%	6.3%	13.2%	16.4%	18.5%	14.2%	12.7%
	交通	0.6%	1.0%	1.1%	1.3%	1.0%	0.6%	0.4%	0.7%	0.2%	0.8%
	停车	8.7%	7.8%	7.8%	6.0%	5.3%	9.1%	6.5%	6.1%	5.6%	7.0%
	临时居住	10.5%	9.4%	13.3%	17.0%	17.5%	7.8%	11.8%	12.4%	5.3%	11.7%
非中央商务功能	居住	1.8%	1.8%	2.4%	1.9%	6.8%	4.9%	1.8%	2.8%	6.8%	3.4%
	公共组织机构	14.1%	14.8%	10.1%	9.1%	13.6%	10.2%	7.1%	10.4%	14.8%	11.6%
	工业	2.4%	0.6%	0.5%	<0.1%	0.6%	3.6%	1.4%	0.5%	4.2%	1.5%
	仓储批发业	2.1%	2.9%	1.5%	0.5%	1.1%	3.7%	0.9%	1.0%	2.6%	1.8%
	空地(房)	6.7%	9.4%	3.5%	5.7%	4.8%	4.6%	8.3%	2.8%	3.7%	5.5%

资料来源：Raymond E. Murphy, The Central Business District, Aldine · Ahterton, Inc. (1972), Appendix C.

从表 5-4-2 的平均情况来看，商业零售型功能用地占 13.4%，金融、服务等商务办公类功能占 35.5%，非中央商务类功能用地占 35.5%。中央商务类功能用地面积大约为非中央商务类功能的 1.3 倍。

根据笔者的调研数据，如图 5-4-6 所示，目前陆家嘴 CBD 商业零售类占比18.7%，住宅区比例约为 12.4%，商务办公类功能用地占比近七成(详细数据见附录)。在 CBD 写字楼 5000 多个租户中，金融类机构超过 3000 家，远高于其他行业(图 5-4-7)。与最初规划设计方案中的比例分配相比，如今陆家嘴 CBD 核心区商办功能所占比重由规划中的 75%下降为 65.7%，而商业功能和居住功能占比则分别上涨了 3.7%和 6.4%。自 2009 年上海市把“吃饭难、出行难、文化设施配套不足”作为

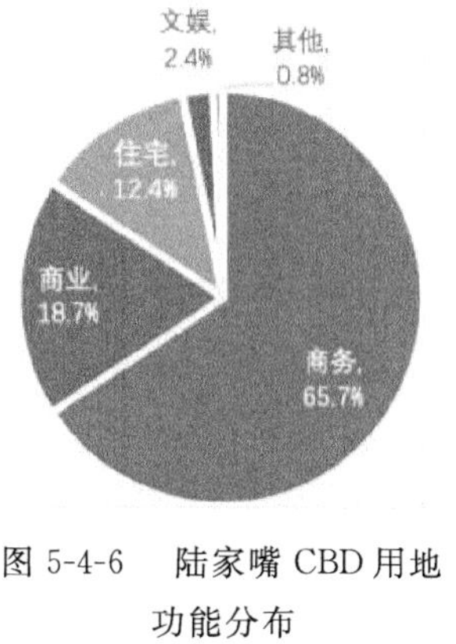

图 5-4-6　陆家嘴 CBD 用地功能分布

陆家嘴地区环境配套改善的重要工作，并实施了十大商业配套工程后，陆家嘴商业功能占比大幅上升。商业、居住等功能比例的提高改善了商务区功能单一问题，推进了陆家嘴CBD向功能多元化方向发展。与美国九个城市CBD的平均值相比，陆家嘴CBD商业功能比例偏高但仅超过平均值5%左右，而其商务办公类和非中央商务类功能各占65.7%和15.6%，并且中央商务类功能用地面积与非中央商务类功能用地面积之比高达5.4，与墨菲研究所得均值和1.3倍相去甚远。

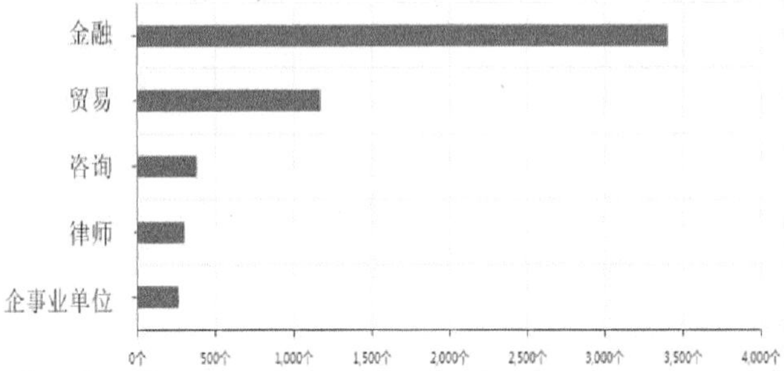

图 5-4-7　陆家嘴 CBD 写字楼租户行业分析

（2）市场供需情况分析

图5-4-8显示了2007—2016年期间，陆家嘴CBD商办楼宇平均入驻率及建筑面积较上年的变化。可以看出，商办楼宇建筑面积近几年由上升态势过渡为下降趋势，大规模开发商办功能的阶段已经过去。如某一年有大量商办楼宇落成，建筑面积的激增可能会反映在平均入驻率的下降上，但次年，楼宇入驻率会随着招租工作的开展和企业的陆续进驻有所回升。所以，同年平均入驻率与建筑面积的变化方向往往是相反的。值得注意的是，两条曲线的走势在2007—2013年基本符合上述规律，但在2014年后，商办楼宇建筑面积逐年减少，而平均入驻率不升反降。这种现象在一定程度上说明，陆家嘴CBD的商办功能趋于饱和，区域建筑对企业的吸引力在逐渐下降。

克尔瑞系统数据显示（图5-4-9），自2015年起，陆家嘴CBD的写字楼租金打

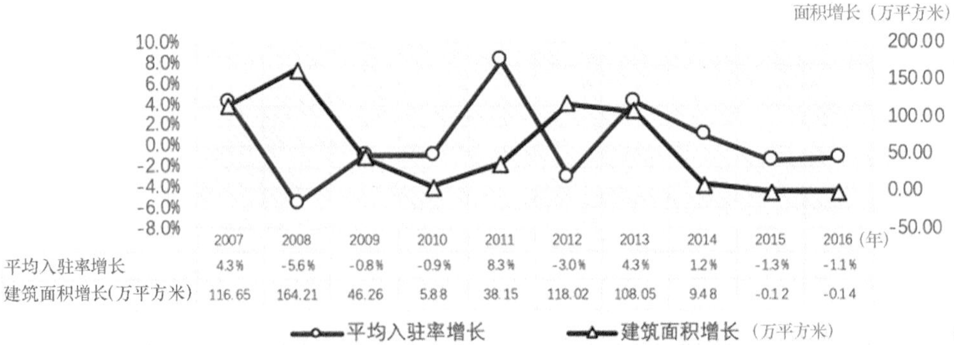

图 5-4-8　陆家嘴 CBD 商办楼宇平均入驻率及建筑面积变化

破了五年来的平稳态势，经过两年的快速增长，于 2017 年达到 10.74 元/(m^2・天)的价格顶峰。2017 年后租金的下滑就说明，“高价”租金可能已经触顶，过高的租金进一步推动企业搬离 CBD，供求关系正在发生转变。

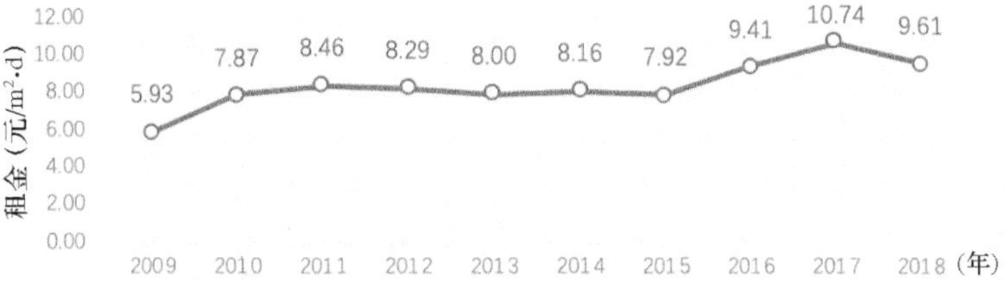

图 5-4-9 陆家嘴 CBD 写字楼平均租金变化

近几年，不少企业对 CBD 的依赖性减弱，选择从 CBD 搬到核心区以外的郊区化商圈，来满足他们逐渐增长的办公使用面积需求，以及改善办公环境、提高员工舒适度。在企业重新选址的过程中，便利性是一个很重要的标准，这种便利性指的是整个选址的时候，写字楼周边是否提供一些便利的商务配套和生活配套设施，比如像银行、购物中心。这样的需求在上海相对成熟的区域并不难满足。

与上一部分 CBD 功能用地占比对比所显示的结果相似，市场供需情况也告诉我们，陆家嘴 CBD 的商务办公类功能占比仍然偏高，未来发展重心应放在居住、文化娱乐等功能的开发上，只有多元化的商务区才能一直保持活力。

三、陆家嘴 CBD 未来空间发展趋势

综上所述，陆家嘴中心区的空间发展现状基本可以概括为以下两点：①空间范围沿世纪大道轴向扩展，商办建筑集中在世纪大道两侧，CBD 实际范围在功能区内占比较小。远离轴线的区域仍存有大量老旧小区，大量土地亟待转型升级；②商办功能比例过高，商业比例适中，居住、文娱功能不足。

陆家嘴“十三五”规划将“一核、一带、两道、两浜”作为空间发展战略的重点，即小陆家嘴核心区、滨江旅游休闲产业带、世纪大道和浦东大道沿线及周边、张家浜和洋泾浜沿岸及周边区域，共六大区域(图 5-4-10)。规划中强调，“十三五”期间，陆家嘴区域将进一步完善和优化商业、居住、文化和娱乐等功能的配套，做好“产城融合”。

根据规划方案，未来陆家嘴 CBD 的空间结构发展将呈现三种趋势。

(1) 用地功能向多元化方向推进

随着经济和社会的发展，在政府的规划和市场的调适下，陆家嘴 CBD 内的用地功能结构将趋于合理，商务办公功能主导，居住、休闲娱乐等功能占比逐渐提升，商业配套进一步完善升级，满足不同层次消费需求。

(2) 逐步改造低矮建筑，提高土地利用集约度

CBD 内高强度的土地开发是对城市资源的高效利用，区域内土地利用集约程

图 5-4-10　陆家嘴"十三五"空间框架

度的要求将随着 CBD 的发展慢慢提高。对 CBD 内建设年代久远、设施欠佳的低矮建筑用地的更新改造应是接下来 CBD 建设的重点。

(3) 发展重心向滨江地带移动

从开发现状和规划看，未来陆家嘴 CBD 的发展重心在向滨江沿线转移，文化艺术展演带和创意水岸群落建成后将承载陆家嘴区域主要的休闲娱乐功能，为陆家商务区注入新的活力。

第五章　结论与展望

通过以上对国内外典型中央商务区的分析，提出以下几点建议供我国未来城市 CBD 建设以参考。

(1) CBD 是城市经济达到一定水平而形成的产物，切忌盲目跟风建设。在建设 CBD 之前，一个城市必须具有足够的地区影响力、明显的区位优势和强大的经济实力。CBD 的发展与城市社会经济密切相关，而不是凭空规划出来的。

(2) CBD 功能配比需多元化，重视人文景观氛围的营造。尽管 CBD 是商务活动的集聚地，但过分强调金融、总部办公等商务职能，不但会导致写字楼供过于求、入驻率低等问题，还可能因配套服务功能不足，造成夜晚“城市空心化”现象。合理设置商务、商业、居住和文娱等功能用地比例，有助于保持 CBD 的活力。

(3) 注重居住区的配套开发。除商务商业功能外，居住功能亦是 CBD 持续健康发展的重要支撑，要努力构建“产城融合”的优良环境。不论是纽约曼哈顿，或是巴黎拉德芳斯，居住区都是 CBD 繁荣发展的有力支撑。但在我国商务区规划中，这一功能却很容易被忽略。

(4) 对 CBD 的规划建设要循序渐进，通过动态数据监测，加强 CBD 空间规划，使空间结构逐步合理化。

本篇对城市中央商务区空间结构演化过程的研究尚存有以下不足之处：

(1) 由于时间仓促，本篇对陆家嘴 CBD 的重新定界仅采用了墨菲指数法，没有结合租金等因素，所得结果较为粗略，无法客观细致地呈现 CBD 的真实边界。

(2) 受制于相关数据资料收集的困难，本篇数据多来自地方统计年鉴及笔者调研数据，时效性和准确度有限，研究维度较少，对实例的分析阐述不够深入全面。

在今后的研究中，将力求丰富数据来源，运用更为专业的模型体系对课题进行完善。

附录　用地功能调研数据详表

商办功能					
项目名	建筑面积（m^2）	项目名	建筑面积（m^2）	项目名	建筑面积（m^2）
上海国际会议中心	110000	中融碧玉蓝天	100955	裕安大厦	40000
浦江桥隧运营管理有限公司	16223	上海银行大厦	108000	宝钢大厦	50000
万向大厦	42444	上海金磐房地产公司	26950	城建国际中心	60000
兴业嘉园写字楼	31000	上海环球金融中心	381600	一百杉杉大厦	50000
浦东海关大楼	35000	恒生银行大厦	116824	中国煤炭大厦	60000
中国金融信息大厦	69058	华能联合大厦	73000	浦东税务大厦	68000
港务大厦	29000	华夏银行大厦	70912	双鸽大厦	53000
富士康大厦	80719	中国民生银行大厦	68000	陆家嘴投资大厦	46060
星展银行大厦	46000	上海招商局大厦	74642	中达广场	45464
上海招商银行大厦	74642	金穗大厦	40000	新天国际大厦	47500
浦江双辉大厦	110787	中国船舶大厦	48476	同盛大厦	43959
兴业银行	45440	世纪金融大厦	64569	锦城大厦	44000
房地大厦	35000	瑞苑二期办公楼	25412	爵士大厦	28000
陆家嘴富汇大厦	66000	东安大楼	36074	越秀大厦	60000
浦东发展银行大厦	70000	东泰大楼	52000	江苏大厦	86000
上海证券大厦	104000	海光大厦	41171	宝安大厦	35400
国家开发银行大厦	81000	南洋商业银行大厦	12428	齐鲁大厦	46000
未来资产大厦	54839	世界广场	63599	众城大厦	39000
震旦国际大楼	96184	上海陆家嘴中心	330000	嘉兴大厦	30257
东方汇经中心	110000	内外联大厦	30000	钱江大厦	47170
上海信息大楼	100800	远东大厦	30000	东方国际科技大厦	44652
渣打银行大厦	55675	福兴大厦	24000	上海时代金融中心	110870
中国保险大厦	73000	福使达大厦	13000	汤臣金融大厦	56000
21 世纪大厦	120000	良友大厦	38000	黄金置地大厦	98563
东亚银行金融大厦	91361	上海胜康廖氏大厦	14768	华都大厦	29553
太平金融大厦	110400	上海光大大厦	37000	汇亚大厦	78870
金茂大厦	122871	斯米克大厦	40000	紫金瀚宫	22000

国金中心	200000	银河大厦	14400	明珠中心	15000
平安银行大厦	165000	岚桥国际大厦	25000	上海中心大厦	578000
交银金融大厦	108000	锦江汤臣洲际大酒店	16000	中电大厦	47300
中银大厦	120000	东方金融广场	115328	世界金融大厦	87758
新上海国际大厦	81000	华融大厦	20025		
总计	$6955952m^2$		占比	65.7%	

商业功能

项目名	建筑面积（m^2）	项目名	建筑面积（m^2）	项目名	建筑面积（m^2）
迪士尼旗舰店	4886	东方明珠	73000	凯宾斯基大酒店	88194
上海浦东文华东方酒店	111000	光音广场	23000	正大广场	30000
香格里拉大酒店	100000	未来资产大厦	6361	国金中心	170000
金茂大厦	165609	尚悦湾广场	70000	上海陆家嘴中心	140000
上海第一八佰伴	145000	新梅联合广场	104633	新大陆广场	40000
三鑫世界商厦	20000	华润时代广场	98807	宝安大厦	20400
众城大厦	36000	九六广场	66100	零散商业	约 25000
百联世纪购物中心	80000	世纪汇广场	360000		
总计	$1977990m^2$		占比	18.7%	

居住功能

项目名	建筑面积（m^2）	项目名	建筑面积（m^2）	项目名	建筑面积（m^2）
汤臣一品	115000	中粮·海景壹号	120000	鹏利辉盛阁公寓	35000
盛大金磐花园	120000	瑞苑公寓	100000	东昌小区	79451
上海新帝豪酒店式服务公寓	218128	乳山一村	56000	东昌大楼	1235
东园一村	20000	东园二村	15000	东园三村	50592
东园四村	78000	开发浦东	80000	华飞公寓	15000
朱家滩小区	54669	新明大楼	12450	兴业嘉园	31121
新光大楼	12450	竹南小区	54907	众城公寓	44000
总计	$1313003m^2$		占比	12.4%	

文娱功能

项目名	建筑面积（m^2）	项目名	建筑面积（m^2）	项目名	建筑面积（m^2）
上海快网网球俱乐部	22110	大自然野生昆虫馆	3000	上海海洋水族馆	20500
多利农庄有机体验中心	1500	大都会游艇俱乐部	9000	滨江公园	120000
震旦博物馆	6316	上海敦煌展览馆	5625	金茂大厦	1520

陆家嘴中心绿地	65000	陆家嘴图书馆	3577		
总计	$258148m^2$		占比	2.4%	
其他功能					
项目名	建筑面积（m^2）	项目名	建筑面积（m^2）	项目名	建筑面积（m^2）
上海康威门诊部	2279	互联网金融研究中心	1546	现代服务业联合会	1015
陆家嘴市政绿化公司机施队	2700	上海市电力公司	6450	上海城投隧道综合管理中心	9100
中国人民银行金融消费权益保护局	36537	新加坡伊顿国际幼儿学校	2040	东昌中学	19298
上海沃德医疗中心	6000				
总计	$86965m^2$		占比	0.8%	

说明：本表数据来自网络，由笔者自行整理，略有偏差。

参考文献

[1] 张蕾．广州珠江新城空间形态演变过程研究[D]．广州：华南理工大学，2011.

[2] 楚义芳．CBD与城市发展[J]．城市规划，1992(03)：3-8，64.

[3] 王朝晖，李秋实．现代国外城市中央商务区研究与规划[M]．北京：中国建筑工业出版社，2002.

[4] 孙一飞．CBD空间结构演化规律探讨[J]．现代城市研究，1994(01)：32-34.

[5] 秦波，赵群毅，周一星．重庆市CBD的地域界定研究[J]．城市规划汇刊，2003(03)：84-89，97.

[6] 原欢祥，王兴中．当代西方国家中央商务区的演变规律[J]．世界地理研究，2002(02)：41-47，71.

[7] 李东君．面向未来的新世纪蓝图——陆家嘴中心区CBD规划设计[J]．时代建筑，1997(01)：16-22.

[8] 刘晓星，陈易．对陆家嘴中心区城市空间演变趋势的若干思考[J]．城市规划学刊，2012(03)：102-110.

[9] R E Murphy，J E Vance. Delimiting the CBD[J]. Economic Geography，1954(6).

[10] 蒋三庚．北京中央商务区(CBD)产业与发展研究[M]．北京：首都经济贸易大学出版社，2004.

[11] 严重敏，宁越敏．略论上海市中央商务区的改造与发展[J]．城市问题，1994：28.

[12] 丁成日，谢欣梅．城市中央商务区(CBD)发展的国际比较[J]．城市发展研究，2010，17(10)：72-82.

[13] 张开琳．巴黎拉德芳斯Sub-CBD建设及其经验借鉴[J]．城市开发，2004(18)：60-62.

[14] 武占云．上海中央商务区建设实践与启示[J]．城市观察，2018(03)：83-91.

[15] 严华鸣．城市更新中的土地开发研究[D]．上海：同济大学，2008.

[16] 李国红，单菁菁，等．中国商务中心区发展报告No.2(2015)："十三五"CBD引领区域协同发展[M]．北京：社会科学文献出版社，2016.

[17] 周建华，林善浪，赖光真．CBD功能区规划设计：混合就是活力[J]．福建建设科技，2015(06)：38-40.

[18] 刘珊珊．城市中央商务区(CBD)空间发展研究[D]．长春：东北师范大学，2007.

[19] 沈燕. 建设石家庄中央商务区(CBD)的理论与实证研究[D]. 石家庄:河北经贸大学,2013.

[20] 倪剑波. 城市新区商务区空间形态研究[D]. 天津:天津大学,2007.

[21] 王竞梅. 上海城市空间结构演化的研究[D]. 长春:吉林大学,2015.

[22] 高骞. 上海中央商务区(CBD)发展政策研究[D]. 上海:上海交通大学,2010.

[23] 田超然. 从全球性城市 CBD 发展模式解析中原城市群的开发建设[J]. 河南广播电视大学学报,2007(20):44-47.

[24] R E Murphy,J E Vance. A Comparative Study of Nine Center Business District[J]. Economic Geography,1954(6): 96-108.